资源拓展-应用型会计系列规划教材

国家级精品课程配套教材

会计学基础（第三版）

FUNDAMENTAL ACCOUNTING

李占国　黄怡婕　主　编

东北财经大学出版社
Dongbei University of Finance & Economics Press
大连

图书在版编目（CIP）数据

会计学基础 / 李占国，黄怡婕主编. —3版. —大连：东北财经大学出版社，2023.9

（资源拓展-应用型会计系列规划教材）

ISBN 978-7-5654-4725-9

Ⅰ. 会…　Ⅱ. ①李…②黄…　Ⅲ. 会计学-高等学校-教材　Ⅳ. F230

中国版本图书馆CIP数据核字（2022）第235520号

东北财经大学出版社出版

（大连市黑石礁尖山街217号　邮政编码　116025）

网　　址：http://www.dufep.cn

读者信箱：dufep@dufe.edu.cn

大连天骄彩色印刷有限公司印刷　　东北财经大学出版社发行

幅面尺寸：185mm×260mm　字数：455千字　印张：18.25　插页：1

2023年9月第3版　　2023年9月第1次印刷

责任编辑：李　栋　周　慧　　责任校对：慧　心

封面设计：冀贵收　　版式设计：原　皓

定价：43.00元

教学支持　售后服务　　联系电话：（0411）84710309

如有印装质量问题，请联系营销部：（0411）84710711

第三版前言

开展本科层次职业教育是我国职业教育改革和现代职教体系建设的重要举措。本科层次职业教育教学改革改到深处是课程，改到痛处是教师，改到实处是教材。教材是教学的直接依据，是解决“培养什么人”“怎样培养人”“为谁培养人”的重要载体，所以，加强教材建设是本科层次职业教育顺利实施的关键。

本科层次职业教育从根本上讲是一种职业教育，所以，本科层次职业教育的教材建设：首先，要体现职业教育的“层次”属性——本科层次，是比高职专科教育高一个层次的教育；其次，要体现职业教育的本质属性——职业性，是直接为生产、建设、管理和服务一线培养职业人才的教育类型；最后，要根据“本科属性”和“职业性”的特性构建教材内容体系：❶在职业技术的理论要求上，必须具有宽厚的、扎实的技术理论基础；❷在职业技术的应用要求上，必须具有较高实践技能，不但要求解决“怎么做”的问题，还要求解决“该做什么”的问题。

根据以上对本科层次职业教育教材建设的认识，结合编写并出版“十二五”和“十三五”职业教育国家规划教材《基础会计》和“十二五”普通高等教育国家级规划教材《基础会计学》的丰富经验，我们编写了这本体现本科层次职业教育特点的《会计学基础》并在以下几个方面进行了有益的尝试。

1.培根铸魂立德树人，加强课程思政建设。结合专业特点与教材内容：以“会计论道与课程思政”栏目：❶穿插“价值转换”“天堂和地狱”“自己建造的房子”“贪婪的猴子”等趣味性小故事，通过“教授寄语”的方式画龙点睛，并传递正能量；❷以“新闻速递”二维码的形式，搜集整理新闻报道中关于上市公司财务造假的案例视频。潜移默化地培养学生的诚信意识、职业精神和工匠精神，以及法治意识与风险防范意识。

2.按照“项目导向、任务驱动”教学模式，构建教材结构体系。本科层次职业教育从根本上讲是一种职业教育，按照职业教育“理实一体”的教学模式：❶在编写体例上，采用项目任务制构建教材架构，每一项任务的名称采用动宾结构，有动词有名词又有目的或要求，符合作为“任务”应有之本意。❷在教材内容组织上，按照会计核算方法及其关联内容设置项目，按照会计核算工作过程及为实现项目目标确定具体任务。从而使“会计核算工作过程”浑然一体并使“会计职业学习过程”水到渠成。

3.结合有关项目任务内容，对应分散阐述有关会计理论。“基础会计”课程作为财经类专业的专业基础课程，具有较强的理论性，作为会计初学者的入门课程具有门槛陌生、入门较难的“会计恐惧症”特征，为使会计初学者破除这一魔咒，我们对“会计基本假设”“会计信息质量要求”“会计核算基础”“会计要素确认与计量”等一大堆会计理论，结合有关项目任务的内容，以“会计学原理”栏目穿插到有关项目任务的阐述之中，不再是集中阐述会计理论，避免了学生初学会计的畏难情绪，提高了学习兴趣。

4.各项目任务平衡分布，有利于组织教学活动。为使各项目内容大体平衡，我们将众多教材中为熟练掌握和运用账户与复式记账的“制造业主要经济业务核算”项目和“账户的分类”项目进行分拆与合并：❶分拆为“制造业主要经济业务核算（上）”和“制造业主要经济业务核算（下）”两个项目；❷同时，将与该项目关联度极高的“账户的分类”合并到“制造业主要经济业务核算（下）”项目中。以上分拆与合并，有利于组织教学活动并有效消除学生学习的章节厌倦情绪。

5.经济业务文字描述对应原始凭证的真实格式，培养学生的会计职业判断能力。❶将“会计凭证的填制与审核”项目置于“制造业主要经济业务核算”项目之前，结合具体经济业务对各类原始凭证从格式、内容、用途、使用方法进行高度仿真，从而使“制造业主要经济业务核算”项目结合记账凭证进行阐述；❷将项目五和项目六发生的经济业务，在进行文字描述的基础上，以二维码的形式展现该经济业务所涉及的原始凭证并高度仿真，同时有关于该原始凭证作用的说明；❸指出该笔经济业务应编制的记账凭证种类、编号、附件张数；❹由此，可加强对“会计凭证填制与审核”这一会计核算方法的理解与运用，并培养学生的会计职业判断能力。

6.案例内容完整具有全局关联性，整体把握会计核算。本教材以一个完整的案例：❶将“基础理论的吸收”和“基本技能的培养”放在同等重要的位置，经济业务内容从项目五开始到项目十结束，以一个完整的案例贯穿其中，业务关联数字前后一致。❷无论是经济业务内容还是账证表的格式，均源自会计实践并得到一定升华，对学生理解会计核算有一个整体概念，为其尽快进入会计角色并适应未来的会计工作奠定了基础。

7.加强立体化教学资源建设，内容丰富便教利学。为保证教学活动的顺利开展，本教材配套了丰富的教学资源：❶包括三个教学文件、习题集及参考答案、PPT课件等传统的教学资源；❷依托出版社二维码平台，开发了便于教师讲授和有利于学生自主学习的“新闻速递”“业务提示”“微课视频”“动画演示”等多种形式的教学资源。

本书可作为本科层次职业教育院校、应用型本科院校财经类专业“基础会计”课程的教材。本次修订由上海建桥学院李占国和黄怡婕任主编，会计师文峰、李文韦博士参与了经济业务的设计、资料搜集与整理工作。尽管我们花费了大量时间并进行了艰辛的探索，但鉴于作者才疏学浅，不妥之处在所难免，祈请读者和同行、专家不吝赐教，以便再版时修订，此实乃万幸之至。

李占国

2023年7月

目　录

第一章　绪　论

学习会计的十个理由

内容导读： 小张、小王、小李、小赵和小刁是就读于某财经大学会计学专业的大一新生，他们同住一个宿舍，开学当天参加完学校举行的开学典礼，大家聚在一起聊天，各自介绍了自己家乡的风土人情后，大家把话题转到了所学专业，各抒己见，争论热烈。

小张先说："什么是会计？其实特简单，会计就是一个人。比如我爸单位的会计吴叔叔，人们都叫他吴会计，'会计'不就是一个人嘛。"

话音刚落，小王就大声说道："不对，会计不是指人，而是一项工作。例如，前天我碰到一个今年刚毕业的校友老乡，我问他'你在企业做什么？'他说'我在企业做会计。''会计'当然是指工作了！"

小李也有自己的看法，他慢条斯理地说："会计才不是一个人，也不是一项工作，会计是企业的一个部门、一个机构！我们经常在影视作品里看到的企业办公室墙上挂的'会计科''财务部'等，这里的'会计'是指会计部门，显然是一个机构嘛。"

不善于言辞的小赵终于忍不住了，他说道："你们都错了，我们在报志愿时填的不就是会计嘛，会计是一个专业呀，你们说不是吗？"

"不对不对，都不对，你们把会计理解得太狭隘了！"，小刁站起身来说道："我在报志愿选专业时，征求了我大舅的意见，他在全球四大会计师事务所之一的毕马威会计师事务所工作，他建议我学会计并告诉我说：'会计是一种国际通用的商业语言。'还给我讲了会计在企业管理中的重要性，虽然我似懂非懂，但还是采纳了我大舅的建议。"

听了小刁的话后，大家都陷入了深思。因为大家都有同样的经历，都是听从了师长、家长、朋友的建议，认为会计在企业管理中具有非常重要的地位且前途无量才选择学习会计。但会计究竟是什么？以上大家的说法是否正确？是否有"盲人摸象"之嫌？

其实，以上大家对会计的认识都没有错，但是都不全面。本章将通过对会计本质、会计职业及会计方法几个方面的论述，使大家对会计有一个全面的认识。包括：❶了解会计的产生与发展过程，明确生产越发展会计越重要；❷通过了解企业的类型及企业利益相关者的关注点，认识企业与会计的关系；❸围绕会计目标，通过会计职能与会计对象，认识会计的本质；❹通过会计职业，了解会计机构、会计人员、会计职业教育课程体系；❺通过对会计核算方法的了解，初步理解这一"商业语言"。

第一节 会计的产生与发展

经济学的基本前提应当是资源的有限性和稀缺性。正是由于资源的有限性和稀缺性与人类社会发展需求的无限性的矛盾，才导致人们要在经济上作一盘算，即对有关人力、物力的投入和产出进行观察、计量、计算、记录和比较，用尽可能少的劳动耗费，生产出尽可能多的劳动成果，以满足生活和生产的需要，这便产生了会计。所以，会计是因人类社会生产实践和经济管理的客观需要而产生和发展的。虽然会计作为一门学科是近几百年来的事，但其作为一项记录、计算和考核收支的工作，无论在中国还是其他国家，其历史都源远流长，几乎同人类社会的历史长度比肩。

一、会计的萌芽

在原始社会末期，出现了作为“**生产职能的附带部分**”的简单、随意的会计记录，当时人们在生产时间之外，把劳动成果等记载下来。如在我国古代出现的“**结绳记事**”“**绘图记事**”“**刻木为记**”“**书契**”，在古埃及出现的“**刻石记事**”，在古巴比伦出现的“**泥板记事**”等。但是这些只能算作原始的计量、记录行为。

二、古代会计阶段（原始社会末期至15世纪）

随着人类生产活动的发展和管理要求的提高，产生了对生产活动进行专门计量与记录的古代会计。古代会计以会计名词的产生、会计专职人员和官厅会计机构的出现为标志。剩余产品的出现是专职会计产生的前提条件，它使会计从生产职能中分离出来，成为一种专门的职能。

（一）古代会计在中国

在我国西周时期，“会计”一词最早出现于西周的《周礼·天官》一书的记载：“司会掌邦之六典、八法、八则……而听其会计。”当时朝廷的财计机构分为两大系统：❶地官大司徒系统，掌管王朝的财政收入；❷天官冢宰系统，掌管王朝的财政支出。据《周礼·天官》的记载，天官所属的中大夫“司会，为计官之长，主天下之大计”，掌管王朝财政收支的核算与审核监督之大权；“……司会，以参互考日成，以月要考月成，以岁会考岁成”，即司会每旬、每月、每年都要对地方官吏报送上来的会计报告加以考核，以判断其是否真实、可靠，再交由周王据此赏罚。“参互”“月要”“岁会”三种报告形式的出现，是我国古代会计工作步入规范化、制度化的象征，标志着我国古老的会计制度已初见端倪。

在我国春秋战国时期，产生了“**三柱结算法**”，根据“收入”“支出”“结余”三大结算要素之间的关系（即“**收入−支出=结余**”），结算一定时期财产物资的增减变动过程及结果。战国时期的《孟子·万章下》中记录了孔子“尝为委吏矣，曰‘会计当而已矣’”之句。

在我国秦汉时期，由于秦朝在全国统一了度量衡，为货币逐步成为会计核算的主要计量工具提供了坚实的基础。同时出现了账簿的概念，如“草流”、“细流”和“眷清簿”，有“钱谷账”，分设“钱出入簿”和“谷出入簿”。

在我国唐宋时期，由流水账（相当于日记账）和眷清账（总清账，相当于分类账）组成的账簿体系已初步形成。如唐宋时期流行的“四柱结算法”，这是中国当时记账、算账的基本模式。所谓“四柱结算法”，是指将财政收支分为“**旧管**”（期初结存）、“**新收**”（本期收入）、“**开除**”（本期支出）、“**实在**”（期末结存）四个部分，并根据平衡公式“旧管+新收-开除=实在”进行结账，以便分类记录和汇总日常赋税收入、支出及其结存情况，检查日常记录的正确性。根据四柱结算法编造的账簿称为“**四柱清册**”。在唐朝的官厅会计中，出现了“**国计簿**”的报告形式。它通常分为三个部分：第一部分，说明赋税的预算收入；第二部分，按财政收入项目分别反映实际收入额；第三部分，是财政收入的实际金额与历史数据的对比分析。

（二）古代会计在欧洲

古代会计在欧洲的产生和发展，大致也经历了从无到有、从简单到复杂的过程。但与古代会计在中国主要起源和集中于政府的“**官厅会计**”不同，古代会计在欧洲主要起源和集中于庄园主及其所聘任的管家之间的“**委托代理**”关系。庄园主委托具有管理能力的管家对庄园进行日常管理，他要了解管家对庄园财产是否进行了有效管理；而作为管家，需要将其对庄园进行管理的过程和成效，包括收入、支出、利润等通过“**述职报告**”向庄园主汇报，借以解除其承担的责任。

综上所述，在古代会计阶段，会计以实物和货币共同作为主要计量单位，以“**官厅会计**”和“**庄园会计**”为主，采用就事论事的记账方式，反映奴隶主、封建王朝的赋税征收、财务收支和财产监管等情况。

三、近代会计阶段（1494年至20世纪30年代末）

近代会计是商品经济的产物，主要是指从15世纪末产生于意大利的借贷复式簿记开始，到20世纪30年代末出现的第一份代表美国“公认会计原则”的“会计研究公报”为止的这一个历史时期的会计理论与实务。其主要标志有二：一是利用货币计量进行价值核算；二是广泛采用复式记账法，从而形成现代会计的基本特征和发展基石。

（一）近代会计在欧洲

借贷复式簿记产生于15世纪意大利的佛罗伦萨、热那亚、威尼斯等地，具有其军事和经济的历史渊源。公元1096年—公元1291年，意大利的沿海港口城市成为与东方进行贸易的枢纽，并大大推动了海上贸易的发展。

到13世纪，地中海沿岸商业经济逐渐繁荣起来，并带动了城市金融业的较快发展，这主要是由于跨越地中海海上运输的风险和商业贸易额的扩大，资本缺乏的现实遂得以凸显，在单一资本满足不了需要的情况下，以为商人提供大规模资本的、由多个单一资本组成的金融业的经纪人便应运而生。对于金融业的经纪人而言，既要记录其资本从何而来，又要记录其资本到何处去，便开始以借主和贷主的名字开立资金账户。每一账户都分为上下两方：上方为“借”，下方为“贷”，并要求将每笔借贷款项的来龙去脉分别记入一个账户的借方和另一个账户的贷方，在13世纪至14世纪意大利的一些沿海城市，就已经出现了以“借”和“贷”为记账符号的记账方法（称为**“借贷记账法”**）。

这种借贷记账法，经过大约300年的演变，发展成为一种科学、严谨的复式记账方法。1494年，意大利数学家卢卡·帕乔利（Luca Pacioli）在其出版的《**算术、几何、比及比例概要**》一书[1]的第三部分“簿记”中，总结了当时以复式记账为纽带的自我平衡账户体系，即威尼斯式簿记，并对“借贷记账法”进行了详细介绍，从此“借贷记账法”在世界各国传播，成为各国普遍采用的记账方法。《算术、几何、比及比例概要》一书的出版，标志着近代会计的产生，**是近代会计发展史上的第一个里程碑**。[2]

[1] 知识拓展：

《算术、几何、比及比例概要》是一部内容丰富的数学著作，它由五部分组成：算术和代数、商业算术的运用、簿记、货币和兑换、纯粹数学和应用几何。

[2] 名人名言：

德国诗人歌德（Goethe）曾赞誉复式簿记为“人类智慧的绝妙创造之一”；经济史学家索穆巴特（Sombart）认为“创造复式簿记的精神也就是创造伽利略与牛顿系统的精神”。

其后，随着19世纪英国工业革命的蓬勃兴起和工厂制度的确立，尤其是股份公司的不断出现，客观上要求有一套与之相适应的会计方法。产生于商业革命的意大利式簿记，逐步表现出对以广泛使用蒸汽机为主要内容的工业革命的不适应性。由于许多企业采取股份公司组织形式，所有权与经营权分离，企业的股东和债权人等要求企业定期提供有关企业财务状况和经营成果的财务报表，并要求对企业提供的财务报表进行审查。于是以查账为职业的会计师应运而生，并得到社会承认和重视。1854年在英国苏格兰成立的第一个会计师协会——爱丁堡会计师公会，**是近代会计发展史上的第二个里程碑**。

（二）近代会计在中国

在我国明末清初时期，随着手工业和商业的发展，民间会计也开始从单式记账向复式记账发展，其标志就是当时山西阳曲富商傅山（1607—1684年）为了改善票号的经营管理，设计了一种具有复式记账特征的“龙门账”（但是它还不是一种成熟的复式记账法）。“龙门账”把全部账册分为“进”（收入）、“缴”（支出）、“存”（资产）、“该”（负债）四大类，各大类再按所包含的内容细分为若干项目；以“进-缴＝存-该”作为其试算平衡公式，采用双轨制的盈亏计算方式，并通过编制**“进缴表”**（类似利润表）和**“存该表”**（类似资产负债表）确认盈亏情况；进大于缴的差额为盈余额，进小于缴的差额为亏损额，“进-缴”之差额等于“存-该”之差额称为“合龙门”（表明记账无错；若“进-缴≠存-该”，则表明记账有差错）。龙门账的记账程序为：首先直接在流水账（日记账）中详细记录会计交易或事项；一段时间后，再将流水账中登记的金额汇总过入誊清账（分类账）；在需要结账时，结算出“进”“缴”“存”“该”各类账户的发生额或余额，并根据“进”“缴”账户发生额编制“进缴表”和“存”“该”账户余额编制“存该表”；如果两表计算的差额相等（**即**

“进-缴=存-该”）则为“合龙门”。“进缴表”和“存该表”已经具备了现代会计利润表和资产负债表的雏形。

在“龙门账”的基础上，清代末期又出现了一种比较成熟的复式记账法——“四脚账”（也称“天地合账”），它要求对每一笔账项均在账簿中记录两笔，既登记“来账”，又登记“去账”，以反映其来龙去脉。因此，“四脚账”将我国的记账方法进一步发展为一种名副其实的复式记账法，并一直延续到20世纪上半叶。

龙门账及其创始人——傅山

四、现代会计阶段（20世纪50年代以后）

现代会计一般是指20世纪50年代以后的会计，这一阶段是会计的跨越式发展时期。其主要标志：一是管理会计形成并与财务会计分离；二是电子计算机在会计上的应用。

（一）管理会计与财务会计分离

20世纪以来，西方国家生产社会化程度不断提高，经营规模不断扩大，市场竞争也日益加剧，传统会计已不能满足企业经营和发展的需要，加强企业内部科学化管理被提到了议事日程，受1911年出版的《科学管理原理》一书的影响，强化事前决策分析、事中日常控制和事后考核评价的管理职能，会计工作日益向基层单位、管理部门和生产经营技术领域渗透，会计与企业日常管理活动的结合越来越紧密，到20世纪30年代，科学管理对企业兴亡的重要作用日益凸显。如何利用会计提供的信息分析企业经营活动现状，预测经营活动前景，为经营决策提供依据等，成为会计研究的重要课题。为适应加强企业管理的需要，在传统会计中逐步分离出一门新的学科——“管理会计”，在企业会计中形成了财务会计与管理会计并驾齐驱的格局。会计分工的细化也增强了会计作为一项经济管理活动的功能。❶管理会计主要承担向企业管理层提供有助于经营预测和决策的相关信息的职责，进而加强企业内部的经营管理；❷财务会计则主要承担向投资者等财务报告使用者提供企业相关信息的职责，进而有助于他们进行投资等决策。

科学管理之父：

1911年，弗雷德里克·泰勒（Frederick Winslow Taylor，1856—1915）的《科学管理原理》的出版，在西方管理思想史上具有划时代的意义，它标志着西方管理科学的诞生，也标志着资本主义国家由经验管理向科学管理的转变。

（二）电子计算机等在会计上的应用

20世纪50年代以来，随着科学技术的飞速发展，电子计算机、互联网等现代科学技术成果在会计工作中得到了广泛的应用，这不仅极大地提高了会计工作的效率和质量，而且把会计人员从繁重的手工簿记工作中解放出来，使现代会计在提供信息方面发挥了巨大作用。管理会计的产生和电子数据系统会计的出现，**是会计发展史上的第三个里程碑。**

会计产生与发展的历史表明，会计是为适应生产活动发展的需要而产生的，并随着生产的发展而发展。经济越发展，会计越重要。正如马克思所说的那样：“过程越是按照社会的规模进行……作为对过程的控制和观念总结的簿记就越是必要。因此，簿记对资本主义生产，比对手工业和农民的分散生产更为必要；对公有生产比对资本主义生产更为必要。”

第二节　企业与会计

会计发展的历史告诉我们，会计与企业的形成和发展是密切联系的。因此我们要认识并了解会计，首先就要对企业有一个基本的认识和了解。

一、企业及其类型

在人类社会中，人是社会基本的组成细胞，从社会学的角度看，每个人都生活在一定的组织内，如学校、工厂、商场、饭店、宾馆、银行、证券公司、信托投资公司、基金公司、期货公司、会计师事务所、咨询公司、医院、政府机关、慈善机构等形形色色的组织。上述组织有不同的分类标准和分类结果，如果按照营利性这一标准来分，大体可分为两类：❶**单纯以追求利润为目标的组织**，如工厂、商场、饭店、宾馆、银行、会计师事务所等组织，这些组织也被称为营利组织或企业；❷**不以营利为主要目的但要收取一定费用的组织**，如各类学校、医院等组织，或者完全不收取费用的组织，如政府机关、慈善机构等组织，这一类组织在我国习惯上统称为行政或事业单位，而在国际上统称为**政府与非营利组织**。本书主要以企业为阐述的重点。

现代意义上的企业是指从事生产、服务、流通等经济活动，为满足社会需要并获取盈利，进行自主经营，实行独立经济核算，具有法人资格的基本经济单位。

（一）企业因业务活动内容不同的分类

企业因业务活动内容不同，可分为以下三类：“**服务业**”“**商业**”“**制造业**”。❶服务业，是指提供劳务赚取收入的行业，如会计师事务所、律师事务所、银行、顾问公司、运输业、广告业、干洗店等；❷商业，是指买进商品，准备再销售给客户，借以赚取价差的行业，如百货商店、超市、电器经销商等；❸制造业，是买进材料进行制造或加工，待产品完成后予以出售的行业，如水泥业、钢铁业、汽车业、电子业、纺织业等。

（二）企业因组织形式不同的分类

现代企业的组织形式反映了企业的性质、地位、作用和行为方式，规范了企业与出资人、企业与债权人、企业与政府、企业与企业、企业与职工等内外部的关系。对于企业的组织形式，国际上通行的是按企业资产经营的法律责任分类，一般分为公司制企业和非公司制企业两大类。其中，非公司制企业又分为独资企业和合伙企业；公司制企业又分为有限责任公司和股份有限公司。

1.独资企业

独资企业，是指由一个人投资经营并承担全部盈亏责任的一种企业组织形式。独资企业具有以下特点：

（1）规模小、人员少。往往由企业主（老板）负责所有的监督、控制与管理工作，并承担全部盈亏，如私人诊所、饭店等。

（2）在法律上，作为自然人不具备法人资格。[1]具体表现在：❶无限责任，其业主对企业债务负连带无限清偿责任，其盈亏和负债完全由业主承担，一旦企业破产，则所有者不仅可能血本无归，还必须承担企业无法偿还的债务；❷无单独的企业所得税，独资企业的所得归业主所有，由业主在计算个人所得税时统一计税。

（3）短暂的生命期限。独资企业的寿命受限于其所有者，一旦所有者无法继续经营或死亡，则独资企业将清算或变更登记，这在很大程度上影响了独资企业与其他企业的长期战略合作。

（4）难以在资本市场上筹集资本。由于独资企业短暂的生命期限，加之其规模一般比较小，市场投资者一般认为投资独资企业的风险较大，因而独资企业在资本市场上筹集资本比较困难。

（5）所有权难以转让。由于独资企业的所有权不以股票的形式表现，无法实现自由转让，因而当企业发生经营困难时无法轻易转让企业的所有权来降低风险。

2.合伙企业[2]

合伙企业，**是指由两人以上企业主所组成，依照合伙契约共同约定参加者的责任、义务、损益分配等的一种企业组织形式**。许多小规模企业及专门性业务均以合伙方式组成，如律师、会计师事务所。❶它具备独资企业的一些主要特点：组建成本低，无所得税负担，承担无限责任，生命期限短，难以在资本市场上筹集资金，所有权难以转移。❷与独资企业相比，它的进步表现在：由于合伙人的增加，企业的经营管理能力有所增加，较独资企业而言能够募集更多的资金，信用水平也较高。❸缺点是合伙人之间的连带责任（各合伙人对合伙企业之债务负连带无限清偿责任，即各合伙人之间互为代理），可能会使无过失的合伙人受到其他合伙人过失的牵连，同时也可能因为合伙人之间的经营权之争而使企业效率降低。

3.有限责任公司

有限责任公司，**是指由每个股东以其认缴的出资额对公司承担有限责任，公司以其全部资产对其债务承担责任的企业法人**。[3]有限责任公司的特点如下：❶**独立的法律主体**，具有独立的法人资格并具有与自然人相同的享有权利和承担义务的能力；❷**有限的债务清偿责任**，属于资合公司，实行资本金制度，投资者按出资比例对公司负责，即公司在清算时，如果公司的全部资产不足以清偿债务，则股东不必以个人的财产予以清偿；❸**独立的纳税主体**，公司是纳税主体，取得的收益按照企业所得税法的规定计算缴纳企业所得税；❹**筹资方式采用认缴制**，不能公开募股，不能发行股票，而应由出资者认缴股份，公司应向投资者签发出资证明；❺**撤资与增资**，投资者之间可以相互转让出资，新加入投资者缴纳的出资额大于其在资本总额中所占份额的部分，应作为资本公积处理；❻**公司的财务不必公开**，但编制的会计报表须按期报送给各投资者。[4]

[1]特别说明：

虽然独资企业不具备法人资格，但会计上认为独资企业是一个独立的会计个体，与业主有别。

[2]特别指出：

合伙企业是在独资企业基础之上发展起来的一种企业组织形式。

[3]特别理解：

在我国《公司法》中，由国家授权投资的机构或国家授权部门投资设立的公司，属于投资主体单一的特殊的有限责任公司。

[4]提示：

国有独资公司除具有投资主体单一、不存在资本或股本溢价、资本无论如何计价都不会改变资本结构等特点外，其余与有限责任公司相同。

4.股份有限责任公司

股份有限责任公司，简称股份有限公司，是指全部资本由等额股份构成，并通过发行股票筹集资金，股东以其所持股份对公司承担有限责任，公司以其全部资产对公司债务承担责任的企业法人。股份有限公司与有限责任公司比较，除具有上述有限责任公司的**独立的法律主体、有限的债务清偿责任、独立的纳税主体**三个特点外，还具有以下主要特点：❶资本划分为等额股份，每股金额与股份数额的乘积即为股本总额；❷通过发行股票来筹集资本；❸股票可以按面值发行，也可以溢价发行，但不可以折价发行；❹应当有2人以上200人以下为发起人，其中须有半数以上的发起人在中国境内有住所；❺股票可以交易或转让；❻财务必须公开，以供股东查阅。

（三）公司制企业与非公司制企业在财税处理上的区别

不同性质的企业，未来的发展空间不同，其承担的义务和享受的税收政策也不同，所以在企业设立之前，就要做好筹划。公司制企业与非公司制企业在财税处理上的区别见表1-1。

表1-1 公司制企业与非公司制企业在财税处理上的区别

项目或内容	公司制企业	非公司制企业
责任承担	有限责任，即股东对企业的最大责任承担，仅以其出资额为限	无限责任，即股东对企业责任的承担，除其出资额外，还要以民事责任（私家财产）与刑事责任来担保
所得税的处理	作为法人，需要缴纳企业（法人）所得税；在分配股利时，股东需要缴纳个人所得税	不是法人，不需要缴纳企业（法人）所得税，只需要缴纳个人所得税
企业的发展前景	作为法人，可以独立存在；实现了风险隔离；企业容易做大、做强	不是法人，需要以自然人的形式存在；未实现风险隔离；企业不易做大、做强

（四）企业组织架构

企业的组织架构就是一种决策权的划分体系以及各部门的分工协作体系。组织架构需要根据企业总目标，把企业管理要素配置在一定的方位上，确定其活动条件，规定其活动范围，形成相对稳定的、科学的管理体系。不同的企业性质不同、规模大小不同，组织结构也不完全一样，常见的组织结构形式包括中央集权、分权、直线以及矩阵式等。某制造业企业的组织结构如图1-1所示。

二、企业经营活动的主要内容

企业经营活动是指企业经营对象的内容，其主要内容按照经营环节可以分为以下四个方面。

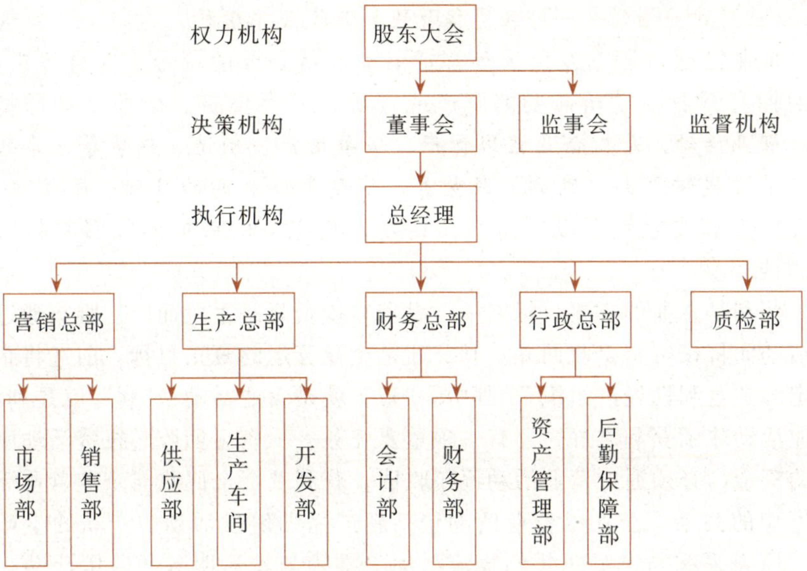

图 1-1 某制造业企业的组织结构

（一）融资活动——钱从哪里来

融资活动（亦称筹资活动），是指企业资金的筹措或取得的交易。钱从哪里来？“巧妇难为无米之炊”，开门七件事——柴、米、油、盐、酱、醋、茶，家庭如此，企业更是如此，没有钱（资金）将一事无成。所以，筹集资金的融资活动，乃企业一切活动的根本。

企业资金提供者有二：一为业主，一为债主。❶业主所提供的资金，属于自有资金，其对企业所拥有的权益（请求权），称为业主权益（或股本）1；❷债主（债权人）所提供的资金，为外来资金，其对企业所拥有的权益（求偿权），称为负债。因此，如何筹措足够的资金，供日后投资及营运活动之用，是企业经营的首要任务。2

不同的筹融资方式对企业的影响是不同的，企业应当选择适合自身条件的方式筹措资金，以降低筹资风险和资金成本，求得企业利润的最大化。当前金融体系发达、资本市场机制健全的时代，为资金的筹措提供了便利。

（二）投资活动——钱到哪里去

投资活动，是指企业将所筹措的资金，转换成企业营运过程所必需的资产交易。3

投资活动泛指资源形态的转换或资金配置，主要包括：❶实物资产投资，通常企业在进行营业活动之前，必须先投资或取得某些供营业活动使用的资产，如厂房、仓库、机器设备、办公场所等。例如，要经营一家百货公司，至少要先购置或租用一栋大型建筑（包括停车场），并安装电梯、空调等设备，之后才能开张营业。❷非实物资产投资，如对无形资产的购买及其研发活动等。在现代社会，在资金筹措及实物资产投资相对容易的情况下，无形资产投资4、人力资源投资、专利技术研发投资等，将成为企业未来竞争力的重要源泉。

1 形象比喻：

股本，乃公司经营之“骨本”也。

2 超链接：

融资活动形成的负债和业主权益，构成了会计六要素中的两个要素，其概念特征参见本书第二章第一节的有关内容。

3 超链接：

投资活动形成的资产，构成了会计六要素中的两个要素，其概念特征参见本书第二章第一节的有关内容。

4 超链接：

蒸汽机的发明改变了人力生产的方式，从而迈入工业革命时代；飞梭的发明，将纺织业带入新的纪元；计算机的发明，将人类带入信息革命的时代。

（三）营业活动——赚钱过程及钱如何收回并获利

企业已通过股本及负债等筹资活动取得必要的资金，并进行投资，从而拥有营业活动所需要的资产或资源，万事俱备，营业活动即将开始。**营业活动，是指企业运用资产，从事生产、制造、销售等一系列活动，通过提供产品（商品）或劳务，实现创造利润的目标。**简而言之，营业活动就是获利活动，进一步讲就是投出去的钱如何收回并收回更多的钱。[1]

获利是企业的主要目标之一，融资与投资只是手段而已，唯有通过营业活动而将投资资金收回并获利，才是企业营运的真正目标。前述将企业界定为“营利性经济组织”，其中：“营”就是营业活动；“利”就是利润。营业活动除了获利之外，还有一项重要任务——资金回收，投资活动所投入的资金，必须通过营业活动逐年收回，获利及资金回收与企业营业活动有密切的关系。企业的营业活动包括新产品的研发活动、产品的生产活动、原料采购与产品销售的物流活动、推销与售后服务的营销活动、收入与费用的结算活动等，它们各有其特点。但就制造业企业而言，营业活动按照内容、所处环节和特定目的不同，可大体分为以下四个方面：❶原料采购活动；❷产品生产活动；❸产品销售活动；❹其他活动。[2]

> [1] **理论高度：**
> 如何用钱来赚取更多的钱？用马克思政治经济学原理中的资本循环公式表示：G—W…P…W′—G′。

> [2] **超链接：**
> 营业活动形成的收入、费用与利润，构成了会计六要素中的三个要素，其概念特征参见本书第二章第二节的有关内容。

（四）盈余形成与分配活动——钱如何多出的计算及为谁而挣

公司应使股东权益最大化。通过营业活动和对外投资活动的组织，付出去很多钱，同时也收回来很多钱，简单来说，收回来的钱扣除付出去的钱，就是盈余，前者大于后者的差额为利润，后者大于前者的差额为亏损。关于钱如何多出的计算在会计上称为损益计算。损益的计算是有一定技巧的。

虽然公司是为股东创造盈余而存在的，但企业创造的盈余不一定全部分配给股东。按照《公司法》的规定，企业之盈余：首先，要用来弥补以前年度的亏损；其次，应提取10%的法定盈余公积；[3]最后，应用来向股东分派股息或红利，股息或红利的发放是企业盈余最主要的用途，也是股东投资的主要目的之一。

> [3] **实质：**
> 法定盈余公积，犹如个人储蓄，说穿了，就是法律规定企业必须具备的储蓄。

三、企业利益相关者及其关注点

在经济学中，企业利益相关者一般是指对一家企业的经营行为与最终业绩有直接或间接影响的任何组织和个人。企业利益相关者主要包括：所有者和股东、银行和其他债权人、供应商和分销商、职业经理人、政府有关部门。这些利益相关者与组织之间存在着直接或间接的关系，并且能够影响组织的经营行为和最终的业绩，由于其所处的地位及要求的回报不同，所以其关注点也不尽相同。

（一）投资人（股东）及其关注点

投资人，是指企业的权益投资人，即普通股股东。与企业最直接的利益相关者当属业主，如前所述，业主如果只有一人，这家企业即属独资；两人以上出资，即属合伙；如果是一人以上的业主并依《公司法》规定成立的企业，则属公司组织，其业主就是股东。这些股东出资，交由经理人经营。企业成立初期可能由股东亲自经营，此时即为业主兼经理人的情形。但是，随着企业业务的扩大，所需资金便不是少数股东可以满足的，因此，企业开始向更多的人筹措资金，这些人认购股份，缴付股款，从潜在投资人的身份，成为这家企业的投资人，即新的股东。

作为投入物力或财力最大的股东当然要求有回报。企业作为社会经济生活的一部分，企业的利益相关者除股东之外还有债权人、经理人、供应商、销售商、政府等，这些利益相关者也要求得到回报。❶因为股东作为企业的主体，其回报要求是基于上述利益相关者应得的回报计算完后，若有剩余，再将剩余的利益分配给股东，因此股东是企业剩余利益的请求者。❷由于企业通常通过股利分配的形式回报股东，因此股东主要关心的是企业的盈利能力，在现代社会，企业的抗风险能力也是股东们十分关心的。

（二）债权人及其关注点

债权人，是指借款给企业并得到企业还款承诺的人。企业除了长期发展需要资金外，为应付短期周转，也需要大量资金支持。资金筹措来源除前面提到的投资人（股东）外，也可以通过向银行贷款来获取资金，此时银行便成为这家公司的债权人。

债权人提供资金满足企业经营与周转之需，他们的预期是要求企业定期缴付利息作为回报，并如期归还本金，为了保证收回本金与利息，债权人自然要关心企业是否有偿还债务的能力。

（三）经理人及其关注点

经理人，是指被股东聘用的、对企业的经济资源进行统筹配置的人。由于股东人数众多，可能分散在全球各地，无法亲自经营，需委托专业经理人代为经营。经理人利用股东与债权人提供的资金，统筹配置资金、人力与物力等资源，将之转换为商品（或劳务），出售给顾客并满足顾客的需要。

经理人为企业业主（即股东）经营，付出时间与精力，除了追求成就感外，还期待收到薪资与获得奖励报酬。薪酬高低往往视经理人是否达到预定目标而定，且形式不一，有的企业除了给现金外，还给股票或股票期权。

基于追求利益的动机，它能有效地把企业高级人才与其自身利益很好地结合起来，使经理人会努力拼业绩，期望在期限届满之后股票较约定价格有很大的提升。同时，企业的业绩，与经理人的续聘或被解雇以及公司被收购的威胁息息相关，因此，经理人不得不从债权人和权益投资人的角度关心公司的财务状况、盈利能力和持续发展能力，以履行其受托责任。

（四）供应商与销售商及其关注点

供应商与销售商，是指企业劳动对象的供应者和劳动产品的购买者。供应商提供原（物）料、商品、机械设备、消耗用品或服务，他们期待的是收到账款。顾客支付账款给企业，期待企业提供商品或劳务，有些企业

历史掌故：

历史上我国十大商帮之首——“晋商”辉煌500年的经营秘诀之一就是采用“人股”或“身股”的激励机制，你了解这一机制的具体内容吗？

除提供商品外，还负有潜在的责任，如家电业者为顾客提供的产品质量保证服务。

绝大多数企业的生产经营活动，总是处于“社会再生产过程链条”上的一个中间环节，其前一个环节是材料供应商，后一个环节是产品销售商。所以“链条”上的任何一个环节都与自身的生产经营活动相关。

（五）政府及其关注点

政府，是指对社会再生产过程进行服务和监管的部门。❶由于企业在经营过程中，使用了政府提供的服务，包括国防、教育、卫生、交通与安全设施及保护，使企业可以顺利经营，因此，作为政府的税务部门向企业征收营利事业所得税等有关赋税是合理的；❷作为国有企业监管部门的国有企业资产管理委员会，履行出资人职责，加强国有资产的管理工作，完善公司治理结构，并对所监管企业国有资产的保值增值进行监督；❸证券管理机构要评价上市公司遵守政府法规和市场秩序的情况；❹会计监管机构（主要是财政部门）要审查企业遵守会计法规和财务报表编制的规范性；❺社会保障部门要评价职工的收入和就业状况。

四、会计可以满足企业利益相关者的要求

（一）通过编制财务报告提供有关会计信息

大家也许会感到好奇，以上我们讨论的企业利益相关者有许多不同的关注点或诉求，投资人和债权人，本身不亲自经营企业，为什么会放心将企业交给经营者？他们当初是如何决定提供资金给企业的？决定提供资金后又如何获知企业的经营状况并决定后续的经营决策？这是因为企业会定期提供其一定期间的经营成果和某一时点的财务状况，即借助会计把企业的现状与前景通过财务报表的形式告知投资人和债权人。

所谓**经营成果，简而言之是指某经济个体在某个期间是赚还是赔，**包括某个期间实现的收入、发生的费用以及实现的利润或发生的亏损。如果企业的经营结果是赔钱，那么会计学中将其称为“损”；如果企业的经营结果是赚钱，那么会计学中将其称为“益”。所谓财务状况，**简而言之是指企业的财务是否健全，**包括企业经营资金的来源渠道、这些资金在企业的存在形态，以及企业在一定期间的现金流入量和现金流出量。例如2×23年12月31日，公司有足够的能力偿还明年将要到期的欠款吗？企业每月是否能按时发放员工薪酬？若公司财务健全，就有能力发薪、还债，并能把握适当时机，将公司多余的现金用于投资，为公司的股东赚取更多的利润！

（二）为企业利益相关者保驾护航——外部审计

虽然企业提供财务报告对企业利益相关者的事前决策或事后控制起着极为重要的作用，但企业利益相关者尤其是投资人和债权人可能还不放

心，因为编制财务报表的人不是他们，而是经理人（包括经理人控制下的会计人员），经理人是否会忠实地将经营成果及财务状况列示在财务报表上呢？降低这一层疑虑的方式之一，是安排企业聘请独立而称职的第三方——外部审计人员，针对经理人编制的财务报表加以查核。**外部审计人员是指独立于企业的第三方，针对经理人编制的财务报表加以查核，并出具审计报告表示专业意见的人。**外部审计人员对企业经过一定程序的核查后，出具审计报告表示专业意见，如果出具的意见被投资人和债权人所接受，那么他们的上述疑虑将会降低。

会计论道

保守商业秘密——您能做到吗？

罗斯福当海军助理部长时，有一天一位好友来访。谈话间朋友问及海军在加勒比海某岛建立基地的事。“我只要你告诉我，”他的朋友说，“我所听到的有关基地的传闻是否确有其事。”这位朋友要打听的事在当时是不便公开的，但是好朋友相求，如何拒绝是好呢？只见罗斯福望了望四周，然后压低嗓子向朋友问道：“你能对不便外传的事情保密吗？”“能。”好友急切地回答。“那么，”罗斯福微笑着说：“我也能。”

教授寄语：**“出我的口入你的耳，切莫向第三个讲起”，这是自欺欺人。你任何时候都不能指望别人就某事守口如瓶，你可以向好朋友说，他也会同样地向他的好朋友说，唯一的解决办法就是“打死也不说”，对应该保守的秘密，严格执行保密程序。**

第三节　会计的内涵

所谓会计的内涵，是指以会计对象为内容并围绕会计目标，以会计职能为方法认识会计的本质。

一、会计本质的形象认识

（一）企业语言与会计交易或事项

1.会计本质的初步认识——企业语言

由于企业经济活动内容的复杂性及利益相关者的广泛性，为表达企业的财务状况与经营成果并实现有效经营管理，企业必须借助会计对企业经济活动，包括企业拥有多少资产、欠了多少债务、拥有多少权益、有多少收入、用去多少费用、获得多少利润等，进行辨识、衡量、分类、记录、分析和汇总，最后通过会计报告的编制与发布，将企业的经营成果和财务状况如实地向企业利益相关者反映。也正是从“表达”的角度出发，会计被称为“企业语言”或“商业语言”。这一语言在企业内部各部门之间是通用的，在一个国家里也是通用的。在与国际会计准则趋同后，会计将成为国际通用的商业语言。

语言学家胡明杨认为“语言是一种作为社会交际工具的符号系统”，其基本功能是沟通交流，通过沟通交流，双方得以互相了解并达到一定的目的，语言包括组织加工、表达方式和表达目的三个方面的内容。会计既然作为一种“企业语言”也应包括以上三个方面的内容。❶所谓“组织加工”，就是将企业活动如何按照会计的程序和方法组织并加工成利益相关者能够听懂的、有用的“言语”，即会计信息。❷所谓“表达方式”，就是将会计信息如何经由特定的格式——“财务报表”提供给利益相关者；❸所谓“表达目的”，就是让利益相关者通过会计信息，据以评价企业经营绩效并最终协助其做出合理的经济决策。其中“组织加工”和“表达方式”属于会计功能，“表达目的”属于会计目标。

2.会计交易或事项

如果把会计当成一种语言来看待，这种语言到底要描述什么呢？在纷繁复杂的企业经营活动中：❶有些活动可以用货币来衡量，如资金筹集、原材料采购、产品销售等；❷有些活动则不能够用货币来衡量，如企业与其他单位签订的战略合作协议、引进了几位从事产品研发与设计的科研人员等；❸还有一些活动虽然能够通过货币来衡量，但却是在未来才会发生或具有极大的不确定性的，如签订的购销合同、法律纠纷与诉讼。所以，会计所描述的内容是能够用货币衡量且已经发生或完成的，能够引起企业资产、负债、所有者权益增减变动的企业经营活动，也即会计交易或事项。

会计交易或事项，也叫交易事项，是指企业与信息用户相关，并且导致经营实体的各项资产和权益发生变化的经济事项。❶所谓“交易”，是指企业与外部主体之间发生的价值交换行为。如收到投资者的投资、购进材料物资并支付款项、销售产品并收到款项等。❷所谓“事项”，是指企业内部发生的价值转移行为和一些外部因素对企业生产经营活动的直接影响。如生产产品领用材料、产品完工入库、自然灾害等不可抗力因素给企业造成的损失等。❸特别说明：在会计实务工作中习惯将“会计交易或事项”称为“经济业务”。

（二）会计的“产品”制造及“生产工艺流程”

如果将提供给信息使用者的“财务报告”理解为**“产品”**，那么企业活动中的会计交易或事项就是**“原材料”**，会计程序和方法就是产品生产的**“工艺流程”**。按照信息论的**“输入-转换-输出”**系统的观点，以上**“产品”属于输出、“工艺流程”属于转换、“原材料”属于输入**，因而我们可以将会计形象地描述为：**会计就是将企业活动中的会计交易或事项这一“原材料”，按照会计的程序和方法这一生产“工艺流程”，加工成财务报告这一“产品”的会计信息加工与输出并协助信息使用者进行决策的系统，或称“会计信息系统”。**

上述对会计信息系统的理解及会计信息加工处理的过程，如图 1-2 所示。

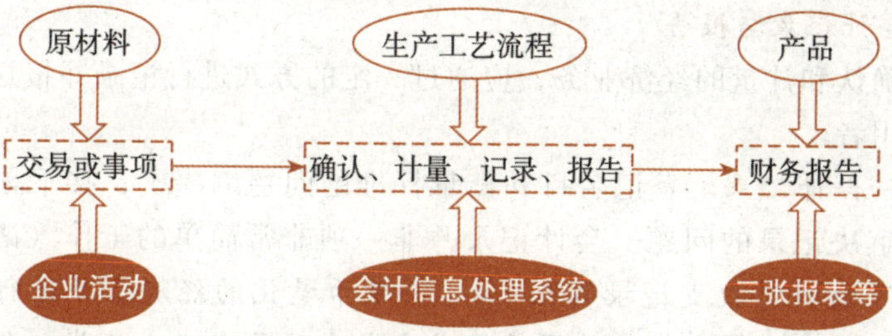

图 1-2　会计信息加工处理过程

（三）会计信息加工处理的过程

在会计实务中，经济业务发生和完成之后，经过确认、计量、记录和报告等会计信息加工处理过程，形成供信息使用者决策所需的会计信息。在会计信息加工处理过程四环节中，会计确认和计量是形成客观会计信息的前提。

1.会计确认与计量

通俗地说，会计确认与计量是指企业通过账务处理判断和反映企业发生的经济业务是哪些类别资金的增加或减少？各类别资金金额分别应当确认多少？前一个问题属会计确认，后一个问题属于会计计量。

（1）会计确认。❶并非企业经营活动的所有内容都能进入会计信息处理系统，只有被认定为经济业务的企业经济活动才能进入会计信息处理系统；❷被认定的经济业务，以何种项目名称和多少金额进行描述。例如，ABC公司2×23年3月10日赊购钢材，收到供货方开具的发票、运单等有关凭证，数量30吨，单价为100 000元，金额为300万元，钢材已经验收入库，货款下月支付。这一材料采购活动能够通过货币来计量，经过辨识后被认定为经济业务；这一交易事项，一方面使企业的资产类资金项目“原材料”增加300万元，另一方面使企业的负债类资金项目“应付账款”增加300万元。所以，**会计确认就是对企业经营活动中经济业务的辨识及对名目和金额的认定。**

（2）会计计量。会计确认解决了何为“会计交易或事项”或确定了要登记的企业活动，下一步要解决的问题是如何对其进行衡量。对事物进行衡量必须具备的两个基本要件是“单位”与“工具”，例如衡量某一物品的“重量”，工具是“秤”，单位是“千克、吨”等；衡量某一物品的体积，工具是“尺”，单位是“米、厘米”等。会计交易衡量的“单位”是货币，衡量的“工具”是会计准则中的计量属性，例如企业的一栋办公大楼，3年前购买时花了500万元，现在市场上的价格是1 200万元，会计在登记时是按照500万元来记账，还是按照1 200万元来记账呢？这两个金额分别是会计准则计量属性中的“历史成本”和“现行成本”。计量属性的选择对会计信息的质量至关重要。所以，**会计计量就是在会计的基础上选择合理的计量属性，确定各类别资金项目的金额。**

2.会计记录与报告

经确认和计量的经济业务，应通过一定的方式进行记录并报送给会计信息使用者。

(1) 会计记录。登记名目和衡量标准的问题解决了，接下来的工作就是要解决记录的问题。会计记录并非一项非常简单的工作（诸如会议记录、家庭日常收支记录等），而是**将货币量化的经济业务进行分类及汇总整理并在账簿上将其前因后果或来龙去脉予以双方记载之程序，又称"复式簿记"**。这是会计最基本的技术，也是会计初学者必须跨越的门槛。例如，上述ABC公司赊购300万元钢材的交易事项，在会计账簿上既要记录"原材料"增加300万元，又要记录"应付账款"增加300万元。

提示：

会计报告不仅包括会计报表，还包括报表附注和其他报告，但会计报表是会计报告的主要组成部分。

(2) 会计报告。报告就是信息的交流与传递或披露。如果将会计记录理解为会计报表这一"产品"的"零件"，会计报告就是"零件"的装配及其"产品"向会计信息使用者的输出。所以，**会计报告可以将会计信息传递给使用者，协助其了解及评估企业的经营绩效并制定合理的决策。**当然，由于市场竞争的加剧与保护"商业秘密"的需要，财务会计信息披露的范围和内容也值得研究。以上对会计报告的加工、组成及作用可通过图1-3来加以理解。

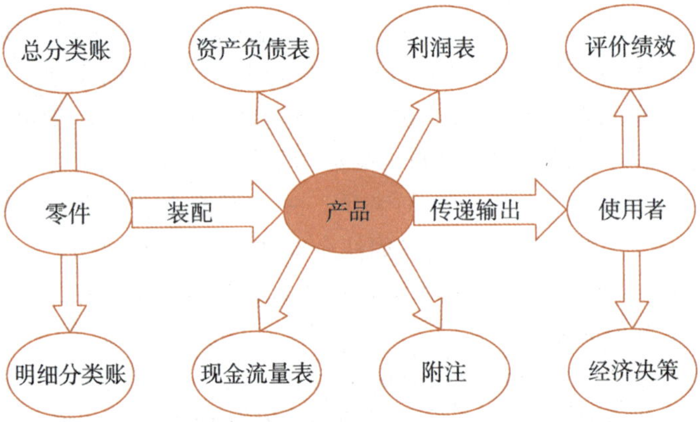

图1-3　会计报告的加工、组成及作用

二、会计目标

所谓会计目标，**是指在一定的会计环境中（主要为企业组织形式），人们期望通过会计活动达到的结果。**会计目标源于会计信息使用者的需求，要解决两个方面的问题：**第一，**向谁提供会计信息；**第二，**提供什么样的会计信息。虽然在会计发展史中划分的古代会计、近代会计都有其目标，但从严格意义上说，本书提到的会计目标主要是指**现代财务会计目标。**

在现代企业组织中，企业的经营管理者既要利用会计为企业的经营管理服务，又要通过会计向投资者和债权人等提供与其进行投资或贷款等经济决策相关的信息。在现代会计阶段，国内外关于会计目标的表述主要有以下两种颇具代表性的观点。

（一）决策有用观

决策有用观认为，企业财务会计的目标就是向会计信息的使用者提供与其做出经济决策相关的信息，主要包括企业财务状况、现金流量等方面的财务信息。其目的在于帮助投资者和债权人等做出投资或贷款等经济决策。进行投资决策是投资者权衡利弊，并最终决定将手中持有的资金具体投向哪一家企业的过程。在这一过程中，企业提供给投资者的财务状况和经营成果等信息是投资者做出投资决策的重要参考依据。同理，企业提供给债权人的相关信息也是债权人做出贷款决策的重要参考依据。

（二）受托责任观

受托责任观认为，企业的管理层既应承担通过有效管理促使受托资源保值增值的责任，也应承担如实向委托方报告受托责任的履行过程及其结果的义务，以便于投资者和债权人等对企业管理层的经营业绩进行考核。因为，作为委托方的投资者和债权人等是企业资源的提供者，企业的管理层作为资源管理的受托方接受投资者和债权人等的委托，负有以上不可推卸的责任与义务。此外，资源受托方的企业管理者也负有重要的社会责任，如保持企业社区的良好环境、培养人力资源等。

以上关于会计目标的学术观点为世界各国的会计准则制定机构所认同，并作为建立本国会计目标的主要理论依据，但对两种观点的采纳程度有所不同。有些国家只采纳了其中的某一种观点，有些国家则兼蓄并用。在后一种表述中，对以上两种观点的排列顺序又有一定的差异，或决策有用观在先，受托责任观居后，或排列顺序相反。

（三）我国企业会计准则对会计目标的规定

我国现行的企业会计准则中关于企业会计目标的规定，全面体现了以上两种会计目标的学术研究观点，并且采取了将受托责任观排列在先、决策有用观排列在后的做法。如我国《企业会计准则——基本准则》第四条：**“企业应当编制财务会计报告。财务会计报告的目标是向财务会计报告使用者提供与企业财务状况、经营成果和现金流量等有关的会计信息，反映企业管理层受托责任履行情况，有助于财务会计报告使用者做出经济决策，”并指出“财务会计报告使用者包括投资者、债权人、政府及其有关部门和社会公众等。”**

三、会计职能

会计目标指明了会计实践活动的目的和方向，同时也指明了会计在经济管理活动中的使命。这一使命的完成依赖于会计本身所具有的功能，即会计职能。会计职能是指会计在管理经济过程中所具有的内在功能。会计职能是会计的本质属性之一，是客观存在的。《中华人民共和国会计法》第五条规定：“会计机构、会计人员依照本法规定进行会计核算，实行会计监督。”可见，会计的基本职能包括核算与监督。

（一）会计的核算职能及其特点

通过前述对会计确认、计量、记录和报告的阐述，我们已经知道，**会计是对企业在经济活动中发生的经济业务在会计确认和计量的基础上所进行的记录和报告**。会计核算职能具有如下特点：

1.以货币作为主要计量单位

会计从数量上反映经济活动时，要用到实物量度、劳动量度和货币量度，但以货币量度为主。因为：❶实物量度，是为了核算不同物资的实物数量而采用的计量单位，虽然具有直观性并能够提供经济管理上所需的各种实物指标，但它只能用来总计同一种类的财产物资，不能用来总计不同种类的财产物资，更不能总计各种不同的经济活动。❷劳动量度，是为了核算经济活动中消耗的劳动量（工作时间）而采用的计量单位，虽然有助于确定某一具体工作过程中劳动耗费数量并合理地安排工作时间，但不能对各类人员的劳动进行综合，各种劳动时间的直接相加也不能表明单位的劳动总成果，因为有简单劳动和复杂劳动之区别。❸货币量度，具有质的同一性和量的可汇总性，能够对各种财产物资和劳动量的价值统一量化。

为了克服实物计量单位的差异性和劳动计量单位的复杂性，会计核算应以货币量度为主来综合反映各单位经济活动的过程和结果，为管理活动提供所需的价值指标。

2.会计对经济业务的核算具有完整性、连续性和系统性

（1）完整性，一方面是指应由会计反映的会计事项，不能遗漏和任意取舍；另一方面是指要将经济业务引起的资金运动的来龙去脉反映出来，这样就能反映经济活动的全过程。（2）连续性，是指会计在反映经济活动时，应按其发生时间的先后顺序依次不间断地进行登记。（3）系统性，是指会计对经济活动的反映，既要全面、相互联系地记录，还必须进行科学的分类，使之成为系统化的会计数据（即加工成有用的会计信息），便于信息使用者有效利用。

3.会计对经济业务的核算必须以凭证为依据

企业发生的任何经济业务，要想纳入会计核算系统，必须通过合法渠道取得会计凭证，这是保证会计核算资料客观可靠的基础。

（二）会计的监督职能及其特点

在前述对经济业务进行会计确认、计量、记录和报告的过程中，我们已经知道**会计要按照一定的目的和标准，利用会计反映所提供的会计信息，对经济业务的合法性、合理性和有效性的审查和控制，可概括为会计的监督职能**。例如，华鸣公司的采购人员刘艾彩到外地签订一份采购合同，回来后报销差旅费，带回来的是一些住宿、交通和餐饮业的发票、单据，还有在朋友或亲戚家住宿两晚的证明等，会计人员在对这一经济业务进行会计处理时：首先，要对这些发票、单据和证明，按照能否进行货币量化进行筛选和辨认，其中在朋友或亲戚家住宿两晚的证

明，就不能够进行货币量化，所以不属于经济业务；其次，要对这些能够进行货币量化的发票和单据的合法性进行判断，如有一张绕道的车票不能予以报销，同样也不属于经济业务；再次，同意报销的金额与刘艾彩提交的发票单据的金额可能不一致，将报销后的现金发给刘艾彩或冲销她的原借款；最后，定期根据记录的结果对费用进行加工处理、编制报告。上述对差旅费报销的经济业务的确认、计量、记录与报告中都需要进行审核，包括会计人员通过对原始单据和凭证的审核来判断该项活动是否存在、是否真实，发生的差旅费金额是否符合报销标准和预算要求。会计监督职能具有如下特点：

1.会计监督要依据特定的标准

会计监督所依据的主要标准有：国家的财经法规政策、会计准则制度、单位内部控制制度、计划和定额等。

2.会计监督贯穿于企业经济活动的全过程

（1）事前监督，是指依据会计的监督标准，采用预测方法，分析未来发生的经济活动可能达到的预期结果，保证其与计划目标一致；（2）事中监督，亦称日常监督，主要采用控制和审核的方法对经济活动过程进行检查和分析，及时发现问题并查明原因，督促有关部门采取措施并加以解决，使其按照预定的目标和要求进行；（3）事后监督，是指对已经完成的经济活动的合法性、合理性和有效性进行的考核和评价。

3.会计对经济活动的监督，包括合法性、合理性和有效性监督

（1）合法性监督，是指对企业发生的会计事项是否符合国家有关法规制度进行的监督。它是监督的首要任务，其目的是保证经济活动在法律法规允许的范围内进行。（2）合理性监督，是指依据客观经济规律及节约和效率等经营管理要求方面进行监督，其目的是发现和揭露企业管理中存在的问题，为提高经营管理水平献计献策。（3）有效性监督，一般来讲，合法、合理的经济活动，通常是要产生经济效益的，但在某些特殊情况下，也可能发生合法不合理、合理不合法、合法合理又未必合算的情况。出现这些情况时，要求会计在监督合法性、合理性的同时，还要进行有效性监督，从局部和全局等多方面考虑其经济效益以决定取舍。

（三）核算与监督的关系

会计的核算职能和监督职能相互依赖、不可分割。首先，如实核算是实施会计监督的基础，认真履行监督职能则是如实核算的保证；其次，没有核算，会计监督就失去了存在的基础或前提；最后，没有监督，会计核算就失去了保障，会计信息的价值就会降低。

四、会计对象

会计通过核算和监督的职能实现“提供决策有用的会计信息”和“反映受托责任”的目标。那么，会计对哪些内容进行核算与监督？即会计职能作用的领域或范围。所以，会计对象就是会计所要核算与监督的内容。

(一) 资金的概念

具有一定的物质基础是任何一家企业从事经营活动的前提，制造业企业想生产产品就必须有厂房、机器设备、材料物资等劳动资料，将这些劳动资料和劳动者相结合，才能生产出劳动产品。在市场经济条件下，这些劳动资料又都属于商品，是商品就有衡量商品价值的尺度，即商品价值的一般等价物——货币。当人们用货币来计量各项财产物资的价值时，便产生了一个会计概念——资金。资金是社会再生产过程中各项财产物资的货币表现以及货币本身。

(二) 企业会计对象的内容

资金在企业经营活动的融资活动、投资活动、营业活动、分配活动四个环节中，相应地会发生价值形态及数量的变化，随着融资活动、投资活动、营业活动和分配活动四个环节的循环往复，资金总是处于不断的运动和变化之中。在会计上一般把经济业务**发生后所引起的资金价值形态的改变和数量上的增减变化，称为资金运动**。

制造业企业的经济业务主要是制造和销售产品。在生产经营过程中，企业取得资金后，首先要用货币资金去购置固定资产并购买原材料；生产产品时，再到仓库领取原材料；产品生产完成后，进行销售并取得收入。这样，制造业企业的资金就依次经过供应过程、生产过程和销售过程三个具体阶段并在形态上发生变化。❶在供应过程中，用货币购买固定资产和原材料后，货币资金转化为固定资金、储备资金；❷在生产过程中，车间生产产品时，引起了原材料的消耗、固定资产的折旧、工资的支付和其他费用的开支，使固定资金、储备资金和一部分货币资金转化为生产资金，产品完工验收入库后，生产资金转化为成品资金；❸在销售过程中，将产品销售出去取得销售收入，成品资金又转化为货币资金，同时支付销售费用。

在企业的供应过程、生产过程和销售过程中，资金从货币形态开始，依次经过固定资金、储备资金、生产资金、成品资金，最后又回到货币资金形态的这一运动过程叫作资金循环，周而复始的资金循环叫作资金周转。企业在对净收入进行分配后，一部分资金就退出了循环过程。其具体过程如图 1-4 所示。

商品流通企业与制造业企业一样也有资金的投入与资金的退出。除此之外，商品流通企业的经营过程分为商品购进和商品销售两个过程。在商品购进过程中，主要是采购商品，由货币资金转化为商品资金；在商品销售过程中，主要是销售商品，由商品资金转化为货币资金。在商品流通企业的商品购销过程中，也要消耗一定的人力、物力和财力，它们表现为商品流通费用；也会获得销售收入和实现经营成果。因此，商品流通企业的资金是沿着“货币资金→商品资金→货币资金”的方式运动的。

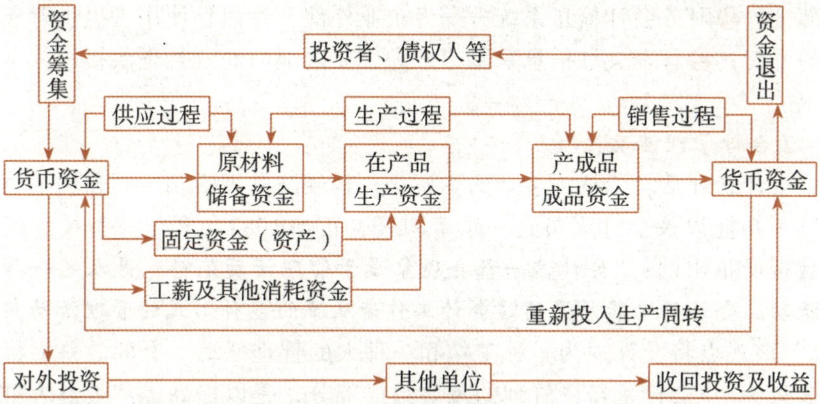

图 1-4 资金循环图

（三）行政事业单位会计对象的内容

行政事业单位为完成国家赋予的任务，同样需要一定数量的资金，但其资金来源主要是国家财政拨款。行政事业单位，要按照预算向国家财政取得拨入资金，形成预算收入，其业务活动过程中所消耗的人力、物力和财力的回报表现，即行政费用或业务费用，其资金运动的形式是：资金拨入→资金付出。因此，行政事业单位会计对象的内容就是预算资金及其收支。

综上所述，不论是制造业企业、商品流通企业，还是行政事业单位，都是社会再生产过程中的一个环节，会计核算和监督的对象都是资金及其运动过程，所以我们可以将会计对象概括为**社会再生产过程中的资金运动**。

五、对会计的进一步认识——会计的基本含义

秒懂会计是什么

（一）有关会计的代表性观点

关于会计的基本含义（会计的定义，或什么叫会计），在各国会计理论界和实务界曾经历了一个长期的争论和探索过程，由于研究者对会计认识的角度不同，所给出的定义也不完全相同，存在着诸多观点，如“**技术论**”、“**工具论**”、“**信息系统论**”和“**管理活动论**”等。目前，关于会计的定义在我国主要有两种具有代表性的观点。

1.会计信息系统论

1966年，美国会计学会（American Accounting Association，AAA）在其发表的《会计基本理论说明书》中明确指出：“从本质上讲，会计是一个信息系统。”20世纪80年代初，正值我国经济体制改革的初期，这种观点于1983年被引入我国，一些会计学者（如葛家澍教授、唐予华教授）将其表述为：“**会计是旨在提高企业和各单位的经济效益，加强经济管理而建立的一个以提供财务信息为主的经济信息系统。**”该观点将会计视为一种方法来加以论证，将会计信息系统作为企业管理信息系统的子系统，其本质是向预定的会计信息使用者提供其进行经济决策所需的信息。同时，根据会计信息使用者的不同，又将会计信息系统划分为功能各异的两

个部分：❶财务会计信息系统——为企业外部会计信息使用者提供财务信息的系统；❷管理会计信息系统——为企业内部的经营管理层提供信息的系统。

2. 会计管理活动论

会计管理活动论认为会计的本质是一种经济管理活动，它强调了会计的管理功能以及会计人员这一重要因素。正如1982年杨纪琬教授、阎达五教授所指出的：**"会计这一社会现象属于管理活动范畴，是人的一种管理活动。会计的功能总是通过会计工作者从事的多种形式的管理活动实现的。"**该观点将会计视为一种工作和一种人的管理活动。有的教科书将会计表述为："会计是经济管理的重要组成部分，是以提高经济效益为目的的一种管理活动。"有的教科书将会计表述为："会计是以货币为主要计量单位，采用一系列专门的程序和方法，对社会再生产过程中的资金运动进行核算和监督。"

对会计管理活动论的理解可以从以下四个方面进行把握：❶**从管理形式来看**，会计是以货币为主要计量单位的价值管理；❷**从管理方法来看**，会计是通过会计确认、计量、记录和报告的程序并采用一系列专门方法来进行的管理活动；❸**从管理内容来看**，会计研究的是社会再生产过程中的资金运动；❹**从管理职能来看**，会计在经济管理中所具有的基本职能是核算和监督。

（二）"管理活动论"与"信息系统论"的融合

通过以上各节对企业活动的描述、对会计信息系统的"产品"结构及功能的解读、对会计信息加工处理过程的了解，并清楚了会计目标之后，我们认为"信息系统论"和"管理活动论"两种观点，其实并没有矛盾与冲突，只是强调的侧重点有所不同。❶"信息系统论"侧重于会计信息的加工与输出，强调以"核算"为基本职能的方法本身；❷"管理活动论"侧重于会计是一项以会计人员为主体的管理工作，强调以"监督"为基本职能的会计目标。事实上企业获取信息的目的是管理，管理离不开信息，会计在提供会计信息的过程中，始终贯穿着管理的内容，即会计是以会计信息系统为基础的管理活动。

基于以上认识，我们可以对会计做以下归纳：会计是以货币为主要计量单位，对企业活动经由会计确认、计量、记录和报告之程序，进行连续、系统、全面的核算和监督，加工生成会计信息并提供给信息使用者，据以进行绩效评价并协助其做出合理经济决策的一种管理活动。

画龙点睛：

会计职业与会计学科体系是指一种美好的职业以及教会您从事会计职业的课程体系。

第四节　会计职业与会计学科体系

"职业是一个人准备以它作为谋生手段以前需要多年学习和训练的一种事业。这个术语……也包含献身于某一目标而不是为了谋生的意思。"这段话实际上有两层含义：一是职业是我们谋生的手段；二是它也是我们为此献身的一项事业。人一生追求的幸福来源于两个方面：一是家庭；二是事业。当我们选择会计作为终生相伴的职业时，应当明确以下几个方面的内容：❶会计（职业）是干什么的？❷从事会计职业应具备的技能与知识体系如何得到？❸会计作为一个加工信息（无形）的职业，它更强调诚实和信用，强调坚守一些基本的原则——会计职业道德。

一、会计职业与会计人员

前述作为社会组成部分的各类组织，按照营利性这一标准可以分为**营利组织或企业**以及**政府与非营利组织**。会计主要是为这些组织服务的。我们把服务于营利企业的会计称为企业会计，把服务于后者的会计称为政府与非营利组织会计，另外，我们把会计师事务所这一行业称为公共会计。会计人员所从事的职业大体可分为下列三种。

（一）企业会计人员

企业会计人员是指在企业机构中从事财务会计、成本会计、管理会计、税务、预算及会计信息系统等工作的人员。**由于现代会计主要是针对企业的经济活动来展开研究的，因此，本书以企业会计为重点。**企业会计主要包括以下内容：

1.财务会计

财务会计的主要功能在于将企业经营活动按照财务会计的基本处理程序和一般公认会计原则，加工成能公正表达企业的财务状况、经营成果及现金流量情形的财务报告，并使不同企业间及同一企业不同时期的报表得以比较，以协助信息使用者作决策。另外，税务会计也是企业财务会计的重要部分，即根据税法的要求，计算企业应缴的各项税费，以及在不违反税法的情况下进行税务筹划，以合理降低企业的税收负担。

会计岗位： 一般而言，企业财务会计部门会设置出纳、各会计核算岗位（如固定资产、材料、往来款、销售等）、税务会计、总账会计、主管会计等。

2.成本会计

成本会计的重点在于记录企业生产产品所耗用的资源（称为“成本”）。成本会计介于财务会计和管理会计之间，负有双重任务：❶对于财务会计而言，成本会计负责计算各种产品或作业的成本，并将出售的产品及库存商品表达在企业的经营成果与财务状况表上；❷就管理会计而言，成本会计产生的详细成本数据，用于解决相关的管理问题，以协助管理者达成目标，并建立管理数据的整体系统。

3.管理会计

管理会计可以视为成本会计的延伸。管理会计与财务会计最大的不同点在于其所提供的信息主要是供企业内部管理人员应用的，其数据的收集不限于账簿上所记载的项目，且信息的产生亦无一定的规则，重点在于各项信息只要对管理决策有帮助即可提供，故报表的编制亦不必严格遵守一般公认的会计原则。

提示：

注册会计师执照的取得必须通过“中华人民共和国注册会计师执业资格考试”。

（二）注册会计师

注册会计师是指通过注册会计师执业资格考试并取得注册会计师证书在会计师事务所执业的人员。它是一项独立的专门职业，向企业提供审计、税务服务、管理咨询服务等业务并收取费用。一般而言，注册会计师提供以下服务：

1. 审计

审计，俗称查账，是会计师的主要业务之一。凡具备一定规模的企业如上市公司，必须聘请注册会计师，对企业的财务报表加以查核、验证，并提出专业意见说明报表的编制是否符合一般公认会计原则，是否公允地显示企业的财务状况、经营结果与现金流量变动。企业的财务报表经注册会计师查核鉴证后，更能获得外部人员的信赖。

2. 税务服务

税务服务，即注册会计师向企业提供税负的计算、申报及税务规划服务。一般企业有关税务性的工作都会聘请注册会计师协助，以达到合理节税的目的。

3. 管理咨询服务

管理咨询服务，即注册会计师向企业提供会计信息系统的构建、存货控制、财务规划等服务。近年来注册会计师的管理顾问工作日增，因许多企业缺乏专业管理人才，致使其寻求注册会计师提供管理服务，许多会计师事务所会单独设立管理咨询服务部门。

（三）政府会计人员

政府会计人员是指在政府机关从事主计会计或审计工作的人员。其他非营利组织，如教会、慈善机构、医院、学校等，与政府机构相类似，皆以非营利为主要目标，故亦仿效政府会计，建立一套非营利组织的会计制度。

（四）会计职称系列证书

会计是每一个组织中最重要的岗位之一，初学者应该对自己的职业生涯有一个预期和计划，在会计职业道路上，有些岗位是必须取得一定的资格或证书才可以担任的。

会计职称一般在单位评薪和评级时使用。❶在我国，会计职称分高、中、初三个级别：高级会计师、中级会计师、初级会计师；❷其对应的职称资格考试，为高级会计师职称考试、中级会计师职称考试和初级会计师职称考试，并由财政部颁发全国统一的职称资格证书；❸此外，根据《会计专业技术资格考试暂行规定》的要求，凡参加职称考试还有一定的学历和工作年限限制。

（1）初级会计师职称考试，应具备国家教育部门认可的高中毕业以上学历。

（2）中级会计师职称考试，应具备下列条件之一：❶取得大学专科学历，从事会计工作满5年；❷取得大学本科学历，从事会计工作满4年；❸取得双学士学位或研究生班毕业，从事会计工作满2年；❹取得硕士学位，从事会计工作满1年；❺取得博士学位。

(3) 副高级会计师职称考试（考聘结合），应具备下列条件之一：❶取得博士学位并担任会计师职务2—3年；❷取得硕士学位、第二学士学位或研究生班结业证书，或大学本科毕业并担任会计师职务5年以上。

(4) 正高级会计师职称考试（考聘结合），应具备下列条件之一：❶较系统地掌握经济、财务会计理论和相关专业知识；❷具有较高的政策水平和丰富的财务会计工作经验，能担负一个地区、一个部门或一个系统的财务会计管理工作；❸取得博士学位，并担任会计师职务2—3年；❹或取得硕士学位、第二学士学位或研究生班结业证书；❺或大学本科毕业并担任会计师职务5年以上；❻或具备大学专科学历，从事与会计师工作职责相关工作满10年。

（五）会计执业资格系列证书

执业资格是政府对某些责任较大、社会通用性强、关系公共利益的专业技术工作实行的准入控制，获取资质的人可以依法独立开业或独立从事某种专业技术服务。

(1) 注册会计师（CPA）。❶资质，申报人员经考试合格后可以获得“注册会计师执业资格证书”，可以从事审计、统计、经济等专业工作。❷具有高等教育专科以上学历，或者具有会计或者相关专业中级以上技术职称的，都可以参加注册会计师全国统一考试。

(2) 特许公认会计师公会（The Association of Chartered Certified Accountants，ACCA）。❶ACCA成立于1904年，在国内被称为“国际注册会计师”；❷英国已经立法许可ACCA会员从事审计、投资顾问和破产执行的工作；❸ACCA会员资格得到欧盟以及许多国家的承认，ACCA是国际会计准则委员会（IASC）的创始成员，也是国际会计师联合会（IFAC）的主要成员；❹1999年2月联合国通过了以ACCA课程大纲为蓝本的《职业会计师专业教育国际大纲》，该大纲已经作为世界各地职业会计师考试课程设置的一个衡量基准。❺ACCA资格被认为是“国际财会界的通行证”。

(3) 英国特许管理会计师公会（The Chartered Institute of Management Accountants，CIMA）。❶CIMA成立于1919年，是英国管理会计师的考试、管理与认证机构，总部设在英国伦敦，在中国香港和中国内地均设有分支机构或联络处；❷CIMA是全球最大的国际性管理会计师组织，同时它也是国际会计师联合会（IFAC）的创始成员之一；❸CIMA资格不局限于会计内容，而是涵盖了管理、战略、市场、人力资源、信息系统等方方面面的商业知识和技能，世界知名跨国企业都对其十分认可；❹CIMA于2005年5月在全球范围内采用全新的管理会计师职业资格认证体系，不仅受到企业界和学术界的广泛好评，而且成为第一个也是目前唯一一个达到国际会计师联合会（IFAC）国际教育标准的会计职业资格体系；❺根据著名财经猎头机构Robert Half的调查，CIMA已经成为世界上最受欢迎的会计职业资格。

以上会计执业资格系列考试难度大，但拥有该会计执业资格证书者就业前景好。考生考试合格后可进入大型跨国企业、会计师事务所等。

二、会计学科体系——会计职业教育的课程体系

（一）会计学科体系的概念及其形成

会计学是研究会计理论和方法的一门经济管理科学。人们不断地把在会计工作中获取的经验加以总结，找出其内在的规律，将其系统化，形成了会计学。从以上对企业的组织形式与会计的产生及发展的描述中可知，生产力的发展及其外部经济环境（主要为企业组织形式）对会计提出了不同的要求与限定，从而推动了会计学科的发展。尤其是近几十年来，人们将信息论、控制论、系统论、行为科学等引入会计学领域，使会计学的内容更加丰富，形成了一个完整的会计知识体系，也就是会计学科体系。会计学科发展现状如图1-5所示。

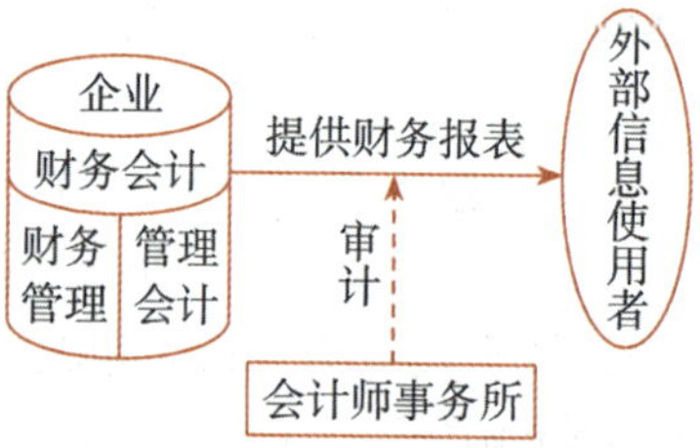

图1-5 会计学科体系框架图

在图1-5中，财务会计、管理会计与财务管理都存在于企业内部，其中，管理会计和财务管理面向公司管理层，为他们更有效地管理企业提供各种信息，财务会计则是以外部信息使用者为导向，向外部信息使用者提供反映企业管理者经营管理业绩的信息。由于财务会计信息是由企业内部人员提供给外部信息使用者的，为确保财务报表信息的可靠性，应该由独立于企业的职业会计人员进行鉴证，这就构成了审计的内容。上述四个方面相互配合，构成了目前会计学科体系的大致框架。

（二）会计职业教育的课程体系

会计学科体系的构成可以从不同的方面进行分类，其研究的内容也非常丰富，本书仅从会计职业教育的课程体系方面，来阐述会计学科体系所要研究的内容。

（1）会计学基础（亦称“基础会计学”“会计学原理”）。该课程主要阐述会计的基本理论、基本方法和基本技能。它主要研究会计的基本概念、记账原理、账务处理程序和方法、会计凭证、账簿和报表，介绍会计要素的确认、计量、记录和报告的基本知识等。它是进一步学习会计职业教育课程体系其他部分的基础和指南。

（2）财务会计学。该课程主要阐述处理各项会计要素的基本理论和方法，以及财务报表的编制。研究如何根据企业已经发生的经济业务，通过

对会计要素的确认、计量、记录和报告，提供其财务状况、经营成果和现金流量等信息，以满足外部会计信息使用者的需要。

(3) 成本会计学。该课程主要阐述企业的成本核算和成本管理的理论和方法，研究成本管理及降低成本的途径，为企业经营管理决策提供所需的各种成本信息，该课程主要包括成本预测方法、成本计划的编制、实际成本的计算、成本分析、成本控制及成本决策方法等。

(4) 管理会计学。该课程主要阐述企业如何利用会计信息和其他有关信息对企业进行经营管理，使企业进行最优决策的基本理论和方法，该课程主要包括预测决策会计、控制会计、责任会计等。管理会计以现代管理科学为基础，以改善企业管理为目的，所提供的信息主要面对企业内部管理人员，因此也称为对内报告会计。

(5) 审计学。该课程主要阐述对经济活动的合法性、合理性、效益性进行监督和检查的基本理论和方法。审计的监督和检查，主要是通过检查会计凭证、账簿和会计报表来进行的。该课程主要包括审计的基本理论与方法、财务审计、财经法纪审计、经济效益审计等。

(6) 财务管理学。该课程主要阐述企业如何筹集资金和运用资金的理论和方法。该课程主要包括投资、融资、财务分析、财务预测、企业兼并重组、企业清算等。

(7) 会计信息系统。该课程主要阐述利用电子计算机来处理会计数据资料的理论、方法和技术。该课程主要包括电算化会计处理系统的分析、设计和电算化软件的具体运用。

(8) 高级会计学。该课程主要阐述外币业务、借款费用、或有事项、租赁业务、债务重组、非货币性资产交换、关联方交易、合并会计报表等特殊业务及特殊情况下的会计处理。

三、会计职业与会计伦理

会计人员能否合格地履行会计职能并实现会计目标，取决的因素很多，其中企业经理人（包括会计人员）的知识、技能与能力无疑是非常重要的因素，但是企业经理人（包括会计人员）与外部审计人员的职业操守，也是一个非常重要的因素。2001年发生的安然事件乃至2008年爆发的全球金融危机一再试探着法令与管制的极限，这些事件都起源于立法与司法堪称完备的国家，然而过度强调法令与管制的同时，伦理与道德却被忽略，甚至被认为是空谈。殊不知在欠缺道德或伦理意识的社会里，法令与管制并无法确保个人的自由与社会的秩序。由于会计在经济社会中所扮演的角色极为重要，会计人员以及外部审计人员的道德与操守不容忽视。有鉴于此，美国的管理会计人员协会、美国会计师协会、国际会计师联盟等会计或审计专业团体，均订有职业道德规范，约束其会员，以免玷辱专业，而危害社会。例如，美国的管理会计人员协会对“伦理”的定义为：**广义而言，伦理涉及个人行为中，道德上的好坏与对错；伦理乃是将诚实、公正、负责、敬业与同理同心等价值应用**

其他因素：

其他会计信息使用者的素质也会影响会计目标的实现，正因如此，不从事会计职业的人员也要学习会计。

于日常决策上。其最高伦理原则包括：**诚实、公正、客观及负责，而其伦理准则包括：称职、守密、正直与可信**。这些原则与准则可以帮会计人员面对公事与私事，以及公司利益与社会利益等冲突时，做出合宜的决定。

目前，我国还没有以法规形式正式发布的单位内部人员的职业道德。《财政部关于开展会计职业道德宣传教育工作的通知》(2003) 将会计职业道德概括为：爱岗敬业、诚实守信、廉洁自律、客观公正、坚持准则、提高技能、参与管理、强化服务八个方面。

画龙点睛：

会计方法即体现会计确认、计量、记录和报告的实际操作手段或工具。

第五节 会计方法

一、会计方法的组成及其关系

会计方法，**是指用来核算和监督会计对象并实现会计目标的手段或工具**，会计方法包括会计核算方法、会计分析方法和会计检查方法。❶会计核算方法，**是对会计主体的交易或事项进行连续、系统、完整的核算和监督所运用的一系列手段或工具**；❷会计分析方法，**是利用会计核算资料，对会计主体经济活动的效果进行分析和评价的方法**；❸会计检查方法 **(又称审计)，是根据会计核算，检查经济活动是否合理合法，会计核算资料是否真实准确的方法**。这三种方法紧密联系、相互依存、相辅相成，构成了一个完整的会计方法体系。其中，会计核算方法是基础，会计分析方法是会计核算方法的延续和发展，会计检查方法是会计核算方法与会计检查方法的保证和必要的补充。作为会计职业教育课程体系的基础，本书介绍的重点是会计核算方法。

二、会计核算方法

会计核算方法，**是对会计要素进行确认、计量、记录和报告所应用的方法，或者是对会计对象进行连续、系统、全面的反映和监督所采用的一整套专门方法**。进行会计确认和计量是会计记录和报告的基础环节，会计记录和报告是会计确认和计量的延伸。作为对会计要素进行确认、计量、记录和报告的四个环节，在会计实务中具体表现为：设置账户、复式记账、填制并审核会计凭证、登记账簿、成本计算、财产清查、编制会计报表。

超链接：

这里不是对设置账户、复式记账等有关会计核算方法概念的准确定义，而是一种简要通俗的说法。更深入的讨论参见本书从第二章开始的有关论述。

(一) 设置会计科目与账户

会计科目，**笼统地讲就是会计记录的基本要素，具体来讲就是对会计对象的具体内容进行分类记录的项目或名称**。设置会计科目，**就是通过会计科目对发生的经济业务进行归类，即**对号入座。由于会计科目会发生金额上的增减变化，如何反映其增减变化，在会计上是通过为每一个会计科目开设一个具有一定格式与结构的账户，以分门别类地记录各经济业务的增减变化过程及其结果。所以，设置账户，**就是对经济业务的具体内容按**

照会计科目进行归类并记录其增减变化的工具。账户的基本结构由*会计科目名称、左方或借方金额、右方或贷方金额*三部分组成。最简单的账户为“T”形账户，如图1-6所示。

会计科目名称	
左方或借方金额	右方或贷方金额

图1-6　“T”形账户

（二）复式记账

复式记账，**相对于单式记账而言，笼统地讲就是对每一项会计交易或事项的来龙去脉所涉及的会计科目，在账户中进行双方面记录的方法。**一般人在记录自己的资产时，通常只是就事论事地单方面记录，例如，小张花了100元买了一把花伞，通常只记录自己的现金减少了100元，这就叫作“单式记账”，然而单式簿记并不能把一个交易完整地记录下来，如果时间久了，小张再看他的记录，大概只能知道哪一天花了100元，却想不起来这100元买了什么。所以说如果要完整地记录一笔交易，小张需要在记录现金减少100元的同时记录增加了一把100元的花伞。这就是“复式记账”的概念。复式记账意味着企业进行的每一笔交易至少会影响到两个或两个以上的会计科目金额，同时会计记账时必须将交易影响所涉及的会计科目分两个方面按照来龙去脉在账户中加以记载。

（三）填制与审核会计凭证

会计凭证，**通俗地讲就是会计记录的凭据与证明，包括：**❶原始凭证，是记录和证明会计交易或事项发生及具体内容的书面证明或原始载体；❷记账凭证，是对原始凭证按照会计语言进行整理并作为会计账簿记录的依据。因此，填制与审核会计凭证是为会计记录提供完整、真实的原始资料，保证会计记录完整、正确的一种专门方法。

（四）登记账簿[1]

会计账簿，**通俗地讲就是将若干张账页装订在一起的**账本。登记账簿，**也称“过账”，就是将记账凭证上所整理的数据连续、系统、全面地记录在账页上的一种专门方法。**作为会计信息生产的“工艺流程”的一个环节，通过登记账簿就能将一定时期内分散在记账凭证中的会计交易或事项进行连续的分类与汇总，为会计信息系统最终的“产品”——会计报表的编制提供某一类经济活动的完整的会计信息资料。

[1] **提示：**

账户在会计实务中体现为具有一定格式与结构的账页。

（五）成本计算[2]

成本计算，**是指按照一定的成本计算对象来归集已发生的各项费用，从而确定各成本计算对象的总成本和单位成本的一种专门方法。**成本计算是企业经济核算的中心环节，凡是独立核算的企业都必须进行成本计算。例如，产品制造业既需要计算各种原材料的实际采购成本，又需要计算各种产成品的实际生产成本和当期实际发生的销售成本。正确地进行成本计

[2] **提示：**

狭义的成本计算，主要是指制造业企业的产品成本计算。

算，也是企业正确地计算利润的前提。

（六）财产清查

财产清查，**是指通过对库存现金、材料物资等实物的实地盘点，对银行存款和往来款项的账目核对，以查明账存数与实存数是否相符的一种专门方法**。企业必须定期或者不定期地对各项财产物资和往来款项进行清查、盘点和核对。对账实不符的情况，企业应查明原因，明确经济责任，并调整账存数，使账存数与实存数相等，以保证会计核算资料的真实性。

（七）编制财务报告

编制财务报告，**是指根据账簿记录，以一套表格体系的形式反映某一会计主体在某一特定时点的财务状况和某一特定时期的经营成果的一种专门方法**。编制财务报告，就是在账簿记录的基础上对会计核算资料的进一步加工、整理。

三、会计核算方法的联系

以上这些会计核算方法反映了会计核算过程，当会计主体（企业）的交易或事项发生后，首先，要填制（或取得）并审核原始凭证，按照设置的会计科目和账户，运用复式记账法，编制记账凭证。其次，要根据会计凭证登记会计账簿，然后根据会计账簿资料和有关资料，对生产经营过程中发生的各项费用进行成本计算，并依据财产清查的方法对账簿的记录加以核实。最后，在账实相符的基础上，根据会计账簿资料编制会计报表。

会计将会成为你生命中的一部分

在会计核算过程中，**填制和审核会计凭证是开始环节，登记会计账簿是中间环节，编制会计报表是终结环节**。在一个会计期间，会计主体（企业）所发生的交易或事项，都要通过这三个环节转换为系统的会计信息，即从填制和审核会计凭证开始，经过登记会计账簿，直到编制出会计报表这一周而复始的变化过程，一般被称为会计循环。在这个循环过程中，以三个环节为联结点，联结其他的核算方法，从而构成了一个完整的会计核算方法体系。会计核算方法的内在联系如图1-7所示。

不要着急：

看到此处，读者可能对会计核算方法之间的联系一头雾水，但当你学习完从第二章开始的会计核算方法的具体内容后，再来阅读会计核算方法之间的联系，就会明白了。

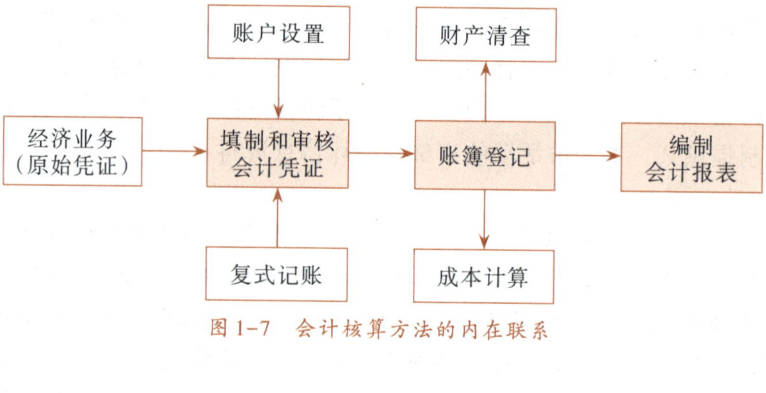

图1-7 会计核算方法的内在联系

会计论道与育人

零容忍全覆盖 严惩资本大鳄

囚徒困境——会计职业的明天更美好①

两个犯罪嫌疑人被警察拘捕了。警察分别告诉他们，有三种可能：第一，死不认罪，最后也确实找不到他们犯罪的证据，这样他们将被无罪释放；第二，主动认罪并检举揭发同伴，只判3年刑期；第三种可能就是自己死不认罪，但被同伙揭发并证明有罪，这样你就会被判10年。被分开关押、分别提审的罪犯会选择哪一条路呢？绝大多数会选第二条。这是社会学、心理学中的一个著名论例：囚徒困境。

教授寄语：**谁都不敢把自己的明天放在别人手中，做好职业规划，把握好自己的命运，努力吧，同学们！**

课堂在线练习

扫描下方“二维码”进行在线回答，回答完毕并提交后可参看正确答案与答案解析。

习题自测

关键术语

企业　有限责任公司　股份有限公司　会计交易或事项　会计　会计确认与计量　会计记录　会计报告　会计职能　会计目标　会计对象　会计核算方法

复习思考

1. 公司制企业与非公司制企业的主要特点。
2. 企业利益相关方及其会计信息关注点。
3. 会计的基本职能及其特点。
4. 制造业企业会计对象的具体内容。
5. 会计核算方法之间的联系。
6. 会计信息处理系统的运作程序。

① 改编自：佚名．囚徒困境［EB/OL］．［2023-09-23］．https://baike.baidu.com/item/%E5%9B%9A%E5%BE%92%E5%9B%B0%E5%A2%83/5739141?fr=ge_ala.

第二章　会计要素与会计等式

内容导读：本章内容是第一章中关于会计对象相关内容的延续与拓展。会计要素是会计对象具体构成内容的别称，是会计确认和计量的结果，更是会计记录和报告的基础。为此，本章将针对会计确认与计量进行重点阐述：❶会计要素的概念及分类；❷各会计要素的定义及特征；❸会计要素确认的条件与基础；❹会计计量属性的选择；❺会计等式及不同经济业务对会计等式的影响；❻理解会计要素是设置会计科目和会计账户的基本依据，是构成会计报表的基本框架。

第一节　会计要素[1]

[1]画龙点睛：会计要素是对经济业务内容的抽象概括与初步分类。

一、会计要素的概念及分类

（一）会计要素的概念

前述企业活动中能够用货币计量的内容统称为经济业务。企业发生的经济业务：❶从企业的经营环节来看，包括筹资环节、投资环节、营业环节和财务成果的计算与分配环节；❷从各个环节来看，包括的内容又林林总总、包罗万象，且用途目的不同、内容特征不同，有些内容还相互交叉。这些纷繁复杂的经济业务虽然被允许进入会计信息处理系统，但如何进入并以什么样的形式进入，即在会计信息处理系统中如何记录，是人们首先要考虑的问题。比较简捷和有效的方法是按照经济业务的特征对其进行分解和归类，使之成为独立的范畴并具有特定的含义，形成固定的会计术语来界定或描述。所以，会计要素，是指对经济业务按其经济特征进行归类并予以抽象概括的会计专业术语。[2]

[2]进一步理解：会计要素是会计对象的具体化，是反映会计主体的财务状况和经营成果的基本单位。

（二）会计要素的分类

由于政治、经济、法律和文化等因素的差异，世界各国和地区的会计准则对会计要素构成内容的规定不尽相同。我国《企业会计准则——基本准则》规定：“企业应当按照交易或事项的经济特征确定会计要素。会计要素包括资产、负债、所有者权益、收入、费用和利润。”以上六大会计要素按照其作用可归纳为以下两大类：

（1）资产负债表要素，是反映企业财务状况的会计要素，是企业在一定时点上（月末、季末、半年末、年末）资金运动的静态表现，包括：**资产、负债和所有者权益**三个要素。

（2）利润表要素，是反映企业经营成果的会计要素，是企业在一定期间（月度、季度、半年度、年度）资金运动的动态表现，包括：**收入、费用和利润**三个要素。

以上对会计要素的分类如图 2-1 所示。

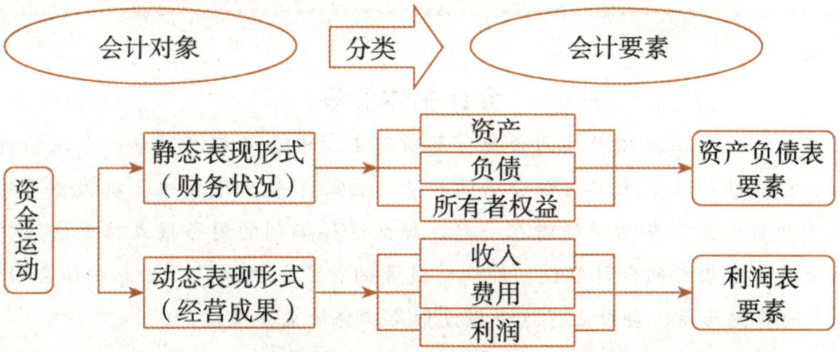

图 2-1　会计要素的分类

二、资产负债表要素

企业的财务状况以资产负债表的形式对外报告。资产负债表，是反映企业在某一特定日期财务状况的报表。永春机械公司资产负债表简表见表 2-1。

表 2-1　**永春机械公司资产负债表（简表）**

2×23 年 12 月 31 日　　单位：元

资　产	金　额	负债及所有者权益	金　额
流动资产：		流动负债：	
货币资金	1 360 000.00	短期借款	3 600 000.00
交易性金融资产	2 980 000.00	应付账款	5 940 000.00
应收账款	6 750 000.00	应付职工薪酬	1 240 000.00
存货	2 130 000.00	应交税费	690 000.00
非流动资产：		非流动负债：	
长期股权投资	6 200 000.00	长期借款	3 900 000.00
固定资产	18 500 000.00	应付债券	1 130 000.00
无形资产	3 600 000.00	所有者权益：	
长期待摊费用	980 000.00	实收资本	22 600 000.00
		其他综合收益	280 000.00
		留存收益	3 120 000.00
资产总计	42 500 000.00	负债及所有者权益总计	42 500 000.00

以上资产负债表由资产、负债、所有者权益三个要素构成，每个要素下面又分若干项目，由此来反映永春机械公司2×23年12月31日的财务状况。

会计基本原理

会计主体假设

永春机械公司是一家加工机械产品的企业，其所有者李永春还拥有汽车、个人银行存款、两套住宅以及另一家企业，但这些项目并未参与该公司的经营，因此不能出现在永春机械公司的财务报表中。如果把所有者个人活动与企业交易活动混淆在一起，那么这样编制的财务报表将无法清楚地描述企业的财务活动。这里蕴含了一个基本的会计假设，即会计服务的特定单位只是“永春机械公司”这个公司法人，而不是所有者个人的其他活动，会计上将这个假设称为“会计主体假设”。

会计主体假设：❶它界定了企业会计确认、计量和报告的空间范围，表2-1的表头信息，就明确了此表只针对“永春机械公司”这个主体。❷把握会计处理的立场，如甲公司与乙公司发生一笔赊购（销）业务，甲公司作为采购业务，应确认为材料增加、债务增加；乙公司作为销售业务，应确认为收入增加、债权增加。❸法律主体一定是会计主体，但会计主体不一定是法律主体。例如，在企业集团中，一家母公司拥有若干家子公司，母子公司虽然是不同的法律主体，但是母公司对子公司拥有控制权，为了全面反映企业集团的财务状况、经营成果和现金流量，就有必要将企业集团作为一个会计主体。

（一）资产要素

1.资产要素的定义及特征

资产，是指企业过去的交易或事项形成的、由企业拥有或者控制的、预期会给企业带来经济利益的资源。根据资产的定义，资产具有以下基本特征：

（1）资产由过去的交易或事项形成。企业过去的交易或者事项包括购买、生产、建造行为以及其他交易或事项。预期在未来发生的交易或事项不形成资产。

【例2-1】ABC公司计划在2×23年购买一批机器设备，8月份与销售方签订了购买合同，但实际购买行为发生在当年12月份，则ABC公司不能在8月份将该批设备确认为资产。

【例2-2】ABC公司正在与一大客户进行买卖合同的谈判，如果谈判成功，对方将签约购买价值2 000万元的商品，并将预付25%的款项500万元。那么，这500万元是否可以作为资产呢？答案是否定的，因为它只是一个可能的结果，而不是已经发生的客观事项。

（2）资产由企业拥有或者控制。这是指企业拥有某项资源的所有权，或者虽然不拥有某项资源的所有权，但该资源能被企业控制。会计意义上的控制概念类似于但不完全等同于所有权的法律概念。

【例2-3】ABC公司分期付款购买一辆汽车（如每月支付2 575元，共36个月），那么直到支付完最后一期款项，所有权才让渡给买方，这时这辆汽车从法律意义上才属于企业。但是，如果ABC公司已经在使用这辆汽车，那么就视为ABC公司完全控制了它并把它作为一项资产。

【例2-4】ABC公司由于资金不足，于2×23年向某租赁公司租入型号为WH380的精密车床一台，合同规定租期为5年，约定每年年末支付租金，连续5年每年支付100万元。❶从法律形式上看，该车床虽然在租赁期内，ABC公司并不拥有其所有权，但由于租赁合同中规定的租赁期很长，接近该项资产的可使用年限，因此在租赁期内，承租企业有权支配该项资产并从中受益。❷从业务实质上看，承租企业能够控制该项资产所创造的未来经济利益并必须承担该车床跌价的风险。因此，在会计核算中将以非短期租赁方式租入的固定资产视为企业资产。

会计基本原理

实质重于形式

【例2-4】中，由于资金不足，ABC公司于2×23年向某租赁公司租入精密车床，在会计核算上将其视为企业资产，就是遵循了会计信息质量要求中的“实质重于形式”。

所谓“实质重于形式”是指在对会计事项进行确认、计量和报告时，应以其“实质”而不应当仅仅按照它们的法律形式进行会计核算。

会计事项的经济实质和法律形式在大多数情况下是一致的，但也可能出现不一致的情形，会计处理时应当优先考虑会计事项的实质，这主要是由于法规制度存在制定过程中的主观性和实施时间上的滞后性，因此企业的会计核算，如果只是按照会计事项的有关法规进行，而不考虑会计事项的实质意义或现实要求，其结果不仅不会满足会计信息使用者的需要，而且可能会导致会计信息使用者的决策出现错误。

（3）资产是一种预期会给企业带来经济利益的资源。这是指直接或者间接导致现金和现金等价物流入企业的潜力。当企业拥有或控制的资源已经不能为企业带来经济利益时，该资源不能确认为企业的资产。

【例2-5】ABC公司是一家制造企业。❶其银行存款是一项资产，因为可用于购置其他资源；❷客户欠公司的款项是一项资产，因为收回时可产生现金流入；❸公司制造的产品及半成品是资产，因为预计未来它们可以销售出去；❹机器设备及其他制造工具也是资产，因为它们可用于未来的产品生产活动。但是，因损坏或陈旧过时而卖不出去的产品或报废的设备，则不再属于企业的资产，虽然它们归企业所有，但是不能产生现金流入。设想有两台机床，其中A机床陈旧老化，自新机床B投入使用后，A机床未使用且预期将不再使用，也就不能产生经济利益。试问：A机床是否应作为资产反映在资产负债表中？

2.资产要素的分类及构成项目

企业的资产可以按照不同标准进行分类：❶按照资产的隶属关系，可分为自有资产和租入资产；❷按照资产是否可以直接表现为货币形态，可分为货币性资产和非货币性资产；❸按照资产是否具有实物形态，可分为有形资产和无形资产；❹按照资产的流动性（变现能力），可分为流动资产和非流动资产。**其中，最主要的分类是按照资产的流动性的分类。**

（1）**流动资产**，是指在1年以内（含1年）或超过1年的一个营业周期内变现、出售或耗用，或者主要为交易目的而持有，或者预计在资产负债表日起1年内（含1年）变现的资产。制造企业的营业周期，是指企业从外购材料和设备开始，到实现销售商品或提供劳务而产生的现金流入所经历的期间。一般一个营业周期都在1年以内。流动资产一般包括以下主要项目：❶库存现金，是指企业持有的现款；❷银行存款，是指企业存放在开户银行账户上的款项；❸交易性金融资产，是指企业为了近期内出售而持有的金融资产，包括企业以赚取差价为目的从二级市场购入的股票、债券或基金等；❹应收票据，是指企业通过商业信用销售商品、提供劳务等而收到的商业汇票，包括银行承兑汇票和商业承兑汇票；❺应收账款，是指企业因赊销商品、提供劳务等经营活动应收取而未收到的款项；❻预付账款，是指企业在购买产品、接受劳务等活动中，按照合同规定预付给对方的款项；❼其他应收款，是指企业在日常经营活动中除应收票据、应收账款、预付账款等以外的其他应收及暂付款项；❽存货，是指企业在日常活动中持有以备出售的产成品或商品、处在生产过程中的在产品、在生产过程或提供劳务过程中将被耗用的各种材料和物料等。

例外情况： 大型成套设备制造及房地产公司商品房建设等，会出现营业周期长于1年的情况，此类企业以产品的生产周期作为营业周期。

您知道吗： 在产品和产成品的主要区别不在于物品本身，而在于是否完成了本企业的全部生产工艺流程。

（2）非流动资产，是指流动资产以外的资产，主要包括长期股权投资、固定资产、无形资产和长期待摊费用等。一般包括以下主要项目：❶长期股权投资，是指持有时间超过1年（不含1年）、不能变现或不准备随时变现的股票和其他投资；❷固定资产，是指企业为生产商品、提供劳务、出租或经营管理而拥有的、使用寿命超过一个会计年度的有形资产，如生产用厂房、仓库、机器设备和运输工具等；❸无形资产，是指企业拥有或控制的、没有实物形态的非货币性资产，包括专利权、非专利技术、商标权、著作权、土地使用权等；❹长期待摊费用，是指企业已经发生但应由本期和以后各期负担的、分摊期限在1年以上的各项支出和费用，包括新建企业在筹建期间发生的各种管理性质的支出、以经营租赁方式租入固定资产发生的改良支出等。

（二）负债要素

1.负债及其特征

负债，是指企业过去的交易或事项形成的、预期会导致经济利益流出企业的现时义务。负债具有以下三个基本特征：

（1）负债是由过去的交易或事项形成的。只有过去的交易或事项才形成企业负债，企业在未来发生的承诺、签订的合同等交易或事项，不属于现时义务，不应当确认为负债。

（2）负债是企业承担的现时义务。这是指在现有条件下企业已承担的义务。这种义务分为法定义务和推定义务两大类。❶法定义务，是指具有约束力的合同或者法律法规规定的义务，通常在法律意义上讲是需要强制执行的，包括：企业通过某种形式取得资产后对债主或债权人所承担的经济责任，如银行借款、应付账款、应付职工薪酬等；从事经济活动后由于法律的规定而产生的经济责任，如应交税费等。❷推定义务，是指根据商业惯例、公开的承诺或者企业公开宣布的政策等而形成的企业将承担的责任或者道义。如企业销售产品承诺的“三包”服务、预计的产品质量保证费用、预计败诉的赔偿款等预计负债，也应确认为负债。[1]

（3）负债预期会导致经济利益流出企业。负债的履行将导致企业经济利益或资源流出企业，这是其本质特征，具体又表现为两个方面：❶负债需以资产的减少或提供劳务、转为股本等为特征。例如，用货币资产或实物资产偿还到期的负债，将导致企业可使用资源减少。❷能够回避的义务不能确认为企业的负债，即负债需有明确的债权人和偿付日期，或者可以合理地估计确定债权人和偿付日期。例如，因债权人消亡而无法支付的债务（应付账款等），就不再是负债，应将其确认为“利得”；再如，向某债权人的借款，债权人没有规定具体的还款日期（**你什么时候有钱再还**）或者说500年后再还，这一借款名为债务，实为接受捐赠，也应将其确认为“利得”。

2.负债要素的分类及构成项目

企业的负债，按其流动性或偿还期限的长短（通常以1年为界），分为流动负债和非流动负债两大类。[2]

（1）流动负债，是指企业将在1年内（含1年）或者超过1年的一个营业周期内清偿的债务。具体包括以下主要项目：❶短期借款，是指企业向银行或其他金融机构等借入的期限在1年以下（含1年）的各种借款。❷应付票据，是指企业因购买材料、商品和接受劳务供应等开出并承兑的交给供应商的商业汇票。❸应付账款，是指企业因购买材料、商品和接受劳务等应支付但暂未支付的款项。❹预收账款，是指企业在销售商品或提供劳务等经营活动中，按照合同的规定预先向客户收取的款项。[3]❺应交税费，是指企业按照税法等规定应向政府缴纳而暂未缴纳的各种税费，如应交增值税、应交消费税、应交所得税和应交教育费附加等。❻应付职工薪酬，是指企业根据有关规定应付而未付给本企业职工的各种薪酬，如应付工资和应付福利费等。❼应付股利，是指股份公司应付而未付给股东的现金股利。对于非股份企业称为应付利润。❽其他应付款，是指企业除应付票据、应付账款、预收账款、应付职工薪酬、应交税费、应付股利以外的其他应付、暂收的款项。[4]❾长期债务的流动部分，是指企业的长期债务中将要到期的最后一年的部分，如一年内到期的长期借款。

（2）非流动负债，是指偿还期在1年或者超过1年的一个营业周期以上的债务。具体包括以下主要项目：❶长期借款，是指企业向银行或其他金融机构借入的期限在1年以上（不含1年）的各项借款；❷应付债券，是指企业为对外发行期限在1年以上的企业债券而应向购买者支付的本金和利息；❸长期应付款，是指企业除长期借款和应付债券以外的其他各种长期应付款项。

（三）所有者权益要素

1.所有者权益的定义与特征

所有者权益，也称净资产，是指企业资产扣除负债后由所有者享有

[1] **特别指出：** 虽然推定义务的履行是在未来，但其所依附的事项发生在过去，也满足此特征。

[2] **目的：** 企业流动资产和流动负债的相对比例，可以大致反映企业的短期偿债能力，从而向债权人揭示债权的相对安全程度。

[3] **提示：** 应付账款和预收账款属于负债，是基于款项的所有权关系。

[4] **归纳提示：** 以上项目中，除短期借款外，其余各项属于应付及预收款项。

特别提示：

股份公司的所有者权益又称股东权益。

请思考：

所有者权益是一种剩余权益。资产－负债=所有者权益，反映了债权人的索取在法律上优先于所有者的事实，那么，“资产－所有者权益=负债”能否成立？试说明理由。

的剩余权益，即企业的全部资产减去全部负债后的余额归业主所有，包括：所有权、收益权、处分权三部分。所有者权益应具备以下四个特征。

（1）资本永久性，是指业主投入到企业的资本，除非发生减资、清算或分派现金股利，企业不需要偿还。

（2）权利双重性，是指所有者凭借所有者权益，享有对经营成果的分享权利和对所有资产的管理权利。

（3）确认依赖性，是指所有者权益的确认，主要依赖于其他会计要素，尤其是资产要素和负债要素的确认。例如，企业接受投资的一项设备：❶当该设备符合资产确认的条件时，相应地也就符合了所有者权益确认的条件；❷当该设备的价值能够可靠地计量时，所有者权益的金额也就得以确定了。

（4）受偿滞后性，是指企业清算时，只有在清偿完所有的负债后，所有者权益才返还给所有者。

【例 2-6】假设前述永春机械公司在2×23年年底突然宣告破产倒闭，虽然资产负债表中显示资产总额为4 250万元，经过拍卖实际变现价值为2 320万元（其中固定资产拍卖变现价值为650万元），2 320万元要先用来清偿负债1 650万元，剩余的670万元才返还给所有者。

会计基本原理

持续经营假设

【例 2-6】假设永春机械公司在2×23年年底突然宣告破产倒闭，该公司在2×23年12月31日资产负债表（见表2-1）中记载的固定资产为1 850万元，2×23年年底经过拍卖变现价值只有650万元。

美国商业部公布了下列一组数据：美国平均每年新产生50万家企业，5年内倒闭的占80%，10年内倒闭的占96%，只有4%的企业能活过10年。有资料表明我国企业的平均寿命只有8年。这也就是说不可能有企业能永久地存在下去，但究竟何时倒闭破产又是一个未知数，那么，在会计上对固定资产是按照1 850万元记载，还是按照650万元记载？这里蕴含了一个基本的会计假设，即**“如果不存在明显的反证，一般都认为企业将无限期地经营下去。”**会计上将这个假设称为**“持续经营假设”**。

持续经营假设：❶规定了会计工作的时间范围，即在可以预见的将来，企业将会按当前的规模和状态继续经营下去，不会停业也不会在规模上削减业务，资产将按照取得时的实际成本计价并按照自己的承诺偿还所负担的债务。❷如果企业倒闭破产，那么资产的价值必须按实际变现价值计算，负债必须按资产变现后的实际偿付能力清偿。

2.所有者权益要素的分类及构成项目

在我国，公司制企业是指股份有限公司和有限责任公司（含国有独资公司），按照我国企业会计准则的规定，公司制企业的所有者权益主要包括所有者投入资本、其他综合收益和留存收益。

（1）所有者投入资本，是指投资者以所认缴的资本名义实际投入企业的各种财产物资，包括实收资本（或股本）和资本公积。

❶有限责任公司的投资人按照公司章程的规定，或者合同、协议的约定，实际投入的财产物资等于企业认缴的注册资本额的部分，称为“实收资本”；投资者通过购买股份有限公司发行的股票而直接投资于公司的股票面值，称为“股本”。❷投资者实际投入的财产物资超过其认缴的注册

资本额的部分，称为“资本公积”，在有限责任公司中属于“资本溢价”，在股份有限公司中属于“股本溢价”。

【例2-7】望远公司委托国通证券公司代理发行普通股1 000万股，每股面值为1元，发行价为每股5元。双方约定，国通证券公司按照3%收取手续费，从发行收入中扣除。则：

公司收到的股款=10 000 000×5×（1–3%）= 48 500 000（元）
应计入股本的金额=10 000 000×1 = 10 000 000（元）
应计入资本公积的金额=48 500 000–10 000 000 = 38 500 000（元）

有限责任公司初次进行资本筹集时，出资者认缴的全部出资额属于实收资本，而公司再次进行资本筹集时，为了维护原有投资者的利益，新加入投资者的出资额往往要高于原投资者拥有同样比例权益的出资额。超过的部分（资本溢价）便为其资本公积的主要组成部分。

【例2-8】某公司由甲、乙两个股东各自出资30万元组建而成，经过两年多的经营，公司业绩蒸蒸日上，较同类企业有很高的投资回报率。今年，公司有意扩大生产规模并且丙有意加入该公司，三方协议由丙出资45万元购买1/3的股份。则：

该公司的实收资本=300 000×2+300 000=900 000（元）
该公司的资本公积=450 000–300 000=150 000（元）

拓展阅读

注册资本与实收资本

所谓注册资本，是指企业在公司登记机关（市场监督管理局）登记的全体股东认缴的出资额。我国公司法规定实行注册资本制度并由**“实缴制”**改为**“认缴制”**。**认缴制**是指在公司登记注册时，股东可以不实际缴付或只实际缴付部分所认缴的注册资本，剩余部分按照公司章程规定的期限缴付，股东以其认缴的出资额为限承担法律责任的制度。所以，会计制度上所讲的实收资本与公司法中所讲的注册资本含义相同，但其金额在最初注册成立时不一定相等，当投资人按照公司章程规定的期限后续足额缴付后，实收资本与注册资本金额相等。

（2）其他综合收益，是指按照规定未在当期损益中确认的应直接计入所有者权益的各项利得和损失，如以公允价值计量且其变动计入其他综合收益的金融资产公允价值变动。

（3）留存收益，**是指企业从建立至今的盈余总额扣除向所有者（股东）支付过的利润（股利）总额后的差额。**既定日期的留存收益余额是一个从公司存在之初至既定日期为止保留下来的累积盈余额，包括盈余公积和未分配利润两部分。❶**盈余公积，是指企业按照《中华人民共和国公司法》的有关规定和企业股东会或类似权力机构批准，从当年税后利润中提取的公积金**，包括法定盈余公积和任意盈余公积。企业可以用盈余公积弥补亏损、转增资本（股本）、扩大企业生产经营，在符合条件的股份制企业，也可以用盈余公积分派现金股利。❷**未分配利润，是指企业留于以后年度分配的利润或待分配利润。**

顾名思义：

资本公积是由于资本的原因而形成的公共积累；盈余公积是由于盈余（利润）的原因而形成的公共积累。

3.所有者权益与负债的区别

所有者权益与负债不同，区别在于：❶性质不同，企业的负债有约定的偿还期，需要按期偿还；而所有者权益一般不需要偿还，是企业可以长期使用的资金来源。❷享有的权利不同，对于企业的债权人来说，他的权利仅限于按期收回本金和利息；而企业的所有者具有参与企业经营决策和利润分配的权利。❸企业清算时所处的求偿权顺序不同，企业负债的债权人拥有优先求偿权；企业所有者的求偿权排在债权人之后。

三、利润表要素

企业的经营成果是以利润表的形式来对外报告的。利润表，反映企业在一定时期内的盈亏。永春机械公司利润表简表见表2-2。

表2-2 永春机械公司利润表（简表）

2×23年11月　　单位：元

项 目	金 额
一、营业收入	7 600 000.00
减：营业成本	3 250 000.00
税金及附加	23 000.00
期间费用	987 000.00
加：投资收益	156 000.00
二、营业利润	3 496 000.00
加：营业外收入	69 000.00
减：营业外支出	187 000.00
三、利润总额	3 378 000.00
减：所得税费用	844 500.00
四、净利润	2 533 500.00

以上利润表由收入、费用、利润三个要素构成，通过对收入、费用按性质及主次加以归类，并以营业利润、利润总额和净利润来反映永春机械公司2×23年11月的盈亏状况。

会计基本原理

会计分期假设

表2-2反映了永春机械公司这一会计主体在2×23年11月的盈亏状况，除此之外也会有反映2×23年12月以及2×23年全年等各个时段的盈亏状况的报表。会计上对永春机械公司的盈亏状况为什么要分段反映呢？这里蕴含了一个基本的会计假设，即“企业应当划分会计期间，分期结算账目和编制财务会计报告”。会计上将这个假设称为“会计分期假设”。

特定会计主体在持续经营假设下的经营活动总是连续不断进行的，如果等到其经营和业务活动全部结束后或歇业、停业后才核算财务状况和经营成果，既不利于特定会计主体的外部利益相关方了解其经营情况，也不能满足企业自身经营管理的需要。因此，会计上就将连续不断的经营过程人为地划分为若干相等的时段，分段反映其财务状况和经营成果。

会计分期假设是对持续经营假设的必要补充。以1年为1个会计期间的，称为会计年度，以短于1个会计年度进行报告的期间，称为会计中期，包括半年度、季度和月度。我国企业会计准则规定以公历每年1月1日起至12月31日止为1个会计年度，也称“历年制会计年度”。世界各国会计年度起止日期各不相同，如“三月制”、“七月制”和“九月制”等。

（一）收入要素

1.收入要素的定义及特征

收入，是指企业在日常活动中形成的、会导致所有者权益增加的、与所有者投入资本无关的经济利益总流入，也称营业收入。按照收入的定义，收入要素具有以下几方面特征。

（1）收入是从企业的日常活动中产生的，而不是从偶发的交易或事项中产生的。“日常活动”，是指企业为完成其经营目标所从事的经常性活动以及与之相关的其他经营活动。[1]❶企业为完成其经营目标所从事的经常性活动，如制造企业生产并销售产品、商品流通企业销售商品、咨询公司提供咨询服务等。❷与企业经常性活动相关的活动，如投资收益（让渡资产使用权而给企业带来的经济利益流入）、出售多余或不需用的原材料、资产租赁等。❸由企业日常活动产生的经济利益总流入构成收入。而企业日常活动以外的交易或事项带来的经济利益流入是“利得”，不是收入，如企业处置固定资产、无形资产等活动。[2]

（2）收入会导致所有者权益的增加，并伴随着资产的增加或负债的减少。收入可能表现为企业资产的增加（如增加银行存款、形成应收账款），也可能表现为企业负债的减少（如以商品或劳务抵偿债务），或二者兼有（如销售商品或提供劳务抵偿债务，同时收取部分现金），但最终都会导致所有者权益的增加，不会导致所有者权益增加的经济利益流入就不符合收入的定义，不应确认为收入。例如，企业向银行借入款项，尽管也导致了企业经济利益的流入，但该流入并不导致所有者权益的增加，而使企业承担了一项现时义务，故不应将其确认为收入，应确认为负债。

（3）收入会导致所有者权益的增加，但与所有者投入资本无关。一方面，收入导致经济利益的流入，从而导致资产的增加。例如，企业销售商品，应当在收到现金或收款权时，才表明该交易符合收入的定义。另一方面，尽管所有者投入资本时也会导致经济利益流入企业，但该经济利益的流入来自投资者，所以，该部分投资不能确认为企业的收入。

2.收入要素的分类及构成项目

收入有狭义和广义之分。❶狭义的收入，是指企业在销售商品、提供劳务及让渡资产使用权等日常活动中形成的经济利益流入，包括主营业务收入、其他业务收入和投资收益等。❷广义的收入，还包括企业非日常活动产生的非经常性经济利益流入，即营业外收入。广义的收入把所有的经营和非经营活动的所得都看作收入。[3]

（1）主营业务收入，是指由企业日常经营中的经常性活动所产生的收入，如工商企业的商品销售收入、服务业的劳务收入等。主营业务收入在企业的收入中所占比重较大，是企业主要的经济利益的流入。

（2）其他业务收入，是指由企业日常经营中与之相关的其他经营活动所产生的收入，如工业企业销售原材料、出租包装物、出租房屋或设备等取得的收入。[4]

（3）投资收益，是指让渡资产使用权而给企业带来的经济利益流入。

[1] 明确界定： 是为了将收入与企业在非日常活动中产生的利得区分开来。

[2] 进一步理解： 企业日常活动产生的经济利益流入是收入的内涵，偶发交易或事项所产生的经济利益流入是企业收入的外延。

[3] 提示： 《企业会计准则——基本准则》所界定的收入仅指狭义的收入。营业外收入被界定为利润要素的构成项目。

[4] 再提示： 主营业务收入和其他业务收入统称为营业收入。

如从被投资企业分得的利润等。

（二）费用要素

1. 费用要素的定义及特征

费用，是指企业在日常经营活动中发生的、会导致所有者权益减少的、与向所有者分配利润无关的经济利益的总流出。按照费用的定义，费用要素具有以下几方面的特征：[1]

（1）费用发生于企业的日常活动，而不是发生于偶发的交易或事项。其中：❶由日常活动中的经常性活动所产生的费用，包括产品（或商品）销售成本、劳务成本、税金及附加、销售费用、管理费用、财务费用等。❷由日常活动中与经常性活动相关的其他经营活动所产生的费用，包括工业企业转让无形资产使用权的成本、出售多余或不需用原材料的成本、出租包装物的成本等。❸企业日常活动以外的偶发交易或事项所发生的耗费是损失，而不是费用，如出售固定资产发生的净损失、被没收的财产损失、支付的罚款损失、对外捐赠等就不作为费用来核算。[2]

（2）费用的发生会导致所有者权益的减少，并表现为资产的减少或负债的增加。由于费用是资产的耗费和为一定的目的而发生的，所以费用的发生通常表现为资产的减少（如生产耗用原材料）；费用的发生也可能引起负债的增加（如预提应负担的利息、应付职工薪酬）；或者同时表现为资产的减少和负债的增加。[3]

（3）费用的发生本身会导致所有者权益的减少，但与向所有者分配利润无关。由于企业在一定期间内发生的费用，必然要以它的收入来抵补，因此在收入本身增加所有者权益的情况下，费用的发生本身会导致所有者权益的减少。而向所有者分配利润，虽然也会减少所有者权益，但其属于利润分配的范畴而非费用的范畴。

2. 费用要素的分类及构成项目

费用也有狭义和广义之分。❶狭义的费用，**是指企业为取得营业收入提供商品或劳务及让渡资产使用权等日常活动中形成的经济利益的流出，**主要包括主营业务成本、其他业务成本、税金及附加、期间费用（销售费用、管理费用、财务费用）、投资损失和所得税费用等。❷广义的费用，**除上述内容外，还包括企业非日常活动产生的非经常性经济利益流出，即营业外支出。**广义的费用把所有的经营和非经营活动的耗费（支出）都看作费用。[4]

（1）主营业务成本，**是指企业在其主营业务活动中产生的成本，属于与主营业务收入相匹配的费用。**例如，企业在销售产品后确认的已销售产品的成本，即属于主营业务成本。在产品生产企业，主营业务成本是根据产品在生产过程中发生的各种费用计算确定的，是生产成本的一种转化形式。主营业务成本在企业的全部费用中所占比重较大。

（2）其他业务成本，**是指企业在开展其他业务活动中产生的成本，属于与其他业务收入相匹配的费用。**例如，企业在销售积压材料或出租包装物后，所确定的材料或包装物的成本，即为其他业务成本。

理解费用要素的几个名词的含义

[1]**相关链接：**
此处所讲的费用是指与收入相配比的费用，而计入资产价值并最终形成资产的成本的费用，将在第五章的有关内容中进行阐述。

[2]**明确界定：**
是为了将费用与企业在非日常活动中产生的损失区分开来。

[3]**举例说明：**
不会导致所有者权益减少的经济利益流出，不符合费用定义的例子。

理解费用要素的一些准备

[4]**提示：**
《企业会计准则——基本准则》所界定的费用仅指狭义的费用。营业外支出被界定为利润要素的构成项目。

(3) 税金及附加，是指企业开展营业活动依法应当缴纳的各种税费。其包括消费税、资源税、城市维护建设税和教育费附加等。

(4) 期间费用，是指与产品生产或劳务项目无直接关系，不参与生产(劳务) 成本计算而计入某一会计期间并于发生时直接计入当期损益，从当期收入中得到补偿的各种耗费。它包括：❶为销售产品而发生的**销售费用**；❷企业行政管理部门为组织和管理生产经营活动而发生的**管理费用**；❸为筹集生产经营用资金而发生的**财务费用**。[1]

(5) 投资损失，是指企业对外投资时所产生的损失。在发生投资损失时，应冲减投资收益。

(6) 所得税费用，是指企业根据经营所得，采用适用的税率计算确定的所得税税金。缴纳所得税会引起经济利益流出企业，当然也是企业的一种费用。

(三) 利润要素

1.利润要素的定义及特征[2]

利润，是指企业在一定会计期间的经营成果，是企业生产经营过程中各种收入扣除各种相关费用后的差额。它包括：❶收入减去费用后的净额；❷直接计入当期利润的利得和损失。按照利润的定义，利润要素具有以下特征：

(1) 利润是收入和费用两个会计要素配比的结果。当某一会计期间的收入大于费用时，表现为企业盈利；反之，则表现为企业亏损。

(2) 利润的界定不完全是收入与费用配比的结果。我国《企业会计准则》界定的利润，不仅包括收入与费用相抵后的差额，还包括直接计入当期损益的“利得”和“损失”。

(3) 利润的形成将最终导致所有者权益的变动。盈利的取得会使所有者权益增加，而亏损的发生会导致所有者权益的减少。

2.利润要素的分类及构成项目

在会计核算上，利润有以下三个不同的内涵范围。

(1) 营业利润，是指企业的日常经营活动在一定会计期间的经营成果，即狭义收入与狭义费用配比的结果。

(2) 利润总额，是指企业全部经营活动在一定会计期间的经营成果，即广义收入与广义费用配比的结果。其具体是指营业利润加上营业外收入减去营业外支出后的金额。❶营业外收入，是指直接计入当期利润的“利得”。主要有：盘盈利得、捐赠利得、处置非流动资产利得、债务重组利得等。❷营业外支出，是指直接计入当期利润的“损失”。主要有：盘亏损失、非常损失、捐赠支出、处置非流动资产损失、债务重组损失等。

(3) 净利润，是指企业经营活动在一定会计期间获得的并归所有者所有的最终经营成果。具体是指利润总额减去所得税费用后的余额，即税后利润。

[1] 特别理解：

费用是为取得收入而付出的一种代价，是对企业收入的一种扣除，因此费用应与收入配比确定，配比的方式有因果配比和期间配比。

[2] 特别强调：

利润是广义的收入（包括利得）与广义的费用（包括损失）相抵减后的差额。

四、会计要素的确认与计量

企业会计的最终“产品”是提供的财务报告，财务报告的具体组成项目就是会计要素，而在编制财务报告之前必须先按照一定的要求对会计要素进行确认和计量。

（一）会计要素确认

会计要素确认，也称会计确认，**是指将企业发生的交易或事项与资产、负债、所有者权益、收入、费用和利润等会计要素联系起来加以认定的过程**。以上我们就会计对象按其经济特征进行分类形成了六大会计要素，并阐述了各个会计要素的定义及特征，以下我们则就企业发生的经济业务应归类为哪一个会计要素进行说明，即会计确认的条件和基础。

1.会计确认条件

我国《企业会计准则——基本准则》中规定了会计要素的确认条件，具体包括以下三个方面。

（1）可定义性，**是指某一项目作为一项会计要素加以确认，必须符合该项会计要素的定义**。任何一项经济业务在进入会计信息系统时要具体到某一会计要素，所以，不符合会计要素定义的经济业务不能进入会计信息系统。

（2）可计量性，**是指与该项目有关的经济利益能够可靠计量**。确认和计量互为依存关系，不能计量的企业活动不予确认，确认同时伴随着计量。❶资产作为一种资源，其成本或价值能够可靠计量。❷负债作为一种现时义务，履行该义务使**未来经济利益流出的金额能够可靠计量**。例如，企业提供给购货方的商品，其销售价格可能发生变动，在新的售价未确定之前，就不能确认为企业的收入。

（3）可靠性，**是指与该项目有关的经济利益很可能流入或流出企业**。这一“很可能”要求经济利益流入或流出企业的可能性达到50%以上。❶当与资产或者收入有关的经济利益很可能流入企业，同时满足了资产或收入的其他条件时，就可以确认为企业的资产或收入；❷当与负债或者费用有关的经济利益很可能流出企业，同时满足了负债或费用的其他条件时，就可以确认为企业的负债或费用；❸所有者权益的确认要依赖资产与负债的确认，利润的确认主要依赖收入和费用的确认。

【例2-9】甲公司（购货方）与乙公司（销货方）发生一笔价值为300万元的钢材购销业务，甲公司承诺3个月后付款。❶甲公司已经收到对方开具的发票和货运单证，不论钢材是否验收入库，由于有发票和运单佐证，就视为满足了资产确认、负债确认所需的可靠性与可计量性的条件，甲公司应一方面确认资产增加，另一方面确认负债增加；❷因甲公司的承诺和对甲公司良好信誉和强大财务实力的了解，乙公司认为这项业务满足了收入确认、资产确认所需的可靠性与可计量性的条件，乙公司一方面确认收入增加，另一方面确认资产（债权）增加。

【例2-10】企业销售商品，对外承诺为售出的商品提供3年保修服务。

企业可以根据以往的经验数据，推定出履行该义务需要支出的服务费的最佳估计数。该估计数可被视为满足了负债确认的可靠性与可计量性的条件，应将其确认为负债。

【例2-11】A公司为了推销一款滞销产品，扩大赊销范围并放宽赊销条件，将产品销售给暂时没有付款能力的B公司和C公司。❶经过调查，B公司的财务紧张状况将会在3个月后好转，A公司预计收回货款的可能性达到50%以上，在这种情况下，就视为该销售满足了收入确认、资产确认所需的可靠性与可计量性的条件，应同时确认为收入增加和资产债权增加。❷经过调查，C公司的财务紧张状况将持续很长一段时间，在短期内收回货款的可能性很小，不会超过50%，在这种情况下，该销售满足不了收入确认所需的可靠性与可计量性的条件，A公司不能确认为收入。

2.会计确认基础

会计确认基础，也称会计处理基础或记账基础，是指确认一定会计期间的收入与费用等会计要素，从而进一步确定损益所采用的标准。由于持续经营和会计分期假设的存在，在会计实务中，有很多经济业务发生的会计期间与相关货币收支的会计期间并不完全一致，有些货币收支与以前的会计期间相关，而有些货币收支与以后的会计期间相关。如12月31日销售的商品符合收入确认的条件，但款项将于下年1月份收回。那么该项收入是作为本年的收入确认，还是作为下一年的收入确认呢？该项收入的确认有两种方法：❶作为本年的收入确认，其理由是该项经营活动是本年完成的；❷作为下一年的收入确认，其理由是款项在下一年收回。关于如何合理地确定各会计期间的损益，会计上产生了确认收入和费用的两种记账基础——“应计制”和“现金制”。

（1）“应计制”。**应计制亦称“权责发生制”或“应收应付制”，是以权利与责任的形成和发生为标准处理经济业务，确定本期收入和费用并计算本期盈亏的一种记账基础。**凡是属于本期已经实现的收入和已经发生或应当负担的费用，不论款项是否在本期收到和付出，都应确认为本期的收入和费用；凡是不属于本期的收入和费用，即使款项已经在当期收到和付出，也不应确认为本期的收入和费用。理解应计制时应重点把握以下两个概念：❶实现概念，**是指由于销售商品或提供劳务而引起的现金或现金索取权（如应收账款）的流入。**主要应解决的问题是：何时记录收入及记录金额？通常应在提供商品或劳务并满足收入实现的条件时确认收入，收入的金额按照转移商品的现金价值确定。❷配比概念，**是指当某一给定事件既影响收入又影响费用时，这两方面的影响应该在同一会计期间加以确认。**如发生商品销售经济业务：一是收入反映了留存收益的增加额等于收入实现额；二是费用反映了留存收益因商品（资产）“离开”企业而减少；三是为了准确衡量会计期间内销售对留存收益的净影响，收入与费用这两个方面必须在同一会计期间予以确认。

（2）“现金制”。**现金制亦称“收付实现制”或“现收现付制”，是以款项的实收实付为标准处理经济业务，确认本期收入和费用并计算本期盈亏的**

一种记账基础：❶凡是本期收到的收入款项和付出的费用款项，不论其是否属于本期，均应当确认为本期收入和费用；❷现金制会计既没有实现概念，也没有配比概念。“现金制”基础在一些提供服务、没有多少存货的小型企业中得到广泛应用，比如饭馆、美容美发店等。由于这些组织大多数都不向顾客提供赊账服务，现金制下的利润与应计制下的收益没有明显差别。

恋爱与过日子：应计制与现金制

（3）“应计制”与“现金制”的比较。❶应计制的核心是“**实现**”和“**配比**”；现金制的核心是“**收到**”和“**付出**”。❷应计制依据持续经营和会计分期两个基本前提来正确划分不同会计期间资产、负债、收入、费用等会计要素的归属，并运用一些诸如应收、应付、预提、待摊等项目来记录由此形成的资产和负债等会计要素。❸企业经营不是一次而是多次且连续进行的，而其损益的记录又要分期进行，每期的损益计算理应反映所有属于本期的真实经营业绩，**显然现金制不能完全做到这一点**。❹由于应计制能更加准确地反映特定会计期间实际的财务状况和经营业绩，因此，对于收入的处理应该按照收入的确认原则来确定其归属期，而对于费用的处理应秉承**“按费用的发生地归集，按受益对象分配，谁受益谁承担，何时受益何时承担”的原则来处理**。❺我国《企业会计准则——基本准则》第八条规定：“企业应当以权责发生制为基础进行会计确认、计量和报告。”

【例 2-12】根据下列经济业务的内容，分别按“应计制”和“现金制”，确认美达服装公司 1 月份的收入和费用并计算损益。

（1）本月销售产品 60 000 元，收到货款 30 000 元存入银行，其余未收；

（2）用银行存款支付 1—6 月的仓库租金 4 800 元；

（3）本月应计提银行短期借款利息 2 000 元；

（4）收到上一年度 12 月份应收未收的销货款 9 000 元；

（5）收到购货单位预付货款 20 000 元，合同约定下月交货；

（6）计提本月应付职工薪酬 16 000 元并通过银行支付。

美达服装公司 1 月份两种记账基础下的收入和费用比较表，见表 2-3。

表 2-3 **美达服装公司 1 月份两种记账基础下的收入和费用比较表** 单位：元

业务序号	权责发生制		说 明	收付实现制		说 明
	收入	费用		收入	费用	
（1）	60 000		本月销售已实现	30 000		收到销货款 30 000 元
（2）		800	本月应摊销 800 元		4 800	支付仓库租金 4 800 元
（3）		2 000	本月应承担的利息费用			款项没有支付
（4）			上年销售收入而非本月收入	9 000		收到货款 9 000 元
（5）			预收货款，销售尚未实现	20 000		收到货款 20 000 元
（6）		16 000	本月应承担的职工薪酬		16 000	款项已经支付
合计	60 000	18 800	利润=60 000−18 800=41 200	59 000	20 800	利润=59 000−20 800=38 200

（二）会计要素的计量属性

会计要素计量，简称会计计量，是将符合确认条件的会计要素进行会计记录继而列报于财务报告文件并确定其金额的过程。主要包括会计计量尺度与计量属性的选择。❶会计计量的基本要求，是计量尺度的选择；❷会计计量应满足的会计信息可靠性和相关性的要求，是计量属性的选择。

计量尺度的选择，是指一个组织（企业）是通过一定的数据来描述会计要素的。会计计量必然涉及计量尺度的选择，包括实物、劳动和货币三种量度，但应以货币量度为主要计量尺度来综合反映企业经济活动的过程和结果，为经济管理提供所需的价值指标。所以，**会计计量的属性，是指会计在以货币单位计量的基础上，基于经济业务的复杂性、客观经济环境的变化和会计信息使用者的不同目的，对会计要素金额确定的衡量标准进行选择。**会计计量属性主要包括：**历史成本、重置成本、可变现净值、现值和公允价值等五种。**

（1）历史成本，又称实际成本，是指取得或制造某项财产物资时所实际付出的现金或现金等价物。在该计量模式下：❶对于资产而言，按照购置时支付的现金或者现金等价物的金额，或者按照购置资产时所付出的对价的公允价值计量。❷对于负债而言，在正常营业的条件下，负债的历史成本是指按照其因承担现时义务而实际收到的款项或者资产的金额，或者承担现时义务的合同金额，或者按照日常活动中为偿还负债预期需要支付的现金或者现金等价物的金额计量。❸优缺点比较：可靠、简便、数据容易采集；因确认的时间与会计信息使用者利用的时间间隔较长，如果物价发生剧烈变动，则可能导致会计信息使用者做出错误的决策。

【例2-13】ABC公司3年前购置了A写字楼的一层，面积为1 200平方米，单价为6 000元/平方米，支付价款720万元，在会计上记录为固定资产720万元，这720万元即当时的公允价值（也就是历史成本），即使在今天，该写字楼的一层升值为1 200万元，会计上记录的固定资产价值仍为720万元。

会计基本原理

货币计量假设

【例2-13】中ABC公司3年前购置的A写字楼的一层虽然在今天升值为1 200万元，会计上记录的固定资产价值仍为720万元。这里蕴含了一个基本的会计假设，即“会计主体在进行会计确认、计量和报告时以货币计量，反映会计主体的财务状况、经营成果和现金流量”。会计上将这个假设称为“货币计量假设”。

货币计量假设包含两层含义：❶会计核算以人民币为记账本位币。业务收支以人民币以外的货币为主的企业，可以选定一种货币作为记账本位币，但编制的财务会计报告应当折算为人民币。在境外设立的中国企业向国内报送的财务会计报告，应当折算为人民币。❷假定币值稳定不变。因为只有在币值稳定或相对稳定的情况下，不同时点的资产的价值才有可比性，不同时期的收入和费用才能进行比较并计算确定其经营成果，会计核算提供的会计信息才能真实反映会计主体的经营活动情况。

(2) 重置成本，**亦称现时成本，是指按照当前市场条件，重新取得同样一项资产所需支付的现金或现金等价物。**在该计量模式下：❶就资产而言，按照目前购买相同或者相似资产所需支付的现金或者现金等价物的金额计量。❷就负债而言，按照现在偿付该项债务所需支付的现金或者现金等价物的金额计量。❸实际应用：重置成本大多用于盘盈固定资产的计量。

(3) 可变现净值，**是指在正常生产经营过程中，以资产预计售价减去进一步加工成本和预计销售费用以及相关税费后的净值。**在该计量模式下：❶资产按照其正常对外销售所能收到的现金或者现金等价物的金额，扣减该资产至完工时估计将要发生的成本、估计的销售费用以及相关税费后的金额计量。❷就负债而言，按照在正常营业的条件下，预期清偿负债所需支付的现金或现金等价物的未折现值计量。❸实际应用：可变现净值通常应用于存货存在资产减值情况下的后续计量。

(4) 现值，**是指对未来现金流量以恰当的折现率进行折现后的价值，是基于货币时间价值的一种计量属性，**即将未来的现金流入折算成现值，用现值计量的会计信息能体现出高度的相关性。在该计量模式下：❶就资产而言，在正常营业的条件下，资产按照预计从其持续使用和最终处置中所产生的未来净现金流入量的折现金额计量。❷就负债而言，在正常营业的条件下，负债按照预计期限内需要偿还的未来净现金流出量的折现金额计量。❸实际应用：现值通常应用于对投资期限较长的非流动资产投资项目的计量。

(5) 公允价值，**是指市场参与者在计量日发生的有序交易中，出售一项资产所能收到或者转移一项负债所需支付的价格。**在该计量模式下：❶资产和负债按照在公平交易中，熟悉情况的交易双方自愿进行资产交换或者债务清偿的金额计量。❷实际应用：公允价值变动金额计入当期损益的金融资产通常采用公允价值计量。

对以上五种会计计量属性的理解见表2-4。

表2-4 **对五种会计计量属性的理解**

计量属性类别	对资产的计量	对负债的计量
历史成本	按照购置时的金额计量	按照承担现时义务时的金额计量
重置成本	按照现在购买时的金额计量	按照现在偿还时的金额计量
可变现净值	按照现在销售时的金额计量	
现值	按照将来的金额折现计量	
公允价值	熟悉情况的交易双方自愿交易中资产的成交价格	熟悉情况的交易双方自愿交易中转移负债所需支付的金额

第二节　会计等式

画龙点睛：

会计等式是反映会计要素之间数量关系的表达式。

一、会计等式的概念及种类

会计等式，是指运用数学方程的原理来描述会计各要素之间数量关系的一种表达式，也称会计平衡式或会计恒等式。会计等式不仅揭示了各会计要素之间的关系，也是设置账户、复式记账和编制资产负债表、利润表的理论基础。

（一）静态会计等式

1.静态会计等式的定义与表现形式（基本会计等式）

静态会计等式，**亦称存量会计等式，是指由反映企业静态运动的会计要素组合而形成的表明企业某一特定时点的财务状况的等式。**静态会计等式是反映资产、负债和所有者权益之间数量关系的会计等式。

企业从事生产经营活动要拥有或控制一定数量的资金。❶一方面，这些资金分布在经营活动的各个方面，表现为不同的资产存在形态；另一方面，企业所拥有的资产均来源于资产的提供者——所有者和债权人。❷所有者和债权人对所提供的资产存在一定的求偿权，在会计上被称为权益。❸资产与权益在任何一个时点都必然保持恒等的关系，这种恒等关系用公式表示即：

资产＝权益

由于企业的资产来源于企业的债权人和投资者，因此权益由债权人权益和所有者权益两部分构成。债权人权益在会计上被称为负债，所有者权益是企业投资人对企业的资产减去负债后的净资产的所有权。由于权益是由负债和所有者权益两部分组成的，因此以上会计恒等式可进一步表示为：

资产=债权人权益+所有者权益

或者：

资产=负债+所有者权益

当然，静态会计等式在不同的企业组织形态下，可以有不同的表现形式：❶在股份有限公司，该等式通常表现为“**资产＝负债＋股东权益**”；❷在个人独资公司则通常表现为“**资产＝负债＋业主权益**”。

2.对静态会计等式的进一步理解

（1）**对资源与索取的理解**。企业的资产是企业掌握的经营所需的资源，来源于所有者的投入资本和债权人的借入资金，这些企业可用的资源分别归属于所有者和债权人。归属于所有者的部分形成所有者权益，归属于债权人的部分形成债权人权益（即企业的负债）。所有者和债权人对企业的资产具有索取权，意味着企业的所有资源都可以找到来源出处，而这些权益所有人在企业关闭时将根据法规并依照初始投入索取企业的全部资源。

(2) **对资金来源与资金运用的理解**。企业的资产是企业可以运用的资源，意味着企业对这些资源可以自由支配。同时这些资产是有来源出处的，资产的来源一是所有者的投入；二是债权人的投入。这两方面来源的资金形成企业经营上可运用的资产。对静态会计等式的理解如图 2-2 所示。

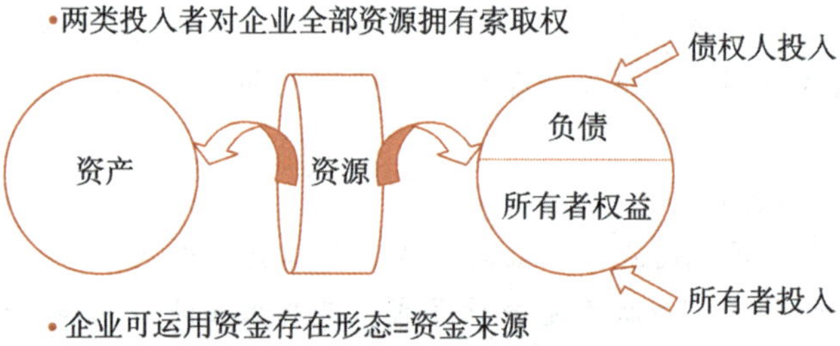

图 2-2　静态会计等式的两种理解思路

以上两种对基本会计等式的理解和解释方法都是正确的。在某些情况下，资源与索取权观点更容易理解。但是在分析持续经营主体的资产负债表时，资金来源与运用的观点通常能够提供更有意义的解释。

(二) 动态会计等式

1. 动态会计等式的定义与表现形式

动态会计等式，**亦称增量会计等式，是指由反映企业资金动态运动的会计要素组合而形成的反映企业一定会计期间经营成果的等式**，即反映收入、费用和利润之间数量关系的会计等式。

企业的目标就是不断地从生产经营活动中获取收入，实现盈利。企业为取得收入，必然会发生各种费用支出。在一个会计期间结束时，通过收入与费用的比较，就能够计算确定这一会计期间的盈利水平，即当期实现的利润总额（或发生的亏损总额）。因此，利润与收入和费用的关系可用下式表示：

收入-费用 = 利润

这一等式表达了企业经营成果与相应期间的收入和费用的关系。作为企业经营成果，利润的取得表明企业资产总额和净资产的增加。

2. 对动态会计等式的进一步理解

(1) **利润的实质是企业实现的收入与其相关的费用进行配比的结果**。当收入大于费用时为利润，收入小于费用时为亏损。

(2) **利润会随着收入的增减而发生相同变化**。即在费用一定的情况下，企业获得的收入越多，利润也越多；反之，收入越少，利润就越少。

(3) **利润会随着费用的增减而发生相反变化**。即在收入一定的情况下，企业发生的费用越多，利润就越少；反之，费用越少，利润就越多。

（三）综合（扩展）会计等式

1.综合（扩展）会计等式的定义与表现形式

由于企业是由其所有者投资设立的，企业实现的利润必然归属于所有者，因此利润的实现总是表现为所有者权益的增加；反之，如果企业经营亏损，也必然由所有者承担，从而引起所有者权益的减少，在这个过程中建立起新的平衡关系。由此，在一个会计期间结束前，可将动态会计等式代入基本会计等式，得到：

资产=负债+所有者权益+利润
=负债+所有者权益+（收入-费用）

移项后便得出如下扩展会计等式：

资产+费用=负债+所有者权益+收入

提示： 综合（扩展）会计等式反映静态会计等式与动态会计等式的关联。

2.对综合（扩展）会计等式的理解

这一等式反映企业在某一期间内的资产、负债、所有者权益、收入、费用和利润这六类要素之间所存在的恒等关系，表明了某一会计期间会计主体的财务状况与经营成果之间的相互联系：❶财务状况表明企业特定日期资产的来源渠道与占用情况，反映特定日期资产的存量情况；经营成果则表明企业特定期间净资产增加（或减少）情况，反映一定期间内资产的增量（或减量）。❷企业的经营成果最终要影响到企业的财务状况，企业实现利润，将使企业资产增加，所有者权益增加或负债减少；企业发生亏损，将使企业资产减少，所有者权益减少或负债增加。对综合（扩展）会计等式的理解如图2-3所示。

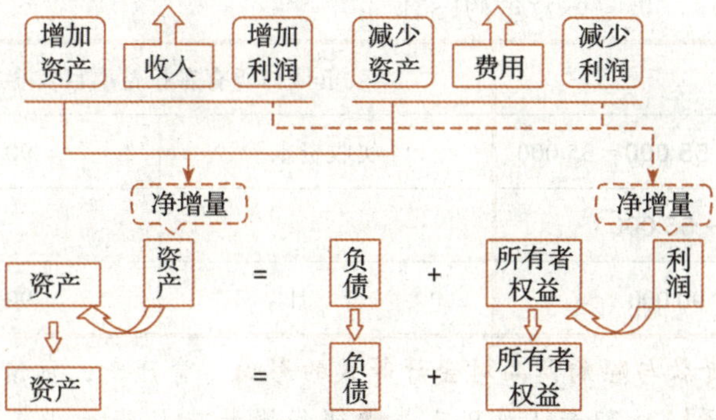

图2-3 综合（扩展）会计等式等号两边在会计期末达到新的平衡

二、经济业务对会计等式的影响

每一笔经济业务的发生，都会对会计要素产生一定的影响。一项会计要素发生增减变动，其他会计要素也必然会随之发生增减变动；或者在同一会计要素内部某一项目发生增减变动，其他有关项目也会随之发生增减变动。

（一）经济业务对基本会计等式的影响

1.初始投入资本对会计等式的影响（资产+，所有者权益+）

【例2-14】2×23年1月1日：李新耀和他的朋友王光华租赁了一间商

铺，合伙开办了一家销售成衣的商店，定名为“耀华服装店”。他们把自己所拥有的90 000元（李新耀投资60 000元，王光华投资30 000元）资金存入企业开设的银行账户，并取得了90 000元的注册资本证明，因此他们是耀华服装店的股东。

【会计确认与计量】该笔经济业务：❶使耀华服装店的资产项目——银行存款增加90 000元；❷同时，使耀华服装店的所有者权益项目——实收资本增加90 000元；❸对会计等式的影响及结果，见表2-5：

表2-5

耀华服装店 资产负债表

2×23年1月1日 单位：元

资产项目及金额		负债与所有者权益项目及金额	
银行存款	**+90 000**	实收资本	**+90 000**
合 计	90 000	合 计	90 000

2.购买商品对会计等式的影响（资产+，资产-）

【例2-15】2×23年1月5日：耀华服装店从天空服装公司购进商品，通过银行支付货款55 000元。

【会计确认与计量】该笔经济业务：❶使耀华服装店的资产项目——银行存款减少55 000元；❷同时，使另一项资产——库存商品增加55 000元；❸对会计等式的影响及结果，见表2-6：

表2-6

耀华服装店 资产负债表

2×23年1月5日 单位：元

资产项目及金额		负债与所有者权益项目及金额	
银行存款	90 000 **-55 000** = 35 000	实收资本	90 000
库存商品	**+55 000**		
合 计	90 000	合 计	90 000

3.银行贷款与赊购商品对会计等式的影响（资产+，负债+）

【例2-16】2×23年1月8日：❶耀华服装店从银行借入22 000元存入开户银行；❷同时，从大地公司购进65 000元的商品，货款尚未支付。

【会计确认与计量】（1）前一笔借款经济业务：❶使耀华服装店的资产项目——银行存款增加22 000元；❷同时，使耀华服装店对银行的债务项目——短期借款增加22 000元。（2）后一笔赊购经济业务：❶使耀华服装店的另一项资产项目——库存商品增加65 000元；❷同时，使耀华服装店对大地公司的债务项目——应付账款增加65 000元。（3）两笔经济业务对会计等式的影响及结果，见表2-7：

表 2-7

耀华服装店　　资产负债表

2×23年1月8日　　单位：元

资产项目及金额		负债与所有者权益项目及金额	
银行存款	35 000 **+ 22 000** = 57 000	短期借款	**+ 22 000**
库存商品	55 000 **+ 65 000** = 120 000	应付账款	**+ 65 000**
		实收资本	90 000
合　计	177 000	合　计	177 000

4.偿还欠款对会计等式的影响（资产-，负债-）

【例 2-17】2×23年1月10日：耀华服装店通过银行转账16 000元偿还前欠大地公司的部分货款。

【会计确认与计量】该笔经济业务：❶使耀华服装店的资产项目——银行存款减少16 000元；❷同时，使耀华服装店对大地公司的债务项目——应付账款减少16 000元；❸对会计等式的影响及结果，见表2-8：

表 2-8

耀华服装店　　资产负债表

2×23年1月10日　　单位：元

资产项目及金额		负债与所有者权益项目及金额	
银行存款	57 000 **- 16 000** = 41 000	短期借款	22 000
库存商品	120 000	应付账款	65 000 **- 16 000** = 49 000
		实收资本	90 000
合　计	161 000	合　计	161 000

5.向银行贷款偿还前欠货款对会计等式的影响（负债+，负债-）

【例 2-18】2×23年1月13日：耀华服装店向银行贷款15 000元直接偿还前欠大地公司的货款。

【会计确认与计量】该笔经济业务：❶使耀华服装店对银行的债务——短期借款增加15 000元；❷同时，使耀华服装店对大地公司的债务——应付账款减少15 000元；❸对会计等式的影响及结果，见表2-9：

表 2-9

耀华服装店　　资产负债表

2×23年1月13日　　单位：元

资产项目及金额		负债与所有者权益项目及金额	
银行存款	41 000	短期借款	22 000 **+ 15 000** = 37 000
库存商品	120 000	应付账款	49 000 **- 15 000** = 34 000
		实收资本	90 000
合　计	161 000	合　计	161 000

6.将债务转为投资对会计等式的影响（负债-，所有者权益+）

【例2-19】2×23年1月15日：大地公司总裁白富美看好耀华服装店的地段和李新耀的人品，认为该公司发展潜力巨大，决定将耀华服装店所欠的部分货款30 000元转为大地公司对耀华服装店的投资，已办好相关的法律手续并收到大地公司出具的投资证明。

【会计确认与计量】该笔经济业务：❶一方面，使耀华服装店的所有者权益项目——实收资本（白富美）增加30 000元；❷另一方面，使耀华服装店对大地公司的债务项目——应付账款减少30 000元；❸对会计等式的影响及结果，见表2-10：

表2-10 **耀华服装店 资产负债表**

2×23年1月15日 单位：元

资产项目及金额		负债与所有者权益项目及金额	
银行存款	41 000	短期借款	37 000
库存商品	120 000	应付账款	34 000 - **30 000** = 4 000
		实收资本	90 000 + **30 000** = 120 000
合　计	161 000	合　计	161 000

7.资本撤出、付出现金对会计等式的影响（资产-，所有者权益-）

【例2-20】2×23年1月20日：合伙人白富美由于特殊原因退出经营，由于白富美投入资本的期限较短，退其投入的全部资本金30 000元并通过银行转账支付。

【会计确认与计量】该笔经济业务：❶使耀华服装店的资产项目——银行存款减少30 000元；❷同时，使耀华服装店的所有者权益项目——实收资本（白富美）减少30 000元；❸对会计等式的影响及结果，见表2-11：

表2-11 **耀华服装店 资产负债表**

2×23年1月20日 单位：元

资产项目及金额		负债与所有者权益项目及金额	
银行存款	41 000 - **30 000** = 11 000	短期借款	37 000
库存商品	120 000	应付账款	4 000
		实收资本	120 000 - **30 000** = 90 000
合　计	131 000	合　计	131 000

8.资本撤出、款项暂欠对会计等式的影响（负债+，所有者权益-）

【例2-21】2×23年1月23日：由于李新耀的另外一家企业急需资金，李新耀抽出部分资本30 000元，该店账面因为资金不足约定下月月初支付。

【会计确认与计量】该笔经济业务：❶使耀华服装店的所有者权益项目——实收资本（李新耀）减少30 000元；❷同时，使耀华服装店的负债项目——其他应付款增加30 000元；❸对会计等式的影响及结果，见表2-12：

表2-12 耀华服装店 资产负债表

2×23年1月23日 单位：元

资产项目及金额		负债与所有者权益项目及金额	
银行存款	11 000	短期借款	37 000
库存商品	120 000	应付账款	4 000
		其他应付款	**+30 000**
		实收资本	90 000 **- 30 000** = 60 000
合 计	131 000	合 计	131 000

9. 售出商品、获得利润对会计等式的影响（资产 +，所有者权益 +）

【例2-22】2×23年1月27日：耀华服装店以84 000元的价格向红星服装店售出了购买成本为52 000元的商品服饰，红星服装店通过银行转账支付货款50 000元，其余货款34 000元对方承诺下一个月支付。

特别提示：

该交易既对会计基本等式产生影响，也对以下要讲的会计扩展等式产生影响。该交易是为以下要讲的所有者权益内部各项目之间的转化作铺垫。

【会计确认与计量】该笔经济业务：❶使耀华服装店的资产项目——库存商品减少52 000元，同时，销售使收入增加84 000元，其表现形式为企业资产的增加，分别为银行存款增加50 000元和应收账款增加34 000元，各资产项目增加额84 000元（50 000 + 34 000）与减少额52 000元的差额为资产净增加32 000元；❷因销售减少的库存商品52 000元，转化为费用增加52 000元（主营业务成本），收入大于费用的差额32 000元，是该笔销售交易赚取的利润，应归所有者所有，构成所有者权益的一部分，即所有者权益增加32 000元，这一利润在分配之前，被称为未分配利润或者留存收益；❸对会计等式的影响及结果，见表2-13：

表2-13 耀华服装店 资产负债表

2×23年1月27日 单位：元

资产项目及金额		负债与所有者权益项目及金额	
银行存款	11 000**+50 000** = 61 000	短期借款	37 000
应收账款	**+34 000**	应付账款	4 000
库存商品	120 000**-52 000** = 68 000	其他应付款	30 000
		实收资本	60 000
		留存收益	**+32 000**
合 计	163 000	合 计	163 000

10. 未分配利润转增资本金对会计等式的影响（所有者权益＋，所有者权益－）

【例 2-23】2×23 年 1 月 31 日：为扩大经营，下月将有新的合伙人加入，现有的合伙人商定将未分配利润（留存收益）30 000 元转为资本金。

【会计确认与计量】该笔经济业务：❶使耀华服装店的所有者权益项目——实收资本增加 30 000 元；❷同时，使耀华服装店的另一所有者权益项目——未分配利润（留存收益）减少 30 000 元；❸对会计等式的影响及结果，见表 2-14：

表 2-14　**耀华服装店　资产负债表**

2×23 年 1 月 31 日　　单位：元

资产项目及金额		负债与所有者权益项目及金额	
银行存款	61 000	短期借款	37 000
应收账款	34 000	应付账款	4 000
库存商品	68 000	其他应付款	30 000
		实收资本	60 000 **+ 30 000** = 90 000
		留存收益	32 000 **− 30 000** = 2 000
合　计	163 000	合　计	163 000

11. 预付货款对会计等式的影响（资产＋，资产－）

【例 2-24】2×23 年 1 月 31 日：耀华服装店通过银行转账向喜来登服装公司预付购货款 20 000 元。

【会计确认与计量】该笔经济业务：❶使耀华服装店的资产项目——银行存款减少 20 000 元；❷使得其另一资产项目——预付款项增加 20 000 元；❸对会计等式的影响及结果，见表 2-15：

表 2-15　**耀华服装店　资产负债表**

2×23 年 1 月 31 日　　单位：元

资产项目及金额		负债与所有者权益项目及金额	
银行存款	61 000 **− 20 000** = 41 000	短期借款	37 000
应收账款	34 000	应付账款	4 000
预付款项	**+20 000**	其他应付款	30 000
库存商品	68 000	实收资本	90 000
		留存收益	2 000
合　计	163 000	合　计	163 000

12.预收货款对会计等式的影响（资产+，负债+）

【例2-25】2×23年1月31日：耀华服装店通过银行收到丽美模特公司预付的购货款25 000元。

【会计确认与计量】该笔经济业务：❶使耀华服装店的资产项目——银行存款增加25 000元；❷使其负债项目——预收款项增加25 000元；❸对会计等式的影响及结果，见表2-16。

表2-16　**耀华服装店　资产负债表**

2×23年1月31日　单位：元

资产项目及金额		负债与所有者权益项目及金额	
银行存款	41 000 **+ 25 000** = 66 000	短期借款	37 000
应收账款	34 000	应付账款	4 000
预付款项	20 000	其他应付款	30 000
库存商品	68 000	预收款项	**+ 25 000**
		实收资本	90 000
		留存收益	2 000
合　计	188 000	合　计	188 000

（二）经济业务对基本会计等式影响的总结

上述12笔经济业务【例2-14】至【例2-25】引起资产、负债和所有者权益会计要素增减变化的过程和结果，可以概括为以下9种情况。**按照范例，请您将以上所列的12笔经济业务引起会计要素增减变化的过程和结果与9种情况一一对号入座。**

（1）资产项目等额一增一减，保持平衡。如：【例2-15】、【例2-24】（范例）。

（2）负债项目等额一增一减，保持平衡。如：______

（3）所有者权益项目等额一增一减，保持平衡。如：______

（4）资产和负债项目等额增加，保持平衡。如：______

（5）资产和所有者权益项目等额增加，保持平衡。如：______

（6）资产和负债项目等额减少，保持平衡。如：______

（7）资产和所有者权益项目等额减少，保持平衡。如：______

（8）负债增加和所有者权益减少等额，保持平衡。如：______

（9）负债减少和所有者权益增加等额，保持平衡。如：______

以上经济业务对会计等式影响的9种情况如图2-4所示。

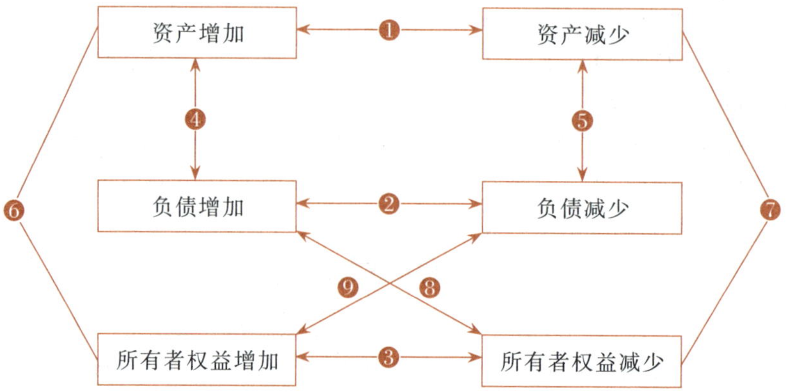

图2-4　经济业务对会计等式影响的9种情况

如果把负债和所有者权益归为一类——“权益”，则对企业发生的经济业务，引起会计等式三要素资产、负债和所有者权益的增减变动进行排列组合，其符合经济活动实际情况的不外乎以下四种类型：

第一，经济业务的发生，引起资产项目之间等额此增彼减，双方保持平衡，如【例2-15】、【例2-24】。概括为：资产内部转化。

第二，经济业务的发生，引起权益（或资金来源）项目之间等额此增彼减，双方保持平衡，如【例2-18】、【例2-19】、【例2-21】、【例2-23】。概括为：权益内部转化。

第三，经济业务的发生，引起资产（或资金占用）与权益（或资金来源）项目同时等额增加，双方保持平衡，如【例2-14】、【例2-16】、【例2-22】、【例2-25】。概括为：资金投入企业。

第四，经济业务的发生，引起资产与权益项目同时等额减少，双方保持平衡，如【例2-17】、【例2-20】。概括为：资金退出企业。

上述12道例题中涉及的经济业务引起会计要素增减变化的类型如图2-5所示。

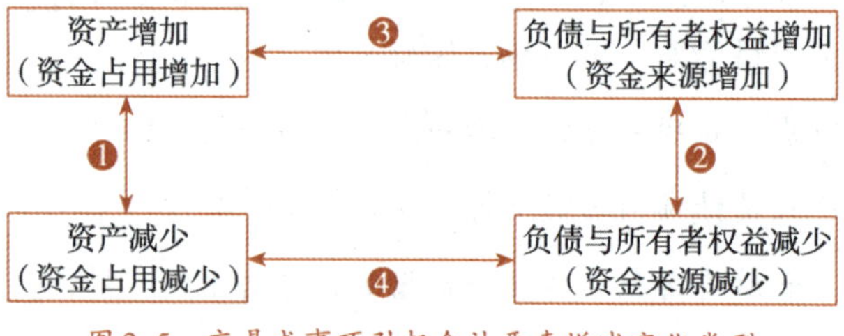

图2-5　交易或事项引起会计要素增减变化类型

（三）经济业务对扩展会计等式的影响

当发生涉及资产、负债和所有者权益等要素的经济业务时，不会破坏资产与负债和所有者权益之间的平衡关系。那么，如果发生了涉及收入、费用、利润要素的经济业务，以上的平衡关系是否还存在呢？前述将收入、费用和利润三个要素考虑进去，会计的基本等式演变为：

资产+费用=负债+所有者权益+收入

1.取得收入的经济业务对会计等式的影响

商品销售和劳务提供后所实现的收入，通常表现为以下三种情况之一：❶资产和收入要素同时、等额增加；❷收入和负债要素等额一增一减；❸两者兼有。

【例2-26】2×23年2月3日：耀华服装店销售商品，通过银行收到货款33 000元。

【会计确认与计量】该笔经济业务：❶使企业的资产项目——银行存款增加33 000元；❷使企业的收入项目——主营业务收入增加33 000元；❸属于上述等式双方资产要素和收入要素同时增加的变动，等式两边仍然保持平衡，如图2-6所示。

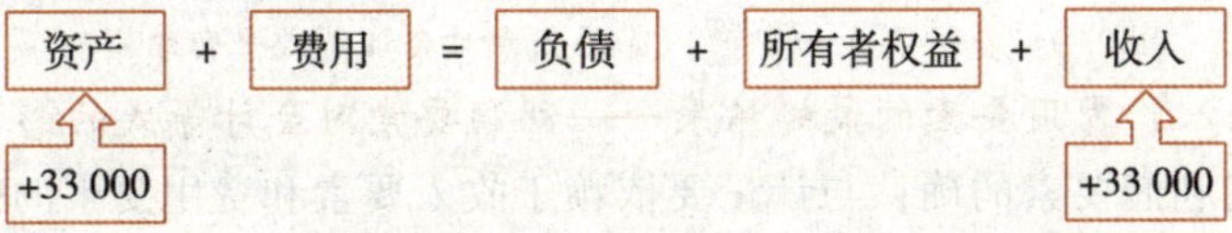

图2-6 收入要素和资产要素对会计等式平衡的影响

【例2-27】2×23年2月3日：耀华服装店向白富美模特公司发出商品，售价35 000元，扣除上月已预收的25 000元货款后，其余10 000元对方承诺下月偿付。

【会计确认与计量】该笔经济业务：❶使企业的资产项目——应收账款增加10 000元、负债项目——预收款项减少25 000元；❷使企业的收入项目——主营业务收入增加35 000元；❸等式左方增加10 000元，等式右方有增有减，增减相抵后净增加10 000元，等式两边仍然保持平衡，如图2-7所示。

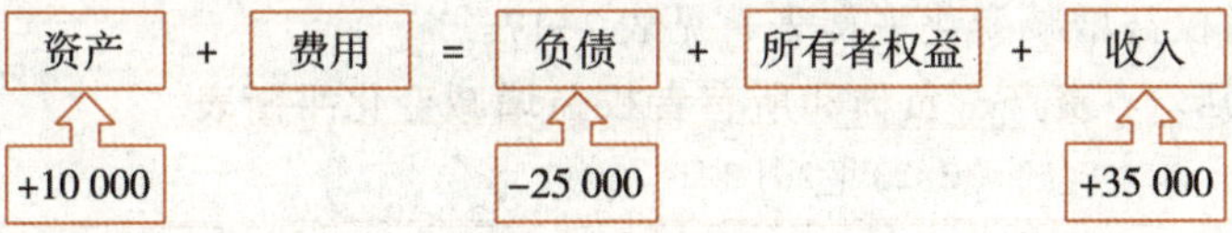

图2-7 收入要素和资产、负债要素对会计等式平衡的影响

2.发生费用的经济业务对会计等式的影响

在商品生产、销售和劳务提供过程中所发生的费用，通常表现为以下三种情况：❶负债要素和费用要素同时、等额增加；❷费用要素和资产要素等额一增一减；❸两者兼有。

【例2-28】2×23年2月3日：耀华服装店用银行存款支付高富帅审计公司审计咨询费6 000元。

【会计确认与计量】该笔经济业务：❶使企业的资产项目——银行存款减少6 000元；❷使企业的费用项目——管理费用增加6 000元；❸属于等式左方资产要素和费用要素等额一增一减的变动，等式两边的总额不变，等式仍然保持平衡，如图2-8所示。

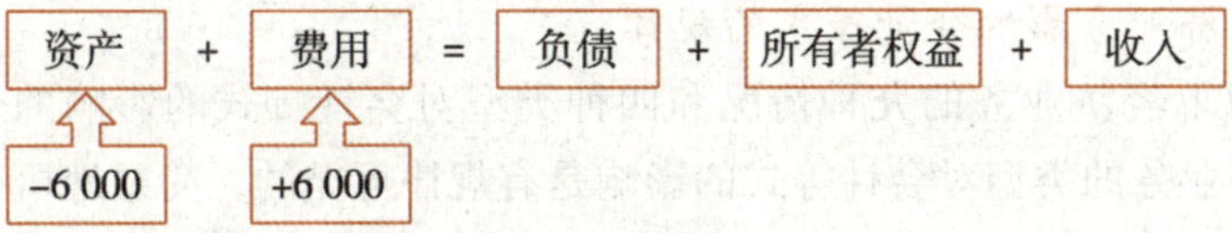

图2-8 费用要素和资产要素对会计等式平衡的影响

【例2-29】2×23年2月3日：耀华服装店在相关媒体上进行产品广告宣传，应付广告费用22 000元，以银行存款支付20 000元，其余2 000元暂欠。

【会计确认与计量】该笔经济业务：❶使企业的费用项目——销售费用增加22 000元；❷使企业的资产项目——银行存款减少20 000元、负债项目——应付账款增加2 000元；❸等式右方增加2 000元，等式左方有增有减，增减相抵后净增加2 000元，等式两边仍然保持平衡，如图2-9所示。

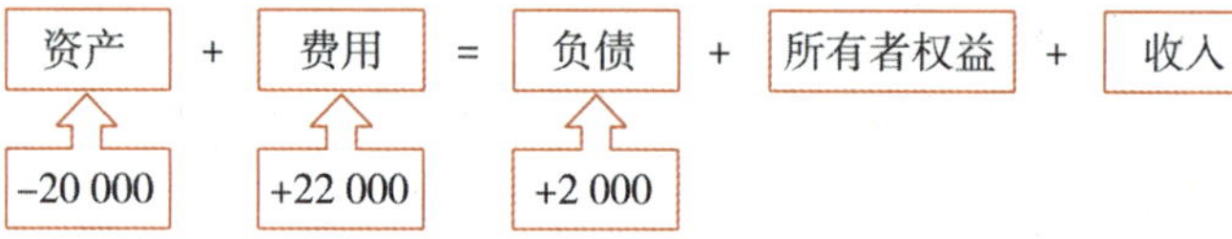

图2-9　费用要素和资产、负债要素对会计等式平衡的影响

3.收入、费用要素的最终结果——利润要素对会计等式的影响

前述利润要素的确认与计量要依赖于收入要素和费用要素的确认与计量：❶收入减去费用后的利润（或亏损）应归投资人所有，在分配之前转化为所有者权益的增加（或减少）；❷同时，其表现形式要么是资产要素相应增加（或减少），要么是负债要素相应减少（或增加）；❸所以，收入可以理解为所有者权益项目——留存收益的增加，费用可以理解为所有者权益项目——留存收益的减少。由于收入、费用和利润这三个要素的变化实质上都可以表现为所有者权益的变化，因此上述三种情况都可以归纳到前面总结的经济业务对基本会计等式影响的九种类型中。也正因如此，上述扩展的会计等式才会保持平衡。耀华服装店2×23年2月3日资产、负债和所有者权益增减变化平衡表，见表2-17。

表2-17　**耀华服装店　资产、负债和所有者权益增减变化平衡表**

2×23年2月3日　　单位：元

资产	期初余额	本期发生额		期末余额	负债与所有者权益	期初余额	本期发生额		期末余额
		增加	减少				增加	减少	
银行存款	66 000	33 000	26 000	73 000	短期借款	37 000			37 000
应收账款	34 000	10 000		44 000	应付账款	4 000	2 000		6 000
预付款项	20 000			20 000	其他应付款	30 000			30 000
库存商品	68 000			68 000	预收款项	25 000		25 000	0
					实收资本	90 000			90 000
					留存收益	2 000	68 000	28 000	42 000
合　计	188 000	43 000	26 000	205 000	合　计	188 000	70 000	53 000	205 000

（四）经济业务对会计等式影响的规律与结论性总结

1.经济业务影响会计等式的规律

从以上经济业务的九种情况和四种类型对会计等式的影响的分析中发现，经济业务的类型对会计等式的影响是有规律可循的，简要地概括为以下两点：❶当经济业务发生后，影响到会计等式两边（两方）的要素时，**一定是等额同增或同减**；❷当经济业务发生后，只影响会计等式某一边（一方）的要素时，**一定是等额一增一减**。以扩展会计等式为例，经济业务的类型影响会计等式的规律如图2-10所示。

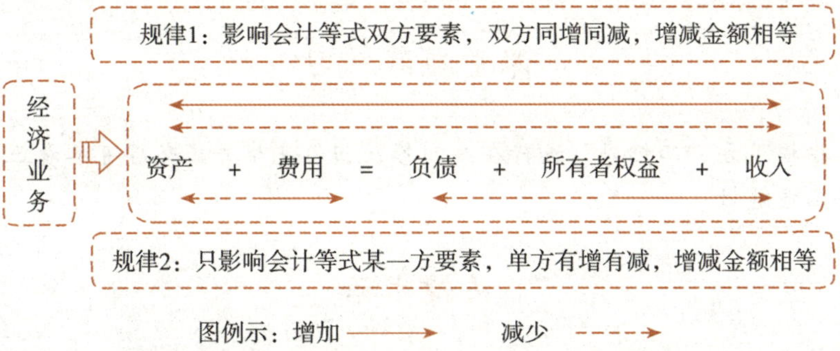

图 2-10 经济业务的类型影响会计等式的规律

2.经济业务影响会计等式的结论性总结

通过分析经济业务影响会计等式中各要素的变动情况及其规律，可以得出以下结论：任何经济业务的发生都不会破坏会计等式的平衡关系。具体而言，主要有以下三点：

（1）**每项经济业务发生后，因其经济业务的来龙去脉，必然要产生两方面的变化**：具体到对会计等式各要素的影响，两方面可能会影响会计等式中的两个要素，也可能只影响一个要素中的两个项目，但会计等式的恒等关系保持不变。

（2）**经济业务的发生只涉及会计等式一方变动时**：不仅不会影响会计等式的平衡，而且经济业务发生前的总额也不会变动。即会计要素变化的某一方增减金额相互抵消，原来的总额保持不变；而会计等式另一方的会计要素并未受到影响，其总额没有发生变化。

（3）**经济业务的发生涉及会计等式两方变动时**：虽会使会计等式双方总额发生增加或减少的变动，但变动后的双方总额仍然相等，即：会计等式双方的总额会在原来平衡的基础上同时增加或同时减少一个相同的金额，等式双方数额仍然保持平衡。

会计论道与育人

贪婪的猴子——会计工作谨防贪婪①

在阿尔及尔地区的长拜尔有一种猴子，经常偷食农民的玉米。当地的农民根据这些猴子的特性，发明了一种捕捉猴子的巧妙方法。农民们把一只葫芦型的细颈瓶子固定在大树上，再在瓶子中放入猴子们最爱吃的玉米，然后就静候佳音了。到了晚上，猴子来到树下，见到瓶中的玉米十分高兴，就把爪子伸进瓶子去抓玉米。这瓶子的妙处就在于猴子的爪子刚刚能够伸进去，当它抓住一把玉米时，爪子却怎么也拉不出来了。贪婪的猴子绝不可能放下已到手的玉米，就这样，它的爪子也就一直抽不出来，它就死死地守在瓶子旁边。直到第二天早晨，农民把它抓住的时候，它依然不会放开爪子，直到把那玉米放入嘴中。

教授寄语：**人从猴子进化而来，当然比猴子聪明一些。如果把玉米换成金钱、权力，上当的恐怕就是人而不是猴子了。会计经常与金钱打交道，莫伸手，伸手必被捉！**

华尔街与狼共舞
——小米公司上市

① 改编自：佚名．放开爪子［EB/OL］．［2017-01-14］．https://www.chazidian.com/gushi55813/.

课堂在线练习

习题自测

扫描下方“二维码”进行在线回答，回答完毕并提交后可参看正确答案与答案解析。

关键术语

会计要素　会计等式　资产　负债　所有者权益　收入　费用　利润　流动资产　流动负债　会计假设　会计主体　会计期间　会计记账基础　现金制　权责发生制　历史成本原则

复习思考

1. 资产要素的特征。
2. 负债要素的特征。
3. 所有者权益要素的特征。
4. 收入要素的特征。
5. 费用要素的特征。
6. 利润要素的特征。
7. 会计假设对会计核算的作用。
8. 正确区分收益性支出和资本性支出的意义。
9. 应计制和现金制在确认收入和费用方面的区别。

第三章 账户设置与复式记账

内容导读：前述会计信息加工的会计确认、计量、记录和报告四个环节，在会计实务中表现为会计核算的七种方法。从本章开始，学习的内容将转向对会计核算方法的探讨，逐一对会计核算方法的内容及具体应用进行阐述。前述第二章阐述了企业经济业务按其性质进行的归类——会计要素，用会计术语来描述会计对象的具体内容，并进行会计确认。经过会计确认的经济业务，如何进行记录的方法——账户设置与复式记账是本章将要探讨的内容。

账户设置，这一会计核算方法属于会计记录方法之一，并且是会计记录方法的首要方法，是其他会计记录方法应用的基础，只有采用账户设置法建立起完整的账户体系，其他方法才能有效地加以运用。探讨账户设置，解决的是经济业务如何确认与计量以及在什么地方记录的问题，包括：❶理解会计科目含义及分类体系；❷掌握账户设置及功能；❸在以上基础上理解设置账户是复式记账的前提。

复式记账，这一会计核算方法也属于会计记录方法之一。探讨复式记账，解决的是经济业务进行会计记录的方法问题，也是会计记录首先要迈过的技术门槛，包括：❶了解记账方法并理解复式记账的基本概念，掌握复式记账的基本原理，把握复式记账的特征或作用；❷重点阐述为当今世界各国所通用的借贷复式记账法，理解其基本原理，掌握借贷记账法的主要内容。

第一节 会计科目与账户

由于账户是根据会计科目开设的，所以探讨账户设置这一会计记录方法，包括以下两个方面的内容：❶会计科目及分类体系，理解会计科目是对经济业务进行会计要素确认后进一步划分的项目，并具有一定的分类体系；❷账户设置及其功能，掌握会计科目金额增减变动如何记录以及记录的载体。

一、会计科目

（一）会计科目及其设置原则

1.会计科目的定义

前述会计要素是对会计事项（会计对象的具体内容）按照其一定特征（质的要求）进行的基本分类，并将其划分为资产、负债、所有者权益、收入、费用和利润六大会计要素。但会计要素仅仅是对经济业务所作的最基本分类，而这个层次的分类是不够的，这是因为每一个会计要素又包含了许多具体项目。当经济业务发生后，只有结合这些具体项目进行确认，才能提供更为详尽和有用的信息。所以，在划分会计要素的基础上，还需根据各个要素的经济内容将其划分为若干具体项目。因而，**会计科目，是指在会计要素分类的基础上，对其按照经济内容进行再分类而确定的详细项目。**

那么究竟该如何进一步分类并细化到什么程度？即从会计要素如何过渡到会计科目？这就要对各会计要素包含的具体内容，按其一定的特点和管理要求，并以能够提供系统、全面的会计信息为标准进行分类。例如：❶企业的机器设备、房屋和建筑物，作为劳动手段，具有使用时间较长、单位价值较大、实物形态相对不变的特点，应将其归为一类，设置“固定资产”会计科目；❷生产产品用的各种钢材、零配件及燃料等，作为劳动对象，具有在生产中被一次性消耗、其价值一次性转移到产品中的特点，应将其归为一类，设置“原材料”会计科目；❸为了满足管理上费用预算和控制的要求，在企业生产车间范围内发生的物料消耗、办公费、管理人员的工资等，具有间接费用的特点，应将其归为一类，设置“制造费用”会计科目。

2.会计科目设置的原则

我国《企业会计准则——应用指南》(以下简称《准则指南》)，在附录中依据《企业会计准则》中确认和计量的规定，制定了涵盖各类企业主要经济业务的会计科目和主要账务处理方法：❶要求各企业在不违反会计准则中确认、计量和报告规定的前提下，可以根据本单位的实际情况自行增设、分拆、合并会计科目。❷对于明细科目，企业可以比照该附录中的规定自行设置。会计科目编号供企业填制会计凭证、登记会计账簿、查阅会计账目、采用会计软件系统时参考，企业可结合实际情况自行确定会计科目编号。❸由于各企业的业务性质、规模大小、业务繁简及组织状况有所不同，会计科目的设计必须充分考虑这些客观条件，遵循以下原则：

(1) 必须结合会计要素的特点，全面反映会计要素的内容。会计科目作为对会计对象具体内容即会计要素进行分类提供会计信息的工具，其设置必须反映会计要素的特点，保证全面、系统地反映会计要素的全部内容，不能有任何遗漏。同时，应结合本单位经营活动的特点设置相应的账户。例如，制造业企业的主要经营活动是制造产品，因而需要设置反映生产耗费的账户。“生产成本”“制造费用”等账户，就是为适应这一特点而设置的。

(2) 既要符合对外报告的要求，又要满足内部经营管理的需要。前述企业的利益相关者可以分为两大类：不参与企业经营管理的外部利益相关者和参与企业经营管理的内部利益相关者。因此，在设置会计科目时要兼顾对外报告和企业内部经营管理的需要，并根据需要数据的详略程度，分设总分类科目和明细分类科目：❶总分类科目是对会计对象具体内容进行的总括分类，如“固定资产”“实收资本”等账户，它提供的是总括性指标，这些指标基本上能满足企业外部有关方面的需要；❷明细分类科目是对总分类科目的进一步分类，如在“库存商品”总分类科目下按照商品的类别或品名分设的明细分类账户，它提供的详细数据主要为企业内部管理服务。

（3）做到适应性与稳定性相结合。所谓适应性，是指会计科目的设置要随着社会经济环境和本单位经济活动的变化而变化。例如，随着商业信用的发展，为了核算和监督商品交易中的提前付款或延期交货而形成的债权债务关系，核算中应单独设置“预付账款”和“预收账款”账户，即把预收、预付货款的核算从“应收账款”和“应付账款”账户中分离出来。所谓稳定性，是指为便于会计资料的汇总及在不同时期的对比分析，会计科目的设置应保持相对的稳定。这就要求在设置作为制度性事前控制的会计科目时，要具有前瞻性并留有余地，以此来保证会计科目的适应性和稳定性。

（4）做到统一性与灵活性相结合。所谓统一性，是指会计科目要按照《准则指南》所规定的会计科目名称及涵盖的范围和内容来设置，以此来保证会计核算指标在一个部门乃至全国范围内综合汇总，分析利用。所谓灵活性，是指在保证提供统一核算指标的前提下，可以根据本单位的具体情况和经营管理要求，对统一规定的会计科目作必要的增补、分拆或合并。《准则指南》中未设置“待摊费用”和“预提费用”科目，但企业如果沿用实务中的惯例，仍可以保留这两个账户。

（5）会计科目名称要言简意赅，并进行适当的分类和编号。所谓言简意赅，是指每一会计科目所涵盖的范围和内容必须严格、明确地界定，其名称要名副其实并具有高度的概括性。所谓适当的分类和编号，是指为满足会计电算化的需要，会计科目要按其经济内容的分类、项目的流动性或主次以及级次进行编号。

（二）会计科目体系及分类

会计科目体系，包括会计科目的内容、级次和编号：❶会计科目的内容是指各会计科目在反映资金运动各环节之间的横向联系；❷会计科目的级次是指每一会计科目内部的纵向联系；❸会计科目的编号是指采用几位数字来列示每一会计科目在会计科目体系中位置的序列号并代表哪个具体的会计科目。

1.会计科目按经济内容的分类

会计科目的内容包括：❶每一会计科目按企业会计准则的规定应反映的具体经济内容；❷会计科目按经济内容分类，有助于了解和掌握各会计科目核算的内容以及会计科目的性质，为以后正确运用会计账户反映经济业务引起会计要素的增减变化奠定基础。根据《准则指南》规范的制造业企业常用会计科目见表3-1。

超链接：

有关每一会计科目所反映的具体经济内容将在以后的各章节中阐述，此处只讲会计科目按经济内容的分类。

表 3-1　**制造业企业常用会计科目表**

编号	会计科目名称	编号	会计科目名称	编号	会计科目名称
	一、资产类	1604	在建工程	4001	实收资本
1001	库存现金	1605	工程物资	4002	资本公积
1002	银行存款	1606	固定资产清理	4101	盈余公积
1012	其他货币资金	1701	无形资产	4103	本年利润
1101	★交易性金融资产	1702	累计摊销	4104	利润分配
1121	应收票据	1703	★无形资产减值准备		**五、成本类**
1122	应收账款	1801	★长期待摊费用	5001	生产成本
1123	预付账款	1901	待处理财产损溢	5101	制造费用
1131	应收股利		**二、负债类**		**六、损益类**
1132	应收利息	2001	短期借款	6001	主营业务收入
1221	其他应收款	2201	应付票据	6051	其他业务收入
1231	坏账准备	2202	长期应付款	6101	★公允价值变动损益
1401	材料采购	2203	应付账款	6301	营业外收入
1402	在途物资	2211	预收账款	6401	主营业务成本
1403	原材料	2221	应付职工薪酬	6402	其他业务成本
1404	材料成本差异	2231	应交税费	6403	税金及附加
1405	库存商品	2232	应付利息	6601	销售费用
1471	★存货跌价准备	2241	★应付股利	6602	管理费用
1511	长期股权投资	2501	其他应付款	6603	财务费用
1512	★长期股权投资减值准备	2701	长期借款	6701	资产减值损失
1601	固定资产		**三、共同类**	6702	信用减值损失
1602	累计折旧		★（略）	6711	营业外支出
1603	★固定资产减值准备		**四、所有者权益类**	6801	所得税费用

注：带★的会计科目在本课程中较少涉及。

2.会计科目的级次

会计科目的级次，是指会计科目按其提供会计信息的详略程度及统驭关系的分类。其可分为以下两类：

（1）**总分类科目及其设置方法**。总分类科目，又称总账科目，是指对某一会计要素包含的具体内容，按照其相同特征并结合管理要求，进行总括分类并提供总括会计信息的会计科目。总分类科目反映各种经济业务的总括情况，是进行总分类核算的依据。例如，表3-1中所列的会计科目都是总分类科目。我国财政部颁布的《准则指南》中设置了156个总分类科目。虽然会计科目是对会计要素的分类，但会计要素与会计科目类别并不完全相同：❶利润类科目（如“本年利润”科目和“利润分配”科目）归并为所有者权益类科目，体现了利润的所有权属于所有者这一经济实质；❷收入类和费用类科目，如将属于收入类的“主营业务收入”和“其他业务收入”与属于费用性质的“主营业务成本”、“其他业务成本”“税金及附加”和“财务费用”等期间费用合并为损益类科目，这种合并可以方便企业进行经营成果的计算；❸将资产要素中的一部分科目（如“生产成本”“制造费用”等科目）独立设置为成本类科目，体现了产品制造业企业进行各类成本对象成本计算的特殊需求。

特别提示：

总分类科目的设置方法，体现了总分类科目的分类与会计要素分类的关系，是对会计要素的再分类。

（2）**明细分类科目及其设置方法**。明细分类科目，又称明细科目或细目，是对某一总分类科目的经济内容所作的进一步分类，辅助总分类科目反映更为详细、具体的会计信息。如“库存商品”总分类科目下，按商品名称分设明细科目，具体反映哪些商品。在实际的会计核算工作中，某一个总分类科目所属的明细分类科目太多时，为加强内部经营管理，可在总分类科目与所属的明细分类科目之间增设二级科目（**也称子目**），在二级科目之下再按所包括的内容设置隶属于该二级科目的三级科目（**也称细目**）。**由于设置了二级科目，总分类科目也称为一级科目，**二级科目和三级科目统称为明细分类科目。在一般情况下，设置三个层次的会计科目，如有需要也可设置四级科目、五级科目。

（3）**会计科目各级次之间的关系**。会计科目各级次之间的关系，以“原材料”会计科目为例加以说明，见表3-2。它们之间是总括与详细、统驭与被统驭的关系。

表3-2 会计科目的级次关系

总分类科目（一级科目）	明细分类科目	
	子目（二级科目）	细目（三级科目）
原材料	原料及主要材料	圆　钢
		扁　钢
		槽　钢
	辅助材料	油　漆
		润滑油
	燃　料	汽　油
		烟　煤

3.会计科目的编号

根据会计科目的多少和使用需要，我国企业会计制度规定对一级科目采用四位数（大分类、中分类、细分类和具体会计科目）编号法：❶大分类编号用第一位数表示，从1开始（1，2，3，…），如“1”代表资产类，“2”代表负债类，“3”代表共同类，“4”代表所有者权益类，“5”代表成本类，“6”代表损益类；❷中分类用第二位数表示，从0开始（0，1，2，3，…），如“10”中的“0”代表货币资金类，“16”中的“6”代表固定资产类；❸细分类（不同类型的企业，如一般企业、金融企业、保险企业、农业企业等）和具体会计科目用第三、四位数表示，从01开始（01，02，03，…）、11开始（11，12，13，…）、21开始（21，22，23，…）……如“1001”表示“库存现金”科目、“1002”表示“银行存款”科目。

在手工记账的条件下，一般只对总分类科目进行编号；而在会计电算化的条件下，除对总分类科目采用四位数编号外，对二级科目和三级科目可根据其数目的多少采用五位数、六位数或更多位数编号。

特别指出：

会计科目在编号时，要留有空号，以便增加会计科目。

综上所述，设置会计科目是对经济业务在按会计要素分类的基础上，结合经营管理的需要，进一步进行分类核算拟定项目名称，并确定核算内容和编号的一种专门方法。

二、会计账户

在会计要素的基础上，通过设置会计科目，对经济业务做了进一步的分类，为开展会计核算奠定了基础。但要反映由于经济业务而引起的会计要素具体项目的增减变动，就需要根据会计科目开设会计账户。这是因为，会计科目只能对经济业务定性而不能定量，不能提供其所反映金额的增减变动及余额情况的信息，而提供这些信息恰恰是会计账户的最基本职能。因此，在会计核算中必须依据会计科目开设会计账户。

（一）会计账户的定义与内涵

1.会计账户的定义

会计账户，也称账户，是根据会计科目设置的，具有一定格式和结构，用于连续、系统、全面地记录经济业务，分类反映会计要素各具体项目增减变动情况及其结果的一种工具。设置会计账户是会计核算的重要方法之一。

2.会计账户的内涵

（1）账户设置的主要依据是会计科目。会计科目是会计要素各具体项目的规定名称，设置会计科目的主要目的就是为会计账户的设置提供依据。企业可根据需要在财政部规定的会计科目表中选用，并根据这些会计科目开设相应的账户，以便对各种经济业务进行系统、连续的记录，向有关各方提供有用的会计信息。

（2）账户具有一定的格式。会计账户为了具体记录经济业务，应有一定的结构格式。账户的名称就是会计科目的名称；账户的格式由所记录经济业务具体项目的栏目组成。

（3）**设置账户的目的是为财务报告的编制提供数据资料**。由于每个账户都是按照反映各会计要素特定方面的内容需要设置的，每个账户记录的内容都有清晰的规定和界定。例如，“库存现金”账户只能记录企业库存现金的增加额、减少额、余额等。在账户中记录企业所发生的各项经济业务，记账同时也是收集并分类汇集会计信息和为编制报表积累素材的过程。

（二）会计计量与账户的结构

设置账户的目的是记录发生的经济业务，所以账户不但要有明确的核算内容，而且必须具有便于记录经济业务的结构。由于账户是依据一定的凭据用来连续地记录经济业务引起会计要素具体项目增减变动的过程和结果，因此，账户除应具备“**增加金额、减少金额及余额**”外，还应具备“**账户的名称**”（即会计科目）、“**日期和摘要**”（记录经济业务的日期和概括说明经济业务的内容）以及“**凭证编号**”（账户记录的依据）等内容。以借贷记账法为例，会计账户的一般格式或结构见表3-3。

记录依据　　账户名称（会计科目）　　账户余额方向

表3-3

年		凭证编号	摘　要	借　方	贷　方	借或贷	余额
月	日						

经济业务发生的时间　　经济业务的概括说明　　经济业务的具体变动金额　　经济业务的变动结果

由于经济业务所引起的各会计要素具体项目的变动，从数量上看不外乎增加和减少两种情况，因此，账户的基本结构就相应地划分左右两方，分别记录增加额和减少额。将账户的基本结构部分从账户中截取下来，并做进一步的处理，只保留左方（借方）、右方（贷方），其他略去，将余额写在增加方的下面。简化后的账户基本结构被形象地称为“T”形账户。这是在会计教学中常用的格式。以借贷记账法下的“银行存款”账户为例，就呈现出如下简单形式，如图3-1所示。

左方（借方）		银行存款	右方（贷方）
期初余额	×××		
本期增加数	×××	本期减少数	×××
	×××		×××
本期增加数合计	×××	本期减少数合计	×××
期末余额	×××		

图3-1　借贷记账法下“T”形账户格式

（三）会计账户的主要功能

账户的主要功能是提供一系列有用的信息数据，这些数据主要是以价值形式体现出来的，包括：❶本期增加发生额，一定时期（一个会计期间）的增加额合计，即本会计期间新发生的若干经济业务所引起的该账户增加额的合计，在借贷记账法下也称为“**借方发生额**”；1❷本期减少发生额，一定时期（一个会计期间）的减少额合计，即本会计期间新发生的若干经济业务所引起的该账户减少额的合计，在借贷记账法下也称为“**贷方发生额**”；❸期末余额，在某一会计期间终了时（月末、年末），期初余额（如果有）加本期增加发生额与本期减少发生额相抵后的差额；❹期初余额，在某一会计期间开始时该账户的结余金额，由于会计期间首尾相接，本期的期末余额转入下期，便是下期的期初余额。以上四项金额的关系可以用下列等式表示：

期末余额=期初余额+本期增加发生额-本期减少发生额

1 **特别注意：**
本期增加发生额合计中，不包括期初余额。

“T”形账户分为左右两方：❶若左方记录增加额，右方记录减少额，则期初、期末余额一般在左方；❷若右方记录增加额，左方记录减少额，则期初、期末余额一般在右方；❸至于账户的左右两方中，在哪一方记增加，哪一方记减少，则取决于该账户归属于哪一项会计要素或会计账户的性质。

（四）账户的设置与会计账户体系

会计账户体系是指按照全面反映企业会计要素的要求，根据设置的会计科目而建立的会计账户系统。企业的会计科目体系决定了其使用的会计账户的体系。账户可按如下标准进行分类：（1）按账户反映的经济内容分类，可将账户分为资产类账户、负债类账户、所有者权益类账户、收入类账户、费用类账户和利润类账户六类。2（2）按账户与会计科目的联系分类，可将账户分为总分类账户和明细分类账户两类：❶总分类账户是根据总分类科目设置的；❷明细分类账户是根据明细分类科目设置的。

2 **特别提示：**
按照《准则指南》中会计科目的分类方法，会计账户也可以相应地分为资产类账户、负债类账户、所有者权益类账户、成本类账户、损益类账户五类。

三、对会计科目与账户的进一步理解

（一）会计科目与会计账户的关系

会计科目与会计账户是两个既有区别又有联系的概念。

（1）会计科目与账户的联系表现为以下两个方面：❶两者都是对会计对象的具体内容在按会计要素分类的基础上所作的进一步分类，两者的名称和反映的经济内容相同；❷账户是根据会计科目开设的户头，账户的名称就是会计科目，设置会计科目的目的就是设置账户。由此可见，会计科目设置是账户设置的前提。

（2）会计科目与账户的区别表现在三个方面：❶账户虽是根据会计科目开设的，但会计科目只是账户的名称。会计科目是企业在进行会计核算之前，事先确定的对会计对象的具体内容进行归类的项目，只表明某项经济业务的内容；而账户除了名称以外，还具体表现为具有一定格式的账页，是经济业务发生后，对某项经济内容的增减变化及其结果，进行连续、系统记录的手段。❷会计科目的作用主要是对经济业务进行归类并开设账户和填制记账凭证；而账户的作用主要是系统提供某一具体会计对象的核算资料，为设置会计账簿和编制会计报表所运用。❸设置账户是会计核算方法的组成部分，它包含设置会计科目的内容；而设置会计科目不构成一种独立的会计方法，它只是为账户的设置提供依据。

由于账户按会计科目命名，因此在实际工作中，会计科目与会计账户常被作为同义词来使用而不加以区别。

（二）会计科目与账户是复式记账的基础和前提

（1）**会计科目是复式记账法的基础**。会计记录采用的是复式记账法，而会计记录要求的系统性是通过会计科目来实现的，即会计科目是各项会计记录的基础。所以，在一定意义上讲，没有会计科目就没有复式记账。

（2）**会计科目是会计账户设置的依据**。没有会计科目就没有会计账户，所以，会计科目与会计账户的设置满足了复式记账要求的对每一笔经济业务在两个或两个以上相互联系的账户中登记的需要。

（3）**会计科目是复式记账的前提**。复式记账要通过编制记账凭证作为过渡，其结果是账簿的登记，而记账凭证是确定经济业务应记入哪个账户以及分门别类登记账簿的依据。所以，会计科目是复式记账的前提。

第二节 复式记账原理

画龙点睛：

会计事项分类记录的方法。

上述通过账户设置这一会计记录方法，为记账准备了必要的条件，解决了经济业务如何确认与计量以及在什么地方记录的问题；但是，会计记录不同于诸如家庭日常收支记录、会议记录等简单的记录，必须采用一定的记账方法。所谓**记账方法，是将企业发生的经济业务运用记账符号和记账规则在账户中予以登记的方法**。它是企业在经济业务发生后，根据记账原理，运用专门的记账符号和记账规则，将经济业务记录在有关账户中的方法。根据是否以会计等式为记账原理和记录是否完整，记账方法分为**单式记账法**和**复式记账法**两种。前述会计的产生与发展告诉我们，12世纪、13世纪产生于意大利地中海沿岸威尼斯、佛罗伦萨等地的借贷记账法，由于要从两方面对金融资本家货币借入和放出进行记录，所以被称为**“复式记账法”**，也正因如此，后来将复式簿记产生以前的记账方法称为**“单式记账法”**。适用于当时的生产力发展水平和比较简单的交易的“单式记账法”，由于本身存在会计科目设置不完整、账户记录之间没有相互联系等缺陷，逐渐被复式记账法所取代，因此**本书主要阐述复式记账法**。

一、复式记账法的基本概念及种类

（一）复式记账法的基本概念

复式记账法，是指对每一笔经济业务都要以相等的金额，同时在两个或两个以上相互联系的账户中进行登记的记账方法。❶例如，企业发生一笔**销售商品并取得2 000元现金的经济业务**，不仅要在“库存现金”账户记录增加2 000元，还要求同时反映收入的实现，在“主营业务收入”账户中记录增加2 000元；❷再如，企业发生一笔**以银行存款5 000元购入原材料并验收入库的经济业务**，不仅在“银行存款”账户中记录减少5 000元，还要求同时记录原材料的增加金额，在“原材料”账户中记录增加5 000元。对复式记账**两方面**记账的做法可通过图3-2来理解。

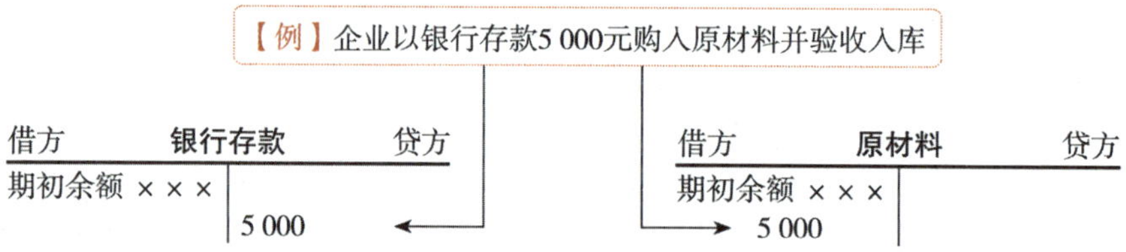

图3-2　复式记账的两方面记账

（二）复式记账法的种类

按照复式记账法的记账符号及技术特点的不同，在世界及我国的会计发展史上有借贷记账法、增减记账法和收付记账法：❶借贷记账法是人类会计发展史上最早使用的复式记账法，也是目前世界各国普遍采用的、最具科学性和代表性的一种复式记账法；❷增减记账法是20世纪60年代我国会计工作者在特定的社会经济环境条件下按照复式记账法的原理设计出来的一种记账方法，1993年7月1日以前主要用于商品流通企业；❸收付记账法在我国出现较早，1998年1月1日前曾在我国行政、事业单位普遍采用。

多种记账方法的并存给企业间的横向经济联系和与国际经济交往带来诸多不便，也必然加大跨行业的公司和企业集团会计工作的难度。1992年，我国财政部公布的《企业会计准则——基本准则》第八条规定“**会计记账采用借贷记账法**”；从1993年7月1日起，我国企业开始统一采用借贷记账法；自1998年1月1日起，借贷记账法在我国行政、事业单位普遍取代了收付记账法。从此，借贷记账法成为我国统一的记账方法。

二、复式记账法的特征及理论依据

（一）复式记账法的特征

复式记账相对单式记账而存在，与单式记账法比较，复式记账法有以下三个方面的特征：

单式记账法及其特点

1.全面登记，对发生的交易或事项至少应在两个账户中进行记录

（1）**设置完整的账户体系**。复式记账方法设置了完整的账户体系，除了库存现金、银行存款、应收和应付类账户外，还要设置实物性资产以及收入、费用和各种权益类账户，满足了“**对发生的**每一项**经济业务**”进行记录的要求。

（2）**在两个或两个以上的账户中进行记录**。❶当企业发生较为简单的经济业务时（**涉及两个账户**），采用复式记账法在两个账户中记录；❷当企业发生较为复杂的经济业务时（**涉及三个及三个以上账户**），需要记录

的账户可能会有三个或更多。所以，复式记账法能够全面地反映该经济业务引起的企业资金增减变动过程。

2.账户对应，对发生的经济业务须在相互联系的账户中记录

由于复式记账法对每一项经济业务的发生都要以相等的金额在相互联系的两个或两个以上的账户中加以全面、连续、系统地记录，不仅使企业资金运动的来龙去脉得以再现，更使企业的有关经济关系能被较好地定性和定量。特别是把按复式记账法登记的账户资料，根据各账户反映经济内容的关联性编制成资产负债表、利润表等财务报告后，其更能全面、集中、系统地反映企业各方面的经济关系。例如，当企业用银行存款购买材料这项经济业务发生以后，只能记录在“原材料”和“银行存款”这两个账户中。这样，“原材料”和“银行存款”这两个账户就在同一项经济业务中建立起了**互为因果**的联系。如果随意变更账户之间的这种必然联系，将这项经济业务记入其他账户，就会发生账户记录的错误。

3.试算平衡，对发生的经济业务须在相关账户中以相等金额记录

对发生的经济业务在相互联系的双方账户中以相等的金额记录，简单经济业务的账户记录情况是这样，复杂经济业务的账户记录情况也是如此。根据会计等式的平衡关系，可以对一定时期所发生的全部经济业务的会计账户记录进行综合试算平衡，以检查账户记录是否正确。

> **超链接：**
> 复式记账法本身具有一种内在的、自动的平衡机制，通过对不平衡的发现来检查账户记录的正确性，以防止出现差错。

（二）复式记账法的理论依据

企业经济活动中发生的各项经济业务都会引起资产、负债、所有者权益、收入、费用和利润等会计要素项目的增减变化。但是，不论发生何种经济业务，都不会破坏会计等式的恒等关系。复式记账法的理论依据就是**“资产=负债+所有者权益”**所表现出来的数量上的平衡关系，**即资金运动的内在规律性是复式记账的理论依据。**

每一笔经济业务的发生，一定都会引起会计要素中的两个或两个以上项目的增减变动，必然对会计等式带来双重影响，且资产与权益之间存在着自然的平衡关系。会计主体发生的经济业务无非涉及资金增加和减少两个方面，且这种增减变动具有两大规律：**其一**是资产要素与权益要素同增或同减，增减金额相等；**其二**是资产要素内部或权益要素内部有增有减，增减金额相等。这样，要在会计上全面、完整地反映一项经济业务，至少要运用到相互联系的两个账户，将变化了的两个或两个以上的方面全面完整地记录下来，这就是复式记账。人们利用这一事实指导会计实践，便成为复式记账的理论基础。由此可见，**资金运动增减变动的规律为复式记账提供了强有力的理论依据。**

三、复式记账法的优点

与单式记账法相比，复式记账法的主要优点在于：❶可以了解每一项经济业务及其引起的资金运动的走向，清晰反映经济业务带来的会计要素各具体项目的增减变化；❷所有的账户记录均可以进行试算平衡，便于检查账户记录的完整性和正确性；❸通过一套完整的账户体系，可以全面、完整、系统地反映企业经济活动的全过程及结果。由此可见，**复式记账法是一种科学的记账方法**。

画龙点睛：

借贷记账法是跨越复式记账法的技术门槛，经济业务分类记录的方法。

第三节　借贷记账法

借贷记账法，是以“借”和“贷”作为记账符号，以“有借必有贷，借贷必相等”为记账规则，反映经济业务引起各会计要素增减变动及结果情况的一种复式记账方法。

一、借贷记账法的记账符号及其含义

（一）“借”“贷”记账符号

借贷记账法起源于12世纪、13世纪资本主义萌芽时期的意大利。最初运用“借”和“贷”，是为了适应借贷资本家记录其货币的借入和放出，它仅仅表示借贷资本家债权和债务的增减变动。借贷资本家将会计账户分为两方：❶一方登记吸收的款项，记在贷主（债权人）名下，即贷方，表示自己的债务；❷另一方登记放出去的款项，记在借主（债务人）名下，即借方，表示自己的债权。此时，“借”和“贷”与账户中记录的经济业务的内容相符，它既是记账符号，又表示借贷资本家债权债务的增减变化，且**“借主=贷主”**。

随着社会经济的发展、经济活动的日益复杂以及产业资本和商业资本对借贷记账法的利用，“借”“贷”两个字不再局限于说明银钱借贷业务的增减变动情况，而逐渐扩展到说明财产物资和经营损益等经济业务的增减变动情况。这时，“借”“贷”两个字就逐渐失去原来的含义，而转化为纯粹的记账符号并成为借贷记账法的专门术语，用以标明账户记录经济业务数量增减变化的方向，即账户的“借方”和“贷方”。

后来，借贷记账法在理论和技术上不断发展和完善，并以**“资产=负债+所有者权益”**作为其理论基础，确定了相应的记账规则和试算平衡机制，从而使借贷记账法成为一种科学的记账方法，并为世界各国广泛采用。由于借贷记账法在国际上的广泛流行，“借”（Debit缩写为Dr）和“贷”（Credit缩写为Cr）两个字已成为国际通用的商业语言。

（二）“借”“贷”记账符号的含义

借贷记账法的记账符号“借”和“贷”，在失去本来的字面含义，并转化为标明账户记录经济业务数量增减变动的两个方向后，要了解其含义，就必须结合不同类别的账户进行说明：❶“借”和“贷”表示记账的方向，以“T”形账户为例，账户的左方为“借”，账户的右方为“贷”；❷账户的借方和贷方虽不等于增加和减少，但结合不同类别的账户，“借”和“贷”记账符号就具有固定的辩证的增减含义；❸账户的哪一方记增加，哪一方记减少，则要根据账户所反映的经济内容或账户的类别来决定；❹借贷记账法下，“借”和“贷”两个符号对会计等式两边的会计要素规定了相反的含义，抽象地看，无论是“借”还是“贷”都既表示增加，又表示减

少，具有双重含义。它们的双重含义增加了记账符号的理解难度。

二、借贷记账法的账户结构

（一）资产类账户的结构

对于资产类账户，借贷记账法规定，增加记借方，减少记贷方。由于资产的减少额不可能大于它的期初余额与本期增加额之和，因此，增减相抵后的余额也必然在借方，表示期末资产的实有数额。其账户的简化结构如图3-3所示。

借方	资产类账户		贷方
期初余额	×××		
本期增加额	×××	本期减少额	×××
	×××		×××
⋮		⋮	
本期借方发生额	×××	本期贷方发生额	×××
期末余额	×××		

图3-3 资产类账户的简化结构示意图

❶资产类账户的“本期借方发生额”为一定会计期间借方登记金额（增加）的合计；❷“本期贷方发生额”为一定会计期间贷方登记金额（减少）的合计；❸期末余额可根据下列公式计算：

借方期末余额=借方期初余额+借方本期发生额-贷方本期发生额

（二）权益（负债、所有者权益）类账户的结构

由“资产=负债+所有者权益”的会计等式所决定，该类账户与资产类账户的结构一定是相反的，列在会计等式的右方，且资产的增加额计入借方，所以，借贷记账法规定，权益类账户增加记贷方，减少也就必然记借方，增减相抵后的余额也必然在贷方，表明期末权益的实有数额。其账户的简化结构如图3-4所示。

借方	权益类账户		贷方
		期初余额	×××
本期减少额	×××	本期增加额	×××
	×××		×××
⋮		⋮	
本期借方发生额	×××	本期贷方发生额	×××
		期末余额	×××

图3-4 权益类账户的简化结构示意图

❶权益类账户的“本期借方发生额”为一定会计期间借方登记金额（减少）的合计；❷“本期贷方发生额”为一定会计期间贷方登记金额（增加）的合计；❸期末余额可根据下列公式计算：

贷方期末余额=贷方期初余额+贷方本期发生额-借方本期发生额

请您思考：

比较资产类账户期末余额和权益类账户期末余额的计算公式，指出两者的相同之处。

（三）成本类账户的结构

企业在生产经营过程中发生的资金耗费而形成的费用可分为：❶计入产品成本并形成企业资产的费用；❷直接计入当期损益的期间费用。其中，计入产品成本并形成企业资产的费用习惯上称为成本费用，反映这一成本费用的账户称为成本类账户。由于成本费用是企业生产经营过程中资产耗费的转化形态，在没有形成产成品这一最终资产之前是企业的在产品，因此，成本类账户的结构与资产类账户的结构基本相同。

成本类账户，借方记增加，贷方记减少（或转销），如期末尚有未完工的在产品，则为期末借方余额，表示在产品成本。其期末余额的计算公式与资产类账户相同。成本类账户的简化结构如图3-5所示。

借方	成本类账户		贷方
期初余额	×××		
本期增加额	×××	本期减少（或转销）额	×××
	×××		×××
⋮		⋮	
本期借方发生额	×××	本期贷方发生额	×××
期末余额	×××（或平）		

图3-5　成本类账户的简化结构示意图

（四）损益类账户的结构

损益作为企业最终的财务成果，是企业取得的收入和发生的与其配比的费用相抵后的差额。因此，损益类账户又可分为费用类账户和收入类账户两类。

（1）**费用类账户的结构**。❶由于费用是以当期的收入进行抵补的对资产的耗费，在没有以收入抵补之前，实际上是企业的一种资金运用，因此费用类账户的结构与资产类账户的结构基本相同；❷该类账户，借方记增加，贷方记减少（或转销、转出）；❸由于与收入相配比的费用要在期末全部转出，以便与收入相抵，因此，该类账户在期末经转销后无余额。其账户的简化结构如图3-6所示。

借方	费用类账户		贷方
本期增加额	×××	本期减少（或转销）额	×××
	×××		×××
⋮		⋮	
本期借方发生额	×××	本期贷方发生额	×××

图3-6　费用类账户的简化结构示意图

（2）**收入类账户的结构**。❶由于收入本身是企业经济利益的流入，在没有对费用进行抵补之前会导致所有者权益的增加，因此收入类账户的结构与权益类账户的结构基本相同；❷该类账户，借方记减少（或转销），贷方记增加；❸由于本期实现的收入要于期末全部转出，以便与相配比的费用相抵来确定当期利润或亏损，因此，收入类账户在期末经转销后无余额。其账户的简化结构如图3-7所示。

借方	收入类账户		贷方
本期减少（或转销）额	×××	本期增加额	×××
	×××		×××
⋮		⋮	
本期借方发生额	×××	本期贷方发生额	×××

图3-7　收入类账户的简化结构示意图

（五）利润类账户的结构

利润类账户的结构与权益类账户的结构基本相同，所以，利润类账户借方记减少（或转销），贷方记增加，增减相抵后的余额也必然在贷方。其账户的简化结构如图3-8所示。

借方	利润类账户		贷方
		期初余额	×××
本期减少（或转销）额	×××	本期增加额	×××
	×××		×××
⋮		⋮	
本期借方发生额	×××	本期贷方发生额	×××
		期末余额	×××

图3-8　利润类账户的简化结构示意图

根据上述账户基本结构的论述，可将借贷记账法下各类账户的结构归纳见表3-4。

表3-4　**借贷记账法下各类账户的结构**

项目	会计账户类别					
	资产类	成本类	费用类	权益类	收入类	利润类
借方	增加	增加	增加	减少	减少或转销	减少
贷方	减少	减少或转销	减少或转销	增加	增加	增加
余额方向	借方	借方或无余额	期末结转后无余额	贷方	期末结转后无余额	一般在贷方
再归类	资产类（资金运用）			权益类（资金来源）		

第一，由于成本类、费用类账户的结构与资产类账户的结构基本相同，收入类账户、利润类账户的结构与权益类账户的结构基本相同，因此在借贷记账法下，为便于初学者学习和记账，可将账户的基本结构大体上分为两大类：资产类（资金运用）账户和权益类（资金来源）账户。

第二，“借”“贷”二字作为借贷记账法的记账符号，它所表示的含义在不同性质或类别的账户中有所不同：❶借方登记：资产、成本、费用的增加；负债、所有者权益、收入、利润的减少（或转销）。❷贷方登记：资产、成本、费用的减少（或转销），负债、所有者权益、收入、利润的增加。

第三，资产类账户的余额在借方，权益类账户的余额在贷方，反过来余额在借方的账户就是资产类账户，余额在贷方的账户就是权益类账户。所以，在借贷记账法下，**一般来讲**可以根据账户的余额来判断账户的性质或类别。[1]

[1]**特别提示：**

一般情况下，可根据账户的余额来判断账户的性质，但有些账户比较特殊，如“累计折旧”账户虽然属于反映固定资产损耗的账户，但其期末余额在贷方。

三、借贷记账法的记账规则

借贷记账法的记账规则，是指运用“借”“贷”记账符号在账户中记录经济业务时所产生的记账模式或规律。由于：❶**按照复式记账法的要求**，对每一笔经济业务，要在两个或两个以上相互联系的账户中以相等的金额进行记录；❷**经济业务对会计等式影响的规律**，分九种情况和四种类型；❸**结合借贷记账法下账户基本结构的原理**，对每一笔经济业务所涉及的账户以借贷相反的方向记录。所以，在借贷记账法下，对于发生的任何一笔经济业务，都必须以相等的金额，沿着借、贷相反的方向，在两个或两个以上相互关联的账户中进行登记。由此不难得出借贷记账法的记账规则为：“有借必有贷，借贷必相等。”[2]借贷记账法的记账规则可借助图3-9来理解。

[2]**重点提示：**

借贷记账法的记账规则，是由复式记账法的要求、会计等式的存在与账户的基本结构决定的。

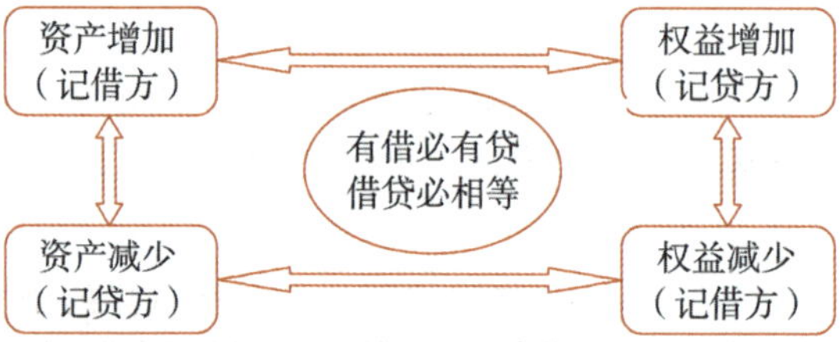

图3-9　借贷记账法的记账规则

以下结合有关经济业务账务处理的账户记录实例，进一步理解借贷记账法的记账规则。

【例3-1】长江机械公司收到大华公司价值30 000元的原材料（资本）投资。

【分析】该笔经济业务：❶涉及“原材料”这一资产类账户和“实收资本”这一所有者权益类账户，“原材料”账户增加30 000元，“实收资本”账户增加30 000元；❷按照**“资产类账户的增加记借方、权益类账户的增加记贷方”的记账规定**；❸应记入“原材料”账户的借方30 000元和“实收资本”账户的贷方30 000元。账户记录如图3-10所示。

【例3-2】长江机械公司以银行存款40 000元归还银行短期借款。

【分析】该笔经济业务：❶涉及“银行存款”这一资产类账户和“短期借款”这一负债类账户，“短期借款”账户减少40 000元，“银行存

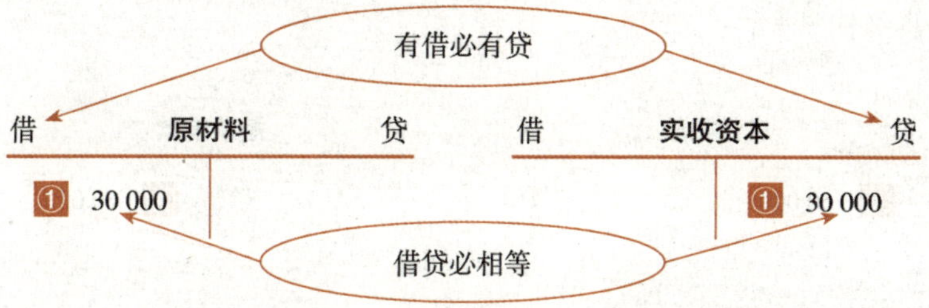

图 3-10　资金投入企业经济业务账户记录

款”账户减少40 000元；❷按照**“权益类账户的减少记借方，资产类账户的减少记贷方”的记账规定**；❸应记入“短期借款”账户的借方40 000元和“银行存款”账户的贷方40 000元。账户记录如图3-11所示。

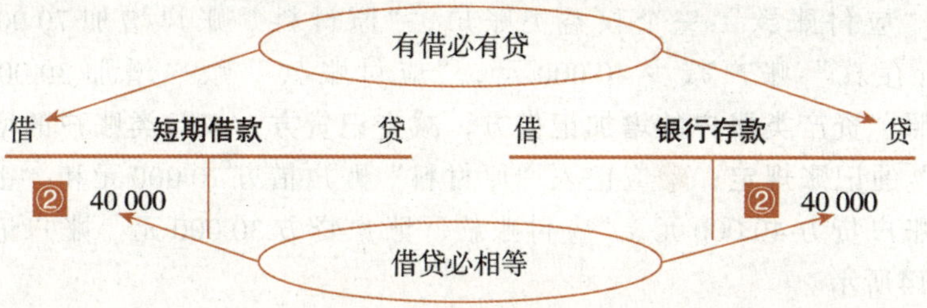

图 3-11　资金退出企业经济业务账户记录

【例 3-3】长江机械公司通过银行收回黄河公司前欠的货款50 000元。

【分析】该经济业务：❶涉及“银行存款”和“应收账款”两个资产类账户，“银行存款”账户增加50 000元，“应收账款”账户减少50 000元；❷按照**“资产类账户增加记借方，减少记贷方”的记账规定**；❸应记入“银行存款”账户的借方50 000元和“应收账款”账户的贷方50 000元。账户记录如图3-12所示。

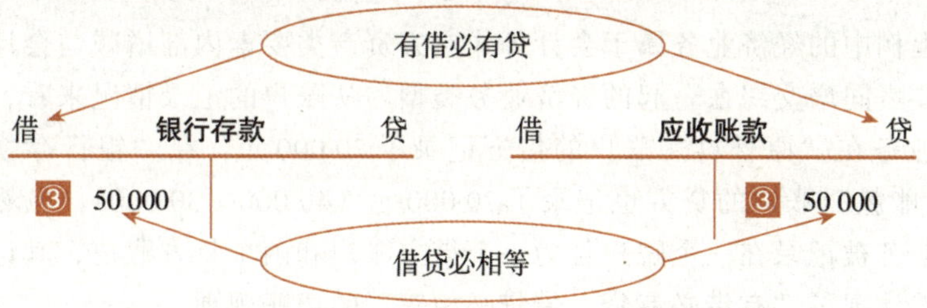

图 3-12　资产类要素内部转化经济业务账户记录

【例 3-4】长江机械公司向银行借入短期借款60 000元直接偿还前欠光明公司的货款。

【分析】该经济业务：❶涉及“短期借款”和“应付账款”两个负债类账户，“短期借款”账户增加60 000元，“应付账款”账户减少60 000元；❷按照**“权益类账户的减少记借方，增加记贷方”的记账规定**；❸应记入“应付账款”账户的借方60 000元和“短期借款”账户的贷方60 000元。账户记录如图3-13所示。

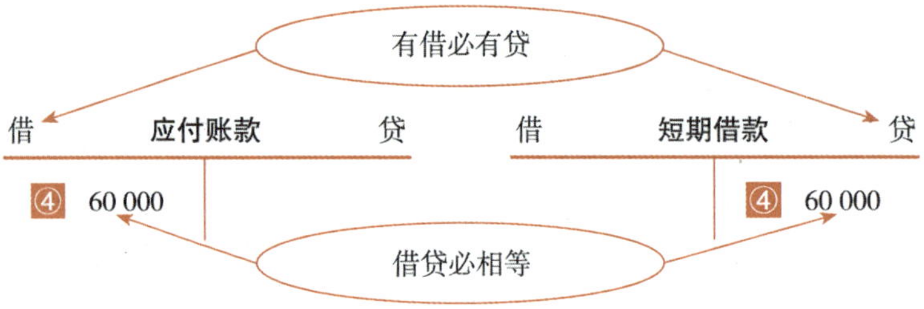

图 3-13 权益类要素内部转化经济业务账户记录

【例 3-5】长江机械公司向东方公司购进材料 70 000 元，其中 40 000 元货款已以银行存款支付，其余 30 000 元货款尚未支付。

【分析】该经济业务：❶涉及“原材料”“银行存款”两个资产类账户和“应付账款”一个权益类账户，“原材料”账户增加 70 000 元，“银行存款”账户减少 40 000 元，“应付账款”账户增加 30 000 元；❷按照**“资产类账户的增加记借方，减少记贷方，权益类账户的增加记贷方”的记账规定**；❸应记入“原材料”账户借方 70 000 元和“银行存款”账户贷方 40 000 元、“应付账款”账户贷方 30 000 元。账户记录如图 3-14 所示。

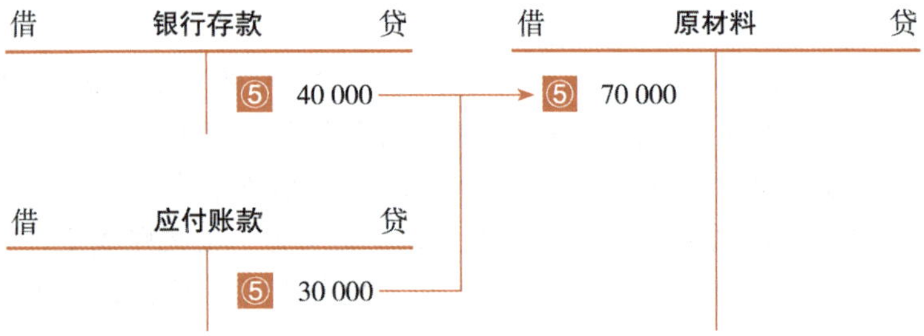

图 3-14 经济业务影响会计等式综合变化账户记录

上例中的经济业务属于会计等式左方资产类要素内部增减与会计等式两边要素同增交织在一起的经济业务类型。从账户的记录情况来看，这项经济业务在“原材料”账户的借方记录了 70 000 元，在“银行存款”和“应付账款”账户的贷方也记录了 70 000 元（40 000 + 30 000），虽然该项经济业务被记录在三个账户且为一个借方账户和两个贷方账户，其记录过程仍然体现了**“有借必有贷，借贷必相等”**的记账规则。

【例 3-6】以银行存款 80 000 元，偿还银行短期借款 45 000 元和前欠红星公司的货款 35 000 元。

【分析】该经济业务：❶涉及“短期借款”“应付账款”两个权益类账户和“银行存款”一个资产类账户，“短期借款”账户减少 45 000 元，“应付账款”账户减少 35 000 元，“银行存款”账户减少 80 000 元；❷按照**“权益类账户的减少记借方，资产类账户的减少记贷方”的记账规定**；❸应记入“短期借款”账户借方 45 000 元、“应付账款”账户借方 35 000 元和“银行存款”账户贷方 80 000 元。账户记录如图 3-15 所示。

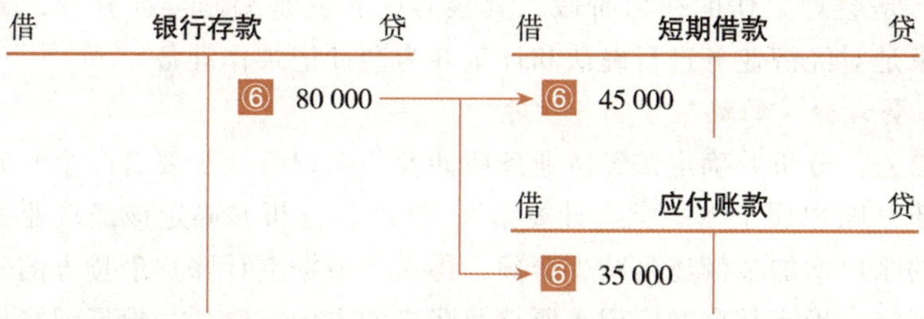

图 3-15　经济业务影响会计等式综合变化账户记录

上例中的经济业务属于会计等式两边要素同减的经济业务类型。从账户的记录情况来看，这项经济业务在“短期借款”和“应付账款”账户的借方记录了80 000元（45 000 + 35 000），在“银行存款”账户的贷方也记录了80 000元。虽然该项经济业务被记录在三个账户且为一个贷方账户和两个借方账户，其记录过程仍然体现了**“有借必有贷，借贷必相等”**的记账规则。

【例3-1】至【例3-6】的账户记录情况清楚地表明，企业发生的任何一项经济业务：❶不论涉及哪一类会计等式的变化类型，其记录过程和结果都是“有借必有贷，借贷必相等”；❷不论涉及两个账户还是两个以上的账户，也不论是一借多贷还是多借一贷，借贷的金额都是相等的；❸借贷记账法的记账规则，对于任何类型的经济业务都是适用的。

四、账户的对应关系与会计分录

（一）账户的对应关系与对应账户

经济业务的相互联系，在账户的记录中表现为账户的对应关系：（1）运用借贷记账法的记账规则，在账户中登记每一笔经济业务后，在有关账户之间形成的应借、应贷的相互关系，称为账户的对应关系；（2）存在着对应关系的账户，叫作对应账户。

不同的经济业务具有不同的账户对应关系。不同的账户之间可能有对应关系，也可能没有对应关系，如收入类账户和费用类账户之间一般就不会有对应关系。只有正确确定对应账户，才能如实反映经济业务的内容。通过分析账户的对应关系，一方面有助于了解经济业务内容，另一方面还可以检查经济业务的发生是否符合有关会计法规。

（二）会计分录

1. 会计分录的含义

会计分录，简称分录，就是运用复式记账法，对发生的每一笔经济业务在记入账户之前标明其应借、应贷账户的名称及其金额的一种特殊记录。它是会计语言的一种表达方式，会计分录主要包括三个要素：**记账符号、账户名称、记账金额**。

为了保证账户记录的正确性并减少登记账簿的工作量，经济业务发生后并不像前述那样直接记入有关账户，而是先填制记账凭证确定会计分录，然后再根据记账凭证记入有关账户。编制记账凭证（其格式参见图

请思考：

“原材料”账户的借方50 000元和“库存现金”账户的贷方50 000元发生对应关系，是否符合会计法规？为什么？

5-12）是会计工作的初始阶段，其核心内容就是编制会计分录，编制会计分录是对经济业务进行确认和计量并为会计记录作准备。

2.会计分录的编制方法与步骤

首先，分析并确定该经济业务所涉及的账户（至少要有两个）并判定其性质（账户属于哪一类会计要素）；**其次，**分析并确定该经济业务使所涉及的账户增加金额还是减少金额；**再次，**根据会计账户借贷方的基本结构的规定，确定其金额应记入所涉及账户的方向；**最后，**根据记账规则写出分录内容，并检查借方金额和贷方金额是否相等。

3.会计分录的编制举例

以下将前述的【例3-1】至【例3-6】共6笔经济业务，按照上述会计分录编制步骤和方法，写出以下会计分录：

（1）根据【例3-1】编制的会计分录如下：

借：原材料	30 000	
贷：实收资本		30 000

（2）根据【例3-2】编制的会计分录如下：

借：短期借款	40 000	
贷：银行存款		40 000

（3）根据【例3-3】编制的会计分录如下：

借：银行存款	50 000	
贷：应收账款		50 000

（4）根据【例3-4】编制的会计分录如下：

借：应付账款	60 000	
贷：短期借款		60 000

（5）根据【例3-5】编制的会计分录如下：

借：原材料	70 000	
贷：银行存款		40 000
应付账款		30 000

（6）根据【例3-6】编制的会计分录如下：

借：短期借款	45 000	
应付账款	35 000	
贷：银行存款		80 000

上述【例3-1】至【例3-4】所编制的四笔会计分录，均是由一个账户的借方和另一个账户的贷方发生对应关系的分录。这种“一借一贷”形式的分录，称为简单分录。

上述【例3-5】和【例3-6】所编制的两笔分录，前者是由一个账户的借方与几个账户的贷方发生对应关系的会计分录；后者是由一个账户的贷方与几个账户的借方发生对应关系的会计分录。这种"一借多贷""多借一贷"形式的会计分录，称为复合会计分录。复合会计分录不但包括"一借多贷""一贷多借"的形式，有时，还会出现"多借多贷"的形式。

"一借多贷""多借一贷"的复合会计分录，可以分解成几个简单分录，如【例3-5】所编制的会计分录，就可以分解成以下两个简单会计分录：1

借：原材料	40 000	
贷：银行存款		40 000

借：原材料	30 000	
贷：应付账款		30 000

1特别提示：

将复合会计分录分解成简单会计分录，相当于初等数学中的因式分解；当然，几个简单会计分录也可以合成一个复杂会计分录。

4.会计分录的书写规则

编制会计分录时，必须按照规范的格式书写：❶会计分录中借方内容写在上面，贷方内容写在下面；❷会计分录中贷方内容应缩进一个字书写，即要退后两个字符；❸会计分录中金额数字应按借方和贷方分别排成两列，这样方便进行借方发生额和贷方发生额的汇总；❹金额数字后面不写"元"字。

五、借贷记账法的试算平衡

（一）过账与结账

企业发生的各项经济业务，在编制了记账凭证（会计分录）以后，即应记入事先设置好的有关账户，这一记账的过程，会计专业术语称为"过账"。过账以后，在会计期末应计算出每个账户的本期发生额及期末余额，这一过程，会计专业术语称为"结账"。2

2相关链接：

关于过账与结账的详细内容，将在第七章中阐述。

1.开设"T"形账户并登记期初余额

将长江机械公司2×23年10月初各账户的期初余额（见表3-5）过入有关的"T"形账户，如图3-16所示。

表3-5　**长江机械公司总分类账户期初余额**

2×23年10月1日　　单位：元

资产类账户	金　额	负债及所有者权益类账户	金　额
库存现金	6 000	短期借款	87 000
银行存款	128 000	应付账款	96 000
应收账款	88 000	实收资本	160 000
原材料	51 000	资本公积	24 000
固定资产	120 000	盈余公积	26 000
合　计	393 000	合　计	393 000

2.根据会计分录在所开设的“T”形账户中登记本期发生额

现将长江机械公司2×23年10月发生的经济业务所编制的分录（【例3-1】至【例3-6】）过入有关的“T”形账户，如图3-16所示。

库存现金

借方	贷方
期初余额　6 000	
期末余额　6 000	

固定资产

借方	贷方
期初余额　120 000	
期末余额　120 000	

银行存款

借方	贷方
期初余额　128 000	(2)40 000
(3)50 000	(5)40 000
	(6)80 000
本期发生额　50 000	本期发生额　160 000
期末余额　18 000	

原材料

借方	贷方
期初余额　51 000	
(1)30 000	
(5)70 000	
本期发生额　100 000	本期发生额　(0)
期末余额　151 000	

应收账款

借方	贷方
期初余额　88 000	
	(3)50 000
本期发生额　(0)	本期发生额　50 000
期末余额　38 000	

短期借款

借方	贷方
(2)40 000	期初余额　87 000
(6)45 000	(4)60 000
本期发生额　85 000	本期发生额　60 000
	期末余额　62 000

应付账款

借方	贷方
(4)60 000	期初余额　96 000
(6)35 000	(5)30 000
本期发生额　95 000	本期发生额　30 000
	期末余额　31 000

实收资本

借方	贷方
	期初余额　160 000
	(1)30 000
	本期发生额　30 000
	期末余额　190 000

资本公积

借方	贷方
	期初余额　24 000
	期末余额　24 000

盈余公积

借方	贷方
	期初余额　26 000
	期末余额　26 000

图3-16　长江机械公司10月份的各账户记录

3.结账

先在“T”形账户上所登记的最后一笔金额下画一条“红线”，然后在“红线”下计算并登记各账户的本期借方、贷方发生额合计数和期末余额，如图3-16所示。

（二）账户记录的试算平衡

为了保证一定时期内所发生的经济业务在账户记录中的正确性，需要在期末对账户记录进行试算平衡。所谓试算平衡，就是根据“**资产=权益**”的平衡关系，利用记账规则在账户中记录经济业务所必然出现的借贷平衡，通过计算其是否平衡来检查账户的记录是否正确、完整的一种验证方法，包括**发生额平衡法**和**余额平衡法**。

1. 发生额平衡法

发生额平衡法，是根据本期所有账户借方发生额合计与贷方发生额合计的恒等关系，检验本期发生额记录是否正确的方法。其公式为：

全部账户的借方发生额合计=全部账户的贷方发生额合计

发生额平衡法的依据：❶因为按照“**有借必有贷，借贷必相等**”的记账规则，对每一笔经济业务的会计分录，借贷双方的发生额是必然相等的；❷推而广之，在将一定时期的全部经济业务的会计分录都记入有关账户后，必然是所有账户的借方发生额合计等于所有账户的贷方发生额合计。

2. 余额平衡法

余额平衡法，是根据本期所有账户借方余额合计与贷方余额合计的恒等关系，检验本期账户记录是否正确的方法。根据余额时期不同，又分为期初余额平衡与期末余额平衡。

全部账户期初借方余额合计=全部账户期初贷方余额合计
全部账户期末借方余额合计=全部账户期末贷方余额合计

余额平衡法的依据：❶由于资产类账户的期末余额在借方，权益类账户的期末余额在贷方，把所有账户的借方期末余额相加和贷方期末余额相加后的结果，就是企业的资产总额和权益总额；❷又由于“资产＝权益”，因此所有账户的借方期末余额合计必然与所有账户的贷方期末余额合计相等。

借贷记账法的试算平衡就是利用这种必然出现的平衡关系，期末在结出各个账户本期发生额和期末余额后，通过编制“**总分类账户发生额及余额试算平衡表**”（见表3-6），来计算账户的借方发生额合计与贷方发生额合计是否相等，期初、期末借方余额合计与贷方余额合计是否相等，从而验证本期账户的记录是否正确的一种方法。

3. 试算平衡表的编制方法

根据图3-16各账户的记录，可以编制“总分类账户本期发生额试算平衡表”和“总分类账户期末余额试算平衡表”，或者汇总编制“总分类账户发生额及余额试算平衡表”。

需要注意的是：如果试算平衡表发生额栏或余额栏的借方与贷方不相等，肯定账户记录有错误，但即使试算平衡表实现了有关三栏的平衡关系，也不表明账户记录就完全正确，因为有些错误并不影响试算平衡表有关三栏的平衡关系。例如：❶某笔经济业务重记或漏记，将使借、贷双方的发生额等额增加或减少，借贷仍然平衡；❷某笔经济业务在账户的记录中，颠倒了记账方向、用错了会计科目，试算仍然平衡；❸借方或贷方发生额中，偶然发生某笔经济业务多记而另一笔经济业务等额少记（相互抵销），借贷仍然平衡。所以试算平衡方法不是绝对的，还应通过其他方法来发现错误。错账的其他查找方法将在第七章中进行阐述。

提示：

在实际工作中，应先用铅笔结出各账户的本期发生额和期末余额，据以编制试算平衡表，验证无误后，再正式结账。

表3-6 **总分类账户发生额及余额试算平衡表**

2×23年10月31日　　单位：元

账户名称	期初余额		本期发生额		期末余额	
	借　方	贷　方	借　方	贷　方	借　方	贷　方
库存现金	6 000				6 000	
银行存款	128 000		50 000	160 000	18 000	
应收账款	88 000			50 000	38 000	
原材料	51 000		100 000		151 000	
固定资产	120 000				120 000	
短期借款		87 000	85 000	60 000		62 000
应付账款		96 000	95 000	30 000		31 000
实收资本		160 000		30 000		190 000
资本公积		24 000				24 000
盈余公积		26 000				26 000
合　计	393 000	393 000	330 000	330 000	333 000	333 000

会计论道与育人

诚信——会计工作的第一职业道德[1]

小王是位企业家，他的人生信条是：做人与做生意都一样，第一要诀就是诚实。诚实就像树木的根，如果没有了根，那么树木就没有生命了。小王自身的成功也证明了这一点。小王出身贫寒，20岁时在一家机器公司当推销员。有一个时期他推销机器非常顺利，半个月内就同33位客户做成了生意。之后，他突然发现他现在所卖的这种机器比别家公司生产的同样性能的机器贵一些。他想：如果客户知道了，一定以为我在欺骗他们，会对自己的信用产生怀疑，于是深感不安的小王立即带着合约书和订单，整整花了三天时间，逐一拜访客户，如实向客户说明情况，并请客户重新考虑是否订购。这种诚实的做法使每位客户都很受感动。结果，33人中没有一人解除合约，反而成了更加忠实的客户。

安然安达信破产清算

教授寄语：**如果您在一件小事上欺骗了他人，那么他人就会对您整个人产生不信任；如果您的一个产品有问题，那么您的全部产品都会受到怀疑。**

课堂在线练习

扫描下方“二维码”进行在线回答，回答完毕并提交后可参看正确答案与答案解析。

习题自测

关键术语

会计科目　会计账户　复式记账法　借贷记账法　会计分录　试算平衡

复习思考

1. 复式记账法的特点及作用。
2. 借贷记账法的记账规则。
3. 账户的对应关系、对应账户及其作用。

① 改编自：佚名.早安励志小故事［EB/OL］.［2018-11-05］. https://weibo.com/6519492130/H1dVm53pA.

第四章　会计凭证的填制与审核

内容导读：会计主体经济业务的载体在会计实务中表现为各种单证，这些单证在会计上被称为原始凭证，而对原始凭证所表现的经济业务经过会计要素及会计科目进行确认，根据会计科目设置账户并按照借贷复式记账法进行记录的核心内容是编制会计分录，为保证账簿记录的准确性并方便记账，会计分录的载体在我国会计实务中表现为填制记账凭证并根据记账凭证登记会计账簿，原始凭证和记账凭证统称为会计凭证。

在第三章中，虽然建立了"账户设置"这一经济业务记录的载体并选择了科学的"借贷复式记账法"，但仍然不可随意记账或者还不能直接记账。这是因为经济业务的账务处理必须依据可靠的凭据进行。处理经济业务的凭据就是本章将要介绍的内容——填制和审核会计凭证，这既是会计核算方法之一，也是会计循环的首要环节。

本章主要介绍会计凭证的定义、种类、作用以及填制与审核方法，具体包括：❶了解会计凭证及其分类，理解会计凭证的作用。❷认识各类经济业务的原始载体并明确原始凭证是记账的原始依据；正确书写会计数字并保证凭证填制规范、清晰；熟悉原始凭证应具备的基本要素并掌握其填制规范；审核原始凭证并正确处理各种错误凭证。❸理解记账凭证的概念及作用并掌握其应具备的基本要素；熟悉记账凭证填制的基本要求并掌握其填制方法。❹理解会计凭证的传递程序并掌握会计凭证的装订方法及保管制度。❺在以上基础上进一步理解会计确认与计量是通过填制并审核会计凭证这一会计核算方法实现的，记账凭证是会计确认、计量与记录的初步结果，是以上几个项目具体运用的结果，可作为记账的直接依据。

第一节　会计凭证及其基本分类

一、会计凭证及其作用

（一）会计凭证的定义

通过前面各章的阐述，我们已经知道：（1）经过会计确认能够用货币表现的企业活动，被称为经济业务。但如何证明或表示它已经发生？其凭据或载体是什么？在实际经济生活中，它表现为各种发票、账单等，会计上把它称为"原始凭证"。（2）对以原始凭证为载体的经济信息，还需要用会计语言来描述，在通过会计要素和会计科目进行归类与细化的基础上，利用借贷记账法编制会计分录，将原始凭证中的经济信息通过会计语言转化为会计信息。它是介于原始凭证与会计账簿之间的环节，是据以登记账簿的直接依据。这一转化过程在会计实务中，首先，是通过编制以会计分录为核心内容的记账凭证来完成的；其次，是根据记账凭证分类登记账簿来实现的。

知识拓展：

在欧美及我国港台地区，会计分录的载体为日记账体系（分录簿体系）。

综上所述，原始凭证是记账的原始依据，记账凭证是记账的直接依据，它们都是会计核算的凭据，因此，会计凭证，是指用以记载经济业务的发生和完成情况、明确经济责任并据以登记账簿的书面证明。

（二）会计凭证的作用

以会计凭证为依据，既是会计核算必须遵循的原则，也是会计核算的基本特征。《中华人民共和国会计法》赋予会计信息"真实性""完整性"的质量要求，要求会计在账簿中所作的每一笔记录，在报表中所提供的每一项经济信息，都必须以真实、合法的会计凭证为依据。会计主体办理任何一项经济业务，都必须办理凭证手续，由执行和完成该项经济业务的有关人员取得或填制会计凭证，记录经济业务的发生日期、具体内容以及数量和金额，并在凭证上签名或盖章，对经济业务的合法性、真实性和正确性负完全责任。所有会计凭证都要由会计部门审核无误后才能作为记账的依据。因此，填制和审核会计凭证，是会计核算的专门方法之一，同时也是整个会计核算工作的起点和基础。

会计凭证具有以下三个方面的作用：（1）有利于保证会计信息真实性的质量要求。由于会计凭证是经济业务的载体，经过对会计凭证的整理、归类和汇总后，就能提供系统、完整的会计信息。同时，要保证会计信息真实可靠，首先要保证其原始资料是真实可靠的，这就要求会计人员在记账前对会计凭证审核其经济业务是否真实、合理、合法，并以审核无误的会计凭证为依据输入会计信息系统，这样有利于保证会计信息的真实性。（2）有利于有效地发挥会计的监督职能。由于会计凭证是最初的记录，反映了经济业务的发生过程和结果，因此，通过会计凭证的审核，可以监督各项经济业务的合法性，及时发现经营管理中存在的问题和管理制度上存在的漏洞，及时加以制止和纠正，健全单位内部管理制度，改善经营管理，提高经济效益。（3）有利于加强经营管理的责任制。会计凭证不仅记录了经济业务发生的地点、时间和内容，而且要由有关业务经办人签名盖章，一方面，从客观上促使有关人员严格按照规章办事并增强责任意识；另一方面，即使发生差错和纠纷，也可以借助会计凭证正确处理和裁决。从这个意义上讲，会计凭证不仅是登记账簿的依据，而且是处理经济纠纷、审判经济案件的重要法律依据。

二、会计凭证的基本分类

会计凭证作为记录经济业务的载体，可以按照不同的标准分类，其中最基本的分类是按其填制程序和用途的不同，分为原始凭证和记账凭证两大类。简单地讲，原始凭证就是经济业务发生（或完成）时的最初记录，而记账凭证则是对原始凭证提供的原始信息，按照会计核算系统的要求进行归类整理并作为登记账簿依据的记录。原始凭证和记账凭证虽然存在着密切的联系，但在完成会计任务中又有着明确的分工；同时二者在格式、内容、作用、填制和审核等方面都具有各自的特点。所以，有必要对它们分别加以阐述。

第二节 原始凭证的填制和审核[1]

[1]画龙点睛：经济业务的原始载体和会计信息加工的“原材料”。

一、原始凭证及其分类

原始凭证，是指在经济业务发生时取得（或填制）的、用以记录或证明其发生或完成情况，明确经办人员的责任并具有法律效力，作为记账原始依据的一种书面凭据。原始凭证在其作用、形状、格式、大小繁简、来源渠道上各不相同。根据不同的管理目的，可以对原始凭证进行如下分类。

（一）原始凭证按照经济业务的内容类别进行分类

原始凭证按照经济业务的内容类别不同，可以分为以下六类：

1.款项收付业务的原始凭证

款项收付业务的原始凭证，是指记录库存现金和银行存款收付增减等业务的原始凭证。按照是否与银行有关可分为以下两类：❶**企业内部库存现金收付款交易凭证**，是指与银行无关的企业内部收付款交易凭证，如收款收据、借款单（如图4-4所示）、车票、船票、机票、医药费单据等。❷**银行款项收付款交易凭证**，是指涉及开户银行的企业收付款交易凭证，如银行支票、进账单、借款凭证、税收缴款书、电汇凭证、托收凭证等。

[2]公司介绍：法人代表：黄金发；财务负责人：白银发；开户银行：工商银行上海支行；账号：500600230053124。

2×23年9月上海宏苑机械公司[2]发生的有关部分款项收付业务如下：

【例4-1】2×23年9月3日，通过转账支票结算方式偿还前欠上海强远食品公司的货款，涉及的原始凭证如下：

（1）填制“上海宏苑机械公司报账（付款）审批单”见表4-1。

（2）开出左右2联的“转账支票”如图4-1所示；同时，将“存根联”沿裁剪线裁下，留作本企业记账用；然后将“支票联”交给收款单位。

（3）收到上海强远食品公司开来的“收款收据”见表4-2。

表 4-1　**上海宏苑机械公司　报账（付款）审批单**

部门：办公室　　　　2×23 年 09 月 03 日

经手人	鲍彩购	事　由	前欠购货款
项目名称	金额（元）	付款（结算）方式	备　注
应付账款	43 000.00	转账支票	上月购买上海强远食品公司的食品
合　计	43 000.00		
单位负责人审批	财务主管	部门领导	出纳员
同意。 黄金发	同意。 白银发	同意。 尚亚轩	甄仔细

附单据 3 张

中国工商银行（上）
转账支票存根
$\frac{8}{0}\frac{E}{2}$25162513
附加信息
出票日期 2×23 年 9 月 3 日
收款人：上海强远食品公司
金　额：23 500.00
用　途：还货款
单位主管　　会计

中国工商银行　转账支票（上）　$\frac{8}{0}\frac{E}{2}$25162513
出票日期（大写）贰×贰叁年零玖月零叁日　付款行名称：工行上海支行
付款人：上海宏苑机械公司　出票人账号：500600230053124

人民币（大写）	百	十	万	千	百	十	元	角	分
贰万叁仟伍佰元整		¥	2	3	5	0	0	0	0

付款期限自出票之日起十天
用途　偿还欠货款
上列款项请从
我账户内支付
出票人签章：黄金发印　上海宏苑机械公司财务专用章　白银发印
102100000144
复核　记账

⑈10251⑈⑆010200346⑆01409006799251⑈00

图 4-1　转账支票

表 4-2　**上海强远食品公司　　收款收据**　　№15068

2×23 年 9 月 3 日

交款单位　上海宏苑机械公司　　收款方式　转账

人民币　贰万叁仟伍佰元整　　¥　23 500.00

收款事由　前欠货款

（上海强远食品公司财务专用章）

第二联　交付款人作付款凭证

记账：王雷生　　审核：刘建国　　出纳：张永刚

【例 4-2】2×23年9月5日，采购员夏建国到西安市参加陕西杨凌农业机械产品展销会，预借差旅费5 000元，填制“借款单”。经有关负责人审批同意后企业以库存现金付讫，见表4-3。

表4-3

上海宏苑机械公司　　借款单

2×23年9月5日　　单位：元

借款单位	供销科	借款人	夏建国	出差地点	西安市
借款事由	参加西安市机械产品展销会				
借款金额	人民币(大写) 伍仟元整　现金付讫				¥5 000.00
付款方式	现　金		还款或报销日期		
部门负责人批　示	同意　刘彩霞　2×23年9月5日		财务负责人审核意见	同意　白银发　2×23年9月5日	

出纳员签章：甄仔细　　借款人签章：夏建国

图5-4　借款单

【例 4-3】托收到期日为2×23年9月20日、金额为460 390元的应收太原机电设备公司银行承兑汇票款，涉及的有关原始凭证如下：

（1）2×23年9月17日预计邮程为3天，填制一式5联的“中国工商银行托收凭证”并附原来妥善保管的“银行承兑汇票2”见表4-4，提前委托开户银行收取票据款。

表4-4

银行承兑汇票　　2

出票日期　贰×贰叁年零玖月贰拾日　9200000000118

出票人全称	太原机电设备公司	收款人	全　称	上海宏苑机械公司
出票人账号	500600789007248	收款人	账　号	500600230053124
付款行全称	中国工商银行太原市分行	收款人	开户银行	中国工商银行上海支行
汇票金额	人民币(大写) 肆拾陆万零叁佰玖拾元整			
汇票到期日	贰×贰肆年零陆月贰拾贰日	付款行	行　号	320117
承兑协议号	上工 [2×22] 00421号	付款行	地　址	太原市平阳路39号
本汇票请你行承兑，到期无条件付款。 太原机电设备公司　林泉海印 出票人签章	本汇票已经承兑，到期日由本行付款。 中国工商银行 汇票专用章 80551　承兑行盖章 承兑日期2×23年9月20日 备注：		范春长印 复核　记账	

亿	千	百	十	万	千	百	十	元	角	分
		¥	4	6	0	3	9	0	0	0

此联收款人开户行随委托收款凭证寄付款行作借方凭证附件

（2）收到开户银行转来的并加盖“转讫章”（日期为2×23年9月20日）的“中国工商银行托收凭证第4联（收账通知）”见表4-5。

表4-5

ICBC 中国工商银行 托收凭证（汇款依据或收账通知） 4 №

委托日期2×23年9月18日　　付款期限2×23年9月22日

业务类型	委托收款（□邮划、☑电划）　托收承付（□邮划、□电划）								
付款人	全称	太原机电设备公司			收款人	全称	上海宏苑机械公司		
付款人	账号	500600789007248			收款人	账号	500600230053124		
付款人	地址	省太原市县	开户行	工行太原分行	收款人	地址	省上海市县	开户行	工行上海支行
金额	人民币（大写）肆拾陆万零叁佰玖拾元整								
款项内容	货款	托收凭据名称	银行承兑汇票		附寄单证张数	1			
商品发运情况					合同名称号码				
备注： 复核 记账	上列款项已划回收入你方账户内。 收款人开户银行签章 2×23年9月20日				该银行承兑汇票到期日为9月22日				

亿	千	百	十	万	千	百	十	元	角	分
		¥	4	6	0	3	9	0	0	0

中国工商银行上海支行 2×23年09月22日 转讫

此联付款人开户行凭以汇款或收款人开户银行作收账通知

【例4-4】2×23年9月21日，开户银行计收第三季度借款利息38 700元，计付存款利息2 970元，收到“银行计收利息清单”和“银行计付利息回单”见表4-6和表4-7。

表4-6

计收利息清单

借款单位	上海宏苑机械公司				原借金额				计息日期			2×23-06-21			付出利息账号			50060023005 3124			
					已还金额				止息日期			2×23-09-20									
放款账户	计息积数											利率（年）	利息金额								
	亿	千	百	十	万	千	百	十	元	角	分		百	十	万	千	百	十	元	角	分
3001356088	1	9	3	5	0	0	0	0	0	0	0	8%			3	8	7	0	0	0	0
合计	人民币（大写）叁万捌仟柒佰元整													¥	3	8	7	0	0	0	0
备注：																					
付款日期：2×23年9月21日																					

第四联代付款通知单

表4-7

计付利息回单

付款人	账号	00110608245	收款人	账号	500600230053124									
付款人	户名		收款人	户名	上海宏苑机械公司									
付款人	开户银行	工商银行上海支行	收款人	开户银行	工商银行上海支行									
存款账号	计息积数		利率（年）		利息金额									
					千	百	十	万	千	百	十	元	角	分
500600230053124	330 000 000.00		0.36%						2	9	7	0	0	0
合计人民币（大写）贰仟玖佰柒拾元整								¥	2	9	7	0	0	0
备注：第三季度存款利息														

第四联代收款通知

【例 4-5】2×23 年 9 月 10 日，缴纳上月未交增值税、上月应交所得税、应交城市维护建设税、教育费附加和地方教育附加，涉及的有关原始凭证见表 4-8。

表 4-8　　电子缴款凭证

打印日期：2×23 年 09 月 10 日　　№2023121542213502

纳税人识别号	91310040213456090A	税务征收机关	国家税务总局上海市第一税务分局		
纳税人名称	上海宏苑机械公司	收款国库	国家税务总局上海分库 022168		
开户银行	中国工商银行上海分行	银行账号	230053124		
系统税票号	税（费）种	税（品）目	所属时期	实缴金额	缴款日期
331016230100679014	增值税	有限责任公司增值税	2×230801-2×230831	79 000.00	2×230909
331016230100679014	企业所得税	应纳税所得额	2×230801-2×230831	65 000.00	2×230909
331016230100679014	城市维护建设税	市区（增值税附加）	2×230801-2×230831	11 130.00	2×230909
331016230100679014	教育费附加	增值税教育费附加	2×230801-2×230831	4 770.00	2×230909
331016230100679014	地方教育附加	增值税地方教育附加	2×230801-2×230831	3 120.00	2×230909
——以下空白——					
金额合计	（大写）壹拾陆万叁仟零贰拾元整		¥163 020.00		
本缴款书仅作为纳税人记账核算凭证使用，需与银行对账单电子划款记录核对一致方可有效。纳税人需开具完税证明，请凭税务登记证和有效身份证明，到主管税务机关开具《税收完税证明》。 上海宏苑机械公司 021 税务机关（电子章） 征收专用章			电子签名		

第 1 页/共 1 页　　第一次打印

【例 4-6】2×23 年 9 月 9 日，通过企业网银收到太原机械公司前欠的货款，涉及的有关原始凭证如下：

（1）收到开户银行转来的加盖有“业务专用章”、金额为 345 000 元的“中国工商银行业务回单（收款）”见表 4-9。

（2）收到款项后应开具一式三联的“收款收据”（略），留第三联作本单位记账用，将第二联转给付款单位，其格式参见表 4-2。

表 4-9 **ICBC 中国工商银行 业务回单（收款）**

日期： 2×23 年 09 月 09 日 回单编号：18008000023

付款人户名：太原机械公司		付款人开户行：中国工商银行太原市支行	
付款人账号（卡号）：472246792500			
收款人户名：上海宏苑机械公司		收款人开户行：中国工商银行上海分行	
收款人账号（卡号）：500600230053124			
金额：人民币叁拾肆万伍仟元整		小写：¥345 000.00	
业务（产品）种类：结算业务凭证	凭证种类：000000000	凭证号码：000000000000000000	
摘要：支付水费	用途：转账	币种：人民币	
交易机构：04100000292	记账柜员：03741	交易代码：02108	渠道：柜面
产品名称	费用名称		
应收金额：345 000.00 元	实收金额：345 000.00 元	收费渠道：其他	
本回单为第一次打印，注意重复	打印日期：2×23 年 9 月 9 日	打印柜员：8	验证码：DA45340EF025

中国工商银行上海分行 业务专用章 (1)

【例 4-7】2×23 年 9 月 12 日，通过企业网银偿还前欠天津盛仁钢铁公司的货款，涉及的有关原始凭证如下：

（1）填制“上海宏苑机械公司报账（付款）审批单”（略），其格式参见表 4-1。

（2）收到开户银行转来的加盖有“业务专用章”、金额为 345 000 元的“中国工商银行业务回单（付款）”见表 4-10。

表 4-10 **ICBC 中国工商银行 业务回单（付款）**

日期： 2×23 年 09 月 12 日 回单编号：18008000023

付款人户名：上海宏苑机械公司		付款人开户行：中国工商银行上海分行	
付款人账号（卡号）：500600230053124			
收款人户名：天津盛仁钢铁公司		收款人开户行：中国工商银行城东分理处	
收款人账号（卡号）：472246792500			
金额：人民币叁拾肆万伍仟元整		小写：¥345 000.00	
业务（产品）种类：结算业务凭证	凭证种类：000000000	凭证号码：000000000000000000	
摘要：支付水费	用途：转账	币种：人民币	
交易机构：04100000292	记账柜员：03741	交易代码：02108	渠道：柜面
产品名称	费用名称		
应收金额：345 000.00 元	实收金额：345 000.00 元	收费渠道：其他	
本回单为第一次打印，注意重复	打印日期：2×23 年 9 月 12 日	打印柜员：8	验证码：DA45340EF025

中国工商银行上海分行 业务专用章 (1)

（3）收到天津盛仁钢铁公司开来的“收款收据”（略），其格式参见 4-2。

2. 购销业务凭证

购销业务凭证，是指记录材料、物品采购或劳务供应、产成品（商品）销售或劳务提供情况的原始凭证，如增值税专用发票、提货单、发货单等。

2×23 年 9 月上海宏苑机械公司发生的部分购销业务如下：

【例 4-8】2×23 年 9 月 13 日，向天津盛仁钢铁公司购进合金圆钢和合金钢管，天津盛仁钢铁公司代垫运费并由天津华茂物流公司承运，价税合计 384 200 元通过企业网银付讫，收到有关原始凭证如下：

（1）填制“上海宏苑机械公司报账（付款）审批单”（略），其格式参见表4-1。

（2）收到天津盛仁钢铁公司开具的数电[①]“电子发票（增值税专用发票）”见表4-11；

（3）收到天津华茂物流公司开具货物运输服务数电“电子发票（增值税专用发票）”见表4-12；

表4-11

电子发票（增值税专用发票）

发票号码：23121000000034001211

开票日期：2×23年09月13日

购买方信息	名称：上海宏苑机械公司 统一社会信用代码/纳税人识别号： 91310040213456070A	销售方信息	名称：天津盛仁钢铁公司 统一社会信用代码/纳税人识别号： 91120342AM2900154B

货物或应税劳务、服务名称	规格型号	单位	数量	单价	金额	税率/征收率	税额
*黑色金属压延品*合金圆管	Φ36mm	吨	30	6 000.00	180 000.00	13%	23 400.00
*黑色金属压延品*合金钢管	Φ18mm	吨	20	8 000.00	160 000.00	13%	20 800.00
合 计					¥340 000.00		¥44 200.00
价税合计（大写）	⊗叁拾捌万肆仟贰佰元整					（小写）¥384 200.00	
备注							

开票人：张精英

表4-12

电子发票（增值税专用发票）

货物运输服务

发票号码：23121000000039004210

开票日期：2×23年09月13日

购买方信息	名称：上海宏苑机械公司 统一社会信用代码/纳税人识别号： 91310040213456070A	销售方信息	名称：天津华茂物流公司 统一社会信用代码/纳税人识别号： 911203402278660700

货物或应税劳务、服务名称	单位	数量	单价	金额	税率/征收率	税额
*陆路运输*其他陆路运输	吨	50	280.00	14 000.00	9%	1 260.00
合 计				¥14 000.00		¥1 260.00
运输工具种类	运输工具牌号	起运地	到达地	运输货物名称		
大卡车	津A36081	天津新港	上海浦东	合金圆管、合金钢管		
价税合计（大写）	⊗壹万伍仟贰佰陆拾元整			（小写）¥15 260.00		
备注						

开票人：赵国民

（4）材料已验收入库，填制一式3联的“收料单”（略），其格式参见表4-14。

（5）收到开户银行转来的加盖有“业务专用章”、金额为384 200元的“中国工商银行业务回单（付款）”（略），其格式参见表4-10。

① 数电发票，全称是“全面数字化的电子发票”，依托可信身份体系和电子发票服务平台开具，以去介质、去版式、标签化、要素化、授信制、赋码制为基本特征，覆盖全领域、全环节、全要素，与纸质发票具有同等法律效力。

【例 4-9】2×23 年 9 月 18 日，向上海市建华机械公司销售 WH65 型车床 3 台和 XC98 型铣床 4 台，价税合计 610 200 元，通过企业网银付讫，收到有关原始凭证如下：

（1）开具数电“电子发票（增值税专用发票）”见表 4-13。

表 4-13

电子发票（增值税专用发票）

发票号码：23311000000086001200

开票日期：2×23年09月13日

购买方信息 名称：上海市建华机械公司 统一社会信用代码/纳税人识别号： 91310042AM29001540	销售方信息 名称：上海宏苑机械公司 统一社会信用代码/纳税人识别号： 91310040213456070A

货物或应税劳务、服务名称	规格型号	单位	数量	单价	金额	税率/征收率	税额
*全数机床*车床	WH65型	台	3	80 000.00	240 000.00	13%	31 200.00
*全数机床*铣床	XC98型	台	4	75 000.00	300 000.00	13%	39 000.00
合　计					¥540 000.00		¥70 200.00
价税合计（大写）	⊗陆拾壹万零贰佰元整				（小写）¥610 200.00		
备注							

开票人：周永胜

（2）产品已发出，填制一式 3 联的“产成品出库单”见表 4-18。

（3）收到开户银行转来的加盖有“业务专用章”、金额为 610 200 元的“中国工商银行业务回单（收款）”（略），其格式参见表 4-9。

【例 4-10】2×23年9月20日，上海市环峰建筑公司为本公司行政办公大楼进行日常修理，价税合计87 200元，通过企业网银付讫，收到有关原始凭证如下：

（1）填制“上海宏苑机械公司报账（付款）审批单”（略），其格式参见表 4-1。

（2）收到上海市环峰建筑公司开具的建筑服务数电“电子发票（增值税专用发票）”见表 4-14。

表 4-14

电子发票（增值税专用发票）

建筑服务

发票号码：23311000000089561209

开票日期：2×23年09月20日

购买方信息 名称：上海宏苑机械公司 统一社会信用代码/纳税人识别号： 91310040213456070A	销售方信息 名称：上海市环峰建筑公司 统一社会信用代码/纳税人识别号： 91310342002900154B

项目名称	建筑服务发生地	建筑项目名称	金额	税率/征收率	税额
*建筑服务*修缮服务	上海市竹柏路281弄	办公大楼修理	80 000.00	9%	7 200.00
合　计			¥80 000.00		¥7 200.00
价税合计（大写）	⊗捌万柒仟贰佰元整		（小写）¥87 200.00		
备注	土地增值税项目编号： 跨地（市）标志：				

开票人：周大力

（3）收到开户银行转来的加盖有“业务专用章”、金额为87 200元的“中国工商银行业务回单（付款）”（略），其格式参见表4-10。

3.出入库业务凭证

出入库业务凭证，是指记录材料、产成品出入库等情况的原始凭证，如收料单、领料单、限额领料单、产成品入库单、产成品出库单、提货单等。

2×23年9月上海宏苑机械公司发生的有关部分出入库业务如下：

【例4-11】承【例4-8】2×23年9月13日，向天津盛仁钢铁公司购进合金圆钢和合金钢管，材料已经验收入库。所填制的“收料单（财务联）”见表4-15。

表4-15

上海宏苑机械公司　　收料单

编号：11007

供货单位：天津盛仁钢铁公司　　2×23年9月20日　　仓库：原料库

材料类别	材料编号	名称及规格	计量单位	数量		实际成本（元）			
				应收	实收	发票价格	采购费用	合计	单价
钢材类	（略）	合金圆钢	吨	30	30	180 000	8 400	188 400	6 280
钢材类	（略）	合金钢管	吨	20	20	160 000	5 600	165 600	8 280
合　计						340 000	14 000	354 000	

二财务联

供销主管：莫发愁　　保管员：特认真　　记账：高桂格　　制单：艾志丹

【例4-12】2×23年9月22日，上海宏苑机械公司机加工车间生产甲产品领用合金圆钢15吨、合金钢管10吨。所填制的“领料单”见表4-16。

表4-16

上海宏苑机械公司　　领料单

领料单位：机加工车间　　编号：12024

领料用途：生产甲产品　　2×23年9月22日　　仓库：原料库

材料类别	材料编号	材料名称	规格型号	计量单位	数量		单位成本	金额（元）	备注
					应发	实发			
钢材类	（略）	合金圆钢	（略）	吨	15	15	6 280	94 200	
钢材类	（略）	合金钢管	（略）	吨	10	10	8 280	82 800	

二财务联

供销主管：莫发愁　　保管员：特认真　　记账：高桂格　　制单：艾志丹

【例4-13】2×23年9月15日，上海宏苑机械公司装配车间完工甲产品30台、乙产品20台，经验收合格入库。所填制的“产品入库单”见表4-17。

表 4-17　　**上海宏苑机械公司　　产品入库单**　　编号：21016

送检单位：装配车间　　2×23 年 9 月 25 日　　仓库：成品库

产品编号	产品名称	规格型号	计量单位	送检数量		单位成本	总成本（元）	备注
				应收	实收			
（略）	A 产品	（略）	台	30	30			
（略）	B 产品	（略）	台	20	20			

二财务联

供销主管：莫发愁　　保管员：特认真　　记账：高桂格　　制单：艾志丹

【例 4-14】承【例 4-9】2×23 年 9 月 18 日，向上海市建华机械公司销售 A 产品和 B 产品，产品已发出。所填制的“产品出库单（财务联）”见表 4-18。

表 4-18　　**上海宏苑机械公司　　产品出库单**　　编号：24004

送检单位：上海市建华机械公司　　2×23 年 9 月 18 日　　仓库：成品库

产品编号	规格	产品名称	计量单位	数量		单位成本	金额（元）	备注
				应发	实发			
（略）	（略）	A 产品	台	30	30			销售
	（略）	B 产品	台	20	20			

二财务联

供销主管：莫发愁　　保管员：特认真　　记账：高桂格　　制单：艾志丹

4. 成本费用凭证

成本费用凭证，是指记录产品生产费用的发生和分配情况的原始凭证，如“差旅费报销单”“发料凭证汇总表”“折旧费用计提表”“工资结算汇总表”“制造费用分配表”“产品成本计算单”等。

2×23 年 9 月上海宏苑机械公司发生的有关部分成本费用业务如下：

【例 4-15】承【例 4-2】，2×23 年 9 月 15 日，采购员夏建国出差归来报销差旅费 5 898 元并补付现金 898 元，收到有关原始凭证如下：

（1）相关人员填制的“上海宏苑机械公司差旅费报销单”，见表 4-19。

（2）上海浦东国际机场开具的旅客运输服务数电“电子发票（增值税专用发票）”见表 4-20。

（3）西安咸阳国际机场开具的旅客运输服务数电“电子发票（增值税专用发票）”（略），其格式参见表 4-20。

（4）西安铁路局西安高铁站开具的旅客运输服务数电“电子发票（增值税专用发票）”见表 4-21。

（5）杨凌童话大酒店开具的数电“电子发票（增值税专用发票）”（略），其格式参见表 4-13。

生产费用在完工产品与在产品之间的分配方法

表 4-19

上海宏苑机械公司差旅费报销单

2×23 年 9 月 15 日　　　　单位：元

姓名			夏建国		出差事由		参加陕西杨凌农业机械产品展销会		
启程日期及地点			到达日期及地点			发票信息			
月	日	地点	月	日	地点	旅客运输	价款	税额	价税合计
9	6	上海	9	6	西安	飞　机	1 550.00	135.00	1 685.00
9	6	西安	9	6	杨凌	高　铁	200.00	18.00	218.00
9	9	西安	9	9	上海	飞　机	1 550.00	135.00	1 685.00
住宿地点：杨凌童话大酒店				住宿天数：3		住宿服务	1 500.00	90.00	1 590.00
小　计									5 178.00
出差补助天数：4 天			市内交通包干：320 元			伙食费补助：400 元			720.00
合　计									5 898.00
实报金额	人民币（大写）		伍仟捌佰玖拾捌元整				¥5 898.00		
原预借金额：¥5 000.00				应退金额：¥0			应补金额：¥898.00		

报销人签字：夏建国　　负责人签章：刘彩购　　出纳员签章：甄仔细

表 4-20

电子发票（增值税专用发票）

发票号码：23441000000069523200

旅客运输服务

开票日期：2×23年09月13日

全国统一发票监制章 国家税务总局 广东省税务局

购买方信息	名称：上海宏苑机械公司 统一社会信用代码/纳税人识别号： 91310040213456070A	销售方信息	名称：中国南方航空股份有限公司 统一社会信用代码/纳税人识别号： 914400001000017600N

项目名称	单位	数量	单价	金额	税率/征收率	税额
*运输服务*客票款	人	1	1 300.00	1 300.00	9%	117.00
*代收民航发展基金*民航发展基金	人	1	50.00	50.00	不征税	***
*运输服务*客运燃油附加费	人	1	200.00	200.00	9%	18.00
合　计				¥1 550.00		¥135.00

出行人	有效身份证件号	出行日期	出发地	到达地	等级	交通工具类型
夏建国	1401021998****022X	2×23-09-06	上海市	西安市	经济舱	飞机
价税合计（大写）	⊗壹仟陆佰捌拾伍元整			（小写）¥1 685.00		
备注						

开票人：高越男

表 4-21

电子发票（增值税专用发票） 发票号码：23611000000069523200

旅客运输服务

开票日期：2×23年09月13日

购买方信息	名称：上海宏苑机械公司 统一社会信用代码/纳税人识别号： 91310040213456070A			销售方信息	名称：中国铁路西安局集团有限公司 统一社会信用代码/纳税人识别号： 91610000623110601A		
项目名称		单位	数量	单价	金额	税率/征收率	税额
*运输服务*客票款		人	1	200.00	200.00	9%	18.00
合计					¥200.00		¥18.00
出行人	有效身份证件号	出行日期		出发地	到达地	等级	交通工具类型
夏建国	1401021998****022X	2×23-09-06		西安市	杨凌	一等	高铁
价税合计（大写）		⊗贰佰壹拾捌元整			（小写）¥218.00		
备注							

开票人：高越男

【例 4-16】月末根据“领料单”（包括限额领料单）分用途和材料名称汇总编制“**发料凭证汇总表**”，见表 4-22。

表 4-22

发料凭证汇总表

2×23 年 9 月 30 日

附件 9 张

单位：元

用途		材料类别或名称					金额合计
		合金圆钢	合金钢管	1#螺栓螺帽	润滑油	包装物	
产品生产	A 产品	997 000	874 000	93 000			2 478 000
	B 产品	875 000	415 000	86 000			2 166 000
车间一般耗用					67 000		346 000
销售部门领用						89 000	89 000
合计		1 872 000	1 289 000	179 000	67 000	89 000	5 079 000

财务主管：莫奎荪　　制单：刘景明　　复核：高桂格

5. 固定资产业务凭证

固定资产业务凭证，是指记录固定资产购置、处置、报废和盘盈、盘亏业务的原始凭证，如固定资产交接（验收）单、固定资产卡片、固定资产报废清理单、固定资产移交清册、固定资产盘盈及盘亏报告单等。

2×23 年 9 月上海宏苑机械公司发生的有关部分固定资产业务如下：

【例 4-17】2×23 年 9 月 2 日购置的需要安装的 BN69 机床，2×23 年 9 月 11 日安装完成，经验收达到了预期可使用状态。填制的“固定资产交接（验收）单”见表 4-23。

表 4-23

固定资产交接（验收）单

2×23年9月11日　　　　单位：元

固定资产编号	名称	规格	型号	计量单位	数量	建造单位	建造编号	资金来源	备注
15-2-10	机床		BN69型	台	1	HP		自有	
总价	买价	安装费	运杂费	包装费	其他	原值	预计年限	净残值率	
	800 000	10 000	50 000			860 000	10年	5%	
用途	办公用			使用部门		办公室	已提折旧		
验收意见	合格，交付使用		验收人签章	陆新华					

财务主管：莫奎荪　　　　制单：刘景明　　　　复核：高桂格

6.转账业务凭证

转账业务凭证，是指会计期间终了，为了结转（平）收入类和费用类等账户，计算并结转成本、利润等，由会计人员根据会计账簿记录整理填制的原始凭证。这类凭证一般无固定格式，但需要注明制证人并由会计主管签章，如**“可供分配利润计算及利润分配表”**（格式参见表6-5）、**“已实现和已分配利润结转及未分配利润计算表”**（格式参见表6-6）。

（二）原始凭证按照不同来源渠道分类

原始凭证按照不同来源渠道分类，主要是从会计主体角度进行的一种分类。按照来源渠道不同，原始凭证可分为外来原始凭证和自制原始凭证两类。

（1）外来原始凭证，是指在经济业务发生或完成时，从其他单位或个人直接取得的原始凭证或能证明物品来路的最初证明。外来原始凭证一般由外单位的经办人员填制并由税务局等部门统一印制，或经税务部门批准由企业印制，在填制时加盖出具凭证单位的公章方可生效，对于一式多联的原始凭证必须用复写纸套写。例如，❶购买货物、接受劳务或服务时取得的发货票的“发票联”“抵扣联”“货物运单”等；❷出差人员报销时提供的车票、船票、住宿费发票；❸通过银行收付款项的“收账通知单”和“付款通知单”等。

（2）自制原始凭证，是指由本单位内部经办业务的部门和人员，在执行或完成某项经济业务时填制的、仅供本单位内部使用的原始凭证，如收料单、领料单、限额领料单、产品入库单、产品出库单、借款单、工资发放明细表、折旧计算表等。

（三）原始凭证按照填制手续次数和内容不同分类

原始凭证按照填制手续次数和内容不同分类，主要是从完整性和填制次数及包括的内容多少的角度出发进行的分类。按照填制手续和内容不同，原始凭证可分为**一次凭证、累计凭证、汇总凭证和记账编制凭证**四类。

（1）一次凭证，是指只记录一项经济业务，或同时记录若干项同类性质的经济业务，其填制手续是一次完成的凭证，如收据、领料单、收料单、发货票、借款单、银行结算凭证等。

通俗理解：

一次凭证是一次填制完成并一次使用有效的凭证。

（2）累计凭证，是指在一定时期内多次记录发生的同类型经济业务，其填制手续是随着经济业务发生而分次（连续多次）完成的凭证。其特点是，在一张凭证内可以连续登记相同性质的经济业务，随时结出累计数及结余数，并按照费用限额进行费用控制，期末按实际发生额记账，如“费用限额卡”和“限额领料单”等。

通俗理解：

累计凭证是多次填制完成并多次有效的凭证。

【例 4-18】上海宏苑机械公司生产车间生产A产品领用1#螺栓螺帽比较频繁，且消耗定额及生产任务的资料健全，采用**“限额领料单”**的方式发料。2×23年9月领用材料所填制的**“限额领料单”**见表4-24。

表 4-24

上海宏苑机械公司　　限额领料单

领料单位：生产车间　　2×23年9月　　编　号：12001

领料用途：生产A产品　　发料仓库：第二仓库

材料类别	材料编号	材料名称及规格	计量单位	单价	领用限额	实际领用	
						数量	金额（元）
（略）	（略）	1#螺栓螺帽	套	15	6 240	6 200	93 000
供应部门负责人（签章）计采购			生产计划部门负责人（签章）管生产				

领用日期	请领		实发			限额结余	退库	
	数量	领料单位负责人	数量	发料人	领料人		数量	退料单编号
5	1 250	莫发愁	1 250	特认真	艾跑路	4 990		
10	1 250	莫发愁	1 250	特认真	艾跑路	3 740		
15	1 240	莫发愁	1 240	特认真	艾跑路	2 500		
20	1 260	莫发愁	1 260	特认真	艾跑路	1 240		
25	1 230	莫发愁	1 230	特认真	艾跑路	10		
30							30	领 09015
合计	6 230		6 230					

（3）汇总凭证，是指对一定时期内反映经济业务内容相同的若干张原始凭证，按照一定标准汇总填制的原始凭证。汇总凭证合并了同类型经济业务，简化了记账工作量。常用的汇总凭证有：发料凭证汇总表（格式参见表4-22）、差旅费报销单（格式参见表4-19）、工资结算汇总表等。

（4）记账编制凭证，是指由于经济业务账务处理的需要而根据账簿记录编制的一种自制原始凭证。记账编制凭证是根据账簿记录，把某一项或某一类经济业务加以归类、整理而重新编制的一种会计凭证。例如，在计算产品成本时，**“制造费用分配表”**（见表5-9）就是根据制造费用明细账记录的数字按费用的用途填制的。再如，在计算本期利润时，**“损益类账户全年累计发生额汇总表”**（格式参见表6-4）就是根据有关损益类账户记录的数字整理后填制的。

（四）原始凭证按所起作用不同分类

原始凭证按照作用不同分类，主要是从生产经营过程的角度出发进行的一种分类。按照所起作用的不同，原始凭证可分为**通知凭证、执行凭证、计算凭证**三类。（1）通知凭证，是对某项会计交易或事项起通知或指示作用的凭证。对这类凭证的管理，不能完全等同于其他原始凭证，不能证明经济业务已经完成。例如，物资订货单、扣款通知等。（2）执行凭证，是对某项经济业务执行后填制的原始凭证。这类凭证可以证明经济业务已经完成，如**入库单、出库单、各种收据**等。（3）计算凭证，也是某项经济业务完成后填制的原始凭证。这类凭证可以证明经济业务已经完成，凭证上的数字是按照一定的方法计算后形成的，如**工资结算汇总表、制造费用分配表**等。

（五）原始凭证按照格式不同分类

原始凭证按其格式不同分类，主要是从适用的范围和使用单位的角度出发进行的一种分类。按照格式不同，原始凭证可分为**通用凭证**和**专用凭证**两类。（1）通用凭证，是指由有关部门统一印制、在一定范围内使用的具有统一格式和使用方法的原始凭证。通用凭证的使用范围，因制作部门不同而异：❶可以是在某一地区、某一行业使用的原始凭证，如某省（市）印制的发货票、收据等，在该省（市）通用；❷可以是全国通用的原始凭证，如由人民银行制作的银行转账结算凭证。（2）专用凭证，它是指由单位自行印制、仅在本单位内部使用的原始凭证，如领料单、差旅费报销单、折旧计算表、工资费用分配表等。

二、原始凭证应具备的基本要素和填制规范

（一）原始凭证应具备的基本要素

在会计核算工作中，由于各项经济业务的内容和经济管理的要求不同，各种原始凭证所记录的经济业务的内容也是多种多样的，而且每一种原始凭证的名称、格式和具体内容也不完全一致。但是，无论哪一种原始凭证，都是作为经济业务的原始证据，必须详细载明有关经济业务的发生或完成情况，必须明确有关经办人的经济责任。因此，各种原始凭证具备一些共同的基本要素。主要包括：❶原始凭证的名称；❷填制凭证的日期和编号；❸填制凭证的单位名称或者填制人员；❹接受凭证的单位名称（俗称“抬头”）；❺经济业务的内容、数量、单价和金额等；❻填制单位及有关人员的签章。

（二）原始凭证的填制规范

原始凭证是经济业务发生时所取得或填制的书面证明，是会计核算的重要依据而且具有法律效力。正确填制原始凭证是如实反映经济业务的关键。为了正确、完整、清晰地记录各项经济业务，发挥原始凭证应有的作用，原始凭证的填制应遵循下列要求：

1.填制原始凭证要求真实、及时

在经济业务发生（或完成）时，由经办人员立即填制原始凭证。原始

凭证上填制的日期、业务内容和数字，必须真实可靠，符合实际情况。填制完毕后，经办人员要按规定程序及时将原始凭证递交会计部门。不得变造、篡改原始凭证的内容。

2.填制原始凭证的内容要完整，手续要完备，附件要齐全

原始凭证上均有规定的填写内容，必须按规定项目填写齐全，文字说明要简明扼要，数字填写清晰而且填写手续要完备。

（1）购买实物的原始凭证：必须有实物验收证明；支付款项的原始凭证，必须有收款单位和收款人的收款证明。（2）职工因公借款的借据：必须附在记账凭证之后。收回借款时，应当另开收据或者退还借据副本，不得退还原借款收据。（3）经上级有关部门批准的经济业务：应当将批准文件作为原始凭证附件。批准文件需要单独归档的，应当在凭证上注明批准机关名称、日期和文件字号。（4）发生销货退回的：除填制退货发票外，还必须有退货验收证明；退款时，必须取得对方的收款收据或者汇款银行的凭证以及当地主管税务机关开具的“进货退出或索取折让证明单”，不得以退货发票代替收据。（5）一式几联的原始凭证：应当注明各联的用途，只能以一联作为报销凭证，必须用双面复写纸套写（发票和收据本身具备复写纸功能的除外），并连续编号。作废时应当加盖“作废”戳记，连同存根一起保存，不得撕毁。

3.填制原始凭证要明确经济责任，签名、盖章要齐全

原始凭证填制完毕后，经办单位、经办单位负责人以及填制人员均须在原始凭证的下方签名或盖章。对外开出的原始凭证必须加盖本单位公章。（1）外来原始凭证（如发票、收据等），必须盖有填制单位的财务专用章或发票专用章，同时具有套印的税务部门或有权监制部门的专用章以及填制人员的签名或盖章。（2）从个人取得的原始凭证，必须有填制人员的签名或者盖章，同时应写明住址，必要时注明身份证号码。（3）自制原始凭证（如入库单、领料单等），必须有经办单位负责人（或其指定的人员）和经办人的签名或者盖章。（4）购买实物的原始凭证，必须有实物验收证明；支付款项的原始凭证，必须有收款单位和收款人的收款证明。（5）原始凭证上的公章要求，不同的行业、单位对原始凭证上的公章要求不同，对于自制原始凭证，由于是由本单位内部的部门和个人填制的，就无须加盖本单位的公章，只需填明责任单位和责任人即可。（6）外来原始凭证如有遗失，应取得原填制单位盖章证明，并注明原始凭证编号、金额和内容等，经单位领导批准后，才能作为原始凭证。确实无法取得证明的如火车票、汽车票、船票、飞机票等，可由当事人写出详细情况，由单位领导批准后，代作原始凭证。（7）附在办理收付款项的记账凭证后的原始凭证，在办理完收付款项后，必须加盖“收讫”“付讫”戳记。

> **特别提示：**
> 公章是指具有法律效力和特定用途，能够证明单位身份和性质的印鉴，包括业务公章、财务专用章、发票专用章、票据专用章、结算专用章等。

4.文字、数字填写要规范

原始凭证的书写，包括文字和数字的书写，应遵循《会计基础工作规范》的要求。具体包括以下几个方面：（1）要用蓝黑墨水书写，支票要用碳素墨水填写，字迹必须清晰、工整。(2) 阿拉伯数字不得连笔书写，单位对外开具的原始凭证和外来的原始凭证，阿拉伯数字金额前应当书写货币币种符号，如人民币“￥”、美元“US”、港币“HK”等符号。(3) 所有以人民币“元”为单位的阿拉伯数字：❶除表示单价等情况外，一律填写到角和分；❷无角和分的，角位和分位可写“00”，或者划“-”；❸有角无分的，分位应当写“0”，不能用“-”代替。(4) 汉字大写数字金额，如零、壹、贰、叁、肆、伍、陆、柒、捌、玖、拾、佰、仟、万、亿等，一律用正楷体或者行书体书写，不得用0、一、二、三、四、五、六、七、八、九、十等数字代替，更不得任意自造简化字。(5) 凡原始凭证上预印有“万仟佰拾元角分”金额数字位数的，应按预印的空格填写，实有大写金额的前一空位用“￥”或“×”注销不需用的空格。(6) 凡原始凭证上未预印有“万仟佰拾元角分”金额数字位数的：❶应在“人民币”或“美元”等货币名称之后书写大写金额；❷大写数字到元或者角为止的，在“元”或者“角”字之后写“整”字，大写金额数字有分的，分字后面不写“整”字；❸若大写金额数字前未印有“人民币大写”字样或“货币”名称字样的，应加填“人民币”或“美元”货币名称字样。(7) 阿拉伯数字金额中间有“0”时：❶汉字大写金额应写“零”字；❷阿拉伯数字金额中间连续有几个“0”时，汉字大写金额中可以只写一个“零”字，如“4 005.34元”可以写成“人民币肆仟零伍元叁角肆分”；❸阿拉伯数字金额元位是“0”或者数字中间连续有几个“0”，元位也是“0”，但角位不是“0”时，汉字大写金额可以只写一个“零”字，也可以不写“零”字，如“5 000.63元”可以写成“人民币伍仟元零陆角叁分”或者“人民币伍仟元陆角叁分”。

特别注意：

币种符号与阿拉伯数字金额之间不得留有空白。

三、原始凭证的审核与错误凭证的处理

(一) 原始凭证的审核

原始凭证填制后，要及时送交会计部门，由会计主管或指定的人员进行审查和核对。会计机构、会计人员对不真实、不合法的原始凭证有权不予受理，并向单位负责人报告，请求查明原因，追究有关当事人的责任；对记载不准确、不完整的原始凭证予以退回，并要求经办人按照国家统一的会计制度规定进行更正、补充。原始凭证的审核主要应从以下四个方面进行：

(1) 真实性审核，主要审核它是否如实反映了经济业务的本来面貌，是否具备成为本单位合法原始凭证的条件。主要包括：❶内容记载是否清晰，有无掩盖事情真相的现象；❷凭证抬头是不是本单位；❸数量、单价与金额是否相符；❹认真核对笔迹，有无模仿领导笔迹签字冒领现象；❺有无涂改，有无添加内容和金额；❻有无移花接木的凭证。

(2) 完整性审核，主要审核原始凭证各个项目是否填写齐全，数字是否正确；名称、商品规格、计量单位、数量、单价、金额和填制日期的填

写是否清晰，计算是否正确。对要求统一使用的发票，应检查是否存在伪造、挪用或用作废的发票代替等现象，凭证中应有的印章、签名是否齐全、审批手续是否健全等。特别应注意的是：❶外来的发票、收据等是否用复写纸套写，是否为“报销”一联。不属此例的一般不予受理，对于剪裁发票要认真核对剪裁金额是否与大小写金额一致。❷购买商品、实物的各种原始凭证，必须附有保管人的验收单或其他领用者的签名才能受理。❸对外支付款项的凭证应附有收款人的收款手续方能转账注销。❹自制的原始凭证附有原始单据的，要审核金额是否相符。

（3）合法性审核，审核原始凭证所记录的交易或事项是否有违反国家法律法规的情况，是否符合规定的审批权限；是否履行了规定的凭证传递和审核程序；是否有违法违纪行为。在实际工作中，违法的原始凭证主要有两种情况：❶明显的假发票、假车票，有些原始凭证带有明显的时效性，时间变了，再用原来的原始凭证，很明显是假的；有些原始凭证印制粗糙、印章不规范，也可以判断出其不合法性。❷有些原始凭证虽然真实，但按规定不允许报销，如私人购买的物品，因私外出的车、船票，同样不能报销。

（4）合理性审核，审核原始凭证所记录的经济业务是否符合企业生产经营活动的需要，是否符合有关计划和预算。有些原始凭证，如职工出差的住宿、餐饮发票，职工生病就诊的发票等，都是合法真实的，但如果超过规定的报销比例，则不属于合法的原始凭证。

（二）错误凭证的处理

1.处理原则

（1）**对不真实、不合法、不合理的原始凭证**，会计人员有权不予受理，应拒绝付款、拒绝报销或拒绝执行，并向单位负责人报告，请求查明原因，并追究有关当事人的责任。（2）**对于填写不齐全、手续不完备、书写不清楚、计算不正确的原始凭证**，应予以退回，责成经办人员补填齐全，补办手续，更正错误或更换原始凭证。经审核无误的原始凭证，才能作为编制记账凭证和登记明细分类账的依据。

2.原始凭证的更正

（1）原始凭证记载的各项内容均不得涂改，随意涂改的原始凭证即为无效凭证，不能以此作为填制记账凭证或登记账簿的依据。（2）原始凭证记载的内容有错误的：应当由开具单位重开或更正，更正工作必须由原始凭证出具单位进行，并在更正处加盖出具单位印章。重新开具原始凭证的工作当然也应由原始凭证开具单位进行。（3）原始凭证金额出现错误的，不得更正，只能由原始凭证开具单位重新开具。（4）原始凭证开具单位应当依法开具准确无误的原始凭证，对填制有误的原始凭证，负有更正和重新开具的法律义务，不得拒绝。

第三节　记账凭证的填制与审核 1

> 1 画龙点睛：
> 记账凭证是对经济业务确认与计量的具体体现和记账的直接依据。

一、记账凭证的概念及作用

相关人员在办理每一笔经济业务的过程中，均包括三个步骤：❶分析每一笔经济业务对会计账户的影响；❷将经济业务信息通过记账凭证加以体现；❸将记账凭证中的信息记入恰当的分类账账户中。所以，记账凭证，是指会计人员根据审核无误的原始凭证，按照设置的账户运用复式记账法编制的，用以确定会计分录并作为登记分类账账户的直接依据。编制记账凭证可以起到以下作用：❶在同一位置显示了每一笔经济业务的完整内容或影响；❷提供了经济业务项发生的时间顺序；❸帮助防止或定位差错，因为每一笔会计分录的借方金额和贷方金额都可以很容易地进行比较。

二、记账凭证的分类及格式

会计实务中使用的记账凭证有很多种，对其分类也可以有多种标准，但最基本的分类是：按其用途进行分类和按其是否经过汇总进行分类。有关记账凭证的分类可结合图4-2加以理解。

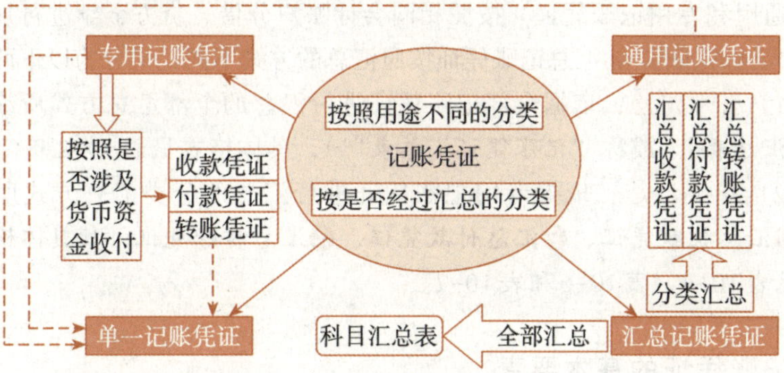

图4-2　记账凭证的各种分类

（一）记账凭证按其用途进行的分类与格式

记账凭证的用途，是指其在经济业务处理过程中的适用性。记账凭证按其用途一般可分为专用记账凭证和通用记账凭证两类。

1.专用记账凭证及其分类与格式

专用记账凭证，适用于反映某一类经济业务应编制的记账凭证。经济业务按照是否涉及库存现金和银行存款的增减，可分为收款交易、付款交易和转账业务，所以，专用记账凭证可分为：❶收款凭证；❷付款凭证；❸转账凭证。其格式如图5-14、图5-16、图5-18所示。为了便于识别，在会计实务中，收、付、转记账凭证分别采用红、蓝、绿三种颜色加以区分。2

> 2 约定俗成：
> 收款记账凭证、付款记账凭证、转账记账凭证，在会计实务中的凭证印刷和称谓上已约定俗成为会计专业术语——"收款凭证"（红色）、"付款凭证"（蓝色）和"转账凭证"（绿色）。

2.通用记账凭证及其格式

通用记账凭证，适用于所有经济业务应编制的记账凭证。采用通用记账凭证的企业，无论经济业务是收款交易、付款交易，还是转账业务，所编制的记账凭证均为通用记账凭证。通用记账凭证的格式与上述转账凭证的格式基本相同，但名称为“记账凭证”，如图4-3所示。

（二）记账凭证按其是否经过汇总进行的分类及格式

同样是记账凭证，由于形成的方式不同，在每一张记账凭证上登记的经济业务内容的多少也有所不同。一般来讲，为减少登记账簿的工作量，企业可以根据其具体情况，[1]对记账凭证进行汇总处理，经过汇总处理的记账凭证就是汇总记账凭证，而未进行汇总处理的记账凭证对于汇总记账凭证而言，则称为非汇总记账凭证，或单一记账凭证。

[1]**情况说明：** 如业务量的大小及所编制记账凭证的多少、会计人员的多少及岗位分工等情况。

1.单一记账凭证及其格式

单一记账凭证，是指在一张记账凭证上只记录一项经济业务内容的记账凭证。专用记账凭证、通用记账凭证都属于单一记账凭证。因为记账凭证是登记账簿的直接依据，在一些业务量较多的大、中型企业，所编制的记账凭证必然很多，进而登记账簿的工作量很大，所以，采用单一记账凭证登记账簿的企业，一般都是一些业务量较少、编制的记账凭证也不多的小型企业。

2.汇总记账凭证及其分类与格式

汇总记账凭证，是指定期（分旬、半个月或一个月）将单一记账凭证（包括通用和专用记账凭证）按照相同会计账户分借、贷方金额进行加总后编制的记账凭证。[2]汇总记账凭证按照汇总的方式不同，又分为以下两类。

[2]**提示：** 对记账凭证汇总的原理与初等数学中的“合并同类项”相同。

（1）全部汇总，依据全部记账凭证进行汇总的全部汇总方式所编制的**“科目汇总表”**（或称**“记账凭证汇总表”**），具体格式见表10-2。

（2）分类汇总，依据专用记账凭证进行汇总的分类汇总方式所编制的：❶**汇总收款凭证**、❷**汇总付款凭证**、❸**汇总转账凭证**，其具体格式分别参见表10-4、表10-6和表10-7。

三、记账凭证的基本要素

根据前述记账凭证的格式可以看出，由于其反映经济业务的内容不同，各单位规模大小及其会计核算繁简程度不同等，其格式也有所不同。但作为登记账簿的依据，并且为了保证账簿记录的正确性和业务内容的完整性，记账凭证必须具备以下基本内容，也即记账凭证的基本要素：[3]

[3]**请您思考：** 原始凭证和记账凭证应具备的基本要素有何异同？

由于各单位经济业务的内容和复杂程度不同，人员的数量和分工的不同，设计和使用的记账凭证，虽然在格式上存在差异，但作为对原始凭证的归类和整理并作为登记账簿的直接依据的记账凭证，必须具备以下基本要素：❶填制单位的名称；❷记账凭证的名称；❸填制凭证的日期和编号；❹经济业务的内容摘要；❺应借、应贷会计科目（包括总账科目、明细科目）的名称及其金额；❻过账备注（过账标记）；❼所附原始凭证张数（简称“附件”）；❽有关人员的签名或盖章，包括制证人员、稽核人员、记账人员、会计机构负责人、会计主管人员和出纳人员（收、付款记账凭证）。对记账凭证应具备的基本要素可以通过图4-3加以理解。

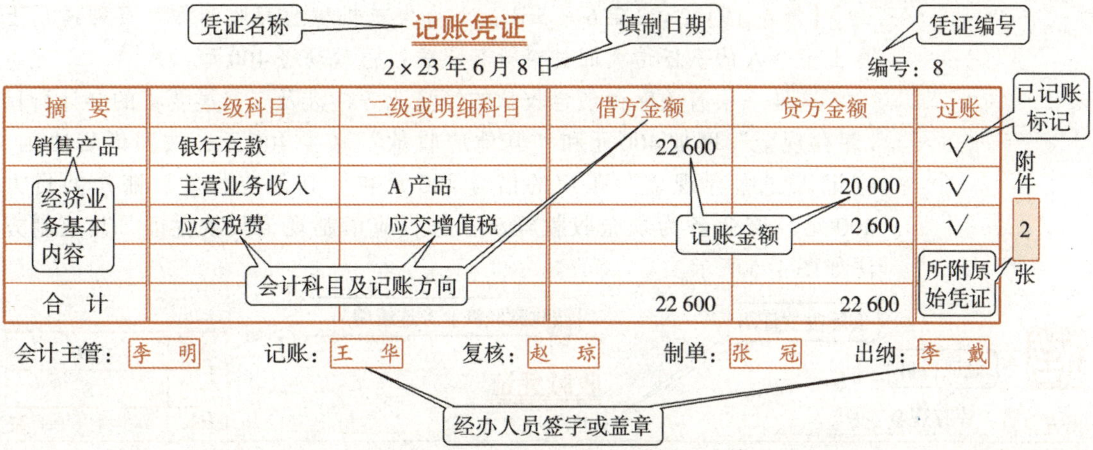

图4-3　记账凭证基本要素

四、记账凭证的填制方法

记账凭证的种类很多，但对于大多数企业和单位来讲，主要运用的是通用记账凭证和专用记账凭证，在会计电算化条件下更是如此。所以，这里我们主要讨论专用记账凭证和通用记账凭证的填制方法。有关汇总记账凭证的填制方法，将在本书第十章第三节中进行介绍。

（一）专用记账凭证的填制方法

经济业务，从与货币资金收支关系的角度出发，经济业务可分为收款交易、付款交易和转账业务。专用记账凭证就是反映这三类业务的记账凭证。对于专用记账凭证的分类及填制依据可通过图4-4加以理解。

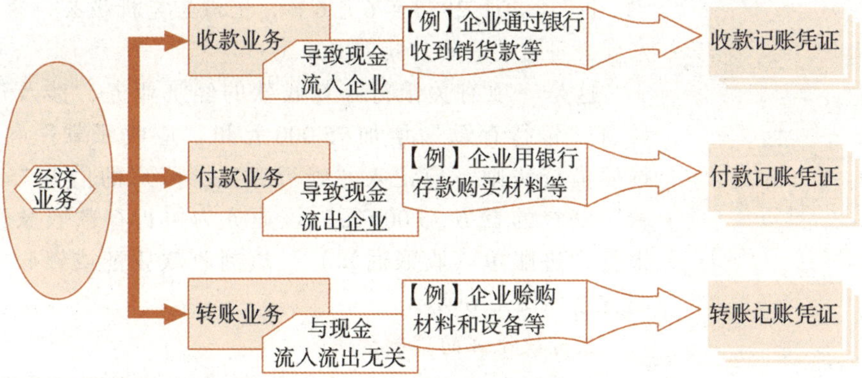

图4-4　专用记账凭证的分类及填制依据示意图

1.收款凭证的填制方法

收款凭证按照借方科目设置，并分设证科目（**或称主体科目**）库存现金和银行存款分别填制。❶现金收款经济业务，在“借方科目”栏填“库存现金”科目，在“贷方科目”栏填写与“库存现金”科目相对应的贷方会计科目；❷银行存款收款经济业务，在“借方科目”栏填“银行存款”科目，在“贷方科目”栏填写与“银行存款”科目相对应的贷方会计科目。

【例 4-19】2×23 年 6 月 5 日，上海宏苑机械公司收到保管员刘泽仁上月由于个人的责任造成的材料毁坏损失赔偿款现金 400 元。

这是一项有关库存现金收款的经济业务，涉及资产类要素的会计科目“库存现金”增加 400 元和“其他应收款”减少 400 元，按照借贷法则，应记入“库存现金”账户的借方 400 元和“其他应收款”账户的贷方 400 元。该业务为现金收款经济业务，应填制现金收款凭证，其填制方法如图 4-5 所示。

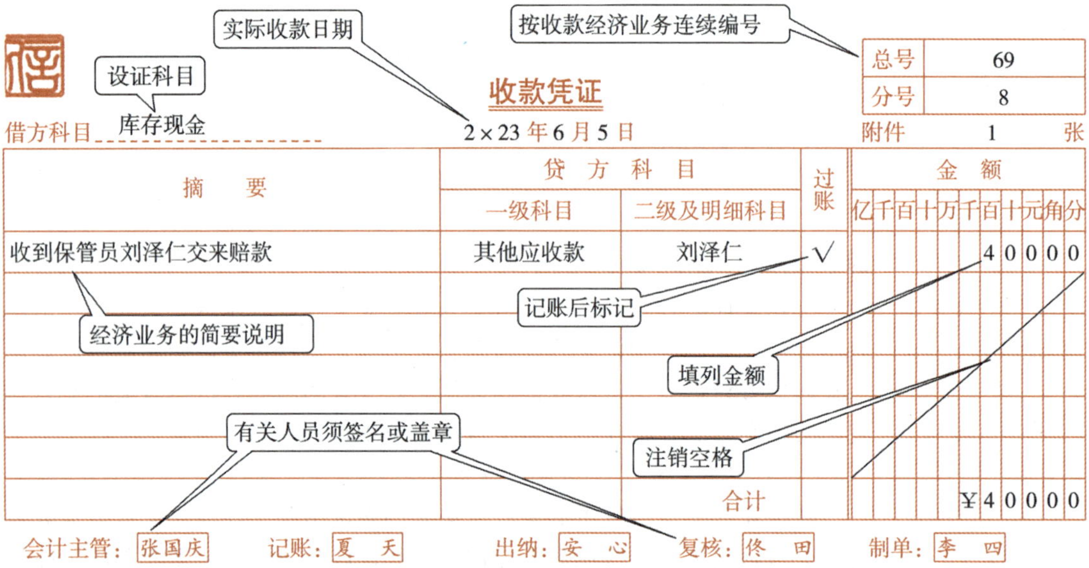

图 4-5　库存现金收款凭证填制方法示意图

【例 4-20】2×23 年 6 月 6 日，上海宏苑机械公司通过银行收到本市家家利公司前欠的销货款 75 000 元。

这是一项有关银行存款收款的经济业务，涉及资产类要素的会计科目“银行存款”增加 75 000 元和“应收账款”科目减少 75 000 元。按照借贷法则，应记入“银行存款”账户的借方 75 000 元和“应收账款”账户的贷方 75 000 元。该业务为银行存款收款经济业务，应根据银行**“进账单（收账通知）”**填制收款凭证或银收字记账凭证，其填制方法如图 4-6 所示。

2. 付款凭证的填制方法

付款凭证按照贷方科目设置，并分设证科目（**亦称主体科目**）库存现金和银行存款分别填制。❶现金付款凭证，在凭证的左上角“贷方科目”栏填“库存现金”科目，在“借方科目”栏填写与“库存现金”科目相对应的借方会计科目；❷银行存款收款凭证，在“贷方科目”栏填“银行存款”科目，在“借方科目”栏填写与“银行存款”科目相对应的借方科目。

按收款经济业务连续编号

填写借方科目

收款凭证

总号	82
分号	13

借方科目 银行存款　　　　2×23年6月6日　　　　附件 1 张

摘要	贷方科目		过账	金额
	一级科目	二级及明细科目		亿千百十万千百十元角分
收到本市家家利公司前欠货款	应收账款	家家利公司	√	7500000
		合计		¥7500000

填写贷方一级及明细科目

注明原始凭证数量

贷方合计并封口

会计主管：张国庆　记账：夏　天　出纳：安　心　复核：佟　田　制单：李　四

图4-6 银行存款收款凭证填制方法示意图

【例4-21】2×23年6月25日，采购员王金刚出差预借现金2 500元。该业务为现金付款业务，应根据经有关负责人审批同意并签字的“借款单”填制现金付款凭证，其填制方法如图4-9所示。

实际付款日期

按付款经济业务连续编号

设证科目

付款凭证

总号	103
分号	25

贷方科目 库存现金　　　　2×23年6月25日　　　　附件 1 张

摘要	借方科目		过账	金额
	一级科目	二级及明细科目		亿千百十万千百十元角分
王金刚出差借现金	其他应收款	王金刚	√	250000
		合计		¥250000

记账后标记

经济业务的简要说明

填列金额

注销空格

会计主管：张国庆　记账：夏　天　出纳：安　心　复核：佟　田　制单：李　四　领款人签章：

图4-7 库存现金付款凭证填制方法示意图

【例4-22】2×23年6月28日，上海宏苑机械公司开出金额为35 000元的银行转账支票一张偿还前欠程明公司的货款。该业务为银行存款付款业务，应根据“**转账支票存根**”填制银行存款付款凭证，其填制方法如图4-8所示。

3.转账凭证的填制方法

在借贷记账法下，将经济业务所涉及的会计科目全部填列在凭证内，借方科目在先（上），贷方科目在后（下），将各会计科目所记应借、

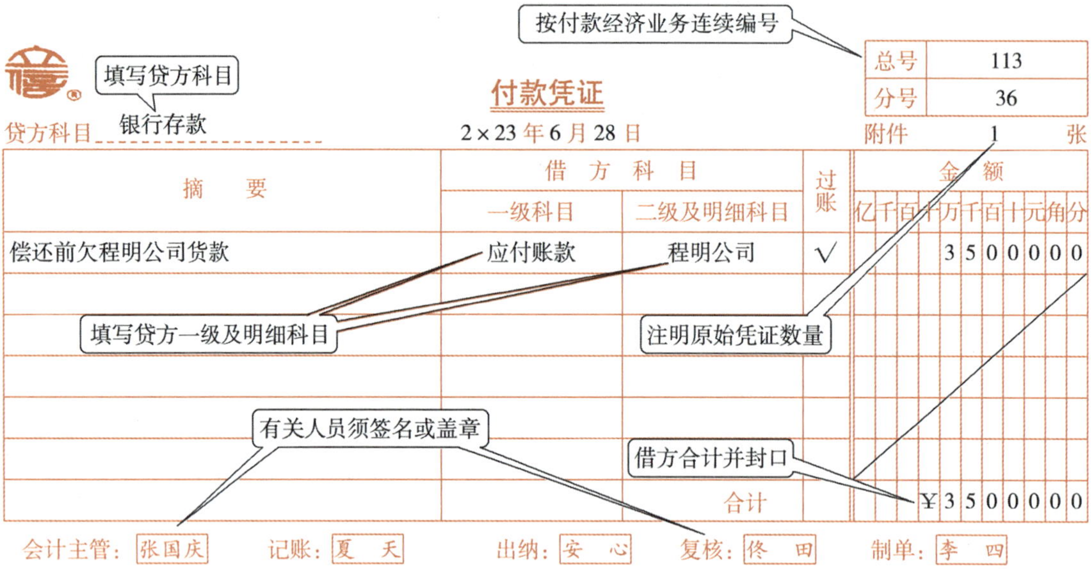

图 4-8　银行存款付款凭证填制方法示意图

应贷的金额分别填在“借方科目”和“贷方科目”栏内。借方金额合计与贷方金额合计应该相等。

【例 4-23】2×23 年 6 月 30 日，上海宏苑机械公司编制的“发料凭证汇总表”上列明生产 A 产品共领用甲材料 26 000 元，领用乙材料 24 000 元。该业务因不涉及现金资产的收付，故应根据“发料凭证汇总表”编制转账凭证。其填制方法如图 4-9 所示。

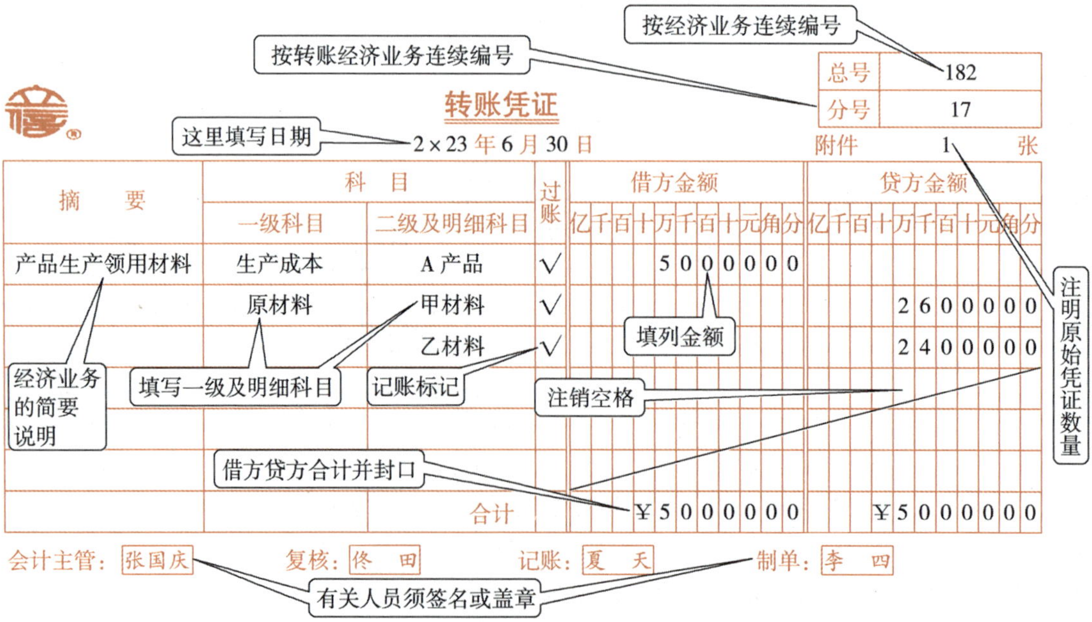

图 4-9　转账凭证填制方法示意图

（二）通用记账凭证的填制方法

通用记账凭证的格式类似于转账记账凭证，凭证的要素与转账凭证基本相同，只是反映的内容不再受经济业务类别的限制，只需要在记账凭证上直接进行会计分录的编制，并相应地填好其他内容即可。关于通用记账凭证的填制方法，可参照转账记账凭证的填制方法，此处不再赘述。

与专用记账凭证相比，通用记账凭证的优点在于：❶凭证种类单一，格式简化，填制方法易于掌握；❷记账凭证无须再细分为三种，可降低记账凭证的印刷或购置成本；❸通用记账凭证的适用范围广泛，尤其是在使用电子计算机会计处理系统的企业，通用记账凭证具有不可比拟的优势。

五、记账凭证的填制要求

明确了记账凭证应具备的基本要素后，必须根据记账凭证的填制要求，做好记账凭证的填制工作。

（一）必须以审核无误的原始凭证为依据

记账凭证必须附有经审核后确认为真实、完整和合法的原始凭证为依据。具体要求有：❶除结账和更正错账的记账凭证可以不附原始凭证外，其他记账凭证必须附有原始凭证；❷可以根据一张原始凭证填制记账凭证，也可以根据若干张同类原始凭证汇总填制记账凭证，还可以根据原始凭证汇总表填制记账凭证；❸不得将不同内容和类别的原始凭证汇总填制在一张记账凭证上，否则就会造成摘要无法填写，会计科目失去对应关系，记账时审核困难，容易造成记账错误。

（二）按照有关规定，正确填制会计科目、子目和编制会计分录

填写会计科目时，应当填写会计科目的全称，不得简写。为了便于登记日记账和明细账，还应填写子目甚至细目。❶记账凭证中所编制的会计分录一般应是一借一贷、一借多贷或多借一贷的形式，尽量避免多借多贷形式的会计分录。❷但是对于一些特殊经济业务（例如收回联营投资），只有编制多借多贷的会计分录才能说明来龙去脉，此时应按多借多贷填写一张记账凭证，而不能拆为几个简单的会计分录或一借多贷、多借一贷的会计分录。

（三）选择、确定记账凭证的种类

会计人员应根据原始凭证所记录的经济业务内容，先确定应借、应贷的会计科目，即会计分录。在采用收、付、转记账凭证的情况下：❶若分录的借方出现“库存现金”或“银行存款”科目，则应选择使用**收款凭证**。❷若分录的贷方出现“库存现金”或“银行存款”科目，则应选择使用**付款凭证**。❸若会计分录的借方出现“库存现金”科目，而贷方出现“银行存款”科目则应选择使用**收款凭证**；反之，则应选择使用**付款凭证**。❹若会计分录的借、贷方均未出现“库存现金”以及“银行存款”科目，则选择使用**转账凭证**。

> **提示：** 在采用通用记账凭证的情况下，无论出现什么类型的会计分录，都统一使用通用记账凭证。

（四）填写记账凭证的日期

记账凭证的日期一般是会计人员填制记账凭证的当天，也可以根据管理需要填写业务发生日期或月末日期。具体可分为以下三种情况：（1）付款业务。库存现金或银行存款付款业务的记账凭证，一般按财会部门付出库存现金或开出银行付款结算凭证的日期填写。（2）收款业务。

❶库存现金收款业务的记账凭证，应当填写收款当日的日期；❷银行存款收款业务的记账凭证，实际收款日期可能和收到该凭证的日期不一致，则应按填制收款凭证的日期填写。(3) 转账业务。月末计提折旧及利息、分配费用、成本计算、转账等业务，大多是在下月初进行，但所填日期应当为当月最后一日的日期。

（五）记账凭证中金额的填写

❶记账凭证的金额须与原始凭证的金额相符；❷阿拉伯数字应书写规范，并填至分位；❸相应的数字应平行对准相应的借贷栏次和会计科目的栏次，防止错栏串行；❹合计行填写金额合计时，应在金额最高位数值前填写人民币符号**“¥”**，以示金额封顶，防止篡改。

（六）记账凭证应按行次逐笔填写，不得跳行或留有空行

记账凭证金额栏最后留有的空行，用斜直线或“S”线注销。所画的斜直线或“S”线应从金额栏最后一笔金额数字下的空行画到合计数行上面的空行。

（七）填写记账凭证的编号或字号

为了根据记账凭证顺序登记账簿和日后核对账簿、凭证以及保证会计凭证的安全和完整，要对记账凭证进行编号。记账凭证的编号按月编写，编写方法有三种：📎1❶将一个月的全部经济业务，按其顺序统一编号，这种编号方法简便，适用于采用通用记账凭证的单位使用；❷将一个月的全部经济业务，分收款业务、付款业务、转账业务三类，分别按其顺序编号，如**“收字×号”“付字×号”“转字×号”**；❸将一个月的全部经济业务，分现金收、付款，银行存款收、付款，转账业务五类，分别按顺序编号，如**“现收字×号”“现付字×号”“银收字×号”“银付字×号”“转字×号”**。

一笔经济业务如需要在两张或两张以上的记账凭证上同时反映时，几张记账凭证的编号应是一个总号，在此总号码下，再采用分数的方法来表示，称为分数编号法。例如，某笔经济业务属于某月转账业务的第32号，需填制3张转账凭证，那么这3张转账凭证的编号应是32 $(\frac{1}{3})$、32 $(\frac{2}{3})$、32 $(\frac{3}{3})$，分母3表示这笔业务需3张记账凭证，分子1、2、3分别表示第1、2、3张记账凭证。📎2

（八）计算和填写所附原始凭证的张数

记账凭证一般应当附有原始凭证。附件张数用阿拉伯数字写在记账凭证的右侧“附件×张”行内。(1) 附件张数的计算方法有两种：❶按所附原始凭证的自然张数计算；❷有原始凭证汇总表的附件，可将原始凭证汇总表张数作为记账凭证的附件张数，再把原始凭证作为原始凭证汇总表的附件处理。(2) 对于汽车票、火车票等外形较小的原始凭证，可将其粘贴在**“凭证粘贴单”**上，以**“凭证粘贴单”**的数量作为原始凭证附件数量。但在每张粘贴单上都应注明所粘贴原始凭证的张数和金额。(3) 当一张或几张原始凭证涉及几张记账凭证时，可将原始凭证附在一张主要的记账凭

📎1 **特别提示：**

无论采用哪一种方法编号，都应按自然顺序连续编号，不得跳号、重号。

📎2 **from & to：**

在记账凭证中有一“过账”或“页次”栏，此栏的功能是标示该资料的去处，如英文的“to”，标明它在账簿中的位置；而在账簿上有一“凭证字号”栏，该栏的作用乃是标示资料的来处，亦如英文的“from”。如此一来，每笔资料每个数字的来龙去脉都清清楚楚、环环相扣了。

证后面，并在摘要栏内注明“**本凭证附件包括××号记账凭证业务**”字样，在其他记账凭证上注明“**原始凭证附在××号记账凭证后面**”字样。没有原始凭证，只有复印件的，不能作为填制记账凭证的依据。

(九) 记账凭证的签名或盖章

记账凭证填制完成后：❶一般应由填制人员、审核人员、会计主管人员、记账人员分别签名盖章，以示其经济责任，并使会计人员互相制约、互相监督，防止错误和舞弊行为的发生；❷对于收款凭证及付款凭证，还应由出纳人员签名盖章，以证明款项已收讫或付讫；❸实行会计电算化的单位，对于机制记账凭证，在审核无误后，上述人员也要签章。

(十) 错填记账凭证的更正

如果填制记账凭证时发生错误，应分以下情况处理：❶如果没有登记入账，则应将其作废并重新填制；❷如果已经登记入账，则应采用正确的更正方法予以更正。

相关链接：

由于记账凭证错误引起的错账更正，将在第七章中进行阐述。

六、记账凭证的审核

记账凭证的审核是保证账簿记录真实、准确的前提和基础。因此，除填制人员应当认真负责、加强自审外，会计部门还应建立相互复核或专人审核的制度。审核的主要内容包括以下三个方面：(1) 附件是否齐全，记账凭证是否附有原始凭证，记账凭证与所附原始凭证在经济内容和金额上是否一致；(2) 会计分录是否正确，包括：应借、应贷的账户名称和金额是否正确，账户对应关系是否清楚，核算内容是否符合会计制度规定；(3) 记账凭证中有关项目，是否填列齐全，有关人员是否签章。

第四节　会计凭证的传递与保管

一、会计凭证的传递

会计凭证尤其是原始凭证，并非都在会计部门由会计人员填制和办理凭证手续，但都必须集中到会计部门并由会计人员将它们全部登记入账。会计凭证除了作为记账依据之外，还有其他的用途，如据以组织经济活动、协调业务关系、强化内部控制、明确岗位责任、加强会计监督等。因此，企业必须认真做好会计凭证的传递。

会计凭证的传递，是指会计凭证从填制开始到归档保管为止的过程中，在本单位内部各有关部门和人员之间的传递程序和传递时间。组织会计凭证的传递：首先，必须确定由谁填制或取得原始凭证，并确定填制的份数是多少；其次，填制或取得的凭证应分别交到哪些部门，由谁接办下一步手续，再由谁负责整理填制记账凭证，又由谁负责审核记账凭证，由谁最后归档保管。在这里不仅要规定各种凭证的传递环节和顺序，还要规定一定的停留时间，才能使各项工作有条不紊。

一般来说，会计凭证传递程序越简单，就越有利于提高会计工作效率，保证会计核算的及时性，但也会削弱内部控制的效力，容易产生错弊，也可能会限制会计凭证其他方面作用的发挥。因此，必须根据经济业务的性质、单位规模的大小和人员分工情况，以及经营管理的需要和成本效益原则，恰当地规定会计凭证的传递环节和顺序，并根据各个环节办理经济业务所需的时间，合理规定凭证在各个环节停留的时间，使会计凭证的传递既保证有必要的控制环节，又有利于提高工作效率、节约成本；既能满足各方面的需要，又能确保会计信息的时效性。

为了保证会计凭证传递的顺利进行，要以会计部门为主，会同有关部门共同研究和协商凭证的格式、份数及传递程序。然后，分别将各种主要经济业务的凭证传递程序绘成流程图或流程表，以便有关部门和人员执行。会计凭证传递程序制定后，有关部门和人员要认真执行，会计部门也要经常进行检查，发现不合理的地方，要及时进行修正。

二、会计凭证的保管

会计凭证是一种有法律效力的重要经济档案，入账后要妥善保管，以便日后随时使用和查阅。会计凭证的保管方式和要求如下所述。

（一）装订方式与要求

1.加具封面并装订

每月记账完毕，要将本月的记账凭证按编号顺序整理，检查有无缺号、附件是否齐全，然后加上封面和封底，装订成册，以防散失。为了防止任意拆装，在装订处要贴上封签，并由会计主管人员盖章。最后，要将凭证按封面大小折叠整齐，在封面上写明年度、月份、共计册数、每册记账凭证的起止号数等。

2.特殊要求

如果某些原始凭证数量过多，如收料单、工资单等，或某些原始凭证是以后业务中仍要使用的（如合同、存出保证金收据等），也可另行装订或单独保管，但应在记账凭证中注明“附件另订”和原始凭证名称及编号。

（二）保管方式与要求

1.原始凭证的调阅与复印

（1）原始凭证不得外借，已装订成册的不得抽出。

（2）其他单位和个人经单位领导批准调阅会计凭证的，要填写会计档案调阅表，详细填写借阅会计凭证名称、调阅日期、调阅人姓名和工作单位、调阅理由、归还日期，调阅人一般不得携带会计凭证外出。

（3）如有贪污、盗窃等经济犯罪案件发生，需要以某些原始凭证作证，那么也只能复制，不得抽取。

2.保管期限与销毁

会计凭证要按照有关会计法规制度规定的期限进行保管。保管期间要防止虫蛀、鼠咬等毁损事故的发生。保管期满后，要报经上级主管部门批准后，方能销毁，必要时应由主管部门派人监销。根据《会计档案管理办法》（中华人民共和国财政部国家档案局令第79号）的规定，企业类会计凭证的保管期限为30年。

会计论道与育人

价值转换——会计工作要求常在河边走就是不湿鞋①

一位勤劳的农民，从自己的菜园中收获了一个大得不得了的南瓜，他又惊又喜，把这个南瓜献给了国王。国王很高兴，赐给农民一匹骏马。这件事很快家喻户晓。一个财主动开了脑筋：献个大南瓜，就能得到一匹骏马，如果献一匹骏马，国王会赐给我多少金银珠宝抑或美女呢?于是财主向国王进献了一匹价值连城的骏马。国王同样很高兴，吩咐侍者："把那位农民献的那个珍贵大南瓜赐予这个献骏马的人吧。"

党建入章市值万亿
贵州茅台已"封神"

教授寄语：**朴实的真诚奉献，与贪婪的算计谋利自然会有不同的结果。现实生活中，后者往往会有眼前的收获与成功，但绝经不起时间的考验。**

课堂在线练习

扫描下方"二维码"进行在线回答，回答完毕并提交后可参看正确答案与答案解析。

关键术语

会计凭证　原始凭证　记账凭证　累计凭证　收款凭证　付款凭证　转账凭证

习题自测

复习思考

1.原始凭证的分类及其应具备的主要内容。

2.记账凭证的分类及应具备的主要内容。

① 改编自：佚名.得到南瓜［EB/OL］.［2022-05-21］. http://5.20051.cn/news/?1163.html.

第五章　制造业企业主要经济业务的核算（上）

内容导读：本章内容是第四章中记账凭证填制内容的熟练掌握与运用。将结合制造业企业经营活动各个环节发生的主要经济业务阐述记账凭证的填制，进一步加深对会计假设、会计要素确认与计量、账户设置与复式记账等会计理论与方法的理解、掌握。

制造业企业经营活动各个环节发生的主要经济业务包括：筹资业务、生产准备业务、生产过程业务、销售过程业务、经营成果形成业务、利润分配业务。由于制造业企业主要经济业务的核算内容较多，且经营成果形成业务、利润分配业务有其特殊性。所以，将制造业企业主要经济业务的核算分为上下两部分进行阐述。

制造业企业主要经济业务的核算（上），阐述筹资业务、生产准备业务、生产过程业务、销售过程业务记账凭证的填制。要求：❶熟悉各环节经济业务的文字描述与对应的原始凭证及具体用途；❷理解并掌握各环节经济业务进行会计核算所涉及有关账户的用途与结构；❸重点掌握各环节经济业务记账凭证填制的主要内容——会计分录的编制。

第一节　筹资业务的核算

一、筹资业务的主要内容

企业为了开展经营活动必须筹集足够的资金，其筹集资金的渠道主要有两种：❶股权资本——即投资者投入的资本，形成所有者权益；❷债权资本——即向债权人借入的资金，形成债权人权益，即负债。

（一）股权性筹资业务核算的主要内容

实收资本代表一家企业的实力，是创办企业的“本钱”，也是一家企业维持正常的经营活动、以本求利、以本负亏最基本的条件，是企业独立承担民事责任的资金保证。

1.实收资本及其分类

实收资本，也称投入资本，是投资者按照企业章程或合同、协议的约定，实际投入企业的资本金。投入资本是企业所有者权益的主体，也是企业的注册资本总额。所有者向企业投入资本，即形成企业的资本金。企业的资本金：❶按投入资本的主体不同，可以分为**国家资金本**、法人资本金、个人资本金和外商资本金；❷按投入资本的形态不同，可以分为货币投资、实物投资、证券投资和无形资产投资。

2. 实收资本入账价值的确定

企业如何确定收到各方投资者投入资本金的入账价值，是实收资本核算中一个比较重要的问题。总体来说，投入资本是按照实际收到的投资额入账的。❶收到货币资金投资的，应以实际收到的金额入账；❷收到实物等其他形式投资的，应以投资各方确认的价值入账；❸实际收到的货币资金金额或投资各方确认的资产价值超过其在注册资本中所占份额的部分，作为“超面额缴入资本”，即资本溢价，计入资本公积。

实收资本和资本公积的确认基础

3. 资本公积及其来源与用途

资本公积，是投资者或者他人投入到企业、所有权归属于投资者并且金额超过法定资本部分的资本，是企业所有者权益的重要组成部分。由此可见，资本公积从本质上讲属于投入资本的范畴，其形成的主要原因是我国采用注册资本制度，限于法律的规定而无法将资本公积直接以实收资本（或股本）的名义入账。所以，资本公积从其实质上看是一种准资本，它是资本的一种储备形式。但是，资本公积与实收资本（或股本）又有一定的区别，实收资本（或股本）是公司所有者（股东）为谋求价值增值而对公司的一种原始投入，从法律上讲属于公司的法定资本，而资本公积主要来源于投资者的额外投入。

企业的资本公积主要来源于以下三个方面：❶所有者投入资本中超过法定资本份额的部分（资本或股本溢价）；❷直接计入资本公积的各种利得或损失等；❸其他业务也会产生资本公积。我国《公司法》等法律规定，资本公积的用途主要是转增资本。

提示：

公司的资本公积一般都有其特定的来源，不同来源形成的资本公积，其核算的方法也不一样，本书主要阐述资本溢价形成的资本公积，其余内容将在《财务会计学》教材中阐述。

（二）债务性筹资业务核算的主要内容

借入资金，是指企业在生产经营过程中，由于资金周转或其他方面的原因，向银行等金融机构借入及向社会公众发行公司债券等所筹集的资金。为了便于会计信息使用者分析企业的财务状况和偿债能力，企业的负债按其偿还期限的长短可以分为流动负债和非流动负债。本书仅以流动负债中的短期借款为例来阐述借入资金经济业务的核算。

短期借款，是指企业向银行或其他金融机构借入的偿还期限在1年以内（含1年）的各种借款。企业取得短期借款主要是为了满足日常生产经营的需要。❶每笔借款在取得时可根据借款借据上的金额来确认和计量；❷短期借款的利息支出属于企业在理财活动过程中为筹集资金而发生的一项耗费，在会计核算中将其作为期间费用加以确认，将在第六章中进行介绍；❸本节主要介绍短期借款的取得与偿还的核算。

二、筹资业务核算应设置的主要账户

为了总括地核算和监督投入资金和借入资金的增减变动情况，会计核算应设置以下主要账户：

1.“实收资本（股本）”账户

该账户是核算企业接受投资者投入资本金的增减变动及结余情况的“所有者权益类”账户。❶按照投资主体设置明细账进行明细分类核算；❷账户结构如图5-1所示。

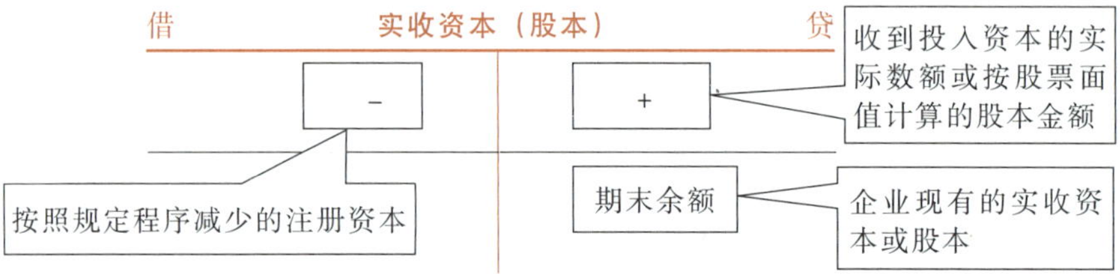

图5-1　“实收资本”账户结构

2.“资本公积”账户

该账户是核算企业资本公积的增减变动及结余情况的“所有者权益”类账户。❶按照资本公积形成的类别设置明细账进行明细分类核算；❷账户结构如图5-2所示。

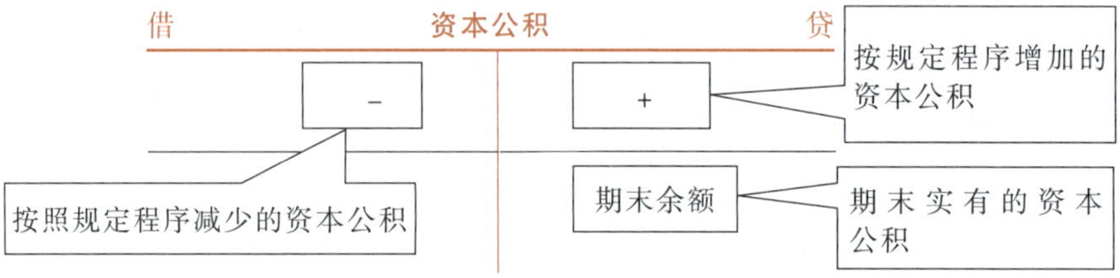

图5-2　“资本公积”账户结构

3.“短期借款”账户

该账户是用来核算短期借款的取得、归还及余额情况的“负债类”账户。❶按照借款种类、贷款人设置明细账进行明细分类核算；❷账户结构如图5-3所示。

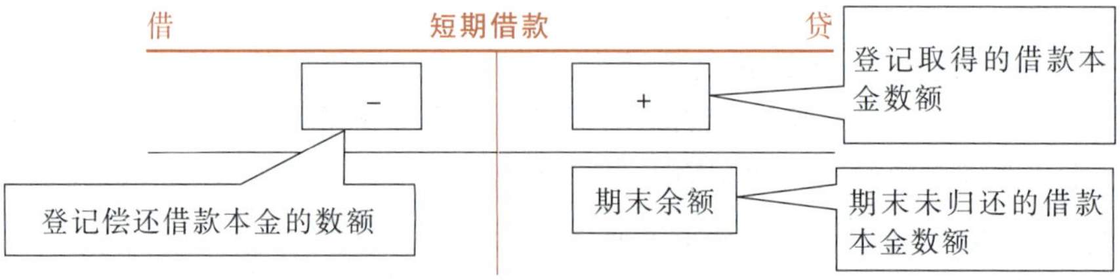

图5-3　“短期借款”账户结构

三、筹资业务核算举例

（一）企业基本概况

（1）法定代表人：师益忠。（2）企业类型：有限责任公司、增值税一般纳税人。（3）统一社会信用代码/纳税人识别号：915001003477023842。（4）注册资本：人民币伍佰万元整，实收资本3900 000元，其中：洋河机械公司占50%；永强机械公司占50%。（5）经营范围及主要产品：机械生产与销售，产品包括AH-15型车床（简称A产品）和BH-16型车床（简称B产品）。（6）2×23年12月月初各账户期初余额见表5-1。

实收资本与注册资本的区别与联系

表 5-1

总分类账户及其所属明细分类账户期初余额表

2×23 年 12 月 1 日

单位：元

总账科目	明细科目	借方金额	总账科目	明细科目	借方金额	总账科目	明细科目	贷方金额	总账科目	明细科目	贷方金额
库存现金		9 500	原材料		235 100	累计折旧		1 513 370		未交增值税	60 000
	库存现金日记账	9 500		甲材料	128 500	累计摊销		96 000		应交城建税	9 800
银行存款		1 536 540		乙材料	55 600	短期借款		700 000		教育费附加	4 200
	银行存款日记账	1 536 540		丙材料	51 000		工行双支	700 000		地方教育附加	2 800
应收票据		688 000	库存商品		328 180	应付票据		93 710		应交所得税	45 000
	天虹机械公司	578 000		A 产品	220 780		秋林机械公司	80 000	应付利息		11 840
	海江机械公司	110 000		B 产品	107 400		春风机械公司	13 710		工行双支	11 840
应收账款		428 400	固定资产		4 912 620	应付账款		47 600	实收资本		3 900 000
	金华机械公司	446 400		机器设备类	2 584 620		碧华机械公司	88 000		洋河机械公司	1 950 000
	银花机械公司	-18 000		房屋建筑类	2 328 000		绣玥机械公司	-46 000		永强机械公司	1 950 000
预付账款		167 000	在建工程		198 000		浩杰机械公司	5 600	资本公积		232 180
	星海机械公司	-8 000		锅炉工程	34 000	预收账款		241 000		资本溢价	232 180
	华润机械公司	175 000		排污工程	164 000		靓丽机械公司	250 000	盈余公积		315 000
其他应收款		7 000	无形资产		240 000		盛楠机械公司	-9 000		法定盈余公积	210 000
	牛轶群	7 000		H 专利权	240 000	应付职工薪酬		286 000		任意盈余公积	105 000
在途物资		34 600	生产成本		33 560		工资	286 000	利润分配		210 000
	文峰公司	34 600		A 产品	18 200		职工福利			未分配利润	210 000
				B 产品	15 360	应交税费		121 800	本年利润		1 050 000
借方余额合计：8 818 500						贷方余额合计：8 818 500					

注：❶表中负数金额为该账户反方向余额；❷“本年利润”账户 1 050 000 元为 1—11 月累计实现的利润总额扣除前 11 个月已预缴的所得税。

（二）双庆市华盛机械公司2×23年12月份发生如下有关资金筹集业务

【例5-1】收到以货币资金形式交来的剩余投资款并已通过银行收讫。12月1日，❶收到洋河机械公司开来金额为183 910元的转账支票；❷同日，填制一式2联“中国工商银行进账单”连同转账支票一同送交开户银行，同时收到银行加盖“收讫章”的“收账通知联”。

【分析】该经济业务：❶使资产项目——“银行存款”账户增加183 910元；❷使所有者权益项目（国家资本金）——“实收资本”账户增加183 910元。❸该业务为收款业务，应根据以下分录编制收款凭证：

特别说明：

本书为节约篇幅，以下经济业务应填制的记账凭证，以会计分录代替。

借：银行存款	183 910		收1
贷：实收资本——洋河机械公司		183 910	附件1张

【例5-2】收到以实物原材料和N专利技术形式作价交来的剩余投资款。12月1日，收到永强机械公司投资的原材料（甲材料）和N专利技术，经双方协商，原材料作价59 890元，N专利技术作价124 020元。❶收到的数电“电子发票（增值税专用发票）”上注明：N专利技术一项，价款117 000元，税额7 020元；注明甲材料数量530千克，单价100元，价款53 000元，税额6 890元。❷填制无形资产交接验收单，确定N专利技术原始价值为117 000元。❸填制收料单并确定甲材料的实际成本为53 000元。

【分析】该经济业务：❶使资产项目——无形资产和原材料分别增加117 000元和53 000元以及具有垫付性质并可抵扣的负债项目——应交增值税（进项税额）增加13 910元；❷使所有者权益项目——实收资本增加183 910元；❸该业务为转账业务，应根据以下分录编制转账凭证：

借：无形资产——N专利技术	117 000		
原材料——甲材料	53 000		转1
应交税费——应交增值税（进项税额）	13 910		附件3张
贷：实收资本——永强机械公司		183 910	

拓展阅读

对“应交税费——应交增值税”账户的特别理解

按照增值税计税原理与方法，增值税进项税额具有垫付性质，是用来抵扣增值税销项税额，据以确定应纳税额的，所以，对“应交税费——应交增值税（进项税额）”账户可以有两种理解：❶将“应交税费——应交增值税（进项税额）”账户理解为负债的减少，按照负债类账户减少记借方的账户结构，应借记“应交税费——应交增值税（进项税额）”账户；❷具有垫付性质的增值税进项税额是对负债项目“应交税费——应交增值税（销项税额）”的抵扣，也可以将“应交税费——应交增值税（进项税额）”账户理解为资产的增加，按照资产类账户增加记借方的账户结构，应借记“应交税费——应交增值税（进项税额）”账户。有关增值税计税原理与方法的阐述，参见本章第二节的说明。

【例 5-3】**按照公司章程规定，经公司董事会批准，将资本公积转增资本金。**12月1日，根据董事会“资本公积转增资本金”的批准文件，将资本公积232 180元按照原实收资本比例转增资本金，编制“资本公积转增资本金表”，洋河机械公司（50%）、永强机械公司（50%）应分别增加资本金116 090元。

【分析】该经济业务：❶使所有者权益项目——实收资本增加232 180元；❷使另一所有者权益项目——资本公积减少232 180元；❸该业务为转账业务，应根据以下分录编制转账凭证：

会计分录	借方	贷方	凭证
借：资本公积	232 180		
贷：实收资本——洋河机械公司		116 090	转2
——永强机械公司		116 090	附件1张

【例 5-4】**收到以实物机器设备的形式交来的新增投资款并已交付车间使用。**12月1日，接受彩虹机械公司的新增投资553 700元。❶根据“投资协议”，该投资在企业注册资本中所占份额（占10%）为500 000元，其余53 700元作为资本公积（资本溢价）。❷收到彩虹机械公司开来的数电“电子发票（增值税专用发票）”上注明：价款490 000元、税额63 700元。❸填制固定资产交接验收单，确定其原始价值为490 000元。

【分析】该经济业务：❶使资产项目——固定资产增加490 000元以及具有垫付性质并可抵扣负债项目——应交增值税（进项税额）增加63 700元；❷使所有者权益项目——实收资本增加500 000元和资本公积增加53 700元；❸该业务为转账业务，应根据以下分录编制收款凭证：

会计分录	借方	贷方	凭证
借：固定资产	490 000		转3
应交税费——应交增值税（进项税额）	63 700		附件3张
贷：实收资本——彩虹机械公司		500 000	
资本公积——资本溢价		53 700	

会计论道

压岁钱贷记什么账户——良心与感恩

如果爸爸妈妈给你压岁钱，借方一定是Cash，那么贷记什么账户呢？

（1）有人说：贷“应付账款”账户——我说这种人和父母感情十分淡漠，只把应还的还了就不管父母了；

（2）有人说：贷“应收账款”账户——我说这种人可了不得，觉得父母是欠他的，将来一定会把父母榨干的；

（3）有人说，贷“资本公积”账户——我说这种人一辈子都不会还父母的钱；

（4）有人说，贷“营业外收入”账户——我说这是父母从不给钱，偶尔给一点钱；

（5）有人说，贷“股本”或者“实收资本”账户——我说这才是正确的道德观，父母的恩情要还，并且要还一辈子。

教授寄语：**同学们，做人不能没有良心，一定要记得呀，贷记“股本”或者“实收资本”账户。不错，做子女的永远无法体会做父母的心，只有自己做了人父人母，才能体会得到，正所谓“养儿才知父母恩”。**

超级利润造假，李冬梅入狱

【例5-5】从银行借入期限不超过一年的临时周转借款并转入借款人指定的账户。12月1日，根据开户银行中国工商银行双庆支行核定的授信额度，填制“中国工商银行借款凭证”并收到银行加盖“转讫章”的第一联（“回单联”），上列借款金额80 000元并转入公司的存款账户，借款年利率为7.2%，期限为9个月，利息按季结算。

短期借款利息的计算

【分析】该经济业务：❶使资产项目——**银行存款**增加80 000元；❷使负债项目——**短期借款**增加80 000元；❸该业务为收款业务。应根据以下分录编制收款凭证：

借：银行存款	80 000		收2
贷：短期借款——工行双支		80 000	附件1张

【例5-6】偿还到期的银行短期借款。12月31日，填制“中国工商银行还款凭证”并收到贷款银行加盖银行“转讫章”的第二联（归还本金），上列还款金额为180 000元。

【分析】该经济业务：❶使负债项目——**短期借款**减少180 000元；❷通过银行付款180 000元；❸该业务为付款业务。应根据以下分录填制付款凭证：

借：短期借款——工行双支	180 000		付22
贷：银行存款		180 000	附件1张

第二节 生产准备业务的核算

生产准备过程是为企业生产经营活动准备劳动手段与劳动对象等物资的过程，其主要业务包括固定资产购建业务和材料采购业务。其中固定资产购建业务属于《企业会计准则》中界定的对内投资业务内容，材料采购业务属于企业经营过程中供应过程业务内容，为了叙述方便将这两部分内容合并为生产准备业务。

拓展阅读

投资活动内容

我国《企业会计准则》规定，“投资活动是指企业长期资产的购建和不包括在现金等价物范围内的投资及其处置活动。”由此看来，企业的投资活动可以分为对内投资和对外投资两类。(1) 对内投资。对内投资是指企业持有期限在1年或一个营业周期以上的固定资产、无形资产、在建工程和其他资产等长期资产的购建。根据投资的形态可以具体划分为两类：❶实物资产投资，包括固定资产和在建工程等投资；❷非实物资产投资，包括无形资产和其他资产等投资。(2) 对外投资。对外投资是指企业出于取得被投资方资产、或对被投资方实施影响或控制等不同目的而对企业外部的权益性投资活动。根据管理层持有意图可以具体划分为三大类：❶交易性投资，是指企业为了在近期内出售而持有的金融资产；❷长期债权投资，是指企业购买的各种一年期以上的债券投资，包括债权投资、其他债权投资、其他权益工具投资；❸长期股权投资，是指企业长期持有的对子公司、联营企业和合营企业的权益性投资。

投资活动的经济业务纷繁复杂，为避免与《中级财务会计学》教材内容有更多重复，本教材仅对固定资产投资业务的核算予以介绍。

一、固定资产购建业务的核算

（一）固定资产的确认与入账价值的确定

1. 固定资产的含义

固定资产是企业经营过程中使用的长期资产，包括房屋建筑物、机器设备、运输车辆以及工具、器具等。我国的《企业会计准则第4号——固定资产》中对固定资产的定义是：固定资产，是指同时具有下列两个特征的有形资产：为生产商品、提供劳务、出租或经营管理而持有的；使用寿命超过一个会计年度的。这里的使用寿命，是指企业使用固定资产的预计期间，或者该固定资产所能生产产品或提供劳务的数量。从固定资产的定义可以看出，固定资产具有以下三个特征：❶固定资产是为生产商品、提供劳务、出租或经营管理而持有的；❷固定资产的使用寿命超过一个会计年度；❸固定资产为有形资产。

固定资产确认应考虑以下两个因素：❶固定资产包含的经济利益很可能流入企业；❷固定资产的成本能够可靠地计量。固定资产从其经济用途来看，是用于生产经营活动而不是为了出售，这一特征是区别固定资产与商品、产品等流动资产的重要标志。由于固定资产要长期地参与企业的生产经营活动，因而其价值周转与其实物补偿并不同步，固定资产的这一特点显然也不同于流动资产。固定资产的价值一部分随其磨损，脱离实物形态，而另一部分仍束缚在使用价值形态上，这一特点使得固定资产既可以按取得时的实际成本计价，又可以按经磨损之后的净值计价。

2. 企业取得固定资产时入账价值的确定

《企业会计准则第4号——固定资产》规定，固定资产应当按照成本进行初始计量。固定资产取得时的实际成本，是指企业购建固定资产达到预定可使用状态前所发生的一切合理的、必要的支出，它反映的是固定资产处于预定可使用状态时的实际成本。

企业的固定资产在达到预定可使用状态前发生的一切合理的、必要的支出中，包括：❶直接发生的支出，如支付的固定资产的买价、包装费、运杂费、安装费等；❷间接发生的支出，如固定资产建造过程中应予以资本化的借款利息等。这些直接的和间接的支出对形成固定资产的生产能力都有一定的作用，理应计入固定资产的价值。所以，固定资产应按照历史成本加以计量。

（1）企业外购固定资产的入账价值包括：❶购进的价款（买价）；❷相关费用（如运输费、装卸费和安装费）；❸相关税金（如进口关税，但不包括按照税法规定可以抵扣的增值税进项税额）。

（2）企业自行建造固定资产的入账价值包括：❶通过“在建工程”账户归集的兴建过程中发生的人工费用、材料费用及其他相关费用；❷工程完工并达到预定可使用状态后，再将“在建工程”转入固定资产成本中。

拓展阅读

“实质重于形式”的具体应用

对于企业所建造的固定资产已达到预定可使用状态，但尚未办理决算的，会计准则规定，应自达到预定可使用状态之日起，根据工程决算、造价或工程实际成本等相关资料，按估计的价值转入固定资产，并计提折旧。这就意味着是否达到“预定可使用状态”是衡量可否作为固定资产进行核算和管理的标志，而不再拘泥于“竣工决算”这个标准，这也是会计信息质量要求的“实质重于形式”的一个具体应用。

（二）固定资产购建业务核算应设置的主要账户

1.“固定资产”账户

该账户是核算企业固定资产原价的增减变动及余额情况的“资产类”账户。❶设置“固定资产登记簿”和“固定资产卡片”，按固定资产类别设置明细账进行明细分类核算。❷账户结构如图5-4所示。

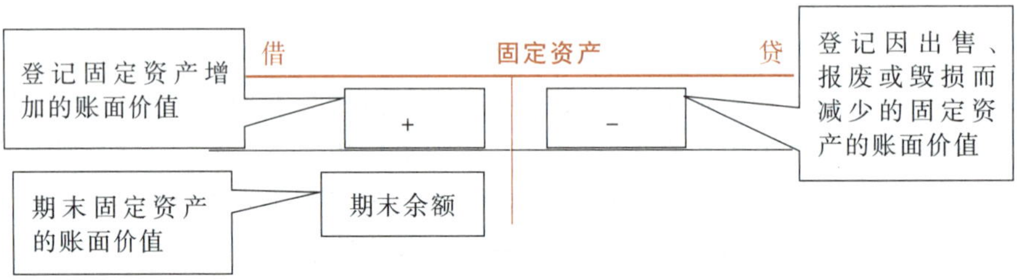

图5-4 “固定资产”账户结构

2.“在建工程”账户

该账户是核算企业进行设备安装工程（包括已投入安装的需要安装设备的购买价值）、建造固定资产的建筑工程等发生的实际支出，并据以计算完工工程成本的“成本类”账户。❶按工程类别或名称设置明细账进行明细分类核算。❷账户结构如图5-5所示。

提示：

如为固定资产和不动产购建，其购进物资所支付的增值税不予抵扣，应计入工程成本。

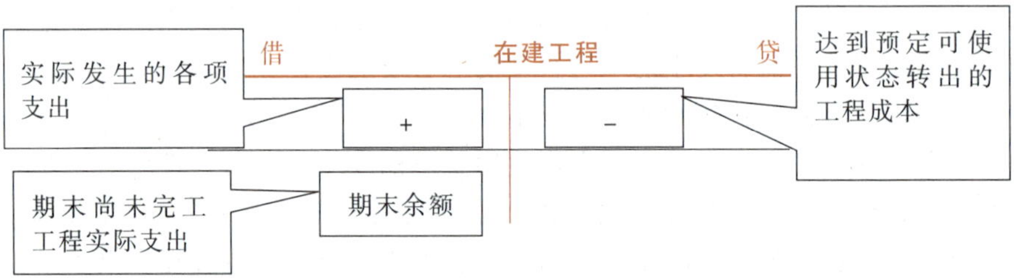

图5-5 “在建工程”账户结构

3.“应交税费——应交增值税”账户

（1）对于增值税一般纳税人：❶在销售货物、服务、无形资产、不动产时向对方收取的应纳增值税，称为“销项税额”；❷在购进的与应税交易相关的货物、服务、无形资产、不动产（以下称“应税交易”）支付或负担的增值税税额称为“进项税额”，按照税法规定可以从销项税额中予以抵扣；❸会计核算中对与增值税有关的经济业务，应按照增值税的具体项目单独核算，需要在“应交增值税”二级明细账户内，设置“进项税额”“已交税金”“转出未交增值税”“销项税额”“进项税额转出”等专栏，进行三级明细分类核算。

（2）“应交税费——应交增值税（进项税额）”账户。该账户属于“应交增值税”明细分类账户的借方专栏，是专门用来核算企业（一般纳税人）“应税交易”。❶企业因“应税交易”支付的或负担的进项税额记入该账户的借方；❷购货退回等应冲销的进项税额用“红字”记入该账户的借方。

（3）“应交税费——应交增值税（销项税额）”账户。该三级明细分类账户是专门用来核算企业（一般纳税人）因销售业务的发生应向购买方收取的增值税销项税额。❶企业因销售业务发生的，应向对方预收取的增值税税额记入该账户的贷方；❷因销售退回应冲销的销项税额，用“红字”记入该账户的贷方。

“应交税费——应交增值税”账户结构如图5-6所示。

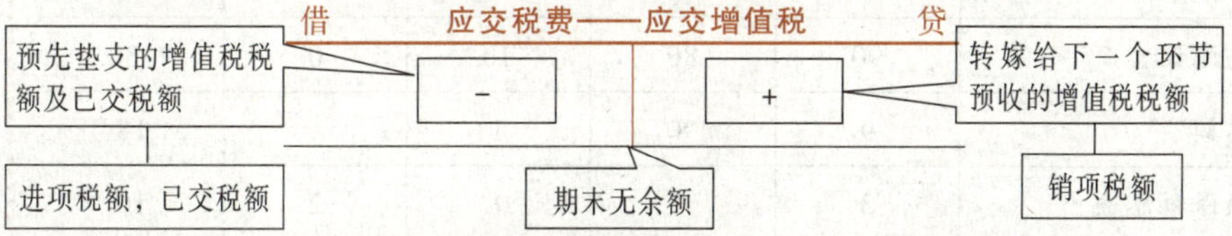

图5-6 “应交税费——应交增值税”账户结构

拓展阅读

增值税及其增值额

增值税从理论上讲，是以商品、劳务及服务价值中的增值额为计税依据所征收的一种流转税。按照马克思的劳动价值论（W=C+V+M），增值额相当于产品价值中的“V+M”，一般包括工资、利息、租金、税金、利润，即国民经济净产值。对于增值额还可以从以下两个方面理解：

（1）就商品生产的全过程而言，某一种商品的生产和流通各个环节的增值额之和，相当于该商品最后实现的销售总值。换言之，一种商品不论经过多少生产单位和环节，其最后的销售额就是该商品生产经营全过程的增值额。例如A商品实现最终消费时的销售额为100元，假定100元的销售额是通过以下生产和流通过程逐步形成的，通过表5-2可以看到该商品零售环节的销售总额是由四个环节的增值额构成的。

表5-2 A商品销售额与增值额产生过程 单位：元

生产经营过程	原材料生产环节	产成品生产环节	商品批发环节	商品零售环节	合 计
销售额	30	70	80	100	—
增值额	30	40	10	20	100

（2）就某一个生产单位而言，增值额就是这个单位商品销售收入额扣除购入商品金额后的余额。这部分余额相当于该单位活劳动所创造的价值。例如电冰箱厂一个月销售电冰箱收入（W）100万元，扣除该销售商品物化劳动（C）60万元，那么该厂当月的增值额为40万元。

按照以上方法计算的增值额，被称为“理论增值额”。实际征税中的计税依据，由于对C的扣除待遇不同，形成了“法定增值额”。所以，增值税是以商品流转额为计税依据并实行税额抵扣制的一种流转税。由于法定增值额扣除范围的大小不同，形成了三种增值税类型：消费型、收入型和生产型。

增值税最早由法国在20世纪50年代创立并实行。在20世纪50年代以前，法国实行的是按流转额全额课征的营业税制，具有多环节阶梯式课税的特征，带来了税收的重叠性，环节越多，重叠性就越大，造成了同一商品的税收负担不一致，阻碍了社会化大生产分工与协作的发展。仍以上例A商品的生产流通为例来说明营业税制的税收重叠性，见表5-3。

表 5-3 营业税制的税收重叠性 金额单位：元

生产经营过程	原材料生产环节	产成品生产环节	商品批发环节	商品零售环节	合计
销售额（W）	30	70	80	100	280
营业税税率（10%）	3	7	8	10	28
物化劳动消耗部分	0	30	70	80	180
增值额部分	30	40	10	20	100
本环节增值额共课税次数	4	3	2	1	
本环节增值额课税总额	120	120	20	20	280
本环节增值额重复课税总额	90	80	10	0	180
本环节重复课税总额	9	8	1		18
按照各环节增值额课税总额	3	4	1	2	10

通过表 5-3 我们可以看到，100 元的 A 商品由于每一个销售环节都按销售额全额课税，累计起来是按 280 元征税的，税负为 28%。如果按商品价值（各环节增值额合计）100 元课税，则税负为 10%，税负相差 18%。

（三）固定资产购建业务核算举例

双庆市华盛机械公司 2×23 年 12 月份发生的有关固定资产购建业务如下：

【例 5-7】购入不需要安装的设备，直接交付使用形成企业的固定资产。12 月 7 日：❶收到太原市新盛机械公司开具的数电“电子发票（增值税专用发票）”上注明 HT98 型机床 2 台，价款 31 900 元，税额 4 147 元；❷对方代垫运费并转来承运单位开具的货物运输服务数电“电子发票（增值税专用发票）”上注明：价款 3 900 元，税额 351 元；❸填制“固定资产交接验收单”确定的原始价值为 35 800 元，该设备直接交付车间使用；❹填制“付款审批单”报经有关负责人审核同意，价税合计 40 298 元，通过企业网银付讫，收到“中国工商银行业务回单（付款）”。

【分析】该经济业务：❶使资产项目——**固定资产**增加 35 800 元和企业具有垫付性质并可抵扣的增值税——**应交增值税（进项税额）**增加 4 498 元；❷通过银行付款 40 298 元；❸该业务为付款业务，应根据以下分录编制付款凭证：

借：固定资产——生产用固定资产	35 800		付 3
应交税费——应交增值税（进项税额）	4 498		附件 5 张
贷：银行存款		40 298	

【例 5-8】购入需要安装的设备、发包外单位安装、达到预定可使用状态并交付使用。

（1）设备购入时。12月9日：❶收到平原重型机械厂开具的数电“电子发票（增值税专用发票）”上注明锅炉2台，单价75 550元，价款147 100元，税额19 123元；❷对方代垫运费并转来承运单位开具的货物运输服务数电“电子发票（增值税专用发票）”上面注明：价款8 800元，税额792元；❸验收合格并填制“工程物资验收单”，上列工程物资成本155 900元；❹填制“付款审批单”报经有关负责人审核同意后，价税合计175 815元通过企业网银付讫。

【分析】该经济业务：❶使待安装的资产项目——**在建工程**增加155 900元（147 100+8 800）和具有垫付性质并可抵扣的增值税——**应交增值税（进项税额）**增加19 915元；❷通过银行付款175 815元；❸该业务为付款业务，应根据以下分录编制付款凭证：

借：在建工程——锅炉工程	155 900		付4
应交税费——应交增值税（进项税额）	19 915		附件5张
贷：银行存款		175 815	

（2）将设备发包给外单位安装。12月13日：❶收到晋源安装公司开具的建筑服务数电“电子发票（增值税专用发票）”上注明安装费1 750元，税率6%，税额105元；❷填制“付款审批单”经审核无误后，价税合计1 855元，通过企业网银付讫。

【分析】该经济业务：❶使工程成本项目——**在建工程**增加1 750元和具有垫付性质并可抵扣的增值税——应交增值税（进项税额）增加105元；❷通过银行付款1 855元；❸该业务为付款业务，应根据以下分录编制付款凭证：

借：在建工程——锅炉工程	1 750		付8
应交税费——应交增值税（进项税额）	105		附件3张
贷：银行存款		1 855	

（3）设备安装完毕，经验收达到预定可使用状态交付车间使用。12月19日，填制“固定资产交接验收单”确定的原始价值为191 650元［月初余额34 000+本期发生（155 900+1 750）］。

【分析】该经济业务：❶应将其全部成本191 650元，由“**在建工程**”账户的贷方转入“**固定资产——生产用固定资产**”账户的借方；❷该业务为转账业务，应根据以下分录编制转账凭证：

借：固定资产——生产用固定资产	191 650		转11
贷：在建工程——锅炉工程		191 650	附件1张

知识补充

增值税计税原理与计税方法

1.“扣额法”。增值税是以增值额为课税依据，以增值额乘以增值税税率，得出应纳税额的“直接计税法”。由于增值额计算的复杂性，所以，增值税从一开始就采用倒扣制“扣额法”确定增值额（W－C）

并界定为“法定增值额”，但由于C在企业会计核算中，其数据确定的多样性与纳税人违法造成数据的不真实，“W-C”确定的“法定增值额”千差万别，所以按照“法定增值额×增值税税率”计算确定的应纳税额，也就千差万别，计税复杂且不利于税收征管。

2.“发票扣税制”。由于“扣额法”计税复杂且不利于税收征管，所以将“扣额法”进一步异化为“扣税法”并采用“发票扣税制”，其计税公式为：

当期应纳增值税=当期销项税额-当期进项税额

销项税额，是指增值税一般纳税人发生纳税行为，按照销售额和增值税税率计算，并向购买方收取的税额，其计算公式为：

销项税额=销售额×适用税率

进项税额，是指纳税人购进货物或者接受应税服务，支付或负担的税额。按照税法的规定，准予从销项税额中扣除的进项税额主要包括：从销售方取得的增值税专用发票上注明的税额，以及纳税人未取得增值税专用发票按照有关规定计算确定的进项税额。

增值税属于价外税，扣额法计税与扣税法计税，其计算结果一致，在商品流通企业体现得最为直观与明显；例如，甲商店（一般纳税人）购入商品一批，取得的增值税专用发票上注明：价款10 000元、税率13%、税额1 300元；然后将这一批商品销售出去，开具的增值税专用发票上注明：价款15 000元、税率13%、税额1 950元。两种计税方法的计税过程与结果如下：

应交增值税 = 增值额（15 000-10 000）×适用税率13%=650（元）

应交增值税 = 销项税额1 950 - 进项税额1 300 = 650（元）

在同一项购销业务中，进项税额与销项税额相对应，即销售方收取的销项税额就是购买方支付的进项税额，增值税实行逐环节征收，前后相扣并形成一种相互钩稽的链条关系。如果一个纳税人想少交税，要么减少销项税额（对方减少进项税额），要么增加进项税额（对方增加销项税额），即在购销双方中，一个纳税人少缴纳的增值税就是另一个纳税人要多缴纳的增值税。所以，在“发票扣税制”下，可促使购买方向销售方索取发票并监督对方如实开具，税务部门通过对全国的增值税发票联网审计，可以防止并及时发现纳税人偷逃税现象。

二、材料采购业务的核算

企业要进行正常的产品生产经营活动，就必须购买和储备一定品种和数量的原材料。原材料是产品制造企业生产产品不可缺少的物质要素，在生产过程中，材料经过加工而改变其原来的实物形态，构成产品实体的一部分，或者实物消耗有助于产品的生产。因此，产品制造企业要有计划地采购材料，既要保证及时、按质、按量地满足生产上的需要，同时又要避免储备过多，不必要地占用资金。

（一）原材料采购成本的构成

按照《企业会计准则第1号——存货》的规定，存货应当按照成本进行初始计量，存货的成本包括采购成本、加工成本和其他成本。其中存货的采购成本是指在采购过程中所发生的支出，包括购买价款、相关税费、运输费、装卸费、保险费以及其他可归属于存货采购成本的费用。其实际采购成本由以下几项内容组成：（1）购买价款，是指购货发票所注明的货款金额；（2）运杂费，是指采购过程中发生的运输费、包装费、装卸费、保险费、仓储费等；（3）合理损耗，是指材料在运输途中发生的定额内的自然损耗；（4）整理挑选费用，是指材料入库之前进行整理挑选发生的人工费支出和必要的损耗，并减去回收的下脚废料价值；（5）各种进口税金，是指按规定应计入材料采购成本中的进口关税及消费税；（6）其他费用，如主要是指大宗物资的市内运杂费等。

以上第（1）项应当直接计入所购材料的采购成本，第（2）、（3）、（4）、（5）、（6）项统称为“采购费用”，对于采购费用凡能分清是某种材料直接负担的，可以直接计入材料的采购成本，不能分清的，应按材料的重量等标准分配计入材料采购成本。

需要特别强调的是：实际工作中对某些本应计入材料采购成本的采购费用，如采购人员的差旅费、市内采购材料的零星运杂费、专设采购机构的经费等，不计入材料采购成本，而是列作期间费用。

请思考：

这一做法体现了会计信息质量要求的哪一条？

（二）材料采购货款的结算方式

当企业购买的材料经过验收，对数量及质量等不存在异议后，应及时向供应商支付货款；支付的款项包括材料的买价、增值税进项税额以及供应商为企业代垫的运费等。在实务中，材料货款的结算方式主要有以下几种：（1）现金结算方式，即直接用货币资金（包括库存现金和银行存款等）支付货款；（2）预付款结算方式，即企业在从供应商处取得材料之前，预先将部分或全部货款付给供应商，当供应商实际供应材料时，购买企业可一次或分次抵扣先前已经预付的款项，待材料采购业务结束后再结清货款；（3）赊购方式，即在企业从供应商处取得材料时并不马上支付货款，而是与供应商达成协议，将支付货款的时间推迟到以后会计期间；（4）商业汇票结算方式，即企业在购入材料后开出商业汇票（应付票据），承诺在未来的某个会计期间向供应商支付货款。

（三）原材料采购的计价方式

按照我国会计规范的规定，企业的原材料可以按照实际成本计价组织收、发核算，也可以按照计划成本计价组织收、发核算，具体采用哪一种方法，由企业根据具体情况自行决定。

在企业材料的种类比较多，收发次数又比较频繁的情况下，其核算的工作量就比较大，而且也不便于考核材料采购业务成果和分析材料采购计划的完成情况。所以在我国一些大、中型企业里，材料就可以按照计划成本计价组织收、发核算。材料按计划成本计价核算，就是材料的收、发凭证按计划成本计价，材料总账及明细账均按计划成本登记，通过增设“材料成本差异”账户来核算材料实际成本与计划成本之间的差异额，并在会计期末对计划成本进行调整，以确定库存材料的实际成本和发出材料应负担的差异额，进而确定发出材料的实际成本。

一般来讲，在企业的经营规模较小，原材料的种类不是很多，而且原材料的收、发业务的发生也不是很频繁的情况下，企业可以按照实际成本计价方法组织原材料的收、发核算。原材料按照实际成本计价方法进行日常的收、发核算，其特点是从材料的收、发凭证到材料明细分类账和总分类账全部按实际成本计价。

由于原材料按照计划成本计价组织收、发核算较为复杂，涉及的内容和运用的账户较多，因此本教材仅就原材料按照实际成本计价的核算进行阐述。

综上所述，材料的买价、增值税和各项采购费用的发生和结算，材料采购成本的计算，以及材料的验收入库等就构成了供应过程中材料采购业务核算的主要内容。

知识卡片：已经付款或已经开出商业承兑汇票，但尚未到达或尚未验收入库的材料，称为在途材料。

（四）材料采购业务核算应设置的主要账户

1.“在途物资”账户

该账户是核算企业已经付款或已开出商业承兑汇票，但原材料尚未到达或尚未验收入库的采购成本的增减变化及余额的“资产类”账户。❶应按供货单位设置明细账进行明细分类核算；❷账户结构如图5-7所示。

特别提示：如果购买后原材料就验收入库了，那么核算的时候直接通过“原材料”账户核算，不通过“在途物资”账户核算，也就是说“在途物资”账户核算的是实际成本法下未入库的原材料的成本。

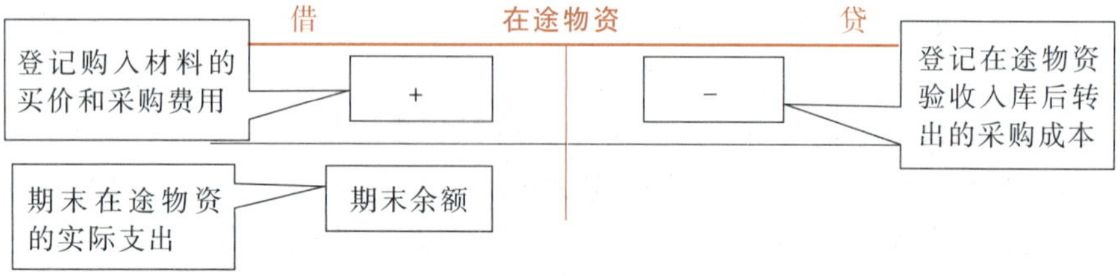

图5-7 “在途物资”账户结构

2.“原材料”账户

该账户是在材料日常核算采用实际成本计价的情况下，用以核算库存材料的实际成本的增减变化及余额的“资产类”账户。❶应按材料的种类、名称设置明细账进行明细分类核算；❷账户结构如图5-8所示。

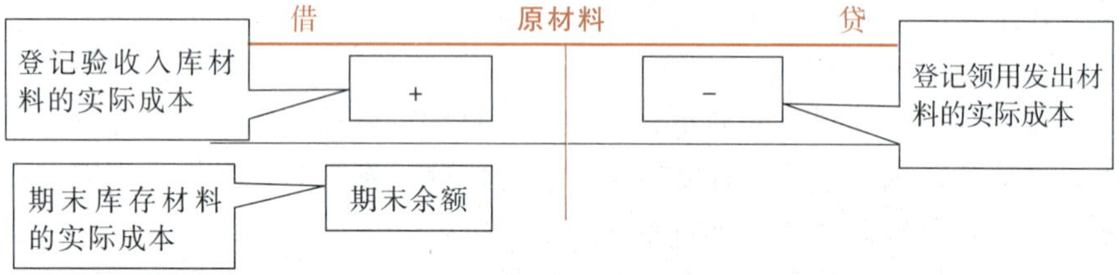

图5-8 “原材料”账户结构

3.“应付账款”账户

该账户是用以核算企业因采用赊购方式购买材料和设备等而产生的应付给供应商的款项及其偿还情况的“负债类”账户。❶应按供应单位设置明细账，进行明细分类核算；❷账户结构如图5-9所示。

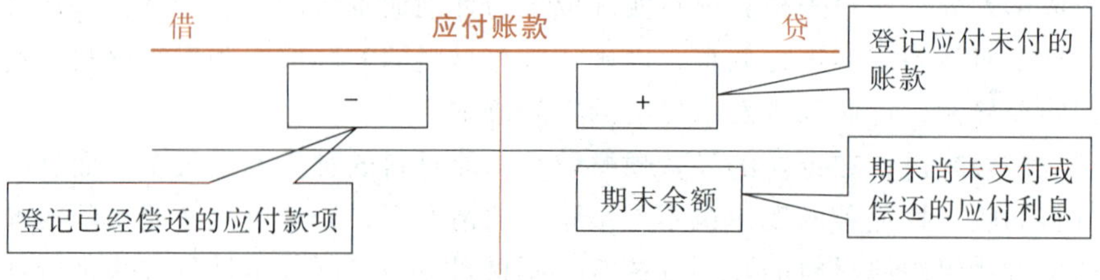

图5-9 “应付账款”账户结构

4.“应付票据”账户[1]

该账户是用以核算企业因购买材料、商品和接受劳务、服务供应等开出并承兑的商业汇票的增减变化及其余额情况的“负债类”账户。❶应按照债权人和票据种类设置明细账，进行明细分类核算；❷账户结构如图5-10所示。[2]

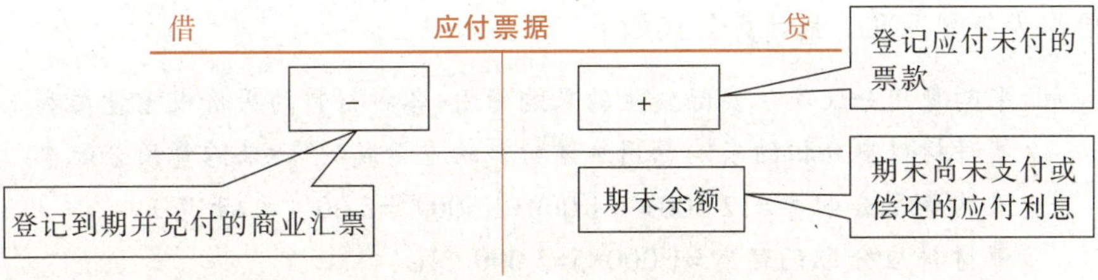

图5-10　“应付票据”账户结构

5.“预付账款”账户

该账户是用以核算企业按照购销合同规定预先付给供应商的款项及其结算的增减变化及其余额情况的“负债类”账户。❶应按供应单位设置明细账，进行明细分类核算；❷账户结构如图5-11所示。

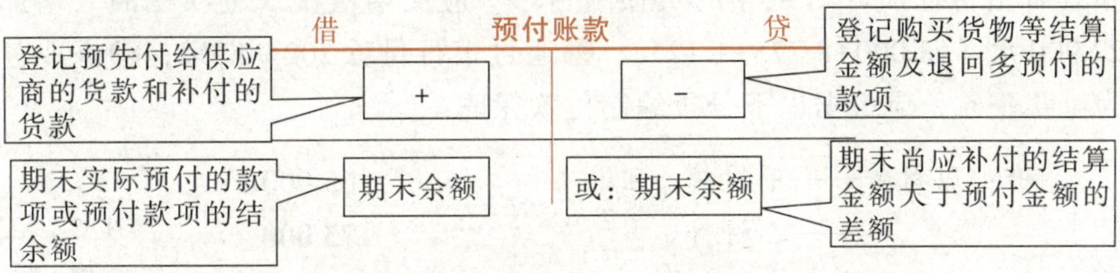

图5-11　“预付账款”账户结构

（五）材料采购业务核算举例

双庆市华盛机械公司2×23年12月份发生的有关材料采购业务如下：

1.货款已经支付或开出商业承兑汇票，同时材料已验收入库[3]

企业采购材料，如果付款后随即收到材料，或者货款已支付或已开出商业承兑汇票，与材料的验收入库基本上同时进行，则可：❶根据银行结算凭证、发票账单和收料单等确定的材料成本，借记“原材料”账户；❷根据取得的增值税专用发票上注明的增值税税额，借记“应交税费——应交增值税（进项税额）”账户；❸按照实际支付或应付的款项，贷记“银行存款”“应付票据”等账户。

【例5-9】**材料验收入库，货款通过银行付讫（钱货两清）。**12月3日，从外地的光明公司购入原材料并验收入库，货款已通过银行付讫。❶收到光明公司开具的数电“电子发票（增值税专用发票）”上注明：甲材料1 000千克、单价100元、价款100 000元、税额13 000元；乙材料1 500千克、单价45元、价款67 500元、税额8 775元。❷对方代垫运费并转来承运单位开具的货物运输服务数电“电子发票（增值税专用发票）”上注明：价款12 500元，税额1 125元。❸填制“付款审批单”报批后，价税合计运费202 900元已通过企业网银付讫。[4]❹材料已经验收入库，将运费按照其重量采用比例分配法进行分配后，填制原材料

[1] **提示：**

商业汇票按照承兑人的不同，可分为商业承兑汇票和银行承兑汇票。

[2] **知识拓展：**

票据到期不能按约付款时，应借记本账户，贷记“应付账款”账户。

[3] **特别提示：**

此处所讲的货款，包括价款和增值税税额，不能将其理解为仅是货物的价款，因为价款和增值税税额的支付或收取是不能截然分开的。

[4] **承付期限：**

会计实务中，如果企业不同意付款，在承付期限内应及时通知开户银行拒付；如果企业同意付款，一般不通知开户银行，在承付期满的次日，银行视同企业同意付款并划转款项。

"收料单"并确定原材料实际成本：甲材料为105 000元（买价100 000元+运费5 000元）、乙材料为75 000元（买价67 500元+运费7 500元）。

采购费用的分配：应选取适当的分配标准，采用比例分配法在所采购的各种材料之间进行分配。❶对于采购费用中的运输费，一般应选取材料的重量作为分配标准；❷对于采购费用中的保险费，一般应选取材料的买价作为分配标准。其计算公式如下：

采购费用分配率＝实际发生的采购费用÷各种材料的买价或重量之和
某种材料应分担的采购费用＝该材料的重量或买价×采购费用分配率
采购费用分配率=12 500÷（1 000+1 500）=5.00（元/千克）
甲材料应分配的运费=1 000×5=5 000（元）
乙材料应分配的运费=1 500×5=7 500（元）
甲材料采购成本=100 000+5 000=105 000（元）
乙材料采购成本=67 500+7 500=75 000（元）

【分析】该经济业务：❶使存货资产项目——**原材料**增加180 000元和具有垫付性质并可抵扣的负债项目——**应交增值税（进项税额）**增加22 900元（13 000+8 775+1 125）；❷通过银行付款202 900元；❸该业务为付款业务，应根据以下分录编制付款凭证：

借：原材料——甲材料	105 000		
——乙材料	75 000		付1
应交税费——应交增值税（进项税额）	22 900		附件5张
贷：银行存款		202 900	

【例5-10】**材料验收入库，货款签发商业承兑汇票承付。**12月15日，以商业承兑汇票方式从东海市秋林机械公司购入乙材料并验收入库。❶收到秋林机械公司开具的数电"电子发票（增值税专用发票）"上注明：乙材料2 000千克、单价45元、价款90 000元、税额11 700元；❷对方代垫运费并转来承运单位开具的货物运输服务数电"电子发票（增值税专用发票）"上注明：运费4 400元、税额396元；❸经审核无误后签发一张金额为106 496元、付款期限为6个月的商业承兑汇票；❹材料已经验收入库，填制原材料收料单，确定乙材料实际成本为94 400元。

【分析】该经济业务：❶使存货资产项目——**原材料**增加94 400元和具有垫付性质并可抵扣的负债项目——**应交增值税（进项税额）**增加12 096元；❷使负债项目——**应付票据**增加106 496元；❸该业务为转账业务，应根据以下分录编制转账凭证：

借：原材料——乙材料	94 400		转8
应交税费——应交增值税（进项税额）	12 096		附件4张
贷：应付票据——秋林机械公司		106 496	

2.在途材料——货款已经支付或开出商业承兑汇票，材料尚未到达或尚未验收入库，待材料验收入库后，结转材料采购成本

该类经济业务的产生，多数是在企业从外地采购材料，结算凭证等单据已到，并已承付货款或开出商业承兑汇票，但材料尚在运输途中。在会计上将此项业务作为在途物资处理，通过“在途物资”账户核算。

【例5-11】货款已付，材料尚未验收入库。12月25日，从处在外地的雪悦机械公司购入甲材料。❶收到雪悦机械公司开具的数电“电子发票（增值税专用发票）”上注明：甲材料800千克、单价110元、价款88 000元、税额11 440元。❷对方代垫运费并转来承运单位开具的货物运输服务数电“电子发票（增值税专用发票）”上注明：价款4 000元、税额360元；❸填制“付款审批单”并经报批同意后，价税合计103 800元通过企业网银付讫。(1)

【分析】该经济业务：❶因购进的材料尚未验收入库，使资产项目——**“在途物资”**增加92 000元和具有垫付性质并可抵扣的负债项目——**“应交增值税（进项税额）”**增加11 800元；❷通过银行付款103 800元；❸该业务为付款业务，应根据以下分录编制付款凭证：(2)

借：在途物资——雪悦机械公司	92 000		付17
应交税费——应交增值税（进项税额）	11 800		附件4张
贷：银行存款		103 800	

【例5-12】偿付到期票据款。12月9日，应付秋林机械公司的票据到期，通过银行付讫。❶收到银行转来秋林机械公司托收票据款的托收凭证（付款通知），上列托收金额80 000元；❷经审核无误同意付款。

【分析】该经济业务：❶使负债项目——**应付票据**减少80 000元；❷通过银行付款80 000元；❸该业务为付款业务，应根据以下分录编制付款凭证：

借：应付票据——秋林机械公司	80 000		付5
贷：银行存款		80 000	附件3张

【例5-13】**在途材料验收入库**。12月11日，上月从锦城市英雄机械公司购入的丙材料验收入库。查“在途物资——英雄机械公司”明细账，数量为400件，金额为34 600元，填制原材料收料单，总成本为34 600元。

【分析】该经济业务：❶材料验收入库完成采购过程，使存货资产项目——**原材料**增加34 600元；❷采购过程完成材料验收入库，应将其成本予以结转，反方向贷记**“在途物资”**账户34 600元；❸该业务为转账业务，应根据以下分录编制转账凭证：

借：原材料——丙材料	34 600		转5
贷：在途物资——英雄机械公司		34 600	附件1张

(1) **特别提醒：**

该项采购业务的运费由销售方负担。该经济业务，没有填制“收料单”，表明材料尚未验收入库。

(2) **举一反三：**

如采用商业汇票结算方式购入的材料尚未验收入库，应将此处的“银行存款”账户换成“应付票据”账户。

3.赊购材料——发票账单已到，材料已验收入库，货款暂未支付

企业在材料采购过程中，发生结算凭证已到并且材料也已验收入库，企业暂时无力支付或其他原因暂未付款的经济业务，属于企业占用了供应单位的资金，形成了应付而未付供应单位的款项，构成了企业的一项流动负债，应通过“应付账款”账户核算。

【例5-14】**材料已验收入库，货款暂未支付。**12月15日，以赊账方式从外地的碧华机械公司购入丙种材料并验收入库。❶收到碧华机械公司开具的数电“电子发票（增值税专用发票）”上注明：丙材料数量1 200件，单价90元，价款1 08 000元，税额14 040元；❷材料已经验收入库，填制原材料收料单，确定丙材料实际成本为108 000元；❸价税合计122 040元，本企业承诺下月20日偿付。

【分析】该经济业务：❶使存货资产项目——**原材料**增加108 000元和具有垫付性质并可抵扣的负债项目——**应交增值税（进项税额）**增加14 040元；❷使负债项目——**应付账款**增加122 040元❸该业务为转账业务，应根据以下分录编制转账凭证：

借：原材料——丙材料	108 000		转9
应交税费——应交增值税（进项税额）	14 040		附件2张
贷：应付账款——碧华机械公司		122 040	

【例5-15】偿还前欠货款。12月27日，根据经有关负责人审批同意付款的付款审批表，上月所欠苏州市碧华机械公司的货款88 000元到期，通过企业网银付讫，收到银行转来的中国商银行业务回单（付款）。

【分析】该经济业务：❶使企业负债项目——应付账款减少88 000元；❷通过银行付款88 000元；❸该业务为付款业务，应根据以下分录编制付款凭证：

借：应付账款——碧华机械公司	88 000		付19
贷：银行存款		88 000	附件2张

4.通过预付款购货——预先支付供货单位一笔款项，等购货后再进行结算，多退少补

预付账款是企业按照合同或有关协议规定而预先支付给供货单位或劳务提供者的定金或货款。预付账款属于企业的债权范围，是企业的货币资金暂时被其他单位占用的部分。企业按照购货合同规定预付给供应单位的款项，应通过“预付账款”账户核算。预付款项情况不多的，也可以不设置“预付账款”账户，将预付的款项直接记入“应付账款”账户的借方。

【例5-16】**预付购货款。**12月15日，按照购销合同规定，通过网上银行向星海机械公司预付购买甲材料的货款。收到**中国工商银行业务回单（付款）**，上列付款金额为90 400元。

【分析】该经济业务：❶使资产项目——**预付账款**增加90 400元；❷通

过银行付款90 400元；❸该业务为付款业务，应根据以下分录编制付款凭证：

借：预付账款——星海机械公司	90 400		付11
贷：银行存款		90 400	附件2张

【例5-17】预付购货款的材料验收入库。12月19日，收到上月已预付货款给北海市华润机械公司购买的甲材料。❶收到华润机械公司开具的数电“电子发票（增值税专用发票）”上注明：甲材料1 600千克、单价95元、价款152 000元、税额19 760元。❷对方代垫运费并转来承运单位开具的货物运输服务数电“电子发票（增值税专用发票）”上注明：价款8 000元，税额720元。❸材料已验收入库，填制原材料收料单，确定甲材料实际成本为160 000元；❹货款及运费总计180 480元抵扣上月预付的175 000元外，余款5 480元与供货单位协商同意下月偿付。

【分析】该经济业务：❶使存货资产项目——**原材料**成本（买价+运费）增加160 000元和具有垫付性质的并可以抵扣的负债项目——**应交增值税**（**进项税额**）增加20 480元；❷使另一资产项目——**预付账款**减少180 480元；❸该业务为转账业务，应根据以下分录编制转账凭证：

借：原材料——甲材料	160 000		转12
应交税费——应交增值税（进项税额）	20 480		附件3张
贷：预付账款——华润机械公司		180 480	

“预付账款”账户的设置与使用

提示：

会计实务中，为简化记账手续，余款5 480元不再转入“应付账款”账户，“预付账款——华润机械公司”账户余额转为贷方余额，表示债务。

第三节　生产费用经济业务的核算

制造业企业的生产过程具有双重性，既是新产品新价值的形成过程，也是物化劳动（劳动对象、劳动手段）与活劳动的耗费过程。❶从资金运动的角度来观察，包括消耗材料、支付工资、固定资产折旧等活动，使货币资金、储备资金、固定资产转化为以在产品为载体的生产资金，随着产品完工入库并经过成本计算，生产资金又转化为以产成品为载体的成品资金。❷以上物化劳动与活劳动的耗费的货币表现，构成生产过程的生产费用，为一定种类或特定产品生产发生的生产费用，构成生产过程的成本计算。❸由此可见，生产费用经济业务核算及产品成本计算，构成了生产过程经济业务核算的主要内容。

特别说明：生产过程经济业务核算的内容较多且成本计算是会计核算方法之一，为便于均衡安排章节内容并组织教学活动，将生产过程经济业务的核算分为“生产费用经济业务的核算”与“产品成本计算业务”两部分进行阐述。本节介绍生产费用经济业务的核算。

一、生产费用业务的主要内容

（一）“生产费用”与“期间费用”

生产费用要素分类及划分的作用

制造业企业在生产过程中发生的物化劳动（劳动对象、劳动手段）与活劳动的耗费，按其经济内容可划分为外购材料、外购燃料和动力、工资及职工福利费、折旧费、利息支出、税金、其他费用等七部分，在会计核算上统称为**“要素费用”**。

上述“要素费用”：❶从发生的地点考察，有些发生在生产车间、有些发生在有关职能部门；❷从发生的用途或目的考察，有些为产品生产而发生，有些为产品销售而发生，还有一些为管理和组织生产经营活动而发生。❸基于会计信息质量要求的**“谨慎性”**和成本核算的**“制造成本法”**，按照是否计入产品成本可划分为**“生产费用”**和**“期间费用”**两大类。

发生在车间范围内并与产品生产直接相关或密切相关、可归属于产品成本资产耗费的货币表现，被称为**“生产费用”**。**“期间费用”**是指要素费用中除生产费用以外并计入当期损益资产耗费的货币表现，包括管理费用、销售费用和财务费用。有关期间费用的概念及核算将在第六章中介绍。

拓展阅读

“制造成本法”与“完全成本法”

按照“要素费用”是否全部计入产品成本，成本核算方法分为“制造成本法”和“完全成本法”。❶“制造成本法”是指只将发生在车间范围内的生产费用，归集和分配到一定种类的产品中去的产品成本核算方法。❷“完全成本法”是指将生产过程中发生的全部要素费用，都归集和分配到一定种类的产品中去的产品成本核算方法。❸“制造成本法”与“完全成本法”的比较见表5-4。

表5-4 制造成本法与完全成本法的比较

项目	企业费用（300万元）		产品成本（产量1 000件）	
	生产车间内（200万元）	生产车间外（100万元）	总成本	单位成本
完全成本法	√	√	300万元	3 000元/件
制造成本法	√	×	200万元	2 000元/件

假设单位售价为5 000元，如果当期生产的产品全部销售，完全成本法和制造成本法计算的销售利润相等均为200万元。

完全成本法下利润计算=［（1 000×5 000）－（1 000×3 000）］

=2 000 000（元）

制造成本法下利润计算=［（1 000×5 000）－（1 000×2 000）－1 000 000］

=2 000 000（元）

如果当期生产的产品没有全部销售，假设销售了800件，则完全成本法和制造成本法计算的销售利润不同，对当期的经营成果产生影响。

完全成本法下利润计算=［（800×5 000）－（800×3 000）］=1 600 000（元）

制造成本法下利润计算=［（800×5 000）－（800×2 000）－1 000 000］

=1 400 000（元）

两种方法利润相差20万元，所以，制造成本法体现了会计信息质量要求的“谨慎性”。

所谓谨慎性，是指企业对不确定会计事项进行确认、计量和报告时，应持稳妥谨慎的态度，即企业在进行会计核算时，只要费用或损失的发生具有合理的可能性就要确认(预计损失)，而只有当收入可以合理确定时才予以确认(不预计收益)。即不得多计资产或收益，不得少计负债或费用。因此，如果对未来不确定的数量有两种估计结果，并且两者发生的可能性相同，那么，在计量资产或收入时倾向于采纳较小的数据，而在计量负债或费用时则倾向于采纳较大的数据。对应收账款计提“坏账准备”、对存货预计“跌价损失”、对固定资产采用“加速折旧法”，都是谨慎性的具体应用。

(二)“生产费用”与“生产成本”

企业为生产一定种类与数量的产品所发生的生产费用，对象化于产品后就形成了这些产品的生产成本。生产费用按照计入产品成本的方式分为**“直接费用”**与**“间接费用”**。❶**“直接费用”**是企业为生产产品所发生的可直接计入产品的制造成本的生产费用，包括直接材料和直接人工；❷**“间接费用”**是企业为生产产品所发生的不能直接计入产品制造成本的生产费用，包括车间固定资产折旧费、车间管理人员工薪费用、机物料消耗、办公费等，这些间接费用会计上称为**“制造费用”**。

综上所述，材料费用业务、人工费用业务和制造费用业务的核算，就构成了生产费用业务核算的内容。

对以上资产耗费所形成的生产费用的分类及产品成本归属如图5-12所示。

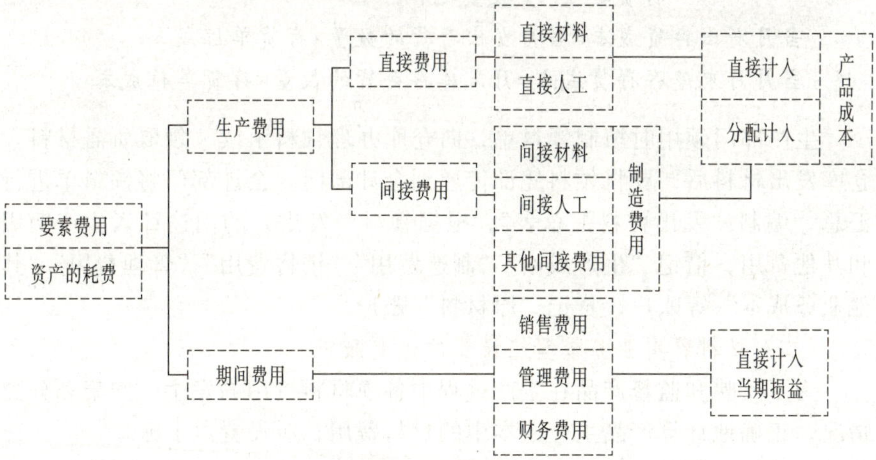

图5-12 生产费用的分类及产品成本归属

二、材料费用的归集与分配

(一) 材料费用归集与分配的方法

产品制造企业通过供应过程采购的各种原材料，经过验收入库之后，就形成了生产产品的物资储备，在生产产品及其他活动中领用时，就形成了材料费。完整意义上的材料费包括消耗的原材料、主要材料和辅助材料等，在确定材料费用时，应在根据领料凭证区分车间、部门和不同用途后，按照确定的结果将发出材料的成本分别记入“生产成本”“制造费用”“管理费用”等账户和产品生产成本明细账。对于直接用于某种产品生产的材料费，应直接计入该产品生产成本明细账中的直接材料费项目；对于由几种产品共同耗用、应由这些产品共同负担的材料费，应选择适当的标准在各种产品之间进行分配之后，计入各有关成本计算对象；对于为创造生产条件等需要而间接消耗的各种材料费，应先在“制造费用”账户中进行归集，然后再同其他间接费用一起分配计入有关产品成本中。

材料费用采用实际成本法核算时，因各批购入材料的实际单位成本不同，需要采用一定的存货计价方法来计算确定发出材料的实际成本。《企业会计准则第1号——存货》第十四条规定：“**企业应当采用先进先出法、加权平均法或者个别计价法确定发出存货的实际成本。**”本教材中存货计价方法采用“**月末一次加权平均法**”。

提示：

加权平均法包括“移动加权平均法”和“月末一次加权平均法”。

月末一次加权平均法，是指以本月全部进货数量加上月初存货数量作为权数，去除本月全部进货成本加上月初存货成本，计算出存货的加权平均单位成本，以此为基础计算出本月发出存货的成本和期末存货成本的一种方法。其计算公式如下：

$$\text{存货单位成本}=\left[\text{月初库存存货的实际成本}+\sum\left(\text{当月各批进货的实际单位成本}\times\text{当月各批进货的数量}\right)\right]\div\left(\text{月初库存存货数量}+\text{当月各批进货数量之和}\right)$$

$$\text{当月发出存货成本}=\text{当月发出存货的数量}\times\text{存货单位成本}$$

$$\text{当月月末库存存货成本}=\text{月末库存存货的数量}\times\text{存货单位成本}$$

生产部门领用时填制领料单，向仓库办理领料手续，领取所需材料。仓库发出材料后，要将领料凭证传递到会计部门。会计部门将领料单进行汇总，编制“发出材料汇总表”，根据领料（发出）的用途计入生产费用和其他费用，借记“生产成本”“制造费用”“销售费用”“管理费用”“其他业务成本”等账户，贷记“原材料”账户。

（二）材料费用业务核算应设置的主要账户

为了反映和监督产品在生产过程中各项材料费用的发生、归集和分配情况，正确地计算产品生产成本中的材料费用，应设置以下账户。

1.“生产成本”账户

该账户归集产品生产过程中所发生的应计入产品成本的各项生产费用，并据以计算产品生产成本的“成本类”账户。❶按产品品种设置明细账，进行明细分类核算；❷账户结构如图5-13所示。

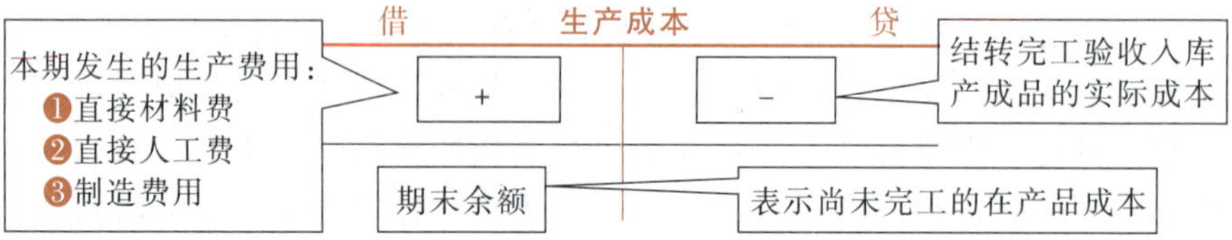

图5-13　“生产成本”账户结构

2.“制造费用”账户

该账户归集和分配在车间范围内为组织和管理产品生产所发生的，不便于直接记入“生产成本”账户的各项间接费用的“成本类”账户。❶按生产车间分别设置明细账，并在账内按费用项目设置专栏，进行明细分类核算；❷账户结构如图5-14所示。

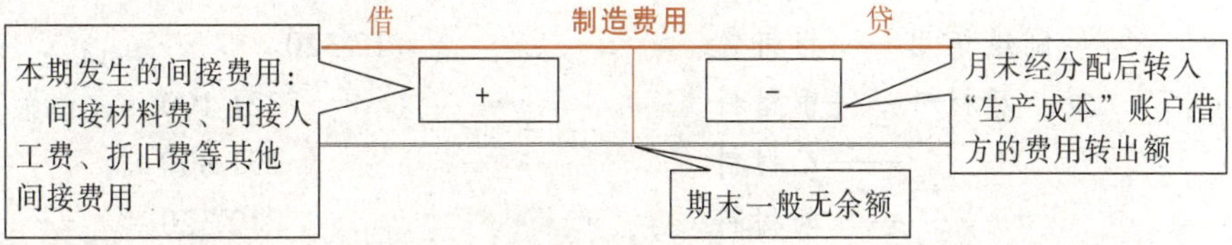

图5-14　“制造费用”账户结构

（三）材料费用业务核算举例

双庆市华盛机械公司2×23年12月份产品生产过程中发生的有关原材料费用经济业务如下。

【例5-18】材料费用按照用途的核算。

（1）计算加权平均单价。12月31日，根据“原材料”账户所属明细账的记录（期初结存数量与金额、本期收入数量合计与金额合计），按照“月末一次加权平均法”计算原材料加权平均单价，见表5-5。

（2）按照用途归集材料费用。根据本月领用材料所填制的10张“领料单”和表5-5计算的各材料加权平均单价，汇总编制发料凭证汇总表，见表5-6。

提示：
“领料单”上标明所领材料的名称、数量及用途。

表5-5　原材料月末一次加权平均法单价计算表

2×23年12月31日　　金额单位：元

材料名称	期初结存		本期收入		合计		加权平均单价
	数量	金额	数量	金额	数量	金额	
甲材料	1 335	128 500	3 130	318 000	4 465	446 500	100.00
乙材料	1 000	55 600	3 500	169 400	4 500	225 000	50.00
丙材料	600	51 000	1 600	142 600	2 200	193 600	88.00
合计	—	235 100	—	630 000	—	865 100	

表5-6　发料凭证汇总表　　附件10张

2×23年12月31日　　金额单位：元

用途	甲材料		乙材料		丙材料		金额合计
	数量	金额	数量	金额	数量	金额	
生产A产品	2 080	208 000	1 748	87 400	—	—	295 400
生产B产品	1 131	113 100	2 088	104 400	—	—	217 500
小　计	3 211	321 100	3 836	191 800			512 900
车间一般耗用	—	—	—	—	140	12 320	12 320
合　计	3 211	321 100	3 836	191 800	140	12 320	524 620

【分析】该经济业务：❶使资产项目——**原材料**减少524 620元；❷使有关成本费用项目——**生产成本**增加512 900元、**制造费用**增加12 320元；❸该业务为转账业务，应根据以下分录编制转账凭证：

借：生产成本——A产品	295 400		
——B产品	217 500		
制造费用——材料费	12 320		转14
贷：原材料——甲材料		321 100	附件16张
——乙材料		191 800	
——丙材料		12 320	

三、人工费用的归集与分配

（一）职工薪酬的界定及构成

职工薪酬的构成

职工为企业劳动，理应从企业获得一定的报酬，《企业会计准则第9号——职工薪酬》（以下简称“职工薪酬准则”）将职工薪酬界定为“企业为获得职工提供的服务或解除劳动关系而给予的各种形式的报酬或补偿。企业提供给职工配偶、子女、受赡养人、已故员工遗属及其他受益人等的福利，也属于职工薪酬”。也就是说，从性质上来说凡是企业为获得职工提供的服务给予或付出的各种形式的对价，都构成职工薪酬，作为一种耗费构成人工成本，与这些服务产生的经济利益相匹配，与此同时，企业与职工之间因职工提供服务形成的关系，大多数构成企业的现时义务，将导致企业未来经济利益的流出，从而形成企业的一项负债。主要包括以下几项内容：

短期薪酬的构成内容

（1）短期薪酬，是指企业预期在职工提供相关服务的年度报告期间结束后12个月内将全部予以支付的职工薪酬，因解除与职工的劳动关系而给予的补偿除外。短期薪酬具体包括：❶职工工资、奖金、津贴和补贴；❷职工福利费；❸医疗保险费、工伤保险费和生育保险费等社会保险费；❹住房公积金；❺工会经费和职工教育经费；❻短期带薪缺勤；❼短期利润分享计划；❽其他短期薪酬。

（2）离职后福利，是指企业为获得职工提供的服务而在职工退休或与企业解除劳动关系后，提供的各种形式的报酬和福利，短期薪酬和辞退福利除外。

辞退福利包括的内容

（3）辞退福利，是指企业在职工劳动合同到期之前解除与职工的劳动关系，或者为鼓励职工自愿接受裁减而给予职工的补偿。

（4）其他长期职工福利，是指除短期薪酬、离职后福利、辞退福利之外所有的职工薪酬，包括长期带薪缺勤、长期利润分享计划等。

（二）人工费用业务核算应设置的主要账户

为了核算职工薪酬的发生和分配，除了会用到前已述及的“生产成本”“制造费用”账户外，还需要设置“应付职工薪酬”账户。**“应付职工薪酬”**账户是核算企业职工薪酬的确认与实际发放情况，并反映和监督企业职工薪酬结算情况的“负债类”账户。❶按照职工薪酬项目（如工资、职工福利、社会保险费、住房公积金等）进行明细分类核算；❷账户结构如图5-15所示。

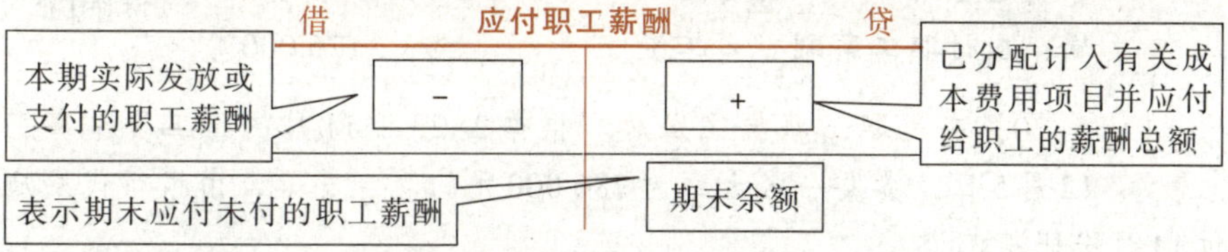

图5-15　“应付职工薪酬”账户结构

（三）人工费用业务核算举例

职工薪酬核算的具体程序包括支付职工薪酬、分配职工薪酬等环节。企业发生的职工薪酬的用途是不同的，有的直接用于产品生产，有的用于管理活动等，所以，在确定本月应负担的职工薪酬时，应该按其用途分别在有关账户中进行核算，借记“生产成本”“制造费用”“销售费用”“管理费用”等账户，贷记“应付职工薪酬”账户及其所属的“工资”或“职工福利”等明细账户。

下面仅以短期薪酬中的工资、福利费为例说明短期薪酬的确认与计量。

双庆市华盛机械公司2×23年12月生产过程中发生的有关人工费用经济业务如下。

1.职工工资、奖金、津贴和补贴业务

对于职工工资、奖金、津贴和补贴（简称“工资”）等货币性职工薪酬，企业应当在职工为其提供服务的期间，将实际应该发放的工资，根据职工提供服务的受益对象分别予以确认，并同步计入相关资产成本或计入当期损益。

【例5-19】工资费用的归集与分配。12月31日，根据统计部门和劳资部门考勤记录和工资标准编制的“工资结算汇总表”，编制“工资费用分配汇总表”见表5-7。

表5-7　**工资费用分配汇总表**

2×23年12月31日　　单位：元

车间、部门及人员类别		应分配金额
车间生产人员	A产品	90 000
	B产品	70 000
	小　计	160 000
车间管理人员		16 000
合　计		176 000

【分析】该经济业务：❶因应付而未付职工薪酬，使对职工的负债项目——**应付职工薪酬（工资）**增加176 000元；❷因其用途不同使有关成本费用项目——**生产成本**、**制造费用**分别增加160 000元、16 000元；❸该业务为转账业务，应根据以下分录编制转账凭证：

借：生产成本——A产品	90 000		转15
——B产品	70 000		附件1张
制造费用——工薪费用	16 000		
贷：应付职工薪酬——工资		176 000	

【例5-20】应付职工薪酬的发放。根据2×23年11月的“工资结算汇总表”，12月5日，签发一张金额为286 000元的现金支票，由银行代发应付11月份职工工资。

【分析】该经济业务：❶由银行直接转入职工个人工资账户，使银行存款减少286 000元；❷使负债项目——**应付职工薪酬（工资）**减少286 000元；❸该业务为付款业务，应根据以下分录编制付款凭证：

借：应付职工薪酬——工资	286 000		付2
贷：银行存款		286 000	附件2张

2.职工福利费业务

（1）不能以计提方式确认为负债。根据《企业会计准则第9号——职工薪酬》的有关规定：❶职工福利费属于职工薪酬；❷企业应将这一职工薪酬确认为负债；❸职工福利费不属于根据工资总额的一定比例计算的范围。所以，职工福利费应在实际使用时计入职工薪酬，不能以计提方式确认为负债。

（2）职工福利费列支范围与标准。职工福利费列支范围包括：❶职工医药费；❷职工的生活困难补助；❸职工及其供养直系亲属的死亡待遇；❹集体福利的补贴；❺其他福利待遇。《中华人民共和国企业所得税法实施条例》第四十条规定：企业发生的职工福利费支出，不超过工资薪金总额14%的部分，准予扣除。

职工福利费列支范围

（3）职工福利费支出的有关凭据。职工福利费属于企业必要和正常的支出，在实际工作中企业要对具体事项具体对待。❶如职工困难补助费，合理的福利费列支范围的人员工资、补贴无法取得发票的，有关收据、凭证就可以作为合法凭据；❷对于购买属于职工福利费列支范围的实物资产和发生的相关费用，就应取得合法发票来作为列支凭证。

（4）职工福利费核算方法。为便于所得税汇算清缴确定职工福利费扣除金额，应设置“应付职工薪酬——职工福利”账户。职工福利费支出，应在实际发生时，根据实际发生额冲销应付职工薪酬，借记“应付职工薪酬——职工福利”账户，贷记“银行存款”“主营业务收入”等有关账户；同时，根据职工提供服务的期间和受益对象分别计入相关资产成本或计入当期损益，借记“生产成本”“制造费用”等有关账户，贷记“应付职工薪酬——职工福利”账户。

【例5-21】职工福利费的支出与分配。12月31日，❶收到双庆市人民医院开具的数电“电子发票”（普通发票）上列明：职工体检费项目，价款23 500元、税额1 410元。❷填制“华盛机械公司付款审批单”，报经有关领导审核无误同意付款，价税合计24 910元，通过企业网银付讫。❸按照职工体检费的受益对象，编制“职工福利费分配表”，见表5-8。

表5-8

职工福利费分配表

2×23年12月31日　　　　单位：元

职工福利费项目	车间、部门及人员类别		应分配金额
职工体检费	车间生产人员	A产品	12 600
		B产品	9 800
		小计	22 400
	车间管理人员		2 510
合计			24 910

（1）职工福利费的支出——支付职工体检费。

【分析】该经济业务：❶使负债要素项目应付职工薪酬——职工福利减少24 910元；❷使资产要素项目银行存款减少24 910元；❸该业务为付款业务，应根据以下分录编制付款凭证：

借：应付职工薪酬——职工福利　　24 910
　贷：银行存款　　24 910
付23
附件3张

提示：

我国增值税税法中规定的“用于非增值税应税项目、免征增值税项目、集体福利或者个人消费的购进货物、应税服务，其税额不能抵扣”，由于用于职工的体检费属于个人消费，所以，其税额不能抵扣。

（2）职工体检费——职工福利费的计算或分配。

【分析】该经济业务：❶因生产产品、车间生产管理，耗费了职工劳动，应享受一定的福利——职工福利，使直接费用项目生产成本、间接费用项目制造费用分别增加了22 400元和2 510元；❷这一劳动报酬——职工福利费应确认为对职工的负债，使负债项目应付职工薪酬——职工福利增加了24 910元；❸该业务为转账业务，应根据以下分录编制转账凭证：

借：生产成本——A产品（工薪费用）　　12 600
　　　　　——B产品（工薪费用）　　9 800
　　制造费用——工薪费用　　2 510
　贷：应付职工薪酬——职工福利　　24 910
转16
附件1张

四、制造费用的归集与分配

（一）制造费用业务的主要内容

1.制造费用及其构成项目

制造费用，是指企业各个生产单位（车间、分厂）为组织和管理生产所发生的间接生产费用，也即除直接材料、直接人工之外的间接费用。可以分为以下三类：❶间接材料费，是指企业生产单位在生产过程中耗用的，但不能或无法归入某一特定产品的材料费用，如机器的润滑油、修理备件等。❷间接人工费，是指企业生产单位中不直接参与产品生产的或其他不

制造费用包括的具体项目和内容

能归入直接人工的那些人工成本，如修理工人工资、管理人员工资等。❸其他间接费，是指除以上间接材料费和间接人工费以外的间接费用，主要包括：车间固定资产折旧费、水电费、办公费、设计制图费、劳动保护费等。

2. 制造费用的归集、分配与结转

对于在车间范围内发生的间接生产费用，由于其是为几种产品生产而发生的，在发生时理应进行分配并计入各项产品生产成本，但其发生的次数较频繁、金额较小，计算分配及登账的工作量较大，所以为减少计算分配及登账工作量，通过设置“制造费用”账户进行归集与分配：**首先，**对发生的间接生产费用，通过“制造费用”账户进行归集，即记入“制造费用”账户的借方；**其次，**在期末对“制造费用”账户借方归集的间接生产费用总额，选择一定的标准采用比例分配法在所生产的各产品之间进行分配，将间接费用转化为直接费用；**最后，**通过“制造费用”账户贷方转出，记入“生产成本”账户及其所属明细账的借方，与直接成本一起形成各项产品的最终生产成本。

综上所述，间接生产费用的归集、分配与结转，就构成了制造费用核算的主要内容。鉴于前述材料费用、人工费用核算的整体性，有关间接材料费、间接人工费的归集前已述及，以下仅就其他间接费中具有代表性的折旧费、水电费和办公费的归集进行阐述。

（二）折旧的费用的归集与分配

1. 固定资产的特点及折旧的性质

由于固定资产在其较长的使用期限内保持原有实物形态，而其价值却随着固定资产的损耗而逐渐减少，但其实物未被报废清理之前，总有一部分价值相对固定在实物形态上。所以，固定资产入账并投入使用后，根据对其预计的寿命周期，将其全部价值在一定时期内进行分摊，这就是我们经常说到的一个概念——折旧。

特别提示：

折旧的目的不仅是使企业在将来有能力重置固定资产，更主要的是实现期间收入与费用的正确配比。

2. 折旧的计算方法

既然折旧是一种价值分摊，那么每期分摊金额的计算就是折旧的核心。影响折旧的因素主要有三个：❶**折旧基础，**固定资产应分摊的金额，等于固定资产原始成本减去预计的净残值；❷**折旧年限，**固定资产预计使用寿命，应基于固定资产的物理寿命和经济寿命加以综合考虑后确定；❸**折旧方法，**即每期分摊金额的计算方法。当折旧基础和折旧年限确定后，每期折旧额的多少还取决于特定的折旧方法。《企业会计准则第4号——固定资产》规定，企业选用的固定资产折旧方法包括“年限平均法”、“工作量法”、“双倍余额递减法”和“年数总和法”。其中，“年限平均法”假设固定资产是均衡使用的，每期所分摊的折旧额相等，在坐标中呈一条直线，所以，人们又将其称为“直线法”，它是各种折旧方法的基础。下面主要介绍计算固定资产折旧的“直线法”。

固定资产折旧的计提方法

按照直线法计算每期折旧额的公式如下：

年折旧额=（原始成本-预计净残值）÷预计折旧年限
月折旧额=年折旧额÷12

利用折旧率来计算每年的折旧额，其公式如下：

年折旧率=（1-预计净残值率）÷预计折旧年限×100%
预计净残值率=预计净残值÷固定资产原值×100%
年折旧额=固定资产原值×年折旧率

3.设置“累计折旧”账户

基于以上固定资产的特点及折旧的性质，固定资产的管理要求原价与实物口径相一致，以考核固定资产的原始投资规模（即原始价值），并便于计算和反映固定资产的账面净值（折余价值），需要专门设置一个用来反映固定资产损耗价值（即折旧额）的账户，即“累计折旧”账户。❶该账户的结构如图5-16所示；❷将“累计折旧”账户贷方余额抵减“固定资产”账户借方余额即可求得固定资产的账面净值。

提示： 固定资产折旧，通常是根据期初固定资产的原价和规定的折旧率按月计算提取的。

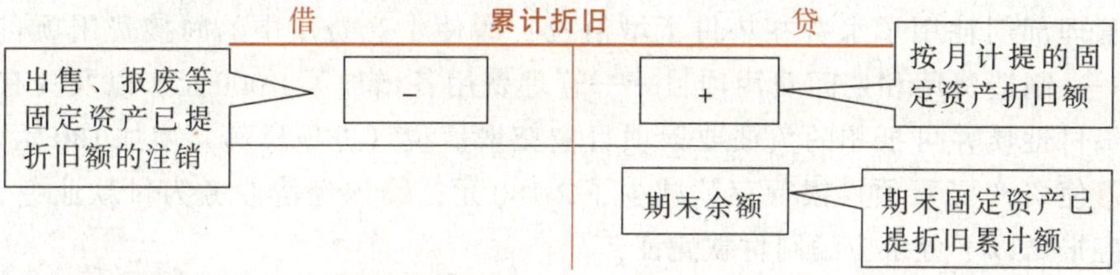

图5-16 “累计折旧”账户结构

4.固定资产折旧业务核算举例

【例5-22】固定资产折旧费用的计提与分配。12月31日，根据月初固定资产原值和规定的折旧率计算并编制固定资产折旧计提表，本月车间固定资产折旧费为34 970元。

【分析】该业务的发生：❶因车间产品生产使用固定资产发生了价值损耗，使生产费用中的间接费用项目制造费用增加了34 970元；❷反映固定资产的价值损耗，使资产要素固定资产的抵减项目累计折旧增加了34 970元；❸该业务为转账业务，应根据以下分录编制转账凭证：

借：制造费用——折旧费	34 970		转17
贷：累计折旧		34 970	附件1张

对“累计折旧”账户的特别理解

（三）车间其他间接费用归集的核算

双庆市华盛机械公司2×23年12月生产车间发生的有关水电费、固定资产日常修理费和办公费用的经济业务如下。

【例5-23】车间耗用水费、电费的归集。

（1）12月31日，通过网上银行支付双庆市自来水公司本月供应的水费：❶收到开户银行转来支付水费2 180元的“中国工商银行业务回单（付款）”；❷收到自来水公司开具的数电“电子发票（增值税专用发票）”上注明：数量400立方米、单价5元/立方米、价款2 000元、税额为180元。

（2）12月31日，通过网上银行支付双庆市供电公司本月供应的电费：❶收到开户银行转来支付电费9 492元的“中国工商银行业务回单（付款）”；❷收到供电公司开具的数电“电子发票（增值税专用发票）”上注明：数量10 500度、单价0.80元、价款8 400元、税额为1 092元。

（3）根据统计科报来的各车间、部门用水量和用电量记录，编制“水电费用计算分配表”，见表5-9。

表5-9

水电费用计算分配表

2×23年12月31日　　　　单位：元

项目 部门	水费分配			电费分配		
	耗用量（立方米）	单价（元/立方米）	金额	耗用量（度）	单价（元/度）	金额
生产车间	200	5.00	1 000	5 500	0.80	4 400
行政管理部门	200	5.00	1 000	5 000	0.80	4 000
合计	400		2 000	10 500		8 400

（1）**水费支付与分配**。【分析】该经济业务，因车间产品生产和行政管理部门耗用了水费并垫付了增值税：❶使生产费用中的间接费用项目——制造费用和期间费用项目——管理费用各增加了1 000元，以及具有垫付性质并可抵扣的负债要素项目应交增值税（进项税额）增加180元；❷使资产要素项目银行存款减少了2 180元；❸该经济业务为付款业务，应根据以下分录应编制付款凭证：

超链接：

“管理费用”账户的用途与结构，如第六章图6-2所示。

借：制造费用——水费　　1 000
　　管理费用——水费　　1 000
　　应交税费——应交增值税（进项税额）　　180
　贷：银行存款　　2 180

付24
附件2张

（2）**电费支付与分配**。【分析】该经济业务，因车间产品生产和行政管理部门耗用电费并垫付了增值税：❶使生产费用中的间接费用项目——制造费用和期间费用项目——管理费用分别增加了4 400元和4 000元，使具有垫付性质并可抵扣的负债要素项目——应交增值税（进项税额）增加1 092元；❷使资产要素项目——银行存款减少了9 492元；❸该经济业务为付款业务，应根据以下分录应编制付款凭证：

借：制造费用——水费　　4 400
　　管理费用——电费　　4 000
　　应交税费——应交增值税（进项税额）　　1 092
　贷：银行存款　　9 492

付25
附件2张

【例5-24】固定资产日常修理费的归集。12月13日：❶车间报销房屋日常修理费，填制“华盛机械公司付款审批单”，报经有关领导审核无误同意付款；❷收到开户银行转来付款金额为3 390元的“中国工商银行业务回单（付款）”；收到双庆市大华机械修理厂开具的数电“电子发票（增值税专用发票）”上注明：价款3 000元、税额为390元。

【分析】该经济业务：❶使费用项目——制造费用增加3 000元以及具有垫付性质并可抵扣的负债项目——应交增值税（进项税额）增加390元；❷通过企业网银支付款项3 390元。❸该业务为**付款业务**，应根据以下分录编制付款凭证：

借：制造费用——修理费	3 000		付9
应交税费——应交增值税（进项税额）	390		附件3张
贷：银行存款		3 390	

【例5-25】办公费用的归集。12月13日：❶车间报销办公费的一张"现金报销票签"金额1 000元以现金付讫；❷报销票签后附的数电"电子发票（增值税专用发票）"上注明，价款合计1 000元、税额合计130元。

【分析】该业务发生：❶因生产车间耗用了办公用品，使生产费用中的间接费用项目**制造费用**增加了1 000元以及具有垫付性质并可抵扣的负债要素项目**应交增值税（进项税额）**增加130元；❷使资产要素项目**库存现金**减少1 130元；❸该业务为**付款业务**，应根据以下分录编制付款凭证：

借：制造费用——办公费	1 000		付10
应交税费——应交增值税（进项税额）	130		附件2张
贷：库存现金		1 130	

（四）制造费用分配与结转

以上通过"制造费用"账户借方发生额归集的制造费用总额，在期末要选择一定的标准采用比例分配法在所生产的各产品之间进行分配后，应通过"制造费用"账户贷方转出，记入"生产成本"账户及其所属明细账的借方。常用的分配标准有：生产工人工资、生产工人工时、机器设备运转台时（工时）等。其计算公式如下：

重点提示：
当制造费用分配率为近似值时，各种产品应负担的制造费用之和与制造费用总额会产生尾差，这时，最后一种产品应负担的制造费用具体金额应采用倒挤法计算求得。

制造费用分配率=制造费用总额÷$\sum$制造费用分配标准

某产品应负担的制造费用=该产品的分配标准×制造费用分配率

【例5-26】制造费用的分配与结转。12月31日，将本月发生的制造费用总额分配转入"生产成本"账户。

上述【例5-18】【例5-19】【例5-21】【例5-22】【例5-23】【例5-24】【例5-25】归集的制造费用总额为75 200元（材料费12 320元＋工资费16 000元＋职工福利2 510元＋折旧费34 970元＋水费1 000元＋电费4 400元＋修理费3 000元＋办公费1 000元），即"制造费用"账户借方发生额为75 200元。假设本企业采用"生产工人工资比例法"（生产工人工资：A产品90 000元、B产品70 000元）对制造费用予以分配，其计算分配过程如下：

制造费用分配率=75 200÷（90 000＋70 000）=0.47

A产品应负担的制造费用=90 000×0.47=42 300（元）

B产品应负担的制造费用=70 000×0.47=32 900（元）

制造费用的分配，一般应编制“制造费用分配表”见表5-10。

表5-10

制造费用分配表

2×23年12月31日　　金额单位：元

项　目	分配标准（生产工人工资）	分配率	分配金额
A产品	90 000	0.47	42 300
B产品	70 000	0.47	32 900
合　计	160 000		75 200

【分析】该经济业务：❶经过计算分配，将间接生产费用转化为直接生产费用，使成本项目——**生产成本**增加75 200元；❷经过转销使另一成本项目——**制造费用**减少（转出）75 200元；❸该业务为转账业务，应根据以下分录编制转账凭证：

借：生产成本——A产品　　42 300
——B产品　　32 900
贷：制造费用　　75 200

转18
附件1张

第四节　产品成本计算

企业生产的产品经过各道工序的加工生产之后，就成为企业的完工产成品。在将制造费用进行分配并计入各成本计算对象，即记入“生产成本明细账”后，“生产成本”账户的借方就归集了各产品所发生的直接材料、直接人工和制造费用等全部内容。在此基础上就可以进行产品成本计算。

一、产品成本计算的基本程序与方法

（一）成本计算的对象确定及其“品种法”

进行成本计算，首先必须确定成本计算对象，才能按照确定的成本计算对象归集各种生产费用，计算各种产品成本。所谓**成本计算对象**，是指生产费用归集和分配的对象。通俗地讲，为产品生产发生的生产费用由**“谁”**来负担，这一**“谁”**即为成本计算对象。按照产品品种确定产品成本计算对象是确定成本计算方法最基本的做法，即“品种法”，本教材所讲的成本计算对象是指采用“品种法”进行产品成本计算的某一产品。有关成本计算对象的确定比较复杂，取决于企业生产组织、生产技术过程和成本管理的要求，其详细论述将在后续课程“成本会计学”中予以介绍。

（二）按照成本计算对象设置“生产成本明细账”并分成本项目归集生产费用

在“品种法”下，为了计算每一种产品成本，要按照产品品种所确定的成本计算对象设置“生产成本明细账”并分成本项目归集生产费用。所谓“**成本项目**”，是指将计入成本计算对象的生产费用按其经济用途分类产生的项目，包括直接材料、直接人工和制造费用，用于具体反映计入产品成本的生产费用的各种用途，并进一步显示产品成本的经济构成。

（三）确定成本计算期

计算产品生产成本，在前述确定了成本计算对象后，应确定成本计算期。所谓成本计算期，是指每隔多长时间计算一次产品成本。理论上成本计算期应当同产品生产周期保持一致。但由于产品品种的多样性和生产周期的不确定性，大多数企业难以按照生产周期来计算产品生产成本。在会计实务中，成本计算期有会计期间和产品的生产周期两种选择：❶在大批量生产并以产品品种为成本计算对象的企业，其产品的生产周期通常短于会计期间，则选会计期间为成本计算期；❷在小批量生产并以单件产品为成本计算对象的企业，其产品的生产周期通常比会计期间长，则选产品的生产周期为成本计算期。

（四）编制“产品成本计算单”，计算各完工产品成本和在产品成本

在“品种法”下，由于按照会计期间确定成本计算期，所以，期末产品生产可能有以下三种情况：

（1）全部完工，该种产品生产成本明细账中所归集的生产费用总额，就是该种完工产品的总成本；（2）全部未完工，该种产品生产成本明细账中所归集的生产费用总额，就是该种产品的月末在产品总成本；（3）部分完工，归集在该种产品生产成本明细账中的费用总额，还要采用适当的分配方法在完工产品和在产品之间进行分配。

计算完工产品成本，应按照成本项目编制“成本计算单”（见表5-11、表5-12）：❶根据该成本计算对象设置的“生产成本明细账”，填列“产品成本计算单”的“月初在产品成本”行与“本期生产费用”行金额，并加计后填列“生产费用合计”行；❷按照适当的月末在产品成本计算方法计算各成本项目月末在产品成本，并填列“产品成本计算单”的“月末在产品成本”行的各成本项目金额；❸按照下列公式计算完工产品各成本项目金额，并填列“成本计算单”的“完工产品成本”行的各成本项目金额。

完工产品成本=月初在产品成本+本月发生的生产费用-月末在产品成本

（五）生产费用在完工产品和在产品之间的分配

将生产费用在完工产品和在产品之间进行分配，主要是如何计算月末在产品成本。期末在产品成本的计算有多种方法，**而且是成本计算中的一个既重要又复杂的问题，这一问题将在后续课程“成本会计学”中详细讲述**。但为了使学生对成本计算有一个完整的认识，本教材对期末在产品成本计算的“定额成本法”作一简单介绍。

生产费用在完工产品与在产品之间的分配方法

定额成本法，就是根据事先按成本项目核定的单位在产品定额成本标准和在产品数量计算月末在产品成本，倒挤确定本期完工产品成本的一种方法。其计算公式如下：

❶月末在产品定额成本=月末在产品数量×单位定额成本

❷本期完工产品总成本=月初在产品定额成本+本月生产费用-月末在产品定额成本

❸ 本期完工产品单位成本 = 本期完工产品总成本 ÷ 本期完工产品数量

（六）编制“完工产品成本汇总表”，结转完工产成品成本

所谓产成品，是指已经完成全部生产过程并已验收入库、符合标准规格和技术条件，可以按照合同规定的条件送交订货单位，或可以作为商品对外销售的产品。❶根据产品成本计算单分成本项目填制“完工产品成本计算表”的“总成本”和“单位成本”，见表5-14；❷根据“完工产品成本计算表”，编制结转完工产品成本的记账凭证，借记“库存商品”账户，贷记“生产成本”账户，同时应登记“生产成本明细账”。

为了核算完工产品成本结转及其库存商品成本情况，需要设置“库存商品”账户。该账户核算企业库存产品的增减变动及其结存的实际成本。❶该账户按产品种类、品种和规格进行明细分类核算；❷账户结构如图5-17所示。

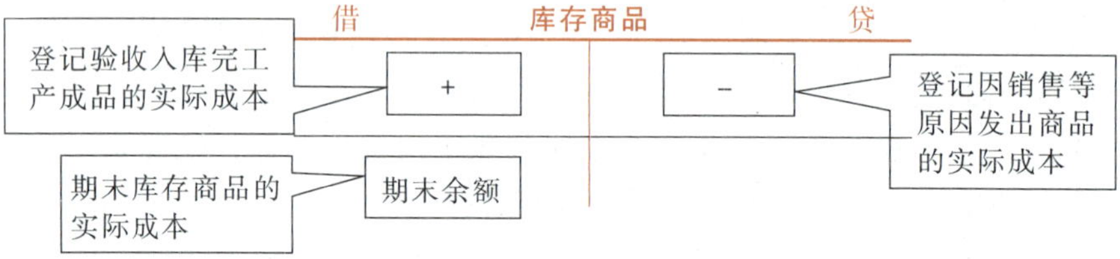

图5-17　“库存商品”账户结构

提示：

该表的数字，来源于上月“生产成本”明细账，就是上月月末在产品成本，见表7-8、表7-9。

二、产品成本计算及完工产品成本结转

按照以上所述产品成本计算程序与方法，根据双庆市华盛机械公司2×23年12月有关生产费用的资料，对该公司12月份的完工产品成本采用“定额成本法”计算如下：

（一）产品成本计算的有关资料

（1）期初在产品定额成本资料，见表5-11。

表5-11　**期初在产品定额成本资料**　金额单位：元

产品名称	在产品数量	直接材料	直接人工	制造费用	合计
A产品	100	11 600	4 200	2 400	18 200
B产品	120	9 600	3 600	2 160	15 360
合　计		21 200	7 800	4 560	33 560

（2）本月发生应计入成本计算对象的生产费用。见【例5-18】、【例5-19】、【例5-21】和【例5-26】中填制的记账凭证。

（3）单位在产品成本项目的定额及月末在产品成本计算，见表5-12。

表 5-12 **单位在产品成本项目定额及月末在产品成本计算表**

2×23年12月31日 金额单位：元

期末在产品		直接材料		直接人工		制造费用		定额成本合计
名称	数量	单位定额	定额成本	单位定额	定额成本	单位定额	定额成本	
A产品	40	116	4 640	42	1 680	24	960	7 280
B产品	70	80	5 600	30	2 100	18	1 260	8 960
合 计			10 240		3 780		2 220	16 240

（二）开设并填制“产品成本计算单”，计算完工产品成本

“产品成本计算单”应按照成本计算对象并分成本计算期开设，单内按照成本项目设置专栏，具体填制方法如下：

（1）“月初在产品定额成本”行金额与“本月生产费用”行金额，应根据“生产成本明细账”各成本项目专栏填列，同时加计填列“生产费用合计”行金额。

（2）根据表5-12填制产品成本计算单“月末在产品定额成本”行金额；按照“生产费用合计”行金额减去“月末在产品定额成本”行金额，填制产品成本计算单“本月完工产品成本”行金额。A产品成本计算单和B产品成本计算单的填列见表5-13、表5-14。

表 5-13 **产品成本计算单**

产品名称：A产品 2×23年12月31日 金额单位：元

月初在产品 100台 本月投产 740台 本月完工 800台 月末在产品 40台

摘 要	成本项目			合 计
	直接材料	直接人工	制造费用	
月初在产品定额成本	11 600	4 200	2 400	18 200
本月生产费用	295 400	102 600	42 300	440 300
生产费用合计	307 000	106 800	44 700	458 500
月末在产品定额成本	4 640	1 680	960	7 280
本月完工产品成本	302 360	105 120	43 740	451 220

表 5-14 **产品成本计算单**

产品名称：B产品 2×23年12月31日 金额单位：元

月初在产品 120台 本月投产 850台 本月完工 900台 月末在产品 70台

摘 要	成本项目			合 计
	直接材料	直接人工	制造费用	
月初在产品定额成本	9 600	3 600	2 160	15 360
本月生产费用	217 500	79 800	32 900	330 200
生产费用合计	227 100	83 400	35 060	345 560
月末在产品定额成本	5 600	2 100	1 260	8 960
本月完工产品成本	221 500	81 300	33 800	336 600

（三）编制“完工产品成本计算表”，结转完工产品成本

（1）**填制“完工产品成本计算表”**。根据产品成本计算单“完工产品成本”行金额并除以“产品入库单”提供的完工数量，分成本项目填制“完工产品成本计算表”的“总成本”和“单位成本”，见表5-15。

表5-15 **完工产品成本计算表** 附件：8张

2×23年12月31日 单位：元

成本项目	A产品（800台）		B产品（900台）		总成本合计
	总成本	单位成本	总成本	单位成本	
直接材料	302 360	377.95	221 500	246.11	523 860
直接人工	105 120	131.40	81 300	90.33	186 420
制造费用	43 740	54.68	33 800	37.56	77 540
合计	451 220	564.03	336 600	374.00	787 820

（2）**结转完工产品成本**。根据“完工产品成本汇总表”，编制结转完工产品成本的记账凭证并登记“生产成本明细账”。

【例5-27】汇总结转完工产品成本。12月31日，根据“完工产品成本计算表”编制结转完工产品成本的记账凭证并登记“生产成本明细账”。

【分析】该经济业务：❶使资产项目——**库存商品**增加787 820元（A产品451 220元、B产品336 600元）；❷使另一资产项目——生产成本（在产品）减少（转出）787 820元；❸该业务为转账业务，应根据以下分录编制转账凭证：

借：库存商品——A产品 451 220
　　　　　　——B产品 336 600
　贷：生产成本——A产品 451 220
　　　　　　　——B产品 336 600

转19
附件9张

第五节 销售过程业务的核算

一、销售过程业务的主要内容

对于制造业企业而言，销售过程中发生的：❶销售产成品、自制半成品等，统称为产品销售；❷除产品销售以外的材料销售、包装物销售、废旧物资出售、技术转让、固定资产出租、包装物出租、提供运输等，统称为其他销售。

在销售过程中，企业按照合同向购买方发货、提供劳务或服务后：首先，要按照销售价格办理货款（包括价款和增值税销项税额）结算手续，以确认销售收入的实现和计算应缴纳的相关税额；其次，要计算并结转销售成本，因为，销售收入的取得是以付出产品和提供劳务或服务为代价的，这一代价就是销售成本；再次，在销售过程中，还会发生为销售而支

付的包装费、运输费、装卸费、广告费、展览费、专设销售机构的经费等费用，这一费用被称为销售费用；最后，应按照国家的有关税法规定，计算并缴纳销售税费。

由此可见，以下四个方面构成了制造业企业销售过程经济业务的主要内容：❶确认销售收入的实现；❷计算并结转销售成本；❸发生并支付销售费用；❹计算和缴纳销售税费。

由于销售费用和销售税费的确认与计量采用“期间配比”方式，且属于期间费用一部分的销售费用，以及销售税费是财务成果构成的内容之一，所以为保证期间费用核算的整体性及财务成果核算的完整性，有关销售费用业务和销售税费业务的核算，将在第六章介绍。本节主要阐述销售收入业务和销售成本业务的核算。

二、销售收入业务的核算

（一）销售收入的概念及分类

销售收入，是指企业因货物销售和其他销售等所形成的经济利益的流入。销售收入按照是否属于企业的主营业务，分为主营业务收入和其他业务收入。

主营业务收入，是指企业在其主要的经营活动中获得的经济利益的总流入，如制造业企业的销售产品、半成品和提供工业性服务作业的收入；商品流通企业的销售商品收入。

其他业务收入，是指企业主营业务收入以外的所有通过销售货物、提供服务及让渡资产使用权等日常活动所形成的经济利益的流入，包括材料销售、包装物销售、废旧物资出售、技术转让、固定资产出租、包装物出租等取得的收入。

（二）销售收入的确认与计量

销售收入核算的关键问题是销售收入实现的确认，即解决何时入账的问题。在会计上收入确认采用的是权责发生制和配比原则。❶在权责发生制下，各会计期间是以商品发出和收款权利的取得来确认收入的，即不论款项是否收到，只要能够确定企业已经取得了收取款项的权利，就可确认为企业的收入。❷配比原则，是指各会计期间所确认的收入必须与其相关的成本、费用相对应，以便合理计算本期损益。配比原则是权责发生制在会计核算中的具体体现，同时也是对权责发生制的进一步补充和完善。

法律法规：

我国自2007年1月1日起开始实施的《企业会计准则第14号——收入》中对商品销售收入的确认条件作了明确规定，其详细内容将在后续课程“财务会计学”中阐述。

（三）销售收入业务核算设置的主要账户

1.“主营业务收入”账户

该账户核算企业因销售货物、提供服务等主营业务所实现的收入，属于“收入类”账户。❶该账户按主营业务类别或产品名称设置明细账，进行明细分类核算；❷账户结构如图5-18所示。

上述“结转”，即结束和转销的简称。结转是会计核算技巧的需要，是将某一账户的借方（或贷方）发生额由该账户的反方向贷方（或借方）转到另外一个账户的借方（或贷方），因而使该账户的借方（或贷方）发生额转出，并非真正的减少。

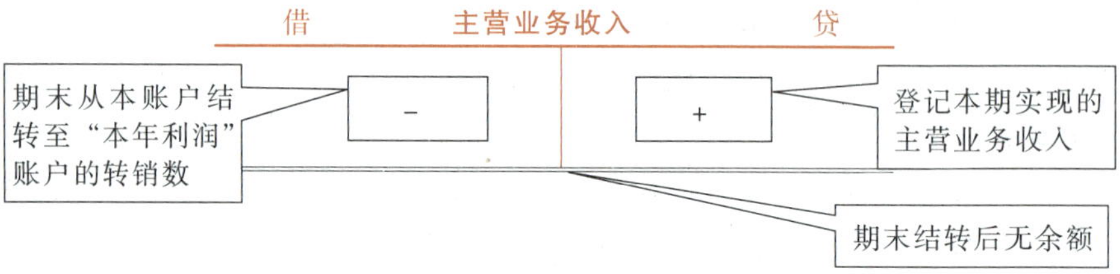

图 5-18　“主营业务收入”账户结构

2.“其他业务收入”账户

该账户核算企业其他销售或其他业务所实现的收入，属于“收入类”账户。❶该账户按其他业务的种类设置明细账，进行明细分类核算；❷账户结构如图 5-19 所示。

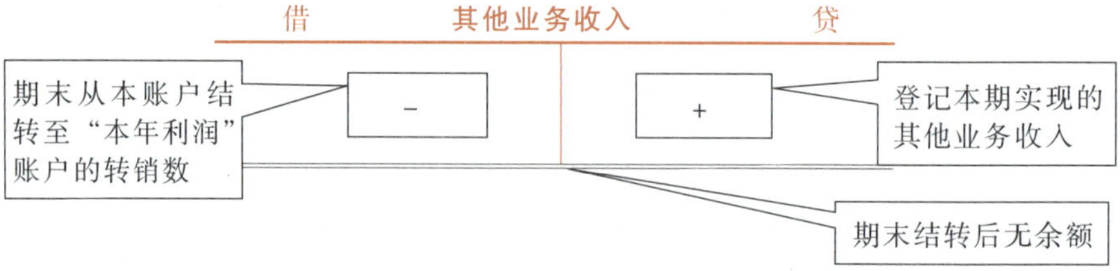

图 5-19　“其他业务收入”账户结构

3.“应收账款”账户

该账户核算企业因销售商品、提供劳务等，应向购买单位收取的款项，属于“资产类”账户。❶该账户按债务单位或个人设置明细账，进行明细分类核算；❷账户结构如图 5-20 所示。

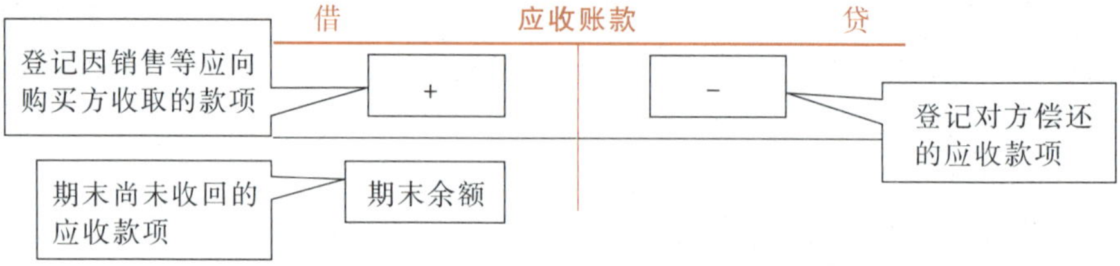

图 5-20　“应收账款”账户结构

4.“应收票据”账户

该账户核算企业因销售商品、提供劳务等而收到的商业汇票，属于“资产类”账户。❶该账户按照承兑方（即债务单位）设置明细账，进行明细分类核算；❷账户结构如图 5-21 所示。

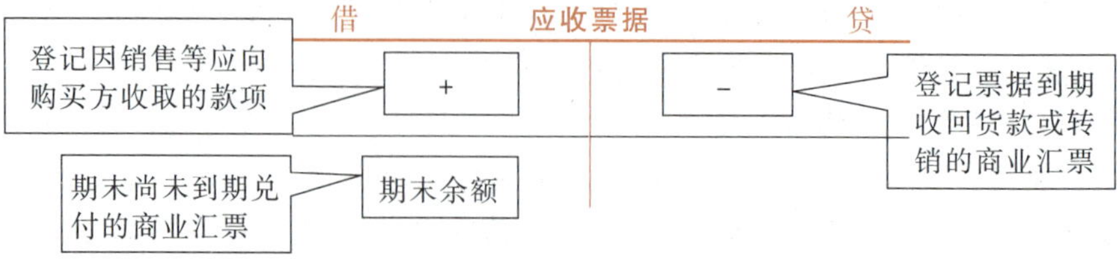

图 5-21　“应收票据”账户结构

5.“预收账款”账户

预收账款账户的设置与使用

该账户核算企业按照合同规定向购买单位预收的款项及其结算情况，属于“负债类”账户。❶该账户按购买单位名称设置明细账，进行明细分类核算；❷账户结构如图 5-22 所示。

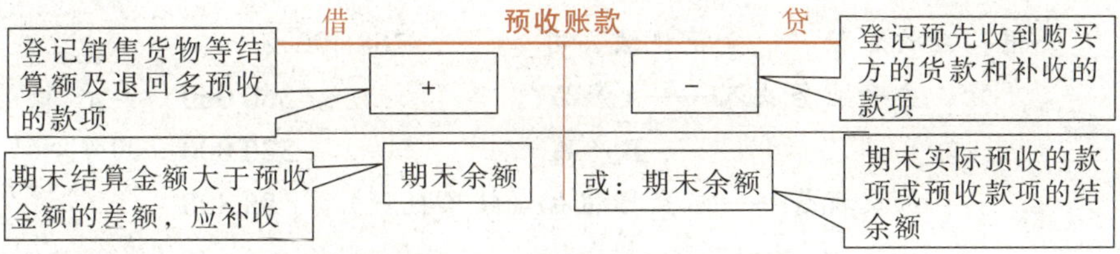

图 5-22 “预收账款”账户结构

（四）销售收入业务核算举例

企业销售商品或提供劳务及其他业务实现的收入，按应收货款，借记“银行存款”（**现销方式**）、“应收账款”（**赊销方式**）、“应收票据”（**商业汇票方式**）、“预收账款”（**预收款项方式**）等账户，按确认的收入金额，贷记“主营业务收入”“其他业务收入”账户；按应收取的增值税税额，贷记“应交税费——应交增值税（销项税额）”账户。

【例 5-28】**采用现销方式销售商品——按照购销合同发出商品，货款通过银行收讫，简称“钱货两清”。**12月3日，向本市联华机械公司销售产品。❶开具的数电“电子发票（增值税专用发票）”上注明：A产品150台、单价1 200元、价款180 000元，税额23 400元；B产品205台、单价800元、价款164 000元、税额21 320元；价税总计388 720元。❷货已发出，填制产品出库单。❸价税合计388 720元已通过企业网银收讫，收到“中国工商银行业务回单（收款）”。

特别提醒： 该出库单因其没有金额，不能作为该经济业务所填记账凭证的附件，这是因为本公司对发出商品成本的计算采用“月末一次加权平均法”，所以，该出库单上只有数量，没有金额，下同。

【分析】该经济业务：❶通过银行收到款项388 720元；❷因销售实现使收入项目——**主营业务收入**增加344 000元及具有预收性质（抵销上一环节垫付）的负债项目——**应交增值税（销项税额）**增加44 720元；❸该业务为收款业务，应根据以下分录编制收款凭证：

借：银行存款	388 720		
贷：主营业务收入——A产品		180 000	收3
——B产品		164 000	附件2张
应交税费——应交增值税（销项税额）		44 720	

【例 5-29】**采用赊销方式销售商品——发出商品并代垫运费，款项暂未收到。**12月9日，采用赊销方式向大理市金花机械公司销售产品。❶开具的数电“电子发票（增值税专用发票）”上注明：A产品300台、单价1 200元、价款360 000元、税额46 800元；B产品400台、单价800元、价款320 000元、税额41 600元。❷货已发出，填制产品出库单。❸委托本市华茂物流公司运输并代垫运费2 680元，通过企业网银付讫。❹价税合计及代垫运费总计771 080元，对方承诺下月付款。

【分析1】**货已发出并办妥款项托收手续。**该经济业务：❶未收到款项，使债权项目——**应收账款**增加768 400元；❷因销售实现收入项目——**主营业务收入**增加680 000元及具有预收性质（**抵销上一环节垫付**）的负债项目——**应交增值税（销项税额）**增加88 400元；❸该业务为转账业务，应根据以下分录编制转账凭证：

借：应收账款——金花机械公司	768 400		转4
贷：主营业务收入——A产品		360 000	附件2张
——B产品		320 000	
应交税费——应交增值税（销项税额）		88 400	

【分析2】**用银行存款支付代垫运杂费**。该经济业务：❶因支付运费属于垫付性质，使债权项目——**应收账款**增加2 680元；❷通过银行付出款项2 680元；❸该业务为付款业务，应根据以下分录编制付款凭证：

借：应收账款——金花机械公司	2 680		付6
贷：银行存款		2 680	附件1张

【业务5-30】通过银行收到前欠货款。12月13日：通过企业网银收到金华机械公司偿还前欠货款446 000元的“中国工商银行业务回单（收款）”。

【分析】该经济业务：❶使资产要素项目——银行存款增加446 000元；❷使另一资产项目——应收账款减少446 000元；❸该业务为收款业务，应根据以下分录编制收款凭证：

借：银行存款	446 400		收5
贷：应收账款——金华机械公司		446 400	附件1张

【例5-31】**货已发出，收到对方签发并承兑的商业汇票。**12月15日，采用商业汇票方式向清海市天宏机械公司销售产品（自己提货）：❶开具的数电“电子发票（增值税专用发票）”上注明：A产品250台、单价1 200元、价款300 000元、税额39 000元；B产品250台、单价800元、价款200 000元、税额26 000元。❷货已发出，填制产品出库单；❸收到天宏机械公司签发并承兑、期限为5个月、金额为565 000元的商业承兑汇票。

【分析】该经济业务：❶使债权项目——**应收票据**增加565 000元；❷因销售实现使收入项目——**主营业务收入**增加500 000元及具有预收性质（**抵销上一环节垫付**）的负债项目——**应交增值税（销项税额）**增加65 000元；❸该业务为转账业务，应根据以下分录编制转账凭证：

借：应收票据——天宏机械公司	565 000		转10
贷：主营业务收入——A产品		300 000	附件2张
——B产品		200 000	
应交税费——应交增值税（销项税额）		65 000	

提示：

对即将到期的应收票据，应匡算邮程（即委托收款凭证在路途的时间），在票据到期日前几天办理委托银行收款手续。

【例5-32】**商业承兑汇票到期，委托银行收款。**❶应收天宏机械公司2×23年6月29日签发、期限为6个月、金额为578 000元的商业承兑汇票到期；❷填制付款单位为天宏机械公司的中国工商银行委托收款凭证办理委托银行收款手续；❸12月29日，收到银行转来并加盖收讫章的委托收款凭证（收账通知），上列金额为578 000元。

【分析】该经济业务：❶通过银行收到款项578 000元；❷使资产项目——**应收票据**减少578 000元；❸该业务为收款业务，应根据以下分录编制收款凭证：

借：银行存款	578 000		收8
贷：应收票据——天宏机械公司		578 000	附件2张

【例5-33】按照合同规定预收货款。12月25日，收到金额为90 000元的中国工商银行业务回单（收款），系盛楠机械公司预付购买A产品货款。[1]

【分析】该经济业务：❶通过银行收到款项90 000元；❷使负债项目——**预收账款**增加90 000元；❸该业务为收款业务，应根据以下分录编制收款凭证：

借：银行存款	90 000		收7
贷：预收账款——盛楠机械公司		90 000	附件1张

【例5-34】货已发出，货款冲抵预收账款。12月23日，❶填制产品出库单发出上月已预收靓丽机械公司账款的商品。❷开具的数电“电子发票（增值税专用发票）”上注明：A产品150台、单价1 200元、价款180 000元、税额23 400元；B产品115台、单价800元、价款92 000元、税额11 960元。❸价税合计307 360元抵扣上月预收的货款250 000元，余款57 360元，对方承诺下月支付。

【分析】该经济业务：❶因产生了销售收入，使收入项目——**主营业务收入**增加272 000元及具有预收性质（**抵销上一环节垫付**）的负债项目——**应交增值税（销项税额）**增加了35 360元；❷用销售收入抵偿债务，使负债项目——**预收账款**减少了307 360元；❸该业务为转账业务，应根据以下分录编制转账凭证：[2]

借：预收账款——靓丽机械公司	307 360		
贷：主营业务收入——A产品		180 000	转13
——B产品		92 000	附件1张
应交税费——应交增值税（销项税额）		35 360	

【例5-35】其他业务收入——材料转让。12月29日，同在本市的宏光机械公司急需甲材料，本公司向宏光机械公司转让尚有富余的甲材料。❶开具的数电“电子发票（增值税专用发票）”上注明：甲材料800千克、单价105元、价款84 000元、税额10 920元；❷填制用途为对外销售的领料单；❸价税合计94 920元通过企业网银付讫。

【分析】该经济业务：❶材料销售收入的实现使其他销售项目——**其他业务收入**增加84 000元及具有预收性质（**抵销上一环节垫付**）的负债项目——**应交增值税（销项税额）**增加10 920元；❷收到款项，使资产项目——**银行存款**增加94 920元；❸该业务为收款业务，应根据以下分录编制收款凭证：

借：银行存款	94 920		收9
贷：其他业务收入——材料销售		84 000	附件2张
应交税费——应交增值税（销项税额）		10 920	

[1] **特别提醒：** 购销双方签订销售合同，购货方先预付一定金额的货款，销货方收到款项后，根据合同规定的日期发货，然后进行货款多退少补的结算手续，或者不予结算，待下次预付货款或再次发货时予以冲抵。

[2] **提示：** 会计实务中为简化记账手续，余款57 360元不转入“应收账款”账户，“预收账款——靓丽机械公司”账户余额转化为借方余额，表示债权。

三、销售成本业务的核算

（一）销售成本的确认与计量

我国《企业会计准则——基本准则》第二十五条规定：“**企业为生产产品、提供劳务等发生的可归属于产品成本、劳务成本等的费用，应当在确认产品销售收入、劳务收入等时，将已销售产品、已提供劳务的成本等计入当期损益。**”销售成本，是指已销售产品的生产成本或已提供劳务的劳务成本以及其他销售的业务成本。企业在销售过程中，为取得销售收入必然要付出一定数量的商品或提供一定数量的劳务、服务等。所以，在确认和计量销售收入的同时，必须对销售成本进行确认和计量。按照《企业会计准则》的规定，销售成本的确认与计量采用“因果配比”方式，包括主营业务成本和其他业务成本两部分。

特别提示1：

主营业务成本的确认与计量，不仅应与主营业务收入在同一会计期间确认，而且应与主营业务收入在对应的产品数量上保持一致。

1. 主营业务成本

主营业务成本，是企业销售商品产品、半成品以及提供工业性劳务等业务所形成的成本。将销售一定数量产品的生产成本或提供一定劳务数量的劳务成本，与出售该产品或提供该劳务的销售收入配比，形成了主营业务成本。[1]其计算公式如下：

主营业务成本＝产品销售数量或提供劳务数量×产品单位生产成本或单位劳务成本

就销售产品而言，上式中的产品单位生产成本可选用多种方法进行计算确定，如先进先出法、加权平均法和个别计价法等。[2]

特别提示2：

企业一旦选定某种计价方法，不得随意变动。

本教材按照“月末一次加权平均法”计算本月的主营业务成本。

某商品月末加权平均单位成本＝（期初结存库存商品实际成本＋本期入库商品实际成本）÷（期初库存商品数量＋本期入库商品数量）

本月已销某商品的销售成本＝本月已销售该商品的数量×该商品的月末加权平均单位成本

双庆市华盛机械公司2×23年12月份库存商品月初结存、本月入库和本月发出的有关资料整理及主营业务成本计算，见表5-16。

表5-16 加权平均单位成本及主营业务成本计算表 金额单位：元

产品名称	计量单位	期初结存		本期入库		加权平均单位成本	本期销售	
		数量	金额	数量	金额		数量	总成本
A产品	台	400	220 780	800	451 220	560.00	850	476 000
B产品	台	300	107 400	900	336 600	370.00	970	358 900
合计			328 180		787 820			834 900

2. 其他业务成本

其他业务成本，是企业销售材料、出租包装物、出租固定资产、出租无形资产等业务所形成的成本。与其他业务收入配比的其他业务成本，包括销售材料的成本、出租固定资产的折旧额、出租无形资产的摊销额等。

（二）销售成本核算应设置的主要账户

1.“主营业务成本”账户

该账户核算企业与主营业务收入配比应结转的实际成本，属于“费用类”账户。❶该账户按照主营业务类别设置明细账，进行明细分类核算；❷账户结构如图5-23所示。

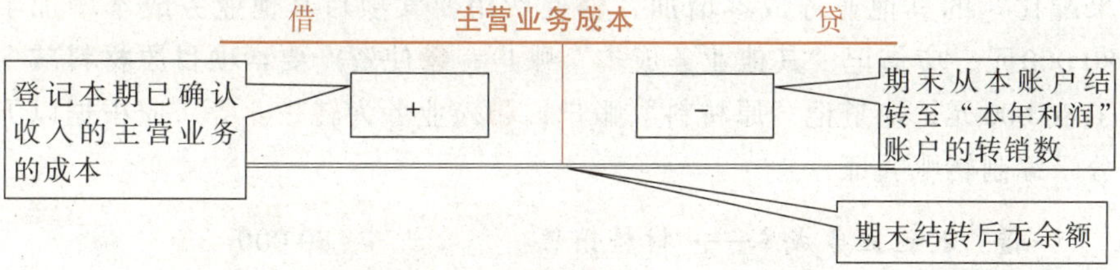

图5-23　“主营业务成本”账户结构

2.“其他业务成本”账户

该账户核算企业与其他业务收入配比应结转的实际成本或支出，属于“费用类”账户。❶该账户按照其他业务的种类设置明细账，进行明细分类核算；❷账户结构如图5-24所示。

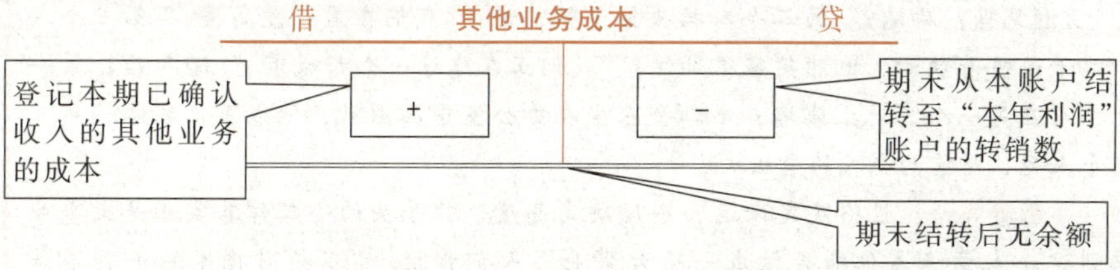

图5-24　“其他业务成本”账户结构

（三）销售成本业务核算举例

❶根据本期销售各种商品的实际成本，计算应结转的主营业务成本，借记“主营业务成本”账户，贷记“库存商品”账户；❷根据本期其他销售的实际成本，计算应结转的其他业务成本，借记“其他业务成本”账户，贷记“原材料”账户（转让原材料）、“累计折旧”账户（房屋租赁）、“累计摊销”账户（转让无形资产使用权）。

双庆市华盛机械公司2×23年12月份发生的有关销售成本业务如下：

【例5-36】期末计算并结转本月主营业务成本——产品销售。根据前述例题有关产品销售业务，表5-16显示：A产品本月销售850台（150+300+250+150），总成本476 000元，B产品本月销售970台（205+400+250+115），总成本358 900元。

【分析】该经济业务：❶由于销售商品，使与销售收入配比的费用项目——**主营业务成本**增加834 900元；❷由于商品出库，使资产项目——**库存商品**减少834 900元；❸该业务为转账业务，应根据以下分录编制转账凭证：

借：主营业务成本——A产品 476 000
——B产品 358 900
贷：库存商品——A产品 476 000
——B产品 358 900
转20
附件1张

【例5-37】期末计算并结转本月对外转让材料的其他业务成本。月末，汇总“领料单”本月对外转让甲材料800千克，根据“月末一次加权平均法”计算甲材料的加权平均单价为100元。

【分析】该业务的发生：因转让发出原材料，使与其他业务收入“因果配比”的其他业务成本增加，❶使费用要素项目**其他业务成本**增加了80 000元，应借记“其他业务成本”账户；❷使资产要素项目**原材料**减少了80 000元，应贷记“原材料”账户；❸该业务为转账业务，应根据以下分录编制转账凭证：

借：其他业务成本——材料销售 80 000
贷：原材料——甲材料 80 000
转21
附件3张

会计论道与育人

东芝公司亏损造假 昔日500强跌落神坛

砌墙工人的命运——要有做财务总监（CFO）的抱负①

三个工人在砌一堵墙。有人过来问：“你们在干什么？”第一个人没好气地说：“没看见吗？砌墙。”第二个人抬头笑了笑，说：“我们在盖一幢高楼。”第三个人边干边哼着歌曲，他的笑容很灿烂：“我们正在建设一个新城市。”10年后，第一个人在另一个工地上砌墙；第二个人坐在办公室中画图纸，他成了工程师；第三个人呢，是前两个人的老板。

教授寄语：性格决定命运，态度决定高度。你手头的小工作其实正是大事业的开始，能否意识到这一点意味着你能否做成一项大事业。人们常说：“不想当将军的士兵不是好士兵”，那么，我说：“不想做财务总监（CFO）的财会专业的学生，也同样如此。”

课堂在线练习

习题自测

扫描下方“二维码”进行在线回答，回答完毕并提交后可参看正确答案与答案解析。

关键术语

实收资本　资本公积　生产费用　生产成本　成本计算对象　成本计算　成本项目　成本计算期

① 改编自：佚名. 人生要有大格局，三个砌墙工人的故事［EB/OL］.［2023-09-23］. https://wenku.baidu.com/view/dafa8231ab114431b90d6c85ec3a87c241288a73.html?.

复习思考

1. 生产费用计入产品成本的一般程序
2. “累计折旧”账户的性质、用途及结构方面的特点。

第六章　制造业企业主要经济业务的核算（下）

内容导读：本章内容是第四章中记账凭证填制内容的熟练掌握与运用，也是第五章的继续。阐述经营成果的构成与计算、利润总额形成业务的核算、净利润业务的核算、利润分配业务的核算，以及账户按照用途与结构的分类。要求：❶熟悉各环节经济业务的文字描述与对应原始凭证及具体用途；❷理解并掌握各环节经济业务进行会计核算所涉及有关账户的用途与结构；❸重点掌握各环节经济业务记账凭证填制的核心内容——会计分录的编制；❹找出各账户之间存在的共性，理解账户的整体集合构成一个完整的有机体系；❺掌握账户设置与具体运用的规律性，在以上基础上达到熟练应用前述会计理论与方法的目的。

第一节　经营成果的构成与计算

经营成果，亦称财务成果，是企业一定会计期间收入减去费用后的净额，表现为利润或亏损。企业实现的利润要按照企业所得税法的规定计算并缴纳所得税，缴纳所得税后的利润称为净利润；对于净利润要按照有关规定，在投资者之间进行分配。

我国《企业会计准则——基本准则》第三十七条指出，“利润是指企业在一定会计期间的经营成果。利润包括收入减去费用后的净额、直接计入当期利润的利得和损失等”。按照利润的品质、作用和计算过程，有营业利润、利润总额和净利润之分。

一、营业利润的构成与计算

营业利润，是指企业通过组织日常营业活动获得的利润，**即企业在某一会计期间的营业收入和为实现这些营业收入所发生的费用、成本比较的结果。**营业利润是企业最基本经营活动的成果，也是企业一定时期获得利润中最主要、最稳定的来源，反映了企业盈余的**品质**。其包含的项目和计算公式如下：

营业利润=营业收入-营业成本-税金及附加-期间费用-资产减值损失-信用减值损失±资产处置净损益±公允价值变动损益±投资损益

其中：

❶营业收入=主营业务收入+其他业务收入
❷营业成本=主营业务成本+其他业务成本
❸期间费用=销售费用+管理费用+财务费用

二、利润总额的计算

利润总额，是指企业一定会计期间全部经营活动（包括日常经营活动和非日常经营活动）获得的利润，也称“会计利润”。其包含的项目与计算公式如下：

利润总额＝营业利润+营业外收入−营业外支出

三、净利润的计算

净利润，是指在企业利润总额的基础上减去按照税法规定应纳所得税形成的所得税费用后的利润，也称“税后利润”。其计算公式如下：

净利润=利润总额−所得税费用

式中：**所得税费用**，是指企业按照所得税法的规定，对利润总额进行调整而得到的“应纳税所得额”和适用税率计算的应纳所得税。

所得税，是企业使用政府所提供的各种服务而向政府应尽的义务，虽然从其本质讲是以在分配领域内产生的各项收益额为课征对象的一个通行税种，但对于一个经营实体而言，向政府缴纳了所得税，意味着其资源的流出、经济利益的减少，而且税收又具有强制性与无偿性，所以应将所得税作为经营实体的一种费用看待，即所得税费用，这不仅符合费用要素的定义，也符合配比原则的要求。其计算公式如下：

应纳所得税额=应纳税所得额×适用税率（25%）

式中：**应纳税所得额**，是指企业按照所得税法的有关规定对会计利润构成项目内容中因限制或鼓励而调增或调减后得到的金额。

特别说明：

为简便起见，本书假定对会计利润不需要调整，即将会计利润视同应纳税所得额。

第二节 利润总额形成业务的核算

利润总额是在营业利润的基础上，加减营业外收支净额后的金额。营业利润构成项目中，有关营业收入和营业成本的核算，前已专门述及不再赘述，营业利润构成项目中的资产减值损失、信用减值损失、公允价值变动净损益、投资净损益的核算，将在后续教材《中级财务会计学》中阐述。本节主要对以下四个方面的内容进行阐述：❶期间费用业务的核算；❷税金及附加业务的核算；❸营业外收支业务的核算；❹利润总额计算确定的核算。

一、期间费用业务的核算

（一）期间费用业务核算的主要内容

期间费用，是指不能直接归属于某个特定的产品的成本，而应直接计入当期损益的各种费用。❶它是企业在经营过程中随着时间的推移而不断发生的与产品生产活动的管理和销售有一定的关系，但与产品的制造过程没有直接关系的各种费用。❷一般来说，我们能够很容易地确定期间费用应归属的会计期间，但难以确定其应归属的产品，也就是说，难以确定其直接的负担者，所以期间费用不计入产品制造成本。❸期间费用的发生对企业取得收入有很大的作用，但很难与各类收入直接配比，所以将其视为与某一期间的营业收入相关的费用按其实际发生额予以确认。❹期间费用按照经济用途可分为销售费用、管理费用和财务费用。

（二）期间费用业务核算应设置的主要账户

1.“销售费用”账户

该账户用来核算为销售而发生的与一定会计期间的收入进行**“期间配比”**的各种费用，属于**“费用类”**账户，包括保险费、包装费、展览费和广告费、商品维修费、运输费、装卸费以及为销售本企业的商品而专设的销售机构的职工薪酬、业务费、折旧费等。❶该账户应按费用项目设置明细账进行明细分类核算；❷账户结构如图6-1所示。

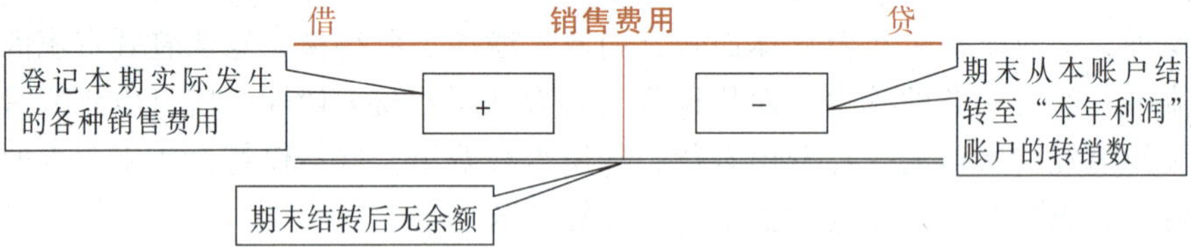

图6-1　“销售费用”账户结构

2.“管理费用”账户

该账户用来核算为组织和管理企业生产经营活动而发生的与一定会计期间的收入进行**“期间配比”**的各种费用，属于**“费用类”**账户，包括行政管理部门的职工工资及福利费、物料消耗、水电费、办公费和差旅费、咨询费、业务招待费、报纸杂志费、固定资产折旧费、固定资产日常修理费、自用无形资产摊销、经营租赁固定资产的改良费用等。❶该账户应按费用项目设置明细账进行明细分类核算；❷账户结构如图6-2所示。

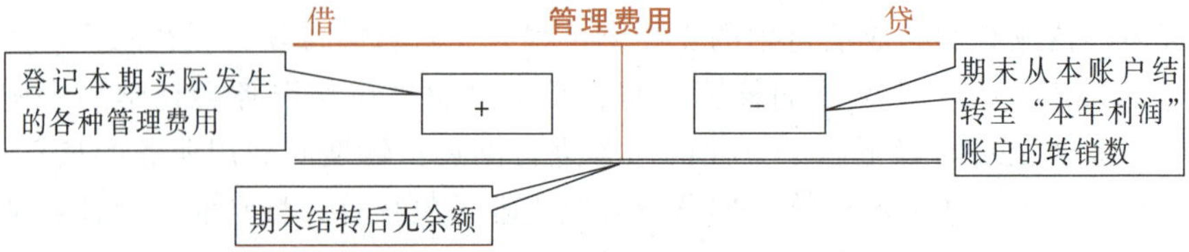

图6-2　“管理费用”账户结构

3.“财务费用”账户

该账户用来核算为筹集资金而发生的与一定会计期间的收入进行**“期间配比”**的各种费用，属于**“费用类”**账户，主要包括利息支出（减利息收入)、汇兑损益及相关的手续费等。❶该账户应按费用项目设置明细账进行明细分类核算；❷账户结构如图6-3所示。

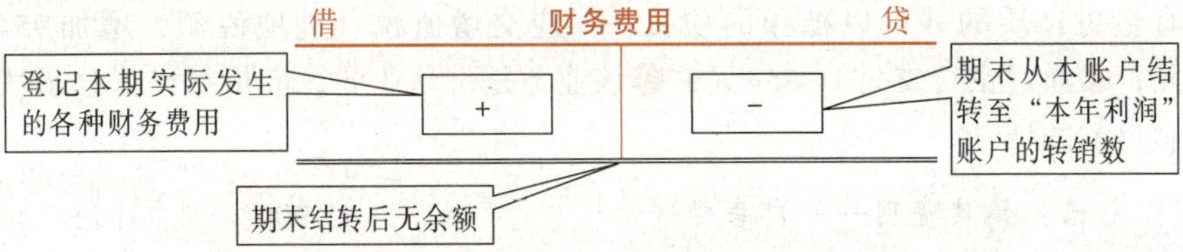

图6-3 “财务费用”账户结构

4.“应付利息”账户

该账户用来核算企业因借入资金而发生利息的应付、偿还及余额情况，属于**“负债类”**账户。❶该账户按存款人或债权人设置明细账进行明细分类核算；❷账户结构如图6-4所示。

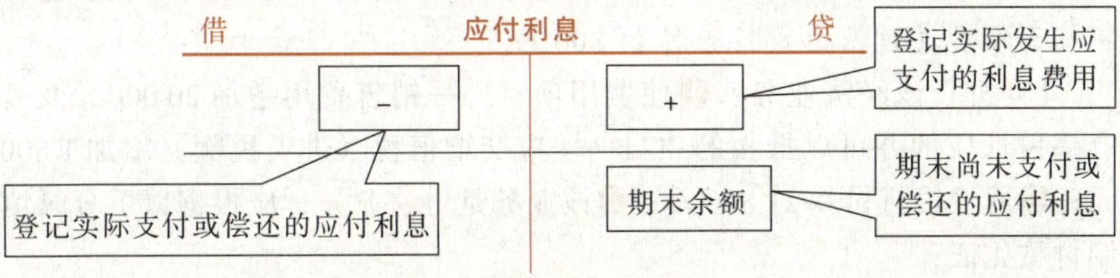

图6-4 “应付利息”账户结构

对于以“短期借款”方式筹集资金应付的利息，由于利息的支付方式和支付的时间不同，会计处理方法也有一定的区别。**(1)按月计收利息，或者在借款到期时一并收回本息，但利息数额不大时：**应在收到银行的计息通知或在实际支付利息时，直接将发生的利息费用作为当期损益计入财务费用。**(2)按季或半年等较长期间计收利息，或者是在借款到期时一并收回本息时：**❶应采取预提的方法按月预提借款利息，一方面作为负债计入应付利息，另一方面作为受益期间的损益计入财务费用；❷待季度或半年结息期终了或到期支付利息时，再冲销应付利息。

5.“累计摊销”账户

该账户用来核算无形资产在使用过程中累计损耗的价值，属于**“资产类”**账户。❶该账户一般不进行明细分类核算；❷账户结构如图6-5所示。

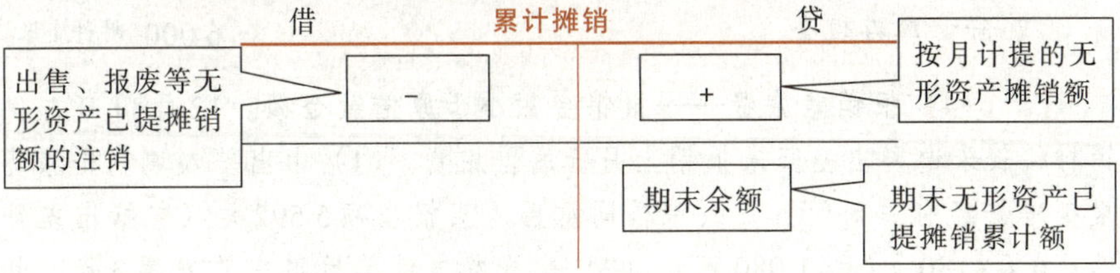

图6-5 “累计摊销”账户结构

(三)期间费用核算举例

双庆市华盛机械公司2×23年12月份发生的有关期间费用经济业务如下：

【例6-1】**销售费用——广告费。**12月17日，通过网上银行支付阳明广告公司的广告费。❶收到的数电“电子发票(增值税专用发票)”上注明：价款15 900元，税率6%，税额954元；❷经审核无误后通过网上银行支付16 854元。

【分析】该经济业务：❶使费用项目——**销售费用**增加15 900元及具有垫付性质的并可以抵扣的项目——**应交增值税（进项税额）**增加954元；❷通过银行支付16 854元；❸该业务是付款业务，应根据以下分录填制付款凭证：

借：销售费用——广告费	15 900		付12
应交税费——应交增值税（进项税额）	954		附件3张
贷：银行存款		16 854	

【例6-2】**销售费用——运输费。**12月23日，用银行存款支付华茂物流公司的销售运费。❶收到华茂物流公司开具的货物运输服务数电“电子发票（增值税专用发票）”上注明：价款20 000元、税额1 800元；❷经审核无误后通过网上银行支付21 800元。

【分析】该经济业务：❶使费用项目——**销售费用**增加20 000元及具有垫付性质的并可以抵扣的项目——**应交增值税（进项税额）**增加1 800元；❷通过银行付款21 800元；❸该业务是付款业务，应根据以下分录填制付款凭证：

借：销售费用——运输费	20 000		付16
应交税费——应交增值税（进项税额）	1 800		附件3张
贷：银行存款		21 800	

【例6-3】**出差借现金——债权增加。**12月25日，供销科科员**史珍香**出差借现金6 000元。填制包括借款部门、借款人、借款用途、借款金额、出差地点并经有关部门负责人签字后的借款单，加盖现金付讫章后由出纳员付现金6 000元。

【分析】该经济业务：❶付出库存现金6 000元；❷使资产项目（债权）——**其他应收款**增加6 000元；❸该业务为付款业务，应根据以下分录填制付款凭证：

借：其他应收款——史珍香	6 000		付18
贷：库存现金		6 000	附件1张

【例6-4】**报销差旅费——报销金额小于原借款金额。**12月11日，供销科科长朱逸群出差归来报销上月借的差旅费。(1) 由出差人填制差旅费报销单并经有关部门负责人审核同意后，实报金额5 592元（包括出差补助：6天×180元/天=1 080元）。(2) 差旅费报销单后附有关发票3张，其中：❶住宿费数电“电子发票（增值税专用发票）”上注明，价款2 050元、税额123元；❷旅客运输服务（高铁）数电“电子发票（增值税专用发票）”上注明，价款600元、税额54元；❸旅客运输服务（飞机）数电“电子发票（增值税专用发票）”上注明，价款1 550元（包括民航发展基金50元和燃油费附加75元）、税额135元（民航发展基金不征税）。(3) 交回余款现金1 408元，由财务科开具金额为1 408元的收款收据。

【分析1】**报销差旅费，抵扣原借款**。该经济业务：❶实报金额5 592元扣除进项税额312元后为5 280元，使费用要素项目**管理费用**增加5 280元，应借记“管理费用”账户，以及具有垫付性质并可抵扣的负债要素项目**应交增值税（进项税额）**增加312元，应借记“应交税费——应交增值税（进项税额）账户”；❷使资产要素项目**其他应收款**减少5 592元，应贷记“其他应收款”账户；❸该业务为转账业务，应根据以下分录编制转账凭证：1

借：管理费用——差旅费	5 280		转6
应交税费——应交增值税（进项税额）	312		附件4张
贷：其他应收款——朱逸群		5 592	

【分析2】**交回余款现金——抵扣原借款**。该经济业务：❶收到库存现金1 408元；❷使企业债权资产项目——**其他应收款**减少1 408元；❸该业务为收款业务，应根据以下分录填制收款凭证：2

借：库存现金	1 408		收4
贷：其他应收款——朱逸群		1 408	附件1张

【例6-5】**非资本性支出的行政管理部门使用的固定资产修理费——计入管理费用**。12月29日，通过银行支付厂部办公大楼的修理费。❶收到双庆市高峰建筑公司开具的建筑服务数电“电子发票（增值税专用发票）”上注明：价款18 300元，税额1 098元；❷经审核无误后，通过网上银行付款19 398元。

【分析】该经济业务：❶使费用项目——**管理费用**增加18 300元及具有垫付性质并可抵扣的项目——**应交增值税（进项税额）**增加1 098元；❷通过银行付款19 398元；❸该业务为付款业务，应根据以下分录填制付款凭证：

借：管理费用——修理费	18 300		付21
应交税费——应交增值税（进项税额）	1 098		附件3张
贷：银行存款		19 398	

【例6-6】**按照平均年限法进行无形资产摊销**。月末，根据“无形资产明细账”的记录编制无形资产摊销表，见表6-1。3

表6-1

无形资产摊销表

2×23年12月31日

金额单位：元

名称	入账时间	原值	摊销年限	已摊销月数	累计已摊销金额	本月应摊销金额	备注
H专利权	2×19-12-18	240 000	10	48	96 000	2 000	自行开发
N专利权	2×23-12-01	117 000	10			975	外购
合计		357 000	—	—	96 000	2 975	

1 **实务操作：**

为简化核算，实际工作中对所有的差旅费一律通过“管理费用”账户进行核算。

2 **请思考：**

如果朱逸群借款金额5 000元，即报销金额大于原借款金额，其他条件不变，应如何进行账务处理？

3 **请比较：**

与固定资产计提折旧比较，当月购进的无形资产，当月应进行价值摊销；当月报废的无形资产当月不进行价值摊销。

特别提示：

“累计摊销”账户也是一个结构特殊的资产类账户，其结构与“累计折旧”账户相似，反映的内容实质上是无形资产价值的减少，该账户余额与“无形资产”账户余额比较，可确定企业无形资产的净值。

【分析】该经济业务：❶自用无形资产应摊销的金额，使费用项目——**管理费用**增加2 975元；❷因摊销使企业的资产项目——**无形资产**价值减少2 975元，贷记“无形资产”账户的备抵账户“**累计摊销**”账户；❸该业务为转账业务，应根据以下分录编制转账凭证：

借：管理费用——无形资产摊销	2 975		转22
贷：累计摊销		2 975	附件1张

【例6-7】分配并结转专设销售机构和行政管理部门的工薪费用。12月31日，根据统计部门和劳资部门考勤记录和工资标准，专设销售机构人员的工资为50 000元、行政管理部门人员的工资为80 000元。

【分析】该经济业务：❶使期间费用项目**销售费用**和**管理费用**分别增加了50 000元和80 000元；❷这项劳动报酬，在实际支付给职工之前，形成了企业对职工的负债，使负债要素项目**应付职工薪酬**及其明细项目工资增加了130 000元；❸该业务为转账业务，应根据以下分录编制转账凭证：

借：销售费用——工薪费用	50 000		转23
管理费用——工薪费用	80 000		附件1张
贷：应付职工薪酬——工资		130 000	

【例6-8】职工福利费的列支、计提与分配。12月31日，根据现行物价水平等计算，本企业下属职工食堂本月应补贴44 040元。❶收到本企业下属职工食堂开具的金额为44 040元的收款收据；❷通过网上银行支付款项44 040元；❸按照规定该物价补贴作为职工福利列支并计入期间费用。

（1）职工福利费的列支——支付职工食堂物价补贴。

【分析】该经济业务：❶使负债要素项目**应付职工薪酬——职工福利**减少44 040元；❷使资产要素项目**银行存款**减少44 040元；❸该业务为付款业务，应根据以下分录编制付款凭证：

借：应付职工薪酬——职工福利	44 040		付26
贷：银行存款		44 040	附件2张

（2）职工食堂物价补贴——职工福利费的计提或分配。

【分析】该经济业务：❶因物价补贴按规定计入期间费用，使费用要素项目**管理费用**增加了44 040元；❷使负债要素项目**应付职工薪酬——职工福利**增加了44 040元；❸该业务为转账业务，应根据以下分录编制付款凭证：

借：管理费用——工薪费用	44 040		转24
贷：应付职工薪酬——职工福利		44 040	附件1张

【例6-9】计提专设销售机构和行政管理部门用固定资产折旧费。12月31日，根据月初固定资产原值和规定的折旧率，计算并编制固定资产折旧计提表，本月专设销售机构和行政管理部门用固定资产折旧费分别为

7 360元和10 975元。

【分析】该经济业务：❶使期间费用项目**销售费用**和**管理费用**分别增加了7 360元和11 025元；❷反映固定资产价值损耗，使资产要素固定资产的抵减项目**累计折旧**增加了18 385元；❸该业务为转账业务，应根据以下分录编制转账凭证：

借：销售费用——折旧费	7 360		转25
管理费用——折旧费	11 025		附件1张
贷：累计折旧		18 385	

【例6-10】**开户银行结算第四季度本公司的应付贷款利息，并从借款人的银行存款账户中转出。**12月21日，收到中国工商银行东海市支行计收利息（付款通知）并加盖银行转讫章的第一联（客户联），计息起讫日期为9月21日至12月20日，按照计息积数和贷款利率计算，本季度应付利息总金额为19 100元。

短期借款利息的计算：短期借款利息的计算公式为：短期借款利息=借款本金×利率×时间。❶“时间”与“利率”：对于按月预提短期借款利息的，“时间”是一个月，但是在实际工作中借款或还款的当月不一定都是整月，所以，对于借款当月和还款月计息的起讫时间则应按实际经历天数计算并将月利率转化为日利率，在将月利率转化为日利率时，为简化起见，一年按360天计算，一个月按30天计算。❷“借款本金”：由于短期借款利息按照日利率计算，所以借款本金应按照天换算为“计息积数”，就是按实际天数每日累计短期借款余额。

【分析】该经济业务：❶使负债要素项目**应付利息**减少19 100元；❷使资产要素项目**银行存款**减少19 100元；❸该业务为付款业务，应根据以下分录编制付款凭证：

借：应付利息——工行东支	19 100		付15
贷：银行存款		19 100	附件1张

【例6-11】**开户银行结算第四季度本公司的银行存款利息，并转入存款人的银行存款账户。**12月21日，收到中国工商银行东海市支行计付利息（收款通知）并加盖银行转讫章的第一联（客户联），计息起讫日期为9月21日至12月20日，按照计息积数和存款利率计算，本季度应收存款利息为4 940元。

【分析】该经济业务：❶使资产要素项目**银行存款**增加4 940元；❷使收入要素项目利息收入增加4 940元，按照会计信息质量要求的“重要性”，为简化核算在实际工作中是冲减**财务费用**；❸该业务为**收款业务**，应根据以下分录编制收款凭证：

借：银行存款	4 940		收6
贷：财务费用——利息收入		4 940	附件1张

提示：以上贷记“财务费用——利息收入”账户，在会计实务中是用“红字”记入“财务费用”账户的借方。您知道为什么吗？

【例 6-12】计提应由本月负担的银行短期借款利息。12月31日，按照借款金额和借款利率，编制本月银行短期借款利息计算表，应计入本月财务费用的借款利息为7 800元。

【分析】该经济业务：❶使费用要素项目**利息支出**增加7 800元；❷因按照季度结息的原因，使负债要素项目**应付利息**增加7 800元；❸该业务为转账业务，应根据以下分录编制转账凭证：

借：财务费用——利息支出	7 800		转26
贷：应付利息——工行东支		7 800	附件1张

二、销售税费业务的核算

（一）销售税费业务的主要内容

1.应纳销售税费

销售税费是指企业在销售环节应缴纳的各种价内税费，包括消费税、资源税、城市维护建设税和教育费附加等。❶应交消费税，是指企业生产和销售应税消费品时按销售额或销售数量计算确定的应纳税金。❷应交资源税，是指以各种应税自然资源为课税对象、为了调节资源级差收入并体现国有资源有偿使用应缴纳的税金。❸应交城市维护建设税，是指纳税人按照本期实际缴纳的增值税、消费税的税额为计税依据和规定的税率计算确定的应纳税金；❹应交教育费附加及地方教育附加，是指纳税人按照本期实际缴纳的增值税、消费税的税额为计费依据和规定的缴费率计算确定的应交教育费附加及地方教育附加。

2.应纳增值税

前述企业在购进应税货物或服务时垫付的增值税形成了进项税额，在销售货物或劳务时预收的增值税形成了销项税额，一定时期（纳税期限）的销项税额与进项税额相抵后的差额，即为应纳增值税或待抵扣增值税。增值税虽然是价外税，但由于应纳增值税是计算应纳城市维护建设税和教育费附加的计算依据，所以，销售税费的核算应包括应纳增值税的核算。

销售税费作为价内税，应作为销售收入的减项，采用“期间配比”方式并计入当期损益。而增值税作为价外税，其应纳增值税不应作为销售收入的减项。

（二）销售税费业务核算应设置的主要账户

1.“税金及附加”账户

该账户核算企业与一定会计期间收入进行配比的各种费用性税金和附加，属于“费用类”账户。❶该账户应按税费种类或名称设置明细账进行明细分类核算；❷账户结构如图6-6所示。

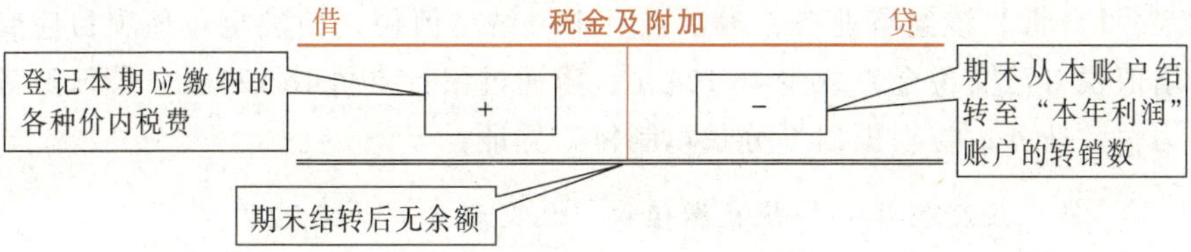

图 6-6 “税金及附加”账户结构

2.“应交税费”账户

该账户用来核算企业按税法规定应缴纳各种税费的应交、实交及未交税额，属于“负债类”账户，包括增值税、消费税、所得税、资源税、城市维护建设税、教育费附加和印花税等。❶该账户应按税费名称设置明细账进行明细分类核算；❷账户结构如图6-7所示。

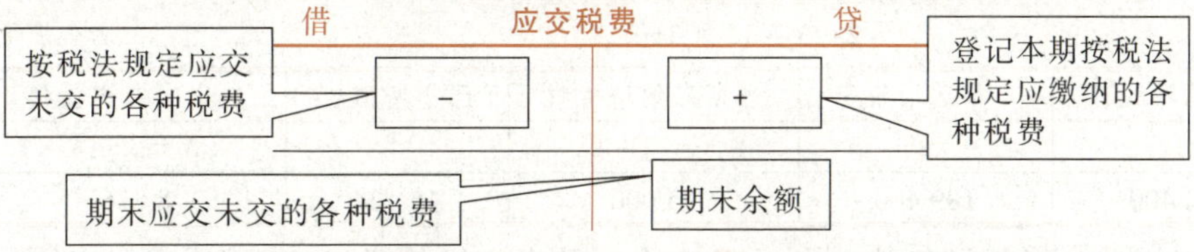

图 6-7 “应交税费”账户结构

为了核算增值税的已交、未交、多交情况，在“应交税费——应交增值税”账户下除了前述设置的“应交增值税（进项税额）”“应交增值税（销项税额）”账户外，还应设置以下账户：

(1)“应交税费——应交增值税（已交税金）”账户。❶该账户属于“应交增值税”二级账户的借方专栏，专门核算一般纳税人按照税法规定在月中已交的增值税。❷企业在月中实际缴纳增值税时，借记“应交税费——应交增值税（已交税金）”账户，贷记“银行存款”账户。

(2)“应交税费——应交增值税（转出未交增值税）”账户。❶该账户属于“应交增值税”二级账户的借方专栏，专门核算一般纳税人本月应纳增值税税额大于本月已交增值税税额（已交税金）应转入下月缴纳的增值税税额。❷企业在月末计算出本月应交未交的增值税税额时，借记“应交税费——应交增值税（转出未交增值税）”账户，贷记“应交税费——未交增值税”账户。

(3)“应交税费——未交增值税”账户。该账户核算一般纳税人应交而未交的增值税税额。❶贷方登记本月应纳增值税大于本月已交增值税（已交税金）转入下月上缴（转出未交增值税）的增值税；❷借方登记实际上交的上月未交增值税；❸期末贷方余额，反映企业应交而未交的增值税。

（三）销售税费业务核算举例

双庆市华盛机械公司2×23年12月份发生的有关销售税费业务如下：

【例6-13】应交税费——应交增值税。12月17日，通过银行“电子缴税付款平台”缴纳本月前半个月的应交增值税46 124元。收到打印的中国工商银行电子缴税付款凭证（第二联“付款回单”）。

【分析】该经济业务：❶因在月中缴纳增值税，使法定负债项目**应交增值税（已交税金）**减少46 124元；❷通过银行支付46 124元；❸该业务为付款业务，应根据以下分录填制付款凭证：

借：应交税费——应交增值税（已交税金）	46 124		付13
贷：银行存款		46 124	附件1张

【例6-14】应交税费——应纳增值税计算及转出未交（或多交）增值税。月末，根据本月发生的有关增值税进项税额、销项税额、已交税金，编制应纳增值税及未交增值税计算表（见表6-2），计算并结转本月应纳增值税及应转出的未交增值税。

表6-2

应纳增值税及未交增值税计算表

2×23年12月31日

单位：元

项 目	当期销项税额	当期进项税额	当期应纳增值税	已交增值税	转出未交增值税
计算过程	①	②	③＝①－②	④	⑤＝③－④
金 额	244 400	189 400	55 000	46 124	8 876

【分析】该经济业务：❶应将本月未交增值税8 876元从“应交增值税”账户反方向转出，借记“应交税费——应交增值税（转出未交增值税）”账户；❷使法定负债项目**未交增值税**增加8 876元，贷记“应交税费——未交增值税”账户；❸该业务为转账业务，应根据以下分录填制转账凭证：

借：应交税费——应交增值税（转出未交增值税）	8 876		转27
贷：应交税费——未交增值税		8 876	附件1张

【例6-15】销售税费——应交城市维护建设税和应交教育费附加的计算。月末，编制“应纳销售税费计算表”（见表6-3），计算并结转本月应纳城市维护建设税、教育费附加和地方教育费附加。

表6-3

应纳销售税费计算表

2×23年12月31日

单位：元

项 目	计税（费）依据及金额		税（费）率	应纳税（费）额
城市维护建设税	本月应纳增值税和消费税	55 000	7%	3 850
教育费附加	本月应纳增值税和消费税	55 000	3%	1 650
地方教育附加	本月应纳增值税和消费税	55 000	2%	1 100
合 计				6 600

【分析】该经济业务：❶因销售业务发生了纳税义务，使负债项目**应交税费**增加6 600元；❷由于城建税、教育费附加和地方教育附加是价内税费，应作为销售税费，从销售收入中扣除，使费用项目**税金及附加**增加5 500元；❸该业务为转账业务，应根据以下分录填制转账凭证：

借：税金及附加	6 600		
贷：应交税费——应交城市维护建设税		3 850	转28 附件1张
——应交教育费附加		1 650	
——应交地方教育附加		1 100	

【例6-16】应交税费的实际缴纳。12月9日，填开中华人民共和国税收专用缴款书，缴纳上月未交增值税60 000元；填开中华人民共和国税收通用缴款书，预交上月应交所得税45 000元、缴纳上月应交城市维护建设税9 800元、应交教育费附加4 200元和地方教育附加2 800元。国库经收处（纳税人的开户银行）收款盖章后退缴款单位的第一联（收据）作完税凭证。

【分析】该经济业务：❶使企业的法定负债项目**应交税费**减少121 800元；❷通过银行支付121 800元；❸该业务为付款业务，应根据以下分录填制付款凭证：

借：应交税费——应交所得税　　45 000
　　　　　　——未交增值税　　60 000
　　　　　　——应交城市维护建设税　　9 800
　　　　　　——应交教育费附加　　4 200
　　　　　　——应交地方教育附加　　2 800
　贷：银行存款　　121 800

付7
附件2张

【例6-17】不记入“应交税费”账户并实行“三自”缴纳的印花税。12月27日，报税员报销购买购销合同应贴印花税票360元。❶收到印花税票销售凭证（第二联“购买单位记账”）；❷填制“付款审批表”报经有关部门负责人审核同意后，以现金付讫。

【分析】该经济业务：❶印花税是价内税费，应作为销售税费，使费用要素项目**税金及附加**增加360元；❷使资产要素项目**库存现金**减少了360元；❸该业务为付款业务，应根据以下分录编制付款凭证：

借：税金及附加——印花税　　360
　贷：库存现金　　360

付20
附件2张

三、营业外收支业务的核算

（一）营业外收支业务核算的主要内容

（1）**营业外收入，是指与企业正常的生产经营活动没有直接关系的各项收入**，包括处置非流动资产利得、债务重组利得、盘盈利得、捐赠利得、罚没收入等。营业外收入不是由企业经营资金耗费所产生的，不需要企业付出代价，因而无法与有关的费用支出相配比。

（2）**营业外支出，是指与企业正常的生产经营活动没有直接关系的各项支出**，包括处置非流动资产损失、债务重组损失、盘亏损失、捐赠支出、罚没支出、非常损失等。

需要特别指出的是：营业外支出并非为取得营业外收入而发生的，两者之间不存在配比关系，不能以营业外支出直接冲减营业外收入；同样，也不能以营业外收入直接抵冲营业外支出。发生营业外收入（支出）时，应按其净额进行核算，并直接增加（冲销）企业的利润总额。

形象比喻：

主营业务收入、其他业务收入、营业外收入的区别，好比农民种地，出售稻谷的收入属于“主营业务收入”，出售稻草的收入就是“其他业务收入”；在稻田里偶然挖到一罐金子，就是“营业外收入”。

（二）营业外收支业务核算应设置的主要账户

1.“营业外收入”账户

该账户用来核算企业各项营业外收入的发生及其结转情况，属于“**收入类**”账户，❶应按收入项目设置明细账进行明细分类核算；❷账户结构如图6-8所示。

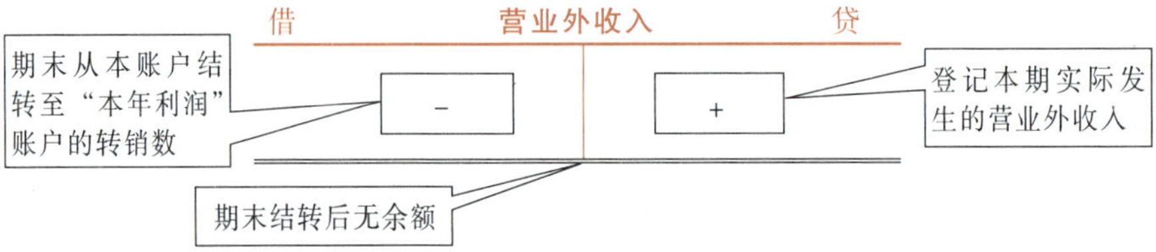

图6-8　“营业外收入”账户结构

2.“营业外支出”账户

该账户用来核算企业各项营业外支出的发生及其结转情况，属于“**费用类**”账户，❶应按支出项目设置明细账进行明细分类核算；❷账户结构如图6-9所示。

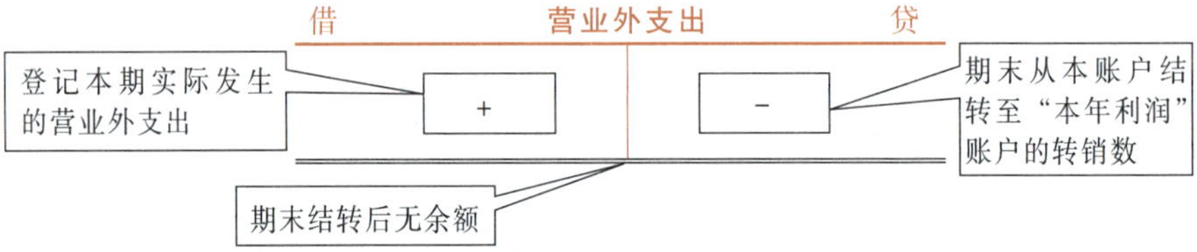

图6-9　“营业外支出”账户结构

（三）营业外收支业务核算举例

双庆市华盛机械公司2×23年12月份发生的有关营业外收支经济业务如下：

【例6-18】**无法支付的应付款项——不再符合负债的定义。**3年前应付大同市浩杰公司的货款5 600元，因浩杰公司倒闭，公司在12月13日按规定将其确认为营业外收入。填制无法支付应付款项确认单，并经公司董事会讨论决定按照有关规定作为营业外收入处理。

【分析】该经济业务：❶因债权单位倒闭，应付账款无法支付，已不再符合负债的定义，使非日常活动“利得”项目**营业外收入**增加5 600元；❷使企业负债项目**应付账款**减少5 600元；❸该业务为转账业务，应根据以下分录填制转账凭证：

借：应付账款——浩杰公司	5 600		转7
贷：营业外收入——无法支付应付款项		5 600	附件1张

【例6-19】**捐赠支出与罚没支出。**12月17日，通过银行向中国红十字会捐赠275 000元。❶收到的北京市行政事业单位收费发票上列示捐款金额275 000元；❷经审核无误后，填制“中国工商银行信汇凭证”办理付款手续，收到银行加盖转讫章的第一联（回单联）。

【分析】该经济业务：❶因公益性捐赠使非日常活动“损失”项目**营业外支出（捐赠支出）**增加275 000元；❷通过银行付款275 000元；❸该业务为付款业务，应根据以下分录填制付款凭证：

借：营业外支出——捐赠支出	275 000		付14
贷：银行存款		275 000	附件2张

四、利润总额计算确定的核算

上述本期发生的各项收入和费用，已在各有关收入类账户的贷方和有关费用类账户的借方进行了记录：❶汇总各收入类账户的贷方发生额，即为收入总额；❷汇总各费用类账户的借方发生额，即为费用总额；❸收入总额减费用总额，即为利润总额。

（一）“本年利润”账户设置及结构

按照我国会计准则的要求，企业一般应当按月核算利润，按月核算利润有困难的，经批准，也可以按季或者按年核算利润。在会计核算中，汇总收入总额、汇总费用总额以及计算确定利润总额，是通过设置“本年利润”账户来完成的。

“本年利润”账户是用来核算企业在一定时期内净利润形成或亏损发生情况的**“所有者权益类”**账户。❶该账户的登记应分为三个阶段：**计算确定利润总额或亏损总额、计算确定净利润或净亏损、结转净利润或净亏损至“本年利润——未分配利润”账户**；❷账户结构如图6-10所示。

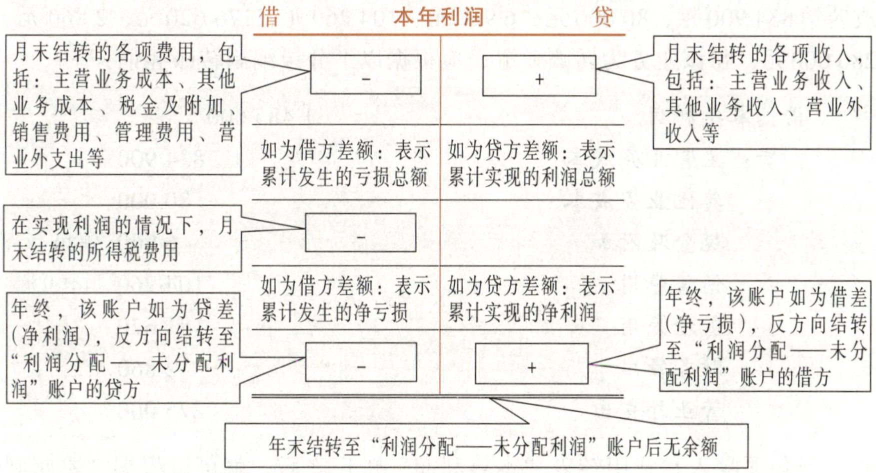

图6-10　“本年利润”账户结构

（二）利润总额计算确定核算举例

根据第五章【例5-1】至【例5-37】和本章【例6-1】至【例6-19】中有关损益类账户的记录，汇总整理后的本月各损益类账户的发生额见表6-4。

表6-4　**本月各损益类账户发生额汇总表**

2×23年12月31日　　　　单位：元

收入类账户	贷方发生额	费用类账户	借方发生额	费用类账户	借方发生额
主营业务收入	1 796 000	主营业务成本	834 900	管理费用	181 620
其他业务收入	84 000	其他业务成本	80 000	财务费用	2 860
营业外收入	5 600	税金及附加	6 960	营业外支出	275 000
收入合计：1 885 600		销售费用	104 260	费用合计：1 485 600	
利润总额=1 885 600−1 485 600=400 000（元）					

【例6-20】根据表6-4汇总的各收入类账户的贷方发生额，反方向转记至“本年利润”账户的贷方，进行各项收入的汇总。

【分析】该经济业务：❶通过“本年利润”账户的贷方汇总了本期发生的收入总额，使所有者权益要素项目**本年利润**增加1 885 600元；❷转销有关收入类账户的贷方发生额，使收入类要素项目**主营业务收入**、**其他业务收入**、**营业外收入**分别减少或转销1 796 000元、84 000元、5 600元；❸该业务为转账业务，应根据以下分录编制转账凭证：

借：主营业务收入	1 796 000		
其他业务收入	84 000		转29
营业外收入	5 600		附件1张
贷：本年利润		1 885 600	

【例6-21】根据表6-4汇总的各费用类账户的借方发生额，反方向转记至“本年利润”账户的借方，进行各项费用的汇总。

【分析】该经济业务：❶通过“本年利润”账户的借方汇总了本期发生的费用总额，使所有者权益要素项目**本年利润**减少1 485 600元；❷转销有关费用类账户的借方发生额，使费用类要素项目**主营业务成本**、**其他业务成本**、**税金及附加**、**销售费用**、**管理费用**、**财务费用**、**营业外支出**分别减少或转销834 900元、80 000元、6 960元、104 260元、176 620元、2 860元、280 000元；❸该业务为转账业务，应根据以下分录编制转账凭证：

借：本年利润	1 485 600		
贷：主营业务成本		834 900	
其他业务成本		80 000	
税金及附加		6 960	转30
销售费用		104 260	附件0张
管理费用		181 620	
财务费用		2 860	
营业外支出		275 000	

当各项收入和费用转入“本年利润”账户之后，就可以根据“本年利润”账户的借、贷方记录的各项收入利得和费用损失，计算确定企业的利润总额。本月收入费用结转的T形“本年利润”账户的记录如图6-11所示。

借方	本年利润		贷方
主营业务成本	834 900	主营业务收入	1 796 000
其他业务成本	80 000	其他业务收入	84 000
税金及附加	6 960	营业外收入	5 600
销售费用	104 260		
管理费用	181 620		
财务费用	2 860		
营业外支出	275 000		
本月借方发生额：	1 485 600	本月贷方发生额：	1 885 600

图6-11 T形“本年利润”账户记录

“本年利润”账户的贷方发生额1 885 600元与借方发生额1 485 600元的差额400 000元（贷差400 000元），为双庆市华盛机械公司本月实现的利润总额。

第三节 净利润的形成及其分配业务的核算

一、净利润形成业务的核算

（一）净利润形成业务的内容

净利润是利润总额扣除应纳所得税所形成的所得税费用后的结果，所以，净利润形成业务的内容包括应纳所得税的计缴和净利润的计算确定。

1.应纳所得税的计缴

根据企业所得税法的规定，企业应纳所得税采取：“按年计算、分期据实预缴、年终汇算清缴”的方式。其中：❶“按年计算”是指按照一个会计年度作为所得税的纳税期；❷“分期据实预缴”是指按月或按季（分期）实现的利润总额（据实）和规定的所得税税率计算应纳所得税额，应当自月份或者季度终了之日起十五日内，向税务机关报送预缴企业所得税纳税申报表，预缴税款；❸“年终汇算清缴”是指对企业按照企业会计准则计算的利润总额（会计利润），按照所得税法的规定进行调整后的应税所得额和适用税率计算的应纳所得税额，扣除已据实预缴的所得税税额，计算应补缴或应退还的所得税税额。

特别提示：

应税所得额的税前调整项目，及其在下一年度的4月30日前进行并完成的年终汇算清缴的内容，将在后续的中级财务会计学相关课程教材中阐述。

2.净利润的计算确定

净利润的计算确定也是通过“本年利润”账户来实现的，即在本期利润总额通过“本年利润”账户实现的基础上，将本期所得税费用通过“所得税费用”账户反方向转入“本年利润”账户的借方后，“本年利润”账户如为贷方差额：表示本期实现的净利润或累计实现的净利润。

（二）净利润形成业务核算应设置的主要账户

1.“所得税费用”账户

该账户是用来核算企业按月（或按季）应预缴的所得税额所形成的所得税费用增减变化情况的“损益类”账户。该账户的结构如图6-12所示。

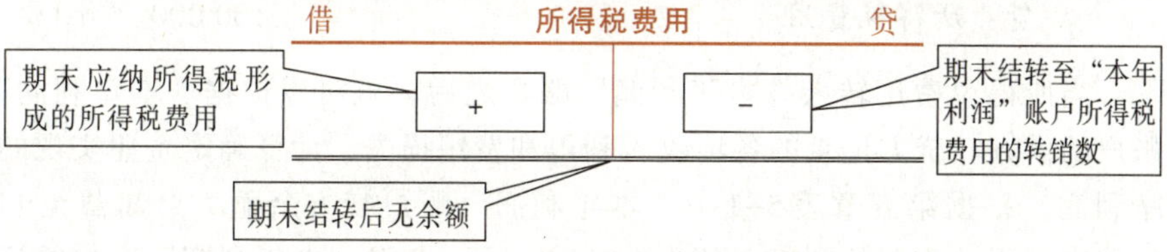

图6-12 “所得税费用”账户结构

2.“应交税费——应交所得税”账户

该账户是用来核算企业应纳所得税增减变化情况的负债类账户。该账户的结构如图6-13所示。

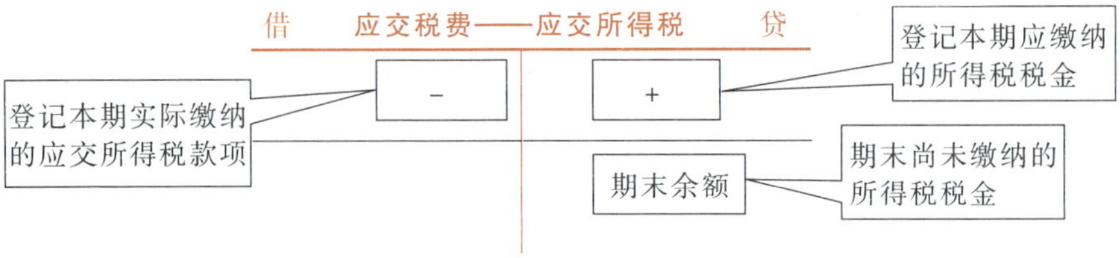

图 6-13 “应交税费——应交所得税”账户结构

净利润形成业务核算除应设置以上两个主要账户外，还应设置“本年利润”账户，其账户结构参见图 6-10。

（三）净利润形成业务核算举例

【例 6-22】预缴所得税税额计算——产生负债并形成所得税费用。根据前述内容，我们已经确定双庆市盛华机械公司本期实现的利润总额为 400 000 元，按照 25% 的所得税税率计算本期应纳所得税并形成所得税费用 100 000 元（假设没有纳税调整项目）。本期应纳所得税 100 000 元在计算出来后，一般在当期并不实际缴纳，所以在形成所得税费用的同时也产生了一项负债。

【分析】该经济业务：❶使负债要素项目**应交税费**增加 100 000 元，应贷记“应交税费”账户；❷使费用要素项目**所得税费用**增加 100 000 元，应借记“所得税费用”账户；❸该业务为转账业务，应根据以下分录编制转账凭证：

借：所得税费用	100 000		转 31
贷：应交税费——应交所得税		100 000	附件 1 张

【例 6-23】结转本月所得税费用——反方向转记至“本年利润”账户，计算确定本月净利润。根据前述内容，我们已经确定双庆市盛华机械公司本期应纳所得税并形成所得税费用 100 000 元。

【分析】该经济业务：❶使所有者权益要素项目**本年利润**减少 100 000 元，应借记“本年利润”账户；❷转销有关费用类账户的借方发生额，反方向转入“本年利润”账户的借方，使费用类要素项目**所得税费用**减少 100 000元，应贷记“所得税费用”账户；❸该业务为转账业务，应根据以下分录编制转账凭证：

借：本年利润	100 000		转 32
贷：所得税费用		100 000	附件 1 张

当所得税费用转入“本年利润”账户之后，就可以根据“本年利润”账户的借方、贷方记录的各项收入利得和费用损失，计算确定企业实现的净利润。根据第五章表 5-1 中“本年利润”账户贷方余额，可知截至 11 月末本年累计实现的利润总额为 1 050 000元，T形“本年利润”账户的记录如 6-14 所示。

“本年利润”账户的期末贷方差额 1 350 000元，即为双庆市华盛机械公司本年实现的净利润（税后利润）。

借方	本年利润		贷方
【例6-21】结转本月费用及损失	1 485 600	12月月初余额：	1 050 000
【例6-23】结转本月所得税费用：	100 000	【例6-20】结转本月收入及利得	1 885 600
		月末贷方差额：	1 350 000

图6-14 T形“本年利润”账户记录

拓展阅读

本年利润结转计算的“账结法”和“表结法”

企业计算确定本年利润，包括：本期利润总额、净利润和本年累计利润总额、累计净利润的具体方法有“账结法”和“表结法”两种。

1.本年利润结计的“账结法”

账结法，是指在会计期末（一般是指月末）将各损益类账户发生额全部转入“本年利润”账户，通过“本年利润”账户借方发生额与贷方发生额的记录，结算出本期损益总额和本年累计损益额的方法。在这种方法下需要在每个会计期末通过编制结账分录，结清各损益类账户。上述【例6-20】【例6-21】【例6-23】就是“账结法”的具体运用。

2.本年利润结计的“表结法”

表结法，是指在会计期末（月末）各损益类账户余额不进行转账处理，而是通过编制利润表进行利润的结算，根据损益类账户的本期发生额、本年累计发生额填报利润表，在利润表中直接计算确定利润总额和净利润额，年终，在年度会计决算时再用“账结法”，将各损益类账户全年累计发生额通过编制结账分录转入“本年利润”账户。

二、净利润分配业务的核算

财务成果的分配，是指企业在实现利润的情况下，对净利润按照《公司法》及公司章程的有关规定和程序在有关方面进行分配。

（一）利润分配的主要内容和分配顺序

在不需要用当年利润弥补亏损的情况下，净利润一般按照下列顺序进行分配：

1.提取法定盈余公积

法定盈余公积，是企业根据我国《公司法》的规定，按本年税后利润的10%提取的公共积累。法定盈余公积的目的主要是培根固基，抵销物价变动的影响以及弥补亏损或转增资本等。

重点提示：

当企业法定盈余公积达到企业注册资本的50%时，可不再提取。转增资本后的企业盈余公积的数额不得少于其注册资本的25%。

2.提取任意盈余公积

任意盈余公积，是指企业按照公司董事会、股东大会或者类似权力机构的决议，按照所批准的比例从净利润中提取的公共积累。通过任意盈余公积的提取，减少了当期可以分派股利的利润额，其目的在于保持财力以应付特殊情况。如果企业估计将来有足够的现金流入，也可以不提取任意盈余公积。

3.向投资者分配利润或股利（俗称“分红”）

企业当年提取了盈余公积后的净利润，加上年初未分配利润，为当年可供分配的利润，可在各投资者之间按照投资比例进行分配。

4. 未分配利润

未分配利润，是指可供投资者分配的利润在扣除实际向投资者分配的利润后的部分。未分配利润是企业留待以后年度进行分配的利润，它是企业所有者权益的一个重要部分。相对于所有者权益的其他部分来讲，企业对未分配利润的安排有较大的自主权。

（二）净利润分配业务应设置的主要账户

1. “利润分配”账户

该账户是核算企业按照规定的项目进行的利润分配（或未弥补的亏损）和历年分配（或弥补）后的积存余额的“所有者权益类”账户。❶按利润分配项目设置明细账进行明细分类核算；❷账户结构如图 6-15 所示。

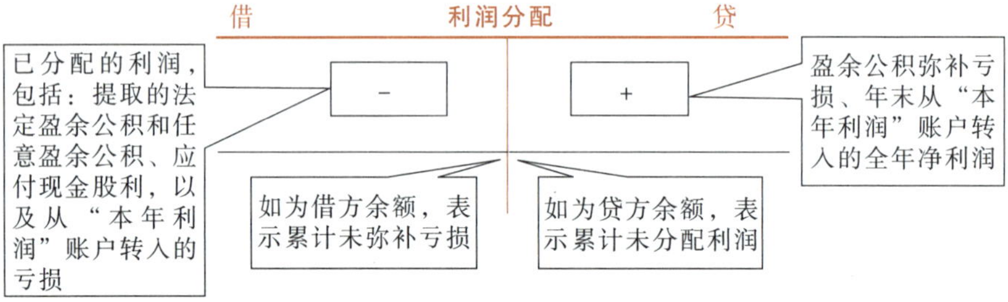

图 6-15　“利润分配”账户结构

由于该账户核算的项目较多且各项目之间差异较大，所以该账户的结构分为以下几个明细账户进行说明：

（1）“利润分配——提取法定（或任意）盈余公积”账户：❶借方登记年末按规定提取的法定（或任意）盈余公积；❷贷方登记年末转入“利润分配——未分配利润”账户借方的已提取的法定（或任意）盈余公积；❸年终结转后，该明细账户无余额。

（2）“利润分配——应付利润”账户：❶年末，借方登记按规定已经分配给投资者的利润；❷年末，贷方登记转入“利润分配——未分配利润”账户借方的本年度已分配给投资者的利润；❸年终结转后无余额。

（3）“利润分配——未分配利润”账户：核算企业本年度实现的净利润（或发生的亏损）与已分配利润，并确定未分配利润（或未弥补亏损）及历年积存的未分配利润（或未弥补亏损）。❶年终，借方登记由“利润分配——（各分配项目明细账）”账户转来的已分配利润（或由“本年利润”账户转来的本年度亏损）；❷贷方登记年末由“本年利润”账户转来的本年度实现的净利润；❸年末如为贷方余额，则表示历年来累计的未分配利润；❹年末如为借方余额，则表示历年来累计的未弥补亏损。

重点提示：

为了更清楚地反映年终利润分配和未分配利润余额的形成情况，是否可以将“利润分配——未分配利润”的二级账户“未分配利润”提升为一级账户？

2. “盈余公积”账户

该账户核算企业按规定从净利润中计提及使用的盈余公积，属于“所有者权益类”账户。❶该账户分别按照“法定盈余公积”和“任意盈余公积”进行明细分类核算；❷账户结构如图 6-16 所示。

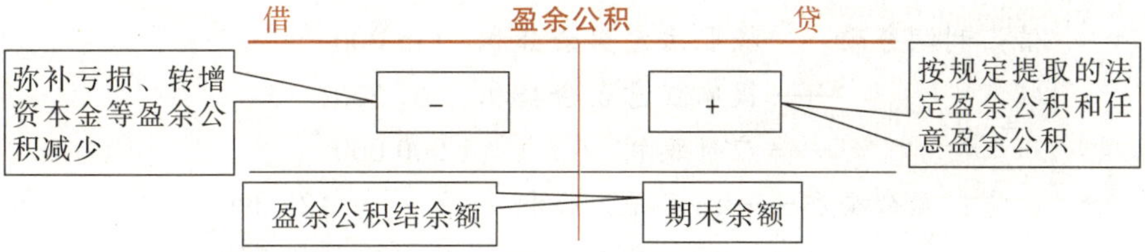

图 6-16 “盈余公积”账户结构

3.“应付股利”账户

该账户核算企业宣告利润分配方案后应付给投资者的利润（或股利）的“负债类”账户。❶该账户按照投资者设置明细账，进行明细分类核算；❷账户结构如图 6-17 所示。

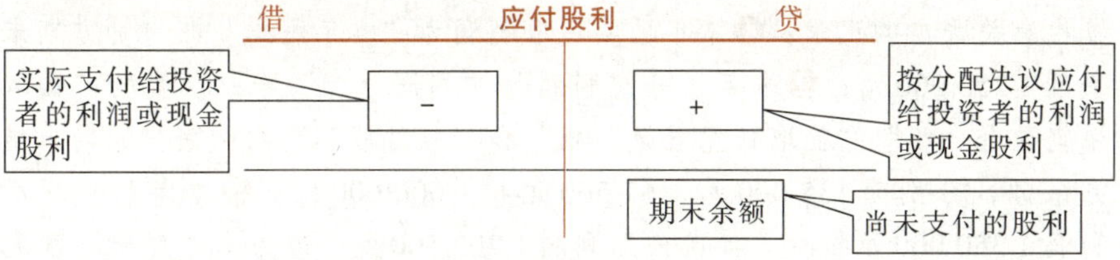

图 6-17 “应付股利”账户结构

（三）净利润分配业务核算举例

双庆市华盛机械公司 2×23 年 12 月份发生的有关利润分配业务如下：

【例 6-24】可供分配利润的计算及利润分配。❶本年可供分配利润为 1 357 500 元（扣除盈余公积后的本年净利润 1 147 500 元加“利润分配”账户年初贷方余额 210 000 元）；❷公司董事会决议批准分配利润 1 000 000 元；❸按照年末各投资者投资额比例（洋河机械公司占 45%；永强机械公司占 45%；彩虹机械公司占 10%）进行利润分配。根据上述资料，整理编制“可供分配利润计算及利润分配表”，见表 6-5。

表 6-5 **可供分配利润计算及利润分配表**

2×23 年 12 月 31 日 单位：元

项 目	金 额	项 目	金 额
全年净利润	1 350 000	可供分配的净利润	1 357 500
全年应提取法定盈余公积（10%）	135 000	应付利润（董事会决议批准分配）	1 000 000
全年应提取任意盈余公积（5%）	67 500	其中：洋河机械公司（占 45%）	450 000
扣除盈余公积后的本年净利润	1 147 500	永强机械公司（占 45%）	450 000
加：年初未分配利润	210 000	彩虹机械公司（占 10%）	100 000

【分析】该经济业务：❶以提取法定盈余公积、任意盈余公积和向投资者分配利润的形式，使抵减本年利润的利润分配项目**提取法定盈余公积**增加 135 000 元、**提取任意盈余公积**增加 67 500 元、**应付股利**增加 1 000 000 元；❷使留存收益项目**盈余公积**增加 202 500 元及负债项目**应付股利**增加 1 000 000 元；❸该业务为转账业务，应根据以下分录填制转账凭证：

借：利润分配——提取法定盈余公积 135 000
　　　　　　——提取任意盈余公积 67 500
　　　　　　——应付股利 1 000 000
　贷：盈余公积——法定盈余公积 135 000
　　　　　　——任意盈余公积 67 500
　　　应付股利——洋河公司 450 000
　　　　　　——永强公司 450 000
　　　　　　——彩虹公司 100 000

转33
附件1张

【例6-25】已实现的利润和已分配利润的结转及未分配利润的计算。查找有关账户的记录：❶本年已实现净利润为“本年利润”账户贷方期末余额1 350 000元；❷本年已分配利润为“利润分配”账户所属的“提取法定盈余公积”、“提取任意盈余公积”和“应付股利”明细账户的期末借方余额，分别为135 000元、67 500元和1 000 000元；❸本年已实现净利润1 350 000元扣除本年已分配利润1 202 500元，即为本年度未分配利润147 500元，加上年初未分配利润210 000元，即为累计结存的未分配利润357 500元。

具体操作步骤如下：❶将已实现净利润（“本年利润”账户的贷方余额）反方向转入“利润分配——未分配利润”账户的贷方；❷将已分配利润（“利润分配”及其所属明细账户借方余额）反方向转入“利润分配——未分配利润”账户的借方；❸“利润分配——未分配利润”账户年末贷方余额，即历年积存的未分配利润。以上账务处理资料整理后见表6-6。

表6-6 **已实现和已分配利润结转及未分配利润计算表**

2×23年12月31日　　单位：元

账户名称 \ 结转情况		结转前余额		实际结转		结转后余额	
		借方	贷方	借方	贷方	借方	贷方
本年利润			1 350 000	1 350 000		无	无
利润分配	提取法定盈余公积	135 000			135 000	无	无
	提取任意盈余公积	67 500			67 500	无	无
	应付股利	1 000 000			1 000 000	无	无
	未分配利润		210 000	1 202 500	1 350 000		357 500

【分析1】**结转本年已实现的利润，结转“本年利润”账户至“利润分配——未分配利润”账户。**

该经济业务：❶使用来计算本年实现的净利润的“本年利润”账户已登记完毕，应予以反方向结平，即借记“本年利润”账户；❷使用来计算未分配利润的“利润分配——未分配利润”账户增加应予以贷记；❸该业务为转账业务，应根据以下分录填制转账凭证：

借：本年利润　　1 350 000
　贷：利润分配——未分配利润　　1 350 000

转34
附件1张

【分析2】**结转本年已分配的利润至“利润分配——未分配利润”账户，计算累计未分配利润。**

该经济业务：❶企业用来反映已分配利润的“提取法定盈余公积”、“提取任意盈余公积”和“应付利润”等明细账户的登记已完毕，应予以反方向结平，即贷记“利润分配”账户及其所属明细账户；❷将已分配的利润结转至用来计算未分配利润的“利润分配——未分配利润”账户，以抵减本年已实现的利润，借记“利润分配——未分配利润”账户，通过该账户计算累计未分配利润；❸该业务为转账业务，应根据以下分录填制转账凭证：

借：利润分配——未分配利润　　1 202 500
　贷：利润分配——提取法定盈余公积　　135 000
　　　　　　——提取任意盈余公积　　67 500
　　　　　　——应付利润　　1 000 000
摘要：原始凭证1张附在“转34”凭证上。

转35
附件0张

第四节　账户按用途结构的分类

画龙点睛：从账户的特性中概括出共性，掌握各类账户在设置和具体运用方面的规律性。

通过第五章和本章结合制造业企业主要经济业务的处理，阐述了一系列具有代表性的账户及其应用，我们知道了每个账户都是从某一个侧面反映和监督会计要素的变化过程和结果，每个账户都有既定的适用范围和专门用途，各账户之间具有明显的区别，这对于正确使用每一个账户反映不同的经济业务是十分必要的。但是，账户彼此之间并不是孤立的，而是相互关联地形成一个完整的账户体系。经济业务内容的内在联系和某些账户在使用方法上的共同点，决定了各账户之间又是相互联系的。为此要从账户的特性中概括出共性，以便掌握各类账户在设置和提供会计指标方面的规律性，并从实践操作上了解账户的内容、用途和结构。

一、账户按用途和结构分类的意义

账户按经济内容分类，对于在会计核算中，正确地区分账户的经济性质，科学地设置账户并向信息使用者提供管理与决策需要的各种核算数据具有重要的意义，并为编制会计分录时确定借贷方向提供了方便。但是，要想深入地理解和掌握账户在提供核算指标方面的规律性，正确地设置和运用账户来记录经济业务，还有必要掌握账户如何按用途和结构分类。

账户按经济内容分类，可以使我们了解完整的账户体系包括哪些账户，各类账户所核算的会计对象的具体内容是什么。这对于正确地区分账户的经济性质，合理地设置和运用账户以满足经营管理的需要具有重要意义。但是，仅按经济内容对账户进行分类，还不能使我们了解各种账户的作用，以及它们是如何向会计信息的使用者提供所需的信息的。为了正确地设置和运用账户来记录经济业务，掌握账户在提供会计信息方面的规律性，就需要在按经济内容分类的基础上，进一步研究账户如何按用途和结构分类。

账户的用途，**是指设置和运用账户的目的，即通过账户记录能提供什么会计核算指标。**账户的结构，**是指账户如何记录经济业务并提供会计核算指标。**在借贷记账法下，账户的结构会说明账户的借方和贷方分别记录什么内容，期末有无余额，期末余额应在账户的哪一方，表示什么经济含义。

知识扩展：

您知道实账户（亦称资产负债表账户）和虚账户（亦称利润表账户）的概念吗？

账户的经济内容决定账户的本质，它是账户分类的基础和出发点，账户的用途和结构直接或间接地依存于账户的经济内容，其一般规律是反映同类经济内容的账户，其账户的用途也应当是相通的。例如，企业的资产类账户，其用途是提供各种资产的实有数额及其增减变化情况，因此它们的结构是借方登记增加数，贷方登记减少数，期末余额在借方，表示期末资产的实际结存数。但受管理要求的影响，账户并不完全是按其反映的经济内容设置的，两者的分类不可能完全一致。**一方面，经济内容属于相同类别的账户，可能具有不同的用途和结构，**例如"固定资产"和"累计折旧"账户都属于资产类账户，都是用来核算企业的固定资产的，但它们的用途和结构却不同；**另一方面，经济内容属于不相同类别的账户，却可能具有相同或相似的用途和结构，**例如"应收账款"和"预收账款"账户，虽然经济内容分别属于资产类账户和负债类账户，但它们的用途和结构却相同。由此可见，账户按经济内容的分类虽然是最基本的分类，但它不能代替账户按用途和结构的分类。账户按用途和结构的分类就是在账户按经济内容分类的基础上，对用途和结构基本相同的账户进行归类，是对账户按经济内容分类的必要补充，以便更加准确地掌握和熟练地运用账户来记录企业的经济业务。

二、账户按照用途和结构的具体分类

现以制造业企业为例，说明在借贷记账法下，按用途和结构分类的账户体系。按用途和结构分类的账户体系，包括基本账户、调整账户、成本账户和损益计算账户四大类。❶基本账户具体又可分为盘存账户、结算账户、投资权益账户和跨期摊配账户；❷调整账户又可分为备抵账户、附加账户和备抵附加账户；❸成本账户具体又可分为集合分配账户、成本计算账户和计价对比账户；❹损益计算账户具体又可分为收入计算账户、费用计算账户和财务成果计算账户。以下简要说明各类账户的用途、结构和特点：

（一）盘存账户

盘存账户，是用来核算企业各项货币性资产、实物资产的增减变动及

其结存情况的账户。它是任何企业都必须设置的基本账户。这类账户的结构是：❶借方登记增加数；❷贷方登记减少数；❸期末余额在借方，表示其实际结存数。盘存账户基本结构如图6-18所示。

盘存账户

期初余额：期初货币性资产和实物资产的结存金额 发生额：本期货币性资产和实物资产的增加金额	发生额：本期货币性资产和实物资产的减少金额
期末余额：期末货币性资产和实物资产的结存金额	

图6-18　盘存账户基本结构

盘存账户主要包括："库存现金""银行存款""交易性金融资产""原材料""库存商品""在建工程""固定资产"等账户。**其特点有二：**其一，可以通过实物盘点或对账的方法确定其实有数，并通过实有数与账面数进行核对，以查明实存的财产物资和货币性资产在管理上及使用上存在的问题；其二，盘存账户，除"库存现金"、"银行存款"和"交易性金融资产"账户外，其余账户的明细账都可以提供金额和实物数量两种指标。

多重属性：

当"生产成本""材料采购"账户有余额时，分别表示在产品、在途材料，具有盘存账户的属性。

（二）结算账户

结算账户，是用来核算企业与其他单位或个人之间发生的债权、债务结算业务的账户。结算业务性质的不同，决定了结算账户具有不同的用途和结构，一般可分为以下三类：❶债权结算账户；❷债务结算账户；❸债权债务结算账户。

（1）债权结算账户，**亦称资产结算账户，是专门用来核算企业与各债务单位或个人之间的债权（应收、暂付）结算业务的账户**。这类账户的基本结构是：❶借方登记增加数；❷贷方登记减少数；❸期末余额一般在借方，表示期末尚未收回或冲销的债权实有数。债权结算账户的基本结构如图6-19所示。

债权结算账户

期初余额：期初尚未收回的应收款项及未结算的预付款 发生额：本期应收款项及预付款项的增加数	发生额：本期应收款项及预付款项的减少额
期末余额：期末尚未收回的应收款项及未结算的预付款	

图6-19　债权结算账户基本结构

债权结算账户主要包括："应收票据""应收账款""预付账款""其他应收款"等账户。

（2）债务结算账户，**亦称负债结算账户，是用来核算企业与各债权单**

位或个人的债务（应付、暂收）结算业务的账户。这类账户的基本结构是：❶贷方登记增加数；❷借方登记减少数；❸期末余额一般在贷方，表示期末尚未偿还债务的实有金额。债务结算账户的基本结构如图6-20所示。

债务结算账户

	期初余额：期初尚未偿还的应付款项及未结算的预收款
发生额：本期应付款项及预收款项的减少额	发生额：本期应付款项及预收款项的增加额
	期末余额：期末尚未偿还的应付款项及未结算的预收款

图6-20 债务结算账户基本结构

债务结算账户主要包括："短期借款""应付票据""应付账款""预收账款""应付职工薪酬""应交税费""应付利润""其他应付款""长期借款""应付债券"等账户。

（3）债权债务结算账户，**亦称往来结算账户，是用来核算企业与其他单位或个人之间的往来结算业务的账户**。企业在实际经营活动中，常常与某些企业发生往来业务，在与同一个单位发生往来业务的过程中，企业有时充当债权人的角色，有时又充当债务人的角色。于是，为了便于集中反映企业与同一单位发生的债权、债务的往来结算情况，就有必要设置和运用既属债权结算，又属债务结算的往来账户，即资产和负债双重性账户。

如企业不单独设置"预收账款"账户，可按规定将预收货款的业务并入"应收账款"账户核算，于是"应收账款"账户就成了债权债务结算账户，既要反映债权的发生及收回，又要反映债务的发生及偿还。

对于不单独设置"预付账款"账户，而将预付货款的业务并入"应付账款"账户核算的单位，"应付账款"账户就属于债权债务结算账户。除此之外，企业在经济业务处理中，所运用的"其他往来""待处理财产损溢"等账户，也均属于债权债务结算账户。

债权债务结算账户的基本结构是：❶借方登记债权的增加数及债务的减少数；❷贷方登记债务的增加数及债权的减少数；❸期末余额如在借方，表示月末尚未收回的债权大于月末尚未偿付的债务的差额；❹期末余额如在贷方，表示期末尚未偿还的债务大于期末尚未收回债权的差额。债权债务结算账户基本结构如图6-21所示。

债权债务结算账户

期初余额：期初债权大于债务的差额 发生额：本期债权增加额 本期债务减少额（或偿还）	或：期初余额：期初债务大于债权的差额 发生额：本期债务增加额 本期债权减少额（或收回）
期末余额：期末债权大于债务的差额	或：期末余额：期末债务大于债权的差额

图6-21 债权债务结算账户基本结构

需要特别注意的是：❶债权债务结算账户的期末余额，无论在借方，还是在贷方，并不表示债权或债务的实存额，而只表示期末债权、债务增减变动后的差额；❷该类账户所属明细账户的借方余额之和与贷方余额之和的差额，应当与总分类账户的余额相等；❸月末填制资产负债表不能根据总账账户余额的方向来判断余额的性质，而应根据明细分类账户余额的方向来判断是资产还是负债，从而真实地反映债权债务的实际情况。下面以将应收账款和预收账款业务合二为一的“应收账款”账户为例，说明该类账户的用途和结构。

【例6-26】M公司11月初应收甲公司的货款为50 000元，上月预收乙公司的货款为30 000元。本月发生的业务为：（1）向甲公司赊销商品50 000元；（2）从甲公司收回货款60 000元；（3）向丙公司预收货款90 000元；（4）向乙公司发货40 000元。

M公司“应收账款”账户登记的内容如图6-22所示。

借方	应收账款		贷方
期初余额	20 000		
（1）本期应收款增加数	50 000	（2）本期应收款减少数	60 000
（4）本期预收款减少数	40 000	（3）本期预收款增加数	90 000
发生额合计	90 000	发生额合计	150 000
		期末余额	40 000

图6-22 “应收账款”账户结构

结算账户的特点：一是必须按照发生结算业务的对方单位或个人名称设置明细分类账户；二是只提供金额指标。

（三）投资权益账户

投资权益账户，亦称资本账户，是用来核算企业投资者投入的原始资本以及生产经营过程中形成的归投资者享有的权益的增减变动及实有数额情况的账户。这类账户的结构是：❶贷方登记增加额；❷借方登记减少额；❸余额在贷方，表示所有者权益的实有额。投资权益账户基本结构如图6-23所示。

投资权益账户	
	期初余额：所有者投资的期初实有额
发生额：所有者投资的本期减少额	发生额：所有者投资的本期增加额
	期末余额：所有者投资的期末实有额

图6-23 投资权益账户基本结构

投资权益账户主要包括：“实收资本”“资本公积”“盈余公积”等账户。**其特点是**：按投资人设置明细账户进行明细分类核算，且只记录金额。

（四）集合分配账户

集合分配账户，是用来归集和分配生产经营过程中某个阶段所发生

的各种间接生产费用的账户。较为典型的是“制造费用”账户。企业在生产经营过程中，往往会发生一些不能或不便于直接计入某一成本计算对象，而应由多个成本计算对象共同负担的生产费用，为减少计算分配的工作量及加强各生产车间间接生产费用的预算控制，对这些费用先按其发生的地点进行归类集中，月末，再按一定的标准分配计入各个成本计算对象。于是，企业应先集合汇总这些费用的发生额，再于期末分配到各成本计算对象中。集合分配账户的基本结构是：❶借方登记生产车间各种间接生产费用的发生额；❷贷方登记期末按一定标准分配计入各个成本计算对象的转出额；❸期末经转出后无余额。集合分配账户基本结构如图6-24所示。

集合分配账户

发生额：生产车间各种间接生产费用的增加额	发生额：分配计入各个成本计算对象的转出额

图6-24　集合分配账户基本结构

集合分配账户的特点是：具有过渡性质，由于各项间接生产费用在期末要全部分配到各有关成本计算对象，因而没有期末余额。

提示：

该账户属于费用性资产账户。

（五）跨期摊配账户

跨期摊配账户，是用来核算预先一次性支付并应由超过一个会计年度的会计期间共同负担的费用的发生、分期摊销及摊余情况的账户。企业在生产经营过程中发生的受益期限超过1年的费用，按照权责发生制原则的要求，必须严格划分费用的归属期并合理地分摊到几个会计年度，以正确计算各个会计期间的损益。其账户的基本结构是：❶借方登记费用的实际发生数或支付数；❷贷方登记应由各个会计期间负担的费用摊配数；❸期末为借方余额，反映已发生或支付但尚未摊销的预付费用。跨期摊配账户基本结构如图6-25所示。

跨期摊配账户

期初余额：以前各期已支付但尚未摊销的预付费用 发生额：本期实际发生额或支付额	发生额：预付费用的本期摊销额
期末余额：已经支付但尚未摊销的期末预付费用	

图6-25　跨期摊配账户基本结构

（六）成本计算账户

成本计算账户，是用来核算生产经营过程中为生产或取得某一资产而发生的应计入成本的全部费用，并据以确定该资产（或成本计算对象）实际成本情况的账户。这类账户的结构是：❶借方登记应计入成本计算对象的全部费用（包括可直接计入各个成本计算对象的费用和分配转入各个成本计算对象的费用）；❷贷方登记已完工转出的各成本计算对象的实际成本；❸期末若有余额，一定在借方，表示尚未完成某一过程的成本计算对象的实际成本，如在途材料、在产品等。成本计算账户基本结构如图6-26所示。

成本计算账户

期初余额：上期尚未完工的某成本计算对象的实际成本 发生额：归集应计入成本计算对象的全部费用	发生额：经计算转出已完工的某成本计算对象的实际成本
期末余额：期末尚未完工的某成本计算对象的实际成本	

图6-26　成本计算账户基本结构

成本计算账户主要包括："材料采购""生产成本""在建工程"等账户。**其特点包括三个方面：**其一，均以各成本计算对象设置明细分类账户，进行明细分类核算；其二，各明细分类账户既要进行数量记录，也要进行金额记录；其三，若有余额，亦可列入盘存账户。

（七）收入计算账户

收入计算账户，是用来核算企业在一定时期取得的全部收入的确认及结转情况的账户。该类账户的结构是：❶贷方登记本期收入的增加额和用"红字"登记本期收入的冲销额；❷借方登记期末转入"本年利润"账户的收入转出数额；❸期末结转后本类账户无余额。收入计算账户基本结构如图6-27所示。

收入计算账户

发生额：期末转入"本年利润"账户的收入转出额	发生额：（1）本期确认的收入 （2）用**"红字"**登记销货退回收入的冲销额

图6-27　收入计算账户基本结构

收入计算账户主要包括："主营业务收入""其他业务收入""投资收益""营业外收入"等账户。**其特点是：**只需用金额记录且在期末转入"本年利润"账户后无余额，所以，收入计算账户具有明显的过渡性质。

（八）费用计算账户

费用计算账户，是用来核算企业在一定时期内所发生的，应当计入本期损益的各种费用的确认及结转情况的账户。该类账户的结构是：❶借方登记费用的增加额和用"红字"登记的费用冲销额；❷贷方登记期末转入"本年利润"账户的费用转出数额；❸期末结转后本类账户无余额。费用计算账户基本结构如图6-28所示。

费用计算账户

发生额：（1）本期确认的费用 （2）用"红字"登记费用的冲销额	发生额：期末转入"本年利润"账户的费用转出额

图 6-28 费用计算账户基本结构

费用计算账户主要包括"主营业务成本""税金及附加""其他业务成本""销售费用""管理费用""财务费用""营业外支出""所得税费用"等账户。**其特点是：**只需用金额记录且在期末转入"本年利润"账户后无余额，所以，费用计算账户具有明显的过渡性质。

（九）财务成果计算账户

财务成果计算账户，是用来核算（归集和汇总）企业在一定时期内全部收入和费用并计算确定税前利润（或亏损）和净利润及其结转情况的账户。较为典型的财务成果计算账户是"本年利润"账户。该账户的结构是：❶贷方登记期末从各收入计算账户反方向结转记入的本期收入金额；❷借方登记期末从各费用计算账户反方向结转记入的本期费用金额；❸期末余额若为贷方，则表示一定时期内收入大于费用的差额，即本期实现的利润总额或净利润；❹期末余额若为借方，则表示一定时期内收入小于费用的差额，即本期发生的亏损总额；❺年末如为净利润，需将"本年利润"账户的贷方余额反方向结转至"利润分配——未分配利润"账户的贷方；❻年末如为发生的亏损，需将"本年利润"账户的借方余额反方向结转至"利润分配——未分配利润"账户的借方，结转后该账户无余额。财务成果计算账户基本结构如图 6-29 所示。

财务成果计算账户

发生额：（1）期末从各费用计算账户转入的费用额（不包括所得税费用）	发生额：（1）期末从各收入计算账户转入的收入额
差额：发生的亏损总额（借方>贷方） 发生额：（2）从"所得税费用"账户转入的所得税费用	或差额：实现的利润总额（贷方>借方）
发生额：（3）结转至"利润分配——未分配利润"账户贷方的净利润转出额	差额：本年累计实现的净利润 或发生额：（2）结转至"利润分配——未分配利润"账户借方的净亏损转出额

图 6-29 财务成果计算账户基本结构

财务成果计算账户的特点有四点：其一，体现会计核算的配比原则，将一定时期发生的收入，与形成这些收入的耗费在空间和时间上通过该账户实行配比，反映经营结果；其二，任何一个报告期的期末余额，均为累计发生额；其三，只需提供价值指标；其四，年末结转其累计余额后，账户应无余额。

（十）调整账户

调整账户，是用来调整某些资产和权益账户（被调整账户）账面余额，以求得某些资产和权益账户（被调整账户）的实际余额的账户。

该类账户的设置和运用，需要明确两个问题：一是调整账户调整的对象仅限于某些资产或权益账户，需要调整的账户称为被调整账户，调整账户与被调整账户的结合，才能确定某项资产或权益的实际数额；二是某些资产或权益账户之所以需要调整，主要是由于管理上对某些会计要素项目需要用两种数字从不同的方面进行记录，这就需要设置两个账户，其中一个账户设置原始数字，反映原始状况，而另一个账户则反映对原始数字的调整数字，反映调整状况，将原始数字同调整数字相加或相减后，则可求得某些资产或权益的实际余额。调整账户按其调整方式不同可分为备抵账户、附加账户和备抵附加账户三类。

1.备抵账户

备抵账户，亦称抵减账户，是用来抵减被调整账户的余额，以求得被调整账户的实际余额的账户。其调整计算公式如下：

被调整账户的实际余额 = 被调整账户的账面余额 − 备抵账户的账面余额

可见备抵账户与其被调整账户存在着反方向关系，即当被调整账户的余额为借方（或贷方）时，则备抵账户的余额为贷方（或借方）。所以，备抵账户，按被调整账户的性质不同又分为：资产备抵账户和权益备抵账户两类。

（1）资产备抵账户，**是用来抵减某一资产账户（即被调整账户）余额，以求得该资产账户实际余额的账户。**例如，“累计折旧”账户是“固定资产”账户的备抵调整账户。

固定资产会随着生产经营过程中的使用而发生损耗，使其价值不断减少，按照账户的一般结构应记入“固定资产”账户的贷方，由此引发的结果是“固定资产”账户的借方余额只能反映固定资产的净值。从管理者的角度出发，管理者❶既需要明确固定资产的原始价值，以考察原有的投资或生产规模；❷又需要明确固定资产的净值，并通过与固定资产原始价值的对比以衡量固定资产的新旧程度和提供企业生产能力置换的决策依据；❸为满足以上要求，就需要“固定资产”账户必须始终保持其原始价值，而固定资产因损耗而减少的价值（即提取的折旧额）则记入“累计折旧”账户。

由于“累计折旧”账户核算的是固定资产的磨损情况，因而其属于资产类账户，又由于折旧是固定资产价值的减少，按照资产类账户的结构应记入“累计折旧”账户的贷方。期末，将“固定资产”账户的借方余额（即现有固定资产原值）减去“累计折旧”贷方余额（即现有固定资产已累计提取的折旧额），即可求得固定资产的净值或折余价值，从而形成“累计折旧”和“固定资产”账户之间的调整与被调整关系。“累计折旧”账户对“固定资产”账户的备抵调整方式，如图6-30所示。

被调整账户（固定资产）		调整账户（累计折旧）	
期末余额：某一会计事项（固定资产）原始价值 960 000			期末余额：该会计事项（固定资产）累计损耗价值 240 000

固定资产原始价值：	960 000
减：固定资产累计损耗价值	240 000
固定资产净值（账面价值）	720 000

图6-30　“固定资产”与“累计折旧”账户调整方式

相关链接：

读者在《中级财务会计》中会接触到更多的资产备抵账户。

此外，“坏账准备”账户也是一个资产备抵账户。“应收账款”账户的借方余额减去“坏账准备”账户的贷方余额，其差额表示应收账款的实有数额（预计可收回金额）。

（2）权益备抵账户，**是用来抵减某一所有者权益账户（即被调整账户）的余额，以获得该权益账户实际余额的账户**。如“利润分配”账户就是“本年利润”账户的备抵账户。

前已述及，“本年利润”账户年终结转前的贷方余额，反映着企业期末累计实现的利润数，“利润分配”账户期末借方余额反映已分配的利润数，用“本年利润”账户的贷方余额减去“利润分配”账户的借方余额，其差额反映期末尚未分配的利润数。“利润分配”账户对“本年利润”账户的抵减方式，如图6-31所示。

被调整账户（本年利润）		调整账户（利润分配）	
	期末余额：某一会计事项（本年已实现利润）的实际数额 1 860 000	期末余额：该会计事项（本年已分配利润）的实际数额 1 340 000	

本年已累计实现的利润额	1 860 000
减：本年已累计分配的利润额	1 340 000
未分配的利润额	520 000

图6-31　“本年利润”与“利润分配”账户调整方式

2. 附加账户

附加账户，亦称增加账户，是用来增加被调整账户的余额，以求得被调整账户实际余额的账户。附加账户对被调整账户的调整方式，可用下列计算公式表示：

$$\text{被调整账户的实际余额} = \text{被调整账户的账面余额} + \text{附加账户的账面余额}$$

可见，附加账户与被调整账户的结构相同，余额方向相同。在实际会计核算工作中，附加账户的运用较少。

3.备抵附加账户

备抵附加账户，是指既可用来抵减，又可用来附加被调整账户的余额，以求得被调整账户实际余额的账户。它兼有备抵账户与附加账户的双重功能，属于双重性质的账户。但是，备抵附加账户不能对被调整账户同时起两种作用，只能起附加作用或者是抵减作用。❶当其余额与被调整账户余额方向相同时，属于附加调整账户；❷当其余额与被调整账户余额方向相反时，属于备抵调整账户。较为典型的是制造业企业对材料的日常核算采用计划成本计价时，所设置的“材料成本差异”账户就属于备抵附加账户。

【例6-27】企业甲材料的计划成本是900元/吨，本次采购甲材料100吨。所采购甲材料的实际总成本是85 000元，计划总成本是90 000元。采购过程中实际成本较计划成本节约5 000元。应编制的会计分录（**略去增值税进项税额因素**）如下：

【分析1】采购材料，按照实际采购成本记入“材料采购”账户的借方。

知识准备：

需要提前了解“材料采购”账户的用途与结构，请先熟悉以下“（十一）计价对比账户”中的有关内容。

借：材料采购	85 000	
贷：银行存款		85 000

【分析2】原材料入库，按照计划成本记入“原材料”账户的借方，并由“材料采购”账户的贷方转出。

借：原材料	90 000	
贷：材料采购		90 000

【分析3】材料采购过程结束，形成材料采购节约差异（即贷差）5 000元（实际成本85 000-计划成本90 000），应由其反方向（即借方）转出，转入“材料成本差异”账户的贷方，表示购入材料的节约差。

借：材料采购	5 000	
贷：材料成本差异		5 000

这时，购入原材料的实际成本85 000元，就分别登记在“原材料”账户的借方90 000元（计划成本）和“材料成本差异”账户的贷方5 000元。由于“材料成本差异”账户的发生额在贷方，“原材料”账户的发生额在借方，于是，“材料成本差异”账户就对“原材料”账户起备抵调整作用，其调整方式如图6-32所示。

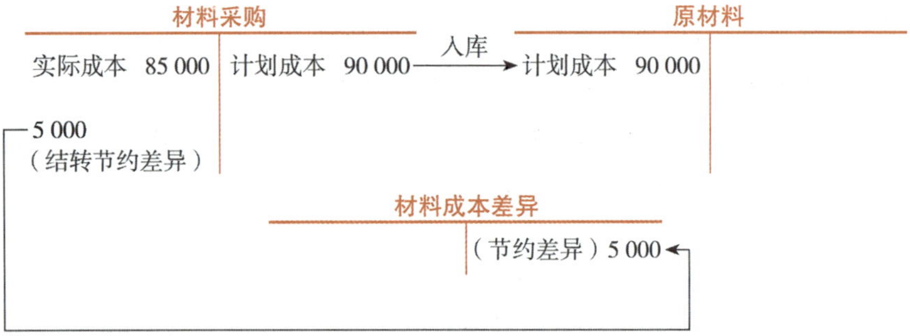

“原材料”账户的借方数字（计划成本）　　90 000
减：“材料成本差异”账户的贷方数字（节约额）：　　5 000
原材料的实际成本：　　85 000

图 6-32　“材料成本差异”与“原材料”账户的备抵调整方式

【例 6-28】假定上例所购材料的实际总成本变为 96 000 元，其他条件不变，则采购过程中超支 6 000 元。应编制的会计分录（**略去增值税进项税额因素**）如下：

【分析 1】采购材料，按照实际采购成本记入“材料采购”账户的借方。

借：材料采购	96 000	
贷：银行存款		96 000

【分析 2】原材料入库，按照计划成本记入“原材料”账户的借方，并由“材料采购”账户的贷方转出。

借：原材料	90 000	
贷：材料采购		90 000

【分析 3】材料采购过程结束，形成材料采购超支差异（即借差）6 000 元（实际成本 96 000-计划成本 90 000），应由其反方向（即贷方）转出，转入“材料成本差异”账户的借方，表示购入材料的超支差。

借：材料成本差异	6 000	
贷：材料采购		6 000

这时，购入原材料的实际成本 96 000 元，就分别登记在“原材料”账户的借方 90 000 元（计划成本）和“材料成本差异”账户的借方 6 000 元。由于“材料成本差异”账户的发生额和“原材料”账户的发生额同时在借方，于是，“材料成本差异”账户就对“原材料”账户起附加调整作用，其调整方式如图 6-33 所示。

综上所述，调整账户的特点有四点：其一，调整账户与被调整账户反映的经济内容相同，而用途及结构却不同。其二，被调整账户记录着会计要素的原始数额，而调整账户却记录着同一会计要素的调整数额，因此，调整账户不能脱离被调整账户而独立存在。其三，调整账户对被调整账户的调整方式是相加还是相减，主要取决于被调整账户与调整账户的余额是在同一方向还是相反方向，若在同一方向，则是相加调整方式；若在相反

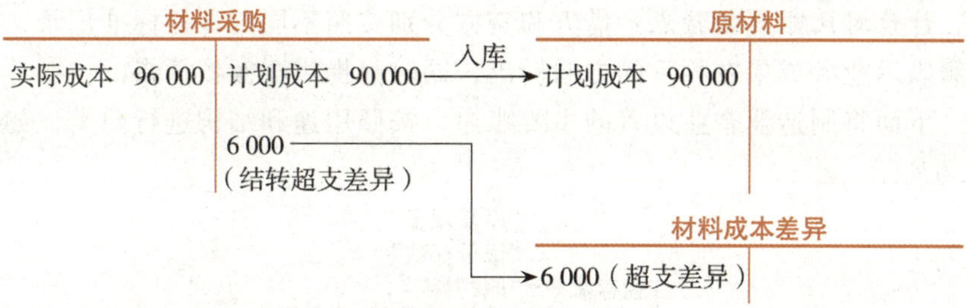

“原材料”账户的借方数字（计划成本）： 90 000
加：“材料成本差异”账户的借方数字（超支额）： 6 000
原材料的实际成本： 96 000

图 6-33 “材料成本差异”对“原材料”账户的附加调整方式

方向，则是相减调整方式。其四，调整账户对被调整账户的调整，只涉及金额调整，而不涉及数量调整。

（十一）计价对比账户

计价对比账户，是对某一要素的记录，按照两种不同的计价标准进行计价、对比，确定其业务成果的账户。该类账户的结构是：❶借方以一种计价标准记录某项计价业务；❷贷方以另一种计价标准记录同一项经济业务；❸期末将贷方和借方进行对比，据以确定业务成果。计价对比账户的基本结构如图 6-34 所示。

计价对比账户

发生额：（1）核算业务的第一种计价	发生额：（1）核算业务的第二种计价
借差：第一种计价大于第二种计价的差额 发生额：（2）贷差反方向结转到差异账户的贷方	贷差：第二种计价大于第一种计价的差额 发生额：（2）借差反方向结转到差异账户的借方

图 6-34 计价对比账户基本结构

典型的计价对比账户有“材料采购”“本年利润”“固定资产清理”“待处理财产损溢”等账户。下面以“材料采购”账户为例说明计价对比账户的结构。

按计划成本对企业材料进行日常核算的企业，应设置“材料采购”账户，❶借方登记采购材料的实际成本；❷贷方登记入库材料的计划成本；❸借方发生额和贷方发生额比较后的差额表示为节约额或超支额。“材料采购”这一计价对比账户的结构如图 6-35 所示。

“材料采购”账户

发生额：（1）外购材料的实际成本	发生额：（2）外购材料的计划成本
借差（实际成本大于计划成本的超支差异） 发生额：（3）材料采购节约差异转入“材料成本差异”账户的贷方	贷差（实际成本小于计划成本的节约差异） 发生额：（3）材料采购超支差异转入“材料成本差异”账户的借方

图 6-35 “材料采购”账户基本结构

学习重点：

有些账户按用途结构的分类可以归入不同的类别，结合账户按经济内容分类，学习账户按用途结构分类。

计价对比账户的特点：借方和贷方分别按照不同的计价标准记录，其差额表示业务成果在相反的方向转出，同时只提供金额核算指标。

下面将制造业企业设置的主要账户，按照用途和结构进行归类，如图6-36所示。

- 账户
  - 基本账户
    - 盘存账户
      - “库存现金”
      - “银行存款”
      - “原材料”
      - “库存商品”
      - “固定资产”等
    - 投资权益账户
      - “实收资本”
      - “资本公积”
      - “盈余公积”等
    - 结算账户
      - 债权结算账户
        - “应收账款”
        - “其他应收款”等
      - 债务结算账户
        - “应付账款”
        - “应付职工薪酬”
        - “应交税费”
        - “短期借款”
        - “长期借款”等
      - 债权债务结算账户——“其他往来”
    - 跨期摊配账户——“长期待摊费用”
  - 调整账户
    - 备抵账户
      - “坏账准备”
      - “累计折旧”
      - “存货跌价准备”等
    - 备抵附加账户——“材料成本差异”
  - 成本账户
    - 集合分配账户——“制造费用”
    - 成本计算账户
      - “生产成本”
      - “在途物资”等
    - 计价对比账户——“材料采购”
  - 损益计算账户
    - 收入计算账户
      - “主营业务收入”
      - “其他业务收入”
      - “营业外收入”等
    - 费用计算账户
      - “主营业务成本”
      - “税金及附加”
      - “其他业务成本”
      - “销售费用”
      - “管理费用”
      - “财务费用”
      - “营业外支出”
      - “所得税费用”等
    - 财务成果计算账户——“本年利润”

图6-36 制造业企业账户按用途和结构的分类归纳

会计与情商

会计论道与育人

君子报仇——另一种进取途径①

有一个人很不满意自己的工作，他愤愤地对朋友说：“我的老板一点也不把我放在眼里，改天我要对他拍桌子，然后辞职不干”。“你对于那家贸易公司完全弄清楚了吗?对于他们做国际贸易的窍门完全搞通了吗?”他的朋友反问。“没有”！“君子报仇三年不晚，我建议你好好地把他们的一切贸易技巧、商业文书和公司组织完全搞通，甚至连怎么修理影印机的小故障都学会，然后辞职不干。”他的

① 改编自：陈凯元，寇莹．报仇［EB/OL］．［2023-03-11］．http：//gs.198018.com/gushihui_21836/.

朋友建议，“你用他们的公司，做免费学习的地方，什么东西都通了之后，再一走了之，不是既出了气，又有许多收获吗?”那人听从了朋友的建议，从此便默记偷学起来，甚至下班还留在办公室研究写商业文书的方法。一年之后，那位朋友偶然遇到他：“你现在大概多半都学会了，可以准备拍桌子不干了吧。”“可是我发现近半年来，老板对我刮目相看，最近更总是委以重任，又升职、又加薪，我已经成为公司的红人了。”“这是我早就料到的!”他的朋友笑着说：“当初你的老板不重视你，是因为你的能力不足，却又不努力学习；而后你痛下苦功，担当日巨，当然会令他对你刮目相看。只知抱怨老板的态度，却不反省自己的能力，这是人们常犯的毛病啊!”

教授寄语：**如果你不被老板重视，不妨试试这种“报仇”方法。**

左右倒手关联交易，青岛华光被处罚

课堂在线练习

扫描下方“二维码”进行在线回答，回答完毕并提交后可参看正确答案与答案解析。

习题自测

关键术语

本年利润　盈余公积　利润分配　期间费用　账结法　表结法　结算账户　调整账户计价对比账户

复习思考

1.“利润分配”账户的性质、用途及结构方面的特点。

2.本年利润“账结法”与“表结法”的异同。

第七章　会计账簿

内容导读： 在第五章和第六章中，根据原始凭证运用借贷记账法编制以会计分录为核心内容的记账凭证，虽然对企业发生的经济业务进行了分类处理，但反映在记账凭证上的信息资料比较分散且不够系统，为此，必须将这些分散的信息资料通过完善的账簿系统，按照归属分门别类地记录并加以集中反映。会计账簿设置与登记是会计核算方法之一，对填制会计凭证与编制会计报表起着承前启后的作用。本章主要阐述：❶认识与了解会计账簿；❷熟悉会计账簿启用与登记的规则；❸掌握序时账簿设置与登记方法；❹掌握分类账簿设置与登记方法；❺了解对账内容及错账的查找方法，并掌握错账的更正方法；❻掌握期末结账的程序、内容及结账方法。在此基础上进一步理解会计账簿是为会计报告存储信息数据的簿籍。

[1] **画龙点睛：** 对会计账簿的初步认识。

第一节　会计账簿的意义及种类[1]

[2] **法律法规：** 我国《会计法》第三条明确规定：“各单位必须依法设置会计账簿，并保证其真实、完整。”

一、会计账簿的含义及作用

（一）会计账簿的含义及基本结构[2]

1.会计账簿的含义

在会计核算工作中，每项经济业务发生以后，首先要取得或填制会计凭证，并加以审核确认，然后据以在有关账户中进行登记。而账户则是按照规定的会计科目在账簿中分别设立的，根据会计凭证把经济业务记入有关的账户，就是指把经济业务记入设立在会计账簿中的账户。账簿，是指以会计凭证为依据，序时、连续、系统、全面地记录和反映企业等单位经济业务全部过程的簿籍。这种簿籍是由若干具有专门格式，又相互联结的账页组成的。账页一旦标明会计科目，这个账页就成为用来记录该科目所核算内容的账户。对会计账簿定义的理解应注意把握以下三点：❶账户是根据会计科目开设的，任何一个会计主体都应该为每一个会计科目开设相应的账户；❷一旦将会计科目填入具有一定格式的账页中，该账页就称为记录该会计科目所规定的内容的账户；❸由一系列具有专门格式且相互联结的账页所组成的簿籍就是会计账簿。

[3] **提示：** 即账页是账户的载体，账簿则是若干账页的集合。

2.会计账簿的基本结构

会计账簿一般由以下三部分组成：❶封面和封底——标明单位名称和账簿名称并保护扉页和账页；[3]❷记载与账簿使用有关事项的扉页——登记账簿须知、账簿启用及交接记录、账户目录；❸记录经济业务的账页——记录某项经济业务的增减变化及结果。

会计账簿的启用与交接表

（二）会计账簿的作用

设置账簿是会计工作的一个重要环节，登记账簿则是会计核算的一种专门方法。正确地设置和登记账簿对于进行会计核算具有重要意义。

（1）满足记录经济业务的要求，将分散在记账凭证中的资料进行汇总。❶就某一个特定账户来看，可用于连续记录某一特定方面的经济业务；❷就其所设置的全部账户来看，可以对企业发生的全部经济业务进行分门别类的全面记录。

（2）为会计报告进行数据加工和信息存储。会计报告所需要的数据资料，绝大部分来源于账簿。账簿的记录是否及时、详尽，数字是否真实、可靠，直接关系到会计报表的质量。所以，正确设置并登记账簿，为会计报表的及时准确编制提供了依据和保障。

（3）有利于开展会计检查和会计分析。账簿既是汇集、加工会计信息的工具，也是积累、储存经济活动情况的数据库。因此，利用账簿提供的资料，可以有效地开展会计检查和会计分析，提高企业经营管理水平。

二、会计账簿的分类

会计账簿的种类很多，为了具体地认识各种账簿的特点，更好地运用账簿的功能，应对会计账簿从不同的角度进行分类。

（一）按会计账簿的用途分类

会计账簿的用途主要是就其对会计报表编制的作用而言的，主要分为三种：序时账簿、分类账簿和备查账簿。

（1）序时账簿，也称日记账，是按照经济业务发生的时间先后顺序，逐日逐笔连续登记的会计账簿，在我国目前主要有：❶库存现金日记账；❷银行存款日记账。

（2）分类账簿，是指对所有的经济业务按照会计科目开设账户并进行分类登记的会计账簿。分类账簿按照提供的会计信息的详略程度不同，又可以分为两种：❶总分类账簿，按照总分类科目（即一级会计科目）开设账户并登记的会计账簿；❷明细分类账簿，按照明细分类科目（即二级、三级会计科目等）开设账户并登记的会计账簿。

（3）备查账簿，是指对一些在序时账簿和分类账簿中不能记载或记载不全的经济业务进行补充登记的账簿。相对于序时账簿和分类账簿这两种主要账簿而言，备查账簿属于辅助性账簿，它可以为经营管理提供参考资料，如委托加工材料登记簿、租入固定资产登记簿等。

（二）按会计账簿的外表形式分类

会计账簿的外表形式，主要是就其账簿登记的方便性和保管的安全性而言的。主要分为以下三种：

（1）订本式账簿（简称订本账）。这种账簿在启用前就已经将账页按顺序编号并装订成册。一些具有统驭作用的账簿及记录特别重要经济业务的账簿都应采用订本式账簿，如总分类账，发生频次较高且容易出问题的库存现金日记账、银行存款日记账等。❶其优点是可以避免账页的散失，防止账页被人为抽换，保证账簿的安全完整；❷其缺点是使用起来不够灵活，因其事先已连续编号，不易确定为每个账户预留多少账页，多预留会造成账页浪费，少预留不能保证账户记录的连续性。

(2) 活页式账簿（简称活页账）。这种账簿在启用前既不进行账页装订，也不按顺序连续编号，其账页放在账页夹中，记账人员可根据设置的账户和记账的需要随时取用和补充空白账页。❶明细分类账因其对经济业务逐项、逐笔记录且比较频繁，所以一般采用活页式账簿；❷活页账的优点是账页使用灵活方便，可根据需要选择账页用量的多少以减少浪费，同时便于记账人员的分工；❸活页账的缺点是账页平时散置，容易造成账页的散失或被人为抽换；❹为了保证活页账的安全与完整，应对已登记完的账页连续编号并存放；❺在会计期末，应将已记录经济业务的账页装订成册并连续编号，形成订本式账簿。

(3) 卡片式账簿（简称卡片账）。这种账簿是指用印有记账格式的卡片登记经济业务的账簿。❶卡片账是一种特殊的活页式账簿，对某些可以跨年度使用、无须经常更换的明细账，如固定资产明细账可采用卡片式账簿；❷为了保证账簿安全完整，放置在卡片箱内保管和使用；❸其优点和缺点与活页式账簿基本相同。

(三) 按会计账簿账页格式分类

会计账簿的账页格式，是就其账页的结构和会计科目规定的内容的特点而言的。主要分为以下三种：

(1) 三栏式账簿，**是将账页中登记金额的部分分为三个栏目，即借方、贷方和余额三栏。**这种格式适用于只需要提供价值核算信息，不需要提供数量核算信息的账簿，如总账和债权债务类明细账等。

(2) 数量金额式账簿，**是在借方、贷方和余额栏下分设三个栏目，用以登记财产物资的数量、单价和总金额。**这种格式适用于既需要提供价值信息，又需要提供金额信息的账簿，如原材料、库存商品明细账等。

(3) 多栏式账簿，**是在借方和贷方的某一方或两方下面分设若干栏目，详细反映借贷方金额的组成情况。**这种格式适用于核算项目较多，且管理上要求提供各核算项目详细信息的账簿，如成本、费用等明细账。

画龙点睛：提供货币资金的日常收支信息。

第二节　序时账簿的设置与登记

一、库存现金日记账的设置与登记

(一) 库存现金日记账的设置及作用

库存现金日记账，**是由出纳人员根据记录现金收付的收款凭证、付款凭证，按经济业务发生的时间先后顺序逐日逐笔连续登记的一种日记**

账。按照我国《现金管理暂行条例》及其实施细则中对库存现金收支的管理规定，该日记账除应提供企业每日库存现金收入、支出及其余额的信息外，还应提供反映库存现金收支是否符合国家对库存现金收支的管理规定方面的信息，因此，在库存现金日记账上应设置“对应科目”栏。

(二) 库存现金日记账的格式及登记方法

库存现金日记账一般采用“收、付、余”三栏式账簿。❶对于从银行提取现金的业务，一般只填制银行存款付款凭证，不填制库存现金收款凭证，库存现金的收入数，应根据银行存款付款凭证登记；❷库存现金日记账必须“日清月结”，每日收付款项逐笔登记完毕后，应分别计算库存现金收入和支出的合计数及账面结余额，并将其账面余额与库存现金实存数相核对，借以检查每日库存现金收入、支出和结余情况。

【例 7-1】以 ABC 公司 2×23 年 9—11 月发生的有关库存现金和银行存款的收、付款经济业务（部分）为例（以分录代替）（见表 7-1），三栏式库存现金日记账的格式和具体登记方法，见表 7-2。

表 7-1

记账凭证（简易）

单位：元

2×23 年		摘要	会计分录			凭证	
月	日			借方	贷方	字	号
9	30	报销修理费	借：管理费用 贷：库存现金	2 810	2 810	现付	19
	30	收回欠款	借：库存现金 贷：应收账款	400	400	现收	13
	30	收到上月货款	借：银行存款 贷：应收账款	15 000	15 000	银收	28
	30	偿还前欠货款	借：应付账款 贷：银行存款	16 000	16 000	银付	35
10	1	王尧报销交通费	借：管理费用 贷：库存现金	45	45	现付	1
	1	收到上月账款	借：银行存款 贷：应收账款	16 800	16 800	银收	1
	1	从银行提现备用	借：库存现金 贷：银行存款	500	500	银付	1
	1	购买办公用品	借：管理费用 贷：库存现金	65	65	现付	2
	1	销售产品	借：银行存款 贷：主营业务收入 应交税费	22 600	20 000 2 600	银收	2

续表

2×23年		摘 要	会 计 分 录	凭 证	
月	日			字	号
10	2	向个人销售产品	借：库存现金 22 600 贷：主营业务收入 20 000 应交税费 2 600	现收	1
	2	收回前欠货款	借：库存现金 150 贷：应收账款 150	现收	2
	2	将现金送存银行	借：银行存款 22 600 贷：库存现金 22 600	现付	3
	2	偿还前欠货款	借：应付账款 34 000 贷：银行存款 34 000	银付	2
10	31	提现备发工资	借：库存现金 19 400 贷：银行存款 19 400	银付	20
	31	用现金发放工资	借：应付职工薪酬 19 400 贷：库存现金 19 400	现付	11
	31	收回前欠货款	借：库存现金 420 贷：应收账款 420	现收	18
	31	常宏梅出差报销差旅费	借：管理费用 600 贷：库存现金 600	现付	12
	31	偿还前欠货款	借：应付账款 18 970 贷：银行存款 18 970	银付	21
	31	支付销售运费	借：销售费用 3 200 贷：银行存款 3 200	银付	22
	31	销售产品	借：银行存款 33 900 贷：主营业务收入 30 000 应交税费 3 900	银收	20
11	1	报销差旅费	借：管理费用 3 100 贷：库存现金 3 100	现付	1
	1	从银行提现备用	借：库存现金 3 500 贷：银行存款 3 500	银付	1
	1	销售产品	借：银行存款 11 300 贷：主营业务收入 10 000 应交税费 1 300	银收	1

填写收、付款记账凭证上的日期

填写分录中与库存现金对应科目

表 7-2

库存现金日记账（三栏式）

第 18 页

2×23 年		凭证		摘　要	对方科目	收入	支出	结余
月	日	字	号					
				承前页		28 620	27 420	3 965
9	30	现付	19	报销修理费	管理费用		2 810	
		现收	13	收回欠款	应收账款	400		
	30			本日合计		400	2 810	1 555
9	30			月　结		29 020	30 230	1 555
10	1	现付	1	王尧报销交通费	管理费用		45	
	1	银付	1	从银行提现备用	银行存款	500		
	1	现付	2	购买办公用品	管理费用		65	
	1			本日合计		500	110	1 945
	2	现收	1	向个人销售产品	主营业务收入	22 600		
	2	现收	2	收回前欠货款	应收账款	150		
	2	现付	3	将现金送存银行	银行存款		22 600	
	2			本日合计		22 750	22 600	2 095
10	31	银付	20	提现备发工资	银行存款	19 400		
	31	现付	11	用现金发放工资	应付职工薪酬		19 400	
	31	现收	18	收回前欠货款	应收账款	420		
	31	现付	12	常宏梅报销差旅费	管理费用		600	
	31			本日合计		19 820	20 000	3 890
	31			月　结		97 450	95 655	3 890
11	1	现付	1	报销差旅费	管理费用		3 100	
		银付	1	从银行提现备用	银行存款	3 500		
				转次页		3 500	3 100	

填写收、付款记账凭证编号

简要说明事项内容

根据收、付款凭证金额及本日合计数填列

每日终了计算填列

(1)“日期”栏，是指记账凭证的日期，应与库存现金实际收付日期一致。(2)“凭证”栏，是指登记入账的收、付款凭证的种类和编号，以便查账和核对。库存现金收款凭证简称“现收”、库存现金付款凭证简称“现付”、银行存款收款凭证简称“银收”、银行存款付款凭证简称“银付”。(3)“摘要”栏，简要说明经济业务的内容并要求文字简洁。(4)“对

提醒与鉴别：

当与“库存现金”账户对应的有几个科目时，一般应填写主要的科目，对主要科目的判断，以金额最大者为准。

方科目”栏，是指与“库存现金”账户发生对应关系的账户名称。(5)“收入”“支出”栏，是指企业库存现金实际收付的金额。每日终了，应结出本日的余额，记入“结余”栏，并将余额与出纳员的库存现金核对，即通常所说的“日清”。如账款不符应查明原因，并记录备案。月终，要计算本月库存现金收入、支出的合计数，并结出本月月末余额，这项工作，通常称为“月结”。

二、银行存款日记账的设置与登记

(一) 银行存款日记账的设置及作用

银行存款日记账，**是由出纳人员根据记录银行存款收付的收款凭证、付款凭证，按经济业务发生的时间先后顺序逐日、逐笔连续登记的一种日记账。**银行存款日记账除应提供每日银行存款的增减金额及其余额的信息外，还应反映企业的银行存款收付是否符合国家《支付结算办法》等的规定，因此，应设置“结算凭证种类、号数”栏和“对方科目”栏。

(二) 三栏式银行存款日记账的格式及登记方法

银行存款日记账一般采用“借、贷、余”或“收、付、余”三栏式账簿。❶对于将库存现金存入银行的业务，一般只填制库存现金付款凭证，不填制银行存款收款凭证，银行存款的收入数，应根据银行收款、付款凭证登记。❷银行存款日记账必须“日清月结”，每日结出账面的结余金额，以防止签发“空头支票”，同时便于定期同银行转来的“对账单”逐笔核对。❸银行存款日记账的“日期”栏、“凭证”栏、“摘要”栏、“对方科目”栏、“收入”栏、“支出”栏的登记方法与库存现金日记账基本相同；“结算凭证”栏，应在栏内填明所采用的结算方式及结算凭证的号数，如支票（现金支票和转账支票）和委托收款等。

【例 7-2】仍以 ABC 公司 2×23 年 9—11 月发生的有关银行存款的收、付款经济业务（部分）所编制的会计分录（见表 7-1）为例，三栏式银行存款日记账的格式和具体登记见表 7-3。

表 7-3 银行存款日记账（三栏式） 第 14 页

2×23年		凭证		摘要	结算凭证		对方科目	收入	支出	结余
月	日	字	号		种类	号数				
				承前页				95 000	88 000	26 000
9	30	银收	28	收到上月货款	略	略	应收账款	15 000		
	30	银付	35	偿还前欠货款			应付账款		16 000	
	30			本日合计				15 000	16 000	25 000
9	30			月 结				110 000	104 000	25 000
10	1	银收	1	收到上月账款			应收账款	16 800		
	1	银付	1	从银行提现备用			库存现金		500	
	1	银收	2	销售产品			主营业务收入	22 600		

续表

2×23年		凭证		摘要	结算凭证		对方科目	收入	支出	结余
月	日	字	号		种类	号数				
				本日合计				39 400	500	63 900
	2	现付	3	将现金送存银行			库存现金	22 600		
	2	银付	2	偿还前欠货款			应付账款		34 000	
				本日合计				22 600	34 000	52 500
10	31	银付	20	提现备发工资			库存现金		19 400	
	31	银付	21	偿还前欠货款			应付账款		18 970	
		银付	22	支付销售运费			销售费用		3 200	
	31	银收	20	销售产品			主营业务收入	33 900		
				本日合计				33 900	41 570	21 000
	31			月　结				298 000	302 000	21 000
11	1	银付	1	从银行提现备用			库存现金		3 500	
	1	银收	1	销售产品			主营业务收入	11 300		
				转次页				11 300	3 500	28 800

第三节　分类账簿的设置与登记

一、总分类账簿的设置与登记

（一）总分类账簿的设置及作用

总分类账簿，**是按总分类账户开设并分类登记全部经济业务的账簿**。在总账中，应按照总账账户的编码顺序分别开设账户，由于总账采用订本式账簿，因此，应事先为每一个账户预留若干账页。总账不仅能够全面、总括地反映经济业务情况，并能为会计报表的编制提供资料，同时也能对其所属的各明细账起控制和统驭作用，因此任何单位都必须设置总账。

（二）三栏式总账的格式及登记方法

总账的格式，一般采用三栏式并**按照一个账户占用一张或几张账页来设置，其账页要求设借方、贷方和余额三个栏次，分别记录账户的增加额、减少额和余额**。三栏式总账的格式和具体登记方法，见表7-4。

总账的登记方法主要有两种：❶**逐日逐笔登记**，根据所填制的专用记账凭证或通用记账凭证，按照经济业务发生的时间顺序逐笔登记；❷**汇总登记**，将一定时期的专用记账凭证或通用记账凭证，定期汇总编制成“汇总记账凭证”（包括收、付、转）或“科目汇总表”，再据以登记总账。总

超链接： 这一内容将在本书第十章中介绍。

之，总分类账的登记方法与登记依据取决于其所采用的会计核算组织程序。总账账页中各栏目的登记方法如下：

（1）“日期”栏，填写所依据的凭证的日期。❶在逐日逐笔登记总账的方式下，应填写经济业务发生的具体日期，即记账凭证的日期；❷在汇总登记总账的方式下，应填写汇总凭证上的日期。

填写记账凭证日期　　根据记账凭证所列金额填列

表 7-4　　原材料　总账　　第 23 页

2×23年 月	日	凭证字号	摘　要	借方	贷方	借或贷	余额
1	1		上年结转			借	32 000
	1	付 1	购进乙材料	32 000			
	1	付 2	购进甲材料	67 000			
	1	转 1	生产领用		19 000		
		转 2	生产领用		83 000		
	1	转 3	购进甲材料	38 000			
1	31	付 25	购进乙材料	45 000			
1	31		月　结	458 000	431 000	借	59 000

填写记账凭证种类及编号　　简要说明经济业务的内容　　根据余额性质填写，无余额时写“平”　　月末计算填列

（2）“凭证字号”栏，填写登记总账所依据的记账凭证的种类和编号。❶依据记账凭证登记的，填写“现收 1”“现付 1”“银收 1”“银付 1”“转 1”……❷依据科目汇总表登记的，填写“科汇 1”“科汇 2”“科汇 3”……❸依据汇总记账凭证登记的，填写“现汇收 1”“银汇收 1”“现汇付 1”“银汇付 1”“汇转 1”……

（3）“摘要”栏，填写所依据的凭证的简要内容。❶对于依据记账凭证登记总账的，应与记账凭证中的摘要内容一致；❷对于依据科目汇总表登记总账的，应填写“×日至×日发生额”字样；❸对于依据汇总记账凭证登记总账的，应填写每一张汇总记账凭证的汇总依据，即所依据的记账凭证的号数。

（4）“借方”“贷方”栏，填写所依据的凭证上记载的各总账账户的借方或贷方发生额。

（5）“借或贷”栏，登记余额的方向。❶如余额在借方，则写“借”字；❷如余额在贷方，则写“贷”字；❸如果期末余额为零，则写“平”字，并在“余额”栏的中间画“____”符号。

二、明细分类账簿的设置与登记

（一）明细分类账簿的设置及作用

明细分类账（简称明细账），是按照某一总分类账户所属的各个明细账户开设，用于记录其详细指标的账簿。根据各单位的实际需要，可以按

照二级科目或三级科目开设账户，用来分类、连续地记录有关资产、负债、所有者权益、收入、费用及利润的详细情况，提供编制会计报表所需要的数据。因此，各单位在按照总分类账户设置总账的同时，还应按明细分类账户设置明细账。这样，不仅能够从总账中了解每一个总账账户的总括情况，还可以通过有关的明细账了解该账户的具体情况。

明细账一般应采用活页式或卡片式账簿，并按照经济业务发生的时间顺序逐笔登记。[1]根据管理的需要和各明细账记录内容的不同，明细账可以采用三栏式、多栏式和数量金额式等格式。

> **[1]请思考：** 明细分类账簿能否采用汇总登记的方法？为什么？

（二）三栏式明细账的格式及登记（甲式账）

三栏式明细账（亦称"甲式账"），**在账页中只设有借方、贷方和余额三个金额栏，分别登记增减发生额及余额，并采取逐笔登记的方法。**❶这种账簿的格式与上述总账基本相同；❷这种账簿适用于只需提供价值核算指标，只反映金额变化情况的明细分类账簿，如"应收账款""应付账款""短期借款"等债权债务结算类账户的明细账和"实收资本""资本公积"等资本类账户的明细账；❸为区别总账中的三栏式账簿，在实际工作中，将明细账中的三栏式账簿称为"甲式账"。

甲式账是由会计人员根据审核后的记账凭证，按经济业务发生的时间顺序逐笔登记的，其各栏次的登记与三栏式总账的登记方法基本相同。

（三）数量金额式明细账的格式及登记（乙式账）

1.数量金额式明细账的格式

数量金额式明细账（亦称"乙式账"），**这种明细账在账页上设有入库（或借方）、出库（或贷方）和结存（或余额）三大栏次，并在每一大栏下分别设置数量、单价和金额三个小栏目。**其账页格式见表7-12、表7-13。这种格式适用于既要进行金额核算，又要进行数量核算的各种财产物资类账户的明细账，如"原材料""库存商品"等账户的明细分类核算。[2]

> **[2]别称：** 由于在明细账中有了"甲式账"，在实际工作中，将数量金额式明细账称为"乙式账"。

2.乙式账的登记方法

乙式账可以由会计人员根据原始凭证按照经济业务发生的时间先后顺序逐日逐笔进行登记，也可以由仓库保管员根据原始凭证按照时间先后顺序逐日逐笔进行登记。

（1）"日期"栏，登记经济业务发生的具体日期，应与原始凭证的日期一致。

（2）"凭证字号"栏，一般按证明业务发生的原始凭证进行登记，如收料单的"收"字、领料单的"领"字、限额领料单的"限领"字、商品入库单的"入"字、出库单的"出"字。[3]

> **[3]重点提示：** 原材料明细账的收入登记所依据的"凭证字号"，也可以填写所编制的记账凭证的"凭证字号"。

（3）"摘要"栏，登记业务的简要内容，文字力求简练并能说明问题。

（4）"收入"、"发出"和"结存"栏，此处仅以采用"月末一次加权平均法"进行原材料核算明细账的登记为例进行说明：❶"收入"栏，序时登记实际入库原材料的数量、单价和金额；❷"发出"栏，序时登记实

重点提示： 加权平均单价计算到分，分以下四舍五入，如果单价已经四舍五入，则结存金额应等于期初结存金额加本期收入金额减本期发出金额，以消除尾差的影响，即把尾差倒挤后计入期末余额。

际出库原材料的数量，而单价和金额根据计算出的加权平均单价、按照加权平均单价和实际出库的数量计算的总额，填列在“月结”行的“单价”和“金额”栏内；❸“结存”栏，序时登记结存数量，“单价”栏和“金额”栏的登记与“发出”栏的相应栏次相同。

（四）多栏式明细账的格式及登记

多栏式明细账，**是在账页上的借方、贷方或借贷双方设置若干专栏，以集中反映某一总分类账户或某一明细分类账户全部明细项目的信息的账簿。**❶它适用于登记明细项目较多且相对固定、记账方向单一或平时记账方向单一月末反方向只登记一次的经济业务所设置的账户。❷根据经济业务的特点和经营管理的需要，多栏式明细账又可分为：借方多栏式明细账、贷方多栏式明细账、借贷方多栏式明细账三种格式。

1.借方多栏式明细账

借方多栏式明细账，**是在账页中设有借方、贷方和余额三个金额栏，并在借方按照明细科目或明细项目分设若干栏目，或者单独开设借方金额分析栏，分别记录增减发生额及余额的账簿。**这种格式的账页适用于借方需要设置多个明细科目或明细项目的成本或费用类账户，如“生产成本”明细账、“管理费用”明细账、“制造费用”明细账等。

借方多栏式明细账依据审核无误的记账凭证，按照经济业务发生的时间顺序逐笔进行登记。一般应为每一明细项目设置一个金额栏，登记该项一个方向（借方）的发生额，对于另一个方向（贷方）的发生额，则在该栏目内用“红字”记录，以表示该项目金额的减少数或转出数。这些明细项目平时只有借方发生额（增加），只有在月末结转至“本年利润”账户时，才出现一次贷方发生额（减少或转销），为减少账页的长度，不设置贷方专栏，其减少或转销可在登记增加额的栏次用“红字”登记。下面以第五章有关产品生产成本计算的经济业务和有关管理费用的经济业务为例，来说明“生产成本”明细账和“管理费用”明细账的格式与登记。

【例 7-3】双庆市华盛机械公司 2×23 年 12 月份发生的产品生产经济业务：❶期初在产品成本资料：A 产品：直接材料 11 600 元、直接人工 4 200 元、制造费用 2 400 元；B 产品：直接材料 9 600 元、直接人工 3 600 元、制造费用 2 160 元，参见表 5-10 所给资料；❷本月发生的经济业务：参见【例 5-18】【例 5-19】【例 5-21】【例 5-26】【例 5-27】所填制的记账凭证（转 14、转 15、转 16、转 18、转 19）；❸期末在产品成本资料：A 产品：直接材料 4 640 元、直接人工 1 680 元、制造费用 960 元；B 产品：直接材料 5 600 元、直接人工 2 100 元、制造费用 1 260 元，参见表 5-11 所给资料。根据以上资料所登记的“生产成本明细账”见表 7-5 和表 7-6。

表 7-5

生产成本　明细账

第 32 页

产品名称：A产品

2×23年		凭证字号	摘要	借方发生额	借方（成本项目）			借或贷	余额
月	日				直接材料	直接人工	制造费用		
11			承前页	425 140	246 800	123 540	54 800	借	441 880
	30	转 21	完工产品成本转出	423 680	246 400	123 360	53 920		
11	30		月末在产品定额成本		11 600	4 200	2 400	借	18 200
12	31	转 14	分配材料费用	295 400	295 400				
	31	转 15	分配工薪费用	90 000		90 000			
	31	转 16	确认职工体检费	12 600		12 600			
	31	转 18	分配制造费用	42 300			42 300		
	31	转 19	完工产品成本转出	451 220	302 360	105 120	43 740		
12	31		月末在产品定额成本		4 640	1 680	960	借	7 280
			结转下年		4 640	1 680	960	借	7 280

表 7-6

生产成本　明细账

第 34 页

产品名称：B产品

2×23年		凭证字号	摘要	借方发生额	借方（成本项目）			借或贷	余额
月	日				直接材料	直接人工	制造费用		
11			承前页	358 200	195 840	112 860	49 500	借	387 600
	30	转 21	完工产品成本转出	372 240	203 940	117 180	51 120		
11	30		月末在产品定额成本		9 600	3 600	2 160	借	15 360
12	31	转 14	分配材料费用	217 500	217 500				
	31	转 15	分配工薪费用	70 000		70 000			
	31	转 16	确认职工体检费	9 800		9 800			
	31	转 18	分配制造费用	32 900			32 900		
	31	转 19	完工产品成本转出	336 600	221 500	81 300	33 800		
12	31		月末在产品定额成本		5 600	2 100	1 260	借	8 960
			结转下年		5 600	2 100	1 260	借	8 960

注：表中金额“红字”为冲销（下同），因为“生产成本”明细账只为“直接材料”“直接人工”“制造费用”设置了借方专栏。

【例 7-4】双庆市华盛机械公司 2×23 年 12 月份发生的有关管理费用经济业务：参见【例 6-4】【例 6-5】【例 6-6】【例 6-7】【例 6-8】【例 6-9】【例 6-21】所编制的记账凭证（转 6、付 21、转 22、转 23、转 24、转 25、转 30），根据以上资料所登记的“管理费用”明细账见表 7-7。

表 7-7

管理费用 明细账

第 28 页

2×23年		凭证字号	摘要	借方发生额	（借）方金额分析							
月	日				差旅费	修理费	水电费	工薪费用	折旧费	研究费用	无形资产摊销	其他
11			承前页	99 953	6 670	23 240	7 823	45 600	9 500	7 120		
11	30	转 27	摊销无形资产	2 000							2 000	
11	30	转 30	结转费用至“本年利润”账户	101 953	6 670	23 240	7 823	45 600	9 500	7 120	2 000	
11	30		本年累计	723 555	53 360	59 920	38 850	366 555	51 450	54 200	22 000	77 220
12	11	转 6	报销差旅费	5 280	5 280							
	29	付 21	支付办公大楼修理费	18 300		18 300						
	31	付 24	支付并分配水费	1 000			1 000					
	31	付 25	支付并分配电费	4 000			4 000					
	31	转 22	分配并结转工薪费用	95 000				95 000				
	31	转 23	职工福利分配	44 040				44 040				
	31	转 24	计提折旧费	11 025					11 025			
	31	转 25	无形资产摊销	2 975							2 975	
	31	转 30	结转费用至“本年利润”账户	181 620	5 280	18 300	5 000	139 040	11 025	0	2 975	
12	31		本年累计	905 175	58 640	78 220	43 850	505 595	62 475	54 200	24 975	77 220

2. 贷方多栏式明细账

贷方多栏式明细账，**是在账页中设有借方、贷方和余额三个金额栏，并在贷方按照明细科目或明细项目分设若干专栏，或者单独开设贷方金额分析栏。**其格式见表7-8。❶贷方多栏式明细账是根据审核后的记账凭证，按照经济业务发生的时间顺序逐笔进行登记的。贷方多栏式明细账适用于一般只有贷方项目的发生额，而借方只在月末发生一次且与贷方项目相同的账户的明细分类核算。因此，贷方多栏式明细账一般为每一明细项目设置一个金额栏，登记该项目一个方向（贷方）的发生额，对于另一个方向（借方）的发生额，则在该栏内用"红字"记录，以表示该项目金额的减少数或转出数。❷它适用于贷方需要设多个明细科目或明细项目进行登记的账户，如"主营业务收入"和"营业外收入"明细账等。

【例7-5】以下以双庆市华盛机械公司2×23年12月发生的有关主营业务收入的经济业务（参见【例5-28】、【例5-29】、【例5-31】、【例5-34】和【例6-20】）所填制的涉及"主营业务收入"账户的记账凭证（收3、转4、转10、转13、转29）来说明贷方多栏式明细账的格式及具体登记方法，主营业务收入明细账见表7-8。

表7-8　　**主营业务收入　明细账**　　第 16 页

2×23年		凭证	摘要	对方科目	贷方	（贷）方金额分析		
月	日	字号			发生额	A产品	B产品	
			承前页		538 000	299 000	239 000	
11	29	转18	销售冲销预收账款	预收账款	155 000	95 000	60 000	
11	30	转33	结转收入至本年利润	本年利润	693 000	394 000	299 000	
11	30		本年累计		5 388 000	3 060 000	2 328 000	
12	3	收3	销售并收到款项	银行存款	344 000	180 000	164 000	
12	9	转4	销售并办妥托收手续	应收账款	680 000	360 000	320 000	
12	15	转10	销售并收到商业汇票	应收票据	500 000	300 000	200 000	
12	23	转13	销售冲销预收账款	预收账款	272 000	180 000	92 000	
12	31	转29	结转收入至本年利润	本年利润	1 796 000	1 020 000	776 000	
12	31		本年累计		7 184 000	4 080 000	3 104 000	

3. 借贷方多栏式明细账

借贷方多栏式明细账，是在账页中设有借方、贷方和余额三个金额栏，并同时在借方和贷方栏下设置若干明细科目或明细项目进行登记的账簿。它适用于借贷方均需要设置多个栏目进行登记的账户，如"应交税费——应交增值税"明细账（见表7-9）、"材料采购"明细账、"材料成本差异"明细账等。

相关链接："材料采购"明细账、"材料成本差异"明细账的格式及登记方法，将在财务会计学中结合具体内容进行阐述。

表 7-9 **应交税费——应交增值税 明细账**

年		凭证字号	摘要	借方					贷方					借或贷	余额
月	日			进项税额	已交税金	转出未交增值税	⋮	合计	销项税额	出口退税	转出多交增值税	⋮	合计		

注：“应交税费——应交增值税”明细账，借方设置“进项税额”“已交税金”“减免税款”“出口抵减内销产品应纳税额”“转出未交增值税”5个专栏；贷方设置“销项税额”“进项税额转出”“出口退税”“转出多交增值税”4个专栏。

三、总分类账与明细分类账的关系及平行登记

（一）总分类账与明细分类账的关系

总分类账是概括核算企业的全部经济业务、提供总括价值核算指标的账簿。明细分类账具体核算某项经济业务，提供某一总账的详细核算指标。因此，总账和明细账之间有着密切的联系：❶两者所反映的经济业务的内容和登账依据相同，只是两者反映的详略程度不同。❷总账和明细账是一种主属关系，总账提供综合性信息，对明细账起着统驭和控制作用；明细账对总账起补充作用，用来说明总账是由哪些具体内容组成的。

应交增值税明细账账页格式

（二）总账与明细账的平行登记

总账和明细账之间的统驭与被统驭、控制与被控制、说明和被说明的关系，决定了在登记经济业务时必须采用平行登记的方法。所谓平行登记，是指经济业务发生后，应根据有关会计凭证（包括原始凭证和记账凭证）登记相关的总分类账户，而后登记该总分类账户所属的各有关明细分类账户。平行登记的要求可概括为以下三点：

（1）同时登记。对发生的每一笔经济业务，都要根据同一会计凭证，在同一会计期间，既要在相关的总账中进行总括登记，又要在该总账所属的明细账中进行明细登记。

（2）方向相同。对于一笔经济业务，依据同一会计凭证登记总分类账户的借贷方向与登记所属明细分类账户的借贷方向必须一致。

（3）金额相等。记入总账中的金额，必须与记入其所属各明细账中的金额之和相等。

【例 7-6】现以“原材料”账户和“应付账款”账户为例，说明总账与明细账的平行登记。假设强华公司 2×23 年 12 月份有关“原材料”和“应付账款”账户的相关资料及其所属的明细账户的月初余额及本月发生的经济业务如下：

（1）月初余额：❶“原材料”总账余额 7 040 元；所属各明细账户：甲材料 40 千克，单价 149 元，金额 5 960 元；乙材料 10 千克，单价 108 元，金额 1 080 元。❷“应付账款”总账余额 4 560 元，所属各明细账户：茂华机械公司 2 160 元，龙翔机械公司 2 400 元。

（2）本月发生：该公司2×23年12月份发生下列材料收发和应付账款发生与偿还的经济业务及所填制的记账凭证（本例为简化核算，假设该公司为增值税小规模纳税人，不涉及增值税进项税额）如下：

❶12月5日，从茂华机械公司购入下列材料：甲材料70千克，单价148元，金额10 360元；乙材料40千克，单价98元，金额3 920元。材料已验收入库并填写**“收料单”**（编号为101），货款尚未支付，应根据以下分录填制转账凭证。

借：原材料——甲材料　　10 360
**　　　　　——乙材料　　3 920**　　转1
**　贷：应付账款——茂华机械公司　　14 280**

❷12月7日，车间产品生产领用材料，填制**“领料单”**（编号为201），上列：甲材料60千克、乙材料30千克。[1]

❸12月12日，车间一般消耗领用材料，填制**“领料单”**（编号为202），上列：甲材料10千克、乙材料10千克。

❹12月13日，用银行存款偿还茂华机械公司货款7 600元，偿还龙翔机械公司的货款2 400元，应根据以下分录填制付款凭证。[2]

借：应付账款——茂华机械公司　　7 600
**　　　　　——龙翔机械公司　　2 400**　　付1
**　贷：银行存款　　10 000**

❺12月15日，从龙翔机械公司购入下列材料：甲材料90千克，单价152元，金额为13 680元；乙材料50千克，单价100元，金额为5 000元。材料已验收入库并填写**“收料单”**（编号为102），货款尚未支付，应根据以下分录填制转账凭证。

借：原材料——甲材料　　13 680
**　　　　　——乙材料　　5 000**　　转2
**　贷：应付账款——龙翔机械公司　　18 680**

❻12月18日，车间产品生产领用材料，填制**“领料单”**（编号为203），上列：甲材料70千克、乙材料40千克。

❼12月26日，车间一般消耗领用材料，填制**“领料单”**（编号为204），上列：甲材料22千克、乙材料6千克。

❽12月29日，用银行存款偿还茂华机械公司的货款5 500元，偿还龙翔机械公司的货款9 500元，应根据以下分录编制付款凭证。

借：应付账款——茂华机械公司　　5 500
**　　　　　——龙翔机械公司　　9 500**　　付2
**　贷：银行存款　　15 000**

❾编制发料凭证汇总表，结转发出材料成本。本公司采用月末一次加权平均法计算发出材料的成本，根据原材料明细账上记录的期初结存数量、

1 特别注意：
该公司的材料发出的计价采用“月末一次加权平均法”，因而，生产领料只登记原材料明细账发出栏的数量，由于没有金额所以也不编制记账凭证，下同。

2 特别说明：
会计实务中不会出现一张记账凭证对应几个债权单位，此处是为了简化起见的特殊处理。

金额与本月收入材料的数量、金额，按照下列方法计算加权平均单价：

$$\text{月末加权平均单价}=\left(\text{月初结存金额}+\text{本月收入金额}\right)\div\left(\text{月初结存数量}+\text{本月收入数量}\right)$$

$$\text{甲材料的月末加权平均单价}=(5\,960+24\,040)\div(40+160)=150\text{（元/千克）}$$

$$\text{乙材料的月末加权平均单价}=(1\,080+8\,920)\div(10+90)=100\text{（元/千克）}$$

发出材料的实际成本为：

$$\text{生产产品耗用}=[(60+70)\times150]+[(30+40)\times100]=26\,500\text{（元）}$$

$$\text{车间一般耗用}=[(10+22)\times150]+[(10+6)\times100]=6\,400\text{（元）}$$

根据上述计算，12月31日结转本月耗用材料费用时，应填制编号为“转3”的记账凭证，编制会计分录如下：

借：生产成本　　26 500

　　制造费用　　6 400

　贷：原材料——甲材料　　24 300

　　　　　　——乙材料　　8 600

转3

根据上述资料，按照总分类账和明细分类账平行登记的要点，登记“原材料”“应付账款”总账及其所属的明细分类账，见表7-10、表7-11、表7-12、表7-13、表7-14、表7-15。

表7-10

原材料　　总账

第 28 页

2×23年 月	日	凭证字号	摘　要	对方科目	借方金额	贷方金额	借或贷	余　额
			承前页		37 250	0	借	42 630
11	29	转 5	结转发出材料成本	生产成本		35 590		
11	30		本月合计		37 250	35 590	借	7 040
12	5	转 1	购进材料，货款未付	应付账款	14 280			
	15	转 2	购进材料，货款未付	应付账款	18 680			
	31	转 3	结转发出材料成本	生产成本		32 900		
12	31		本月合计		32 960	32 900	借	7 100
			本年合计		338 100	331 010	借	7 100
12	31		结转下年				借	7 100

表 7-11

应付账款 总账

第 36 页

2×23年 月	日	凭证字号	摘要	对方科目	借方金额	贷方金额	借或贷	余额
11			承前页		23 800	31 200	贷	14 980
11	27	付 3	偿还茂华和龙翔机械公司货款		10 420			
11	30		本月合计		34 220	31 200	贷	4 560
12	5	转 1	应付购进茂华机械公司货款	原材料		14 280		
	13	付 1	偿还茂华和龙翔机械公司货款	银行存款	10 000			
	15	转 2	应付购进龙翔机械公司货款	原材料		18 680		
	29	付 2	偿还茂华和龙翔机械公司货款	银行存款	15 000			
12	31		本月合计		25 000	32 960	贷	12 520
			本年合计		249 500	286 600	贷	12 520
12	31		结转下年				贷	12 520

注：表中“本年合计”为12个月的“本月合计”之和。

表 7-12

原材料 明细账

总第 30 页

明细科目：甲材料　　计量单位：千克　　储备定额：　　存储地点：原材料库

分第 20 页

2×23年 月	日	凭证字号	摘要	收入 数量	收入 单价	收入 金额	发出 数量	发出 单价	发出 金额	结存 数量	结存 单价	结存 金额
11			承前页	180			150			60		
11	27		车间一般耗用				20			40		
11	30		本月合计	180		26 900	170	149	25 330	40	149	5 960
12	5	转 1	购进	70	148	10 360				110		
	7	领 201	生产产品领用				60			50		
	12	领 202	车间一般耗用				10			40		
	15	转 2	购进	90	152	13 680				130		
	18	领 203	生产产品领用				70			60		
	26	领 204	车间一般耗用				22			38		
12	31		本月合计	160		24 040	162	150	24 300	38	150	5 700
	31		结转下年							38	150	5 700

注：发出甲材料的单价为“月末加权平均单价”，150=（5 960+24 040）÷（40+160）

表 7-13

原材料 明细账

总第 30 页

明细科目：乙材料　计量单位：千克　储备定额：　存储地点：原材料库　分第 25 页

2×23年		凭证字号	摘要	收入			发出			结存		
月	日			数量	单价	金额	数量	单价	金额	数量	单价	金额
11			承前页	100		10 350	87			18		
11	27		车间一般耗用				8			10		
11	30		本月合计	100		10 350	95	108	10 260	10	108	1 080
12	5	转 1	购进	40	98	3 920				50		
	7	领 201	生产产品领用				30			20		
	12	领 202	车间一般耗用				10			10		
	15	转 2	购进	50	100	5 000				60		
	18	领 203	生产产品领用				40			20		
	26	领 204	车间一般耗用				6			14		
12	31		本月合计	90		8 920	86	100	8 600	14	100	1 400
	31		结转下年							14	100	1 400

注：发出乙材料的单价为“月末加权平均单价”，100=（1 080+8 920）÷（10+90）

表 7-14

应付账款 明细账

总第 25 页

户名：茂华机械公司　分第 7 页

2×23年		凭证字号	摘要	对方科目	借方金额	贷方金额	借或贷	余额
月	日							
11			承前页				贷	7 760
11	29	付 9	偿还茂华机械公司货款		5 600		贷	2 160
12	5	转 1	应付购进茂华机械公司货款	原材料		14 280	贷	16 440
	13	付 1	偿还茂华机械公司货款	银行存款	7 600		贷	8 840
	29	付 2	偿还茂华机械公司货款	银行存款	5 500		贷	3 340
12	31		结转下年				贷	3 340

表 7-15 **应付账款 明细账** 总第 33 页

户名：龙翔机械公司 分第 7 页

2×23 年		凭证字号	摘 要	对方科目	借方金额	贷方金额	借或贷	余 额
月	日							
11			承前页				贷	7 220
11	28	付 3	偿还龙翔机械公司货款		4 820		贷	2 400
12	13	付 1	偿还龙翔机械公司货款	银行存款	2 400		贷	0
	15	转 2	应付购进龙翔机械公司货款	原材料		18 680	贷	18 680
	29	付 2	偿还龙翔机械公司货款	银行存款	9 500		贷	9 180
12	31		结转下年				贷	9 180

第四节 会计账簿的登记规则与错账更正方法

画龙点睛： 质量与技术规范要求。

会计账簿是记录经济业务的载体，为保证会计信息的质量，必须按照规定的登记规则登记入账，发生的错账应按规定的方法进行更正。

一、会计账簿的启用规则

新的会计年度开始时，每个会计主体都应启用新的会计账簿。在启用新账簿时，应在账簿的有关位置记录以下相关信息。

（一）填写“账簿启用及交接表”

为保证会计账簿的合法性并明确记账责任，登记账簿要有专人负责，尤其是记账人员调离岗位，必须与接管人员办理交接手续，在交接记录栏内填写交接日期、交接人员和监交人员姓名，并由交接双方签字并盖章。会计人员办理交接手续，一般由会计机构负责人监交，而会计机构负责人办理交接手续，由单位负责人监交，必要时主管单位可以派人会同监交。因此，在账簿启用时应认真填写“账簿启用及交接表”。

（二）填写“账户目录”

为了查找与方便登账，在启用新会计账簿时：❶总账，应按照会计科目的编号顺序填写科目名称，并启用页号；❷活页式明细账，应按照所属会计科目填写科目名称和页码，在年度结账后，撤掉空白账页，填写所使用的页码。

二、会计账簿的登记规则

（1）登账依据。会计人员应根据审核无误的会计凭证及时登记会计账簿。

（2）日记账按日结出余额。库存现金日记账和银行存款日记账，应当根据办理完毕的收、付款凭证，随时、逐笔、序时地进行登记，最少每天登记一次并结出当日余额。

（3）使用蓝黑墨水。登记账簿必须用蓝黑色墨水或碳素墨水书写，不允许使用铅笔或圆珠笔记账。这是因为：❶圆珠笔的笔油容易挥发，不利于账簿的长期保管；❷用铅笔记账容易为他人所涂改，不利于保证账簿记录的正确性。

（4）依据记账凭证登记。登记会计账簿时，应当将会计凭证的日期、编号、业务内容摘要、金额和其他有关资料逐项记入账内。登记完毕后，记账人员要在记账凭证上签名或盖章，在记账凭证上的“过账”栏注明已经登账的标记（打“√”等），表示已经登记入账，避免重记或漏记。

（5）账页连续登记。各种账簿应按账户页次顺序连续登记，不得跳行、隔页。如果发生此现象，应在空行、空页处用红色墨水画对角线注销，注明“此页空白”或“此行空白”字样，并由记账人员签章。

（6）书写适当留格。账簿中的文字或数字不能顶格书写，一般只应占格距的1/2。

为什么：

主要是预留改错的空间，也是为了清晰、美观。

（7）限制红字的使用。记账除结账、改错、冲销记录外，不能用红色墨水。因为在会计工作中，红色数字表示对蓝色数字的冲销、冲减或表示数字为负数。

（8）账页结转处理。各账户在一张账页登记完毕结转下页时，应当结出本页合计数和余额，写在本页最后一行和下页第一行有关栏目内，并在本页最后一行的“摘要”栏内用红笔注明“转次页”字样，在下一页第一行的“摘要”栏内用红笔注明“承前页”字样。

（9）规范更正错账。对于登错的账簿记录，不得刮擦、挖补、涂改或用药水消除字迹等手段更正错误，也不允许重抄。发生错误时，应采用正确的错账更正方法进行更正。

三、错账更正的规则

（一）错账的基本类型

根据错账的查找方法所确认的错账，虽然引起的原因是多方面的，但都可以从编制记账凭证和登记账簿两个环节找出问题的症结所在，主要包括以下两种类型。

1.记账凭证正确，仅在登记账簿时发生错误

所谓记账凭证正确，是指记账凭证上所编制的会计分录完全正确，在过账时所过入的账户名称及方向也没有错误，仅是过账金额多记或少记而产生了错账，如【例7-7】中的情况。

2.记账凭证错误，造成账簿登记的错误

该错账类型，是指记账凭证上所编制的会计分录与实际发生的经济业务不符，且根据错误的记账凭证已登记入账。它包括三种情况：❶记账凭证上会计科目用错而引发的登账错误，如【例7-8】的情况；

❷记账凭证上所填会计科目与记账方向正确，但所记金额大于应记金额而形成的错账，如【例 7-9】的情况；❸记账凭证上所填会计科目与记账方向正确，但所记金额小于应记金额而形成的错账，如【例 7-10】的情况。

（二）错账的更正方法

当账簿记录出现错误时，为了防止非法改账，应按规定的方法进行更正。由于错账的性质和发现的时间不同，更正的方法也有所不同。常用的错账更正方法主要有以下三种：

1. 划线更正法（又称红线更正法）

在每月结账前，如果发现账簿记录中的文字或数字有错误，而其所依据的记账凭证没有错误，即纯属记账时的笔误或计算错误，则应采用划线更正法进行更正。其具体做法如下：

首先，在错误的文字或数字上画一条红色横线予以注销，但必须使原有文字或数字清晰可认，以备查阅；然后，在画线文字或数字的上方用蓝字（或黑字，下同）将正确的文字或数字填写在同一行的上方位置，并由更正人员在更正处签章，以明确责任。这样，原来的错账就得到了更正。

> **特别提示：**
> 对于文字差错，只需划去错误的文字，并相应地予以更正；对于数字差错，应在错误的数额上全部画线，而不能只在错误数额中的个别数字上画线。

【例 7-7】会计人员张一帆将“应付账款”总账中的一笔未付购进材料货款 12 780 元，错记为 17 280 元。具体的更正方法见表 7-16。

表 7-16

应付账款　总账

第 16 页

摘要	借方									贷方								
	百	十	万	千	百	十	元	角	分	百	十	万	千	百	十	元	角	分
偿还前欠货款				9	8	2	0	0	0									
购进材料货款未付											张一帆	1 ~~1~~	2 ~~7~~	7 ~~2~~	8 ~~8~~	0 ~~0~~	0 ~~0~~	0 ~~0~~
												1	2 ~~7~~	7 ~~2~~	8	0	0	0

表中标注：沿底线占 1/2 空格；更正人员签章以示负责；在错误数字上方写正确数字；将错误的数字用红线整体注销；不规范的更正方法

2. 红字更正法（又称红字冲销法）

这种方法是用红字冲销原有记录后再予以更正的方法，主要适用于以下两种情况：

第一种情况：原记账凭证中的应借、应贷账户名称或借、贷方向有误，而账簿记录与记账凭证是相吻合的，其更正的方法是：

首先，用红字金额填制一张与原错误记账凭证内容一致的记账凭证，并据以用红字登记入账，以冲销原错误记录。然后，用蓝字填制一张正确的记账凭证，并据以用蓝字登记入账。这样，原来的错账就得到了更正。

【例 7-8】2×23 年 5 月 6 日，生产车间领用材料 35 920 元，直接用于生产产品，根据如下会计分录填制记账凭证，并已经据以登记入账。

借：制造费用 35 920 转16
　贷：原材料 35 920

经查发现所填记账凭证上“制造费用”会计科目用错了，应为“生产成本”会计科目。发现以上错误并进行更正时：

（1）注销原错误记录。❶填制一张与原错误记账凭证内容完全相同的红字记账凭证。❷在填制的“红字”记账凭证的摘要栏内注明“注销2×23年5月6日转16号凭证”，并重新编号为“转32”。❸该记账凭证的填制日期为“2×23年5月31日”。

借：制造费用 35 920
　贷：原材料 35 920 转32
　摘要：注销2×23年5月6日转16号凭证。

（2）重新编制正确的记账凭证。❶用蓝字填制一张正确的记账凭证；❷在重新填制的“蓝字”记账凭证的摘要栏内注明“订正2×23年5月6日转16号凭证”，并重新编号为“转33”；❸该记账凭证的填制日期为“2×23年5月31日”。

借：生产成本 35 920
　贷：原材料 35 920 转33
　摘要：订正2×23年5月6日转16号凭证。

（3）登记账簿。❶根据所填制的“红字”记账凭证（转32），用红字金额登记入账，这样原有的错账记录便得以冲销；❷根据所填制的“蓝字”记账凭证（转33），用蓝字金额登记入账。经过上述处理，原来的错账就得到了更正。

以上错账的更正方法以“T”形账户简示如图7-1所示。

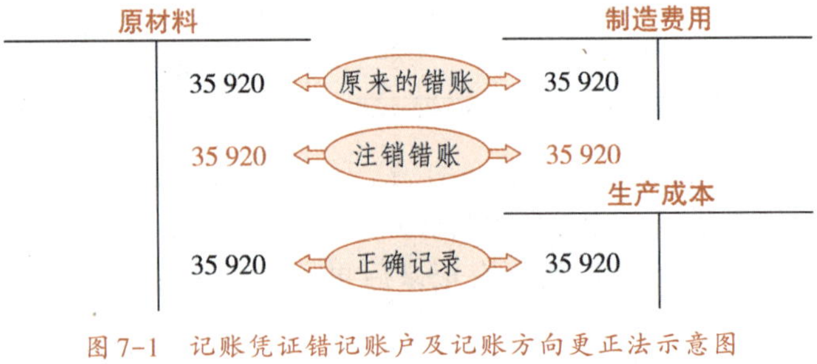

图7-1 记账凭证错记账户及记账方向更正法示意图

第二种情况：记账以后，发现记账凭证中应借、应贷科目和记账方向都正确，只是所记金额大于应记金额并已据以登记账簿。其更正方法是：编制“红字”差额记账凭证，即将多记金额用红字填制一张与原错误记账凭证的会计科目、记账方向相同的记账凭证，并据以用红字登记入账，以冲销多记金额，求得正确的金额。经过上述处理，原错账就得到了更正。

【例7-9】2×23年5月15日，企业职工艾楚预借差旅费1 200元，以现金付讫。应根据以下分录填制记账凭证，并据以登记入账。

借：其他应收款　　　　2 100		现付13
贷：库存现金	2 100	

经查发现，所填记账凭证上应借、应贷账户名称及记账方向正确，但所记金额大于应记金额的差额为900元。发现以上错误并进行更正时：

(1) 编制冲销原错误记录中的多记金额的记账凭证。❶将多记金额用红字填制一张与上述会计分录中应借、应贷科目一致的记账凭证；❷在填制的"红字"记账凭证的摘要栏注明"冲减2×23年5月15日现付13号凭证多记金额"，并重新编号为"现付28"；❸该记账凭证的填制日期为"2×23年5月31日"。

借：其他应收款　　　　900		现付28
贷：库存现金	900	
摘要：冲减2×23年5月15日现付13号凭证多记金额。		

(2) 登记账簿。根据所填制的"红字"差额记账凭证（现付28），用红字金额登记入账，这样原错账记录得以冲销，原错账就得到了更正。

以上错账的更正方法以"T"形账户简示如图7-2所示。

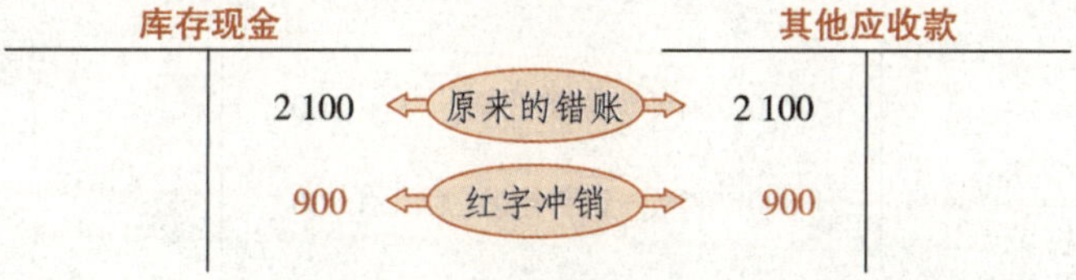

图7-2　记账凭证金额多记错账更正法示意图

采用红字更正法，更正金额多记的错账记录时，应特别注意：**一般不得以蓝字金额填制与原错误记账凭证记账方向相反的记账凭证，达到冲销原错误金额之目的**。因为蓝字记账凭证反方向记录的会计分录，虽然能够达到冲销原错误金额的效果，但反映的经济业务与反映错账更正的经济内容完全不同。如【例7-9】中，多记的金额900元，用蓝字填制借记"库存现金"账户900元，贷记"其他应收款"账户900元的记账凭证，则反映的是企业收取某职工的欠款的经济业务，并不反映对错误账簿记录的更正内容。

提示：

由于会计电算化软件的应用，会计准则已经允许用相反会计分录冲减原记录，但必须将摘要写清楚。

3.补充登记法（也称蓝字补记法）

记账以后，发现记账凭证中应借、应贷会计科目和记账方向都正确，只是所记金额小于应记金额并已据以记账，应采用补充登记法予以更正，更正的方法是：编制"蓝字"差额记账凭证，即将少记金额用蓝字填制一张与原错误记账凭证科目名称和方向一致的蓝字记账凭证，并据以登记入账，以补足少记的金额。这样原错账就得到了更正。

【例7-10】2×23年6月25日，销售科职工杨光美出差借款，所填制的"借款单"中借款金额为2 000元，已通过有关审批手续并加盖"现金付讫"戳记。应根据以下会计分录填制记账凭证，并据以登记入账。

借：其他应收款　　　　200　　现付22
　贷：库存现金　　　　　　200

经查发现所填记账凭证上应借、应贷账户名称及记账方向正确，但所记金额小于应记金额的差额为1 800元。发现以上错误并进行更正时：

（1）编制补记原错误记录中少记金额的记账凭证。❶将少记金额用蓝字填制一张与上述会计分录中应借、应贷科目一致的记账凭证；❷在填制的“蓝字”差额记账凭证的摘要栏注明“补记2×23年6月25日现付22号凭证少记金额”，并重新编号为“现付29”；❸该记账凭证的填制日期为“2×23年6月30日”。

借：其他应收款　　　　1 800　　现付29
　贷：库存现金　　　　　　1 800
　摘要：补记2×23年6月25日现付22号记账凭证少记金额。

（2）登记账簿。根据所填制的“蓝字”差额记账凭证（现付29），用蓝字金额登记入账，这样原错账记录便得以补记，原错账就得到了更正。

以上错账的更正方法以“T”形账户简示如图7-3所示。

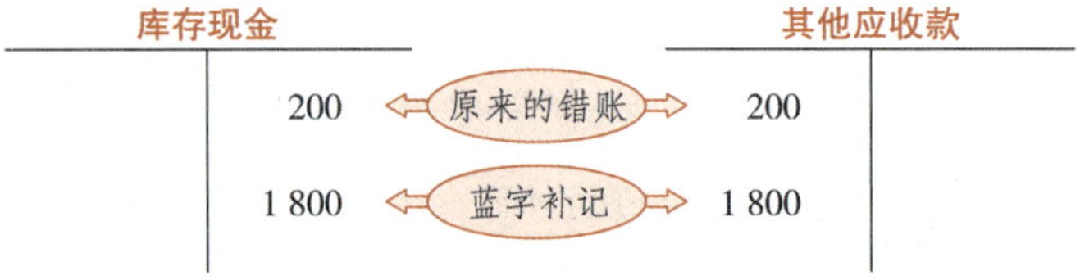

图7-3　记账凭证金额少记错账更正法示意图

以上所介绍的，都属于账簿记录与其所依附的记账凭证内容完全一致时所出现的错账的更正方法。当账簿记录与其所依据的记账凭证不一致时，应首先采用划线更正法更正账簿记录，使之与原记账凭证相符，然后再采用相应的更正方法予以更正。①

①重点掌握：

三种错账更正方法应重点掌握其适用的范围。

第五节　对账与结账②

②画龙点睛：

对账与结账是保证会计信息质量的弥补措施，是对账簿记录的调整与汇总。

一、对账

（一）对账的含义和作用

对账，就是核对账目，即对会计账簿中所做的记录进行全面的核对。在会计核算的日常记账、过账及结账过程中，出于种种原因，难免发生记账、计算等差错，也难免出现账实不符的现象。为了保证各种账簿记录的完整性与正确性，为会计报表的编制提供真实可靠的数据资料，在全部经济业务入账之后，在平时或期末结账之前，应对各种账簿记录进行核对，做到账证相符、账账相符和账实相符。③

③形象比喻：

如将账簿记录比喻为会计报表这一“产成品”的构成“部件”，则对账就如同对构成“产成品”的各“部件”的质量检查与修复。

（二）对账的主要内容

1.账证核对

账证核对，**是指对各种账簿的记录与记账凭证及其所附的原始凭证相**

核对，做到账证相符。这种核对通常是在日常核算中进行的，以使错账能及时得到更正。月终时，如果出现账证不符的情况，则应将账簿记录与记账凭证重新复核，以确保账证相符。

2.账账核对

账账核对，**是指对各种账簿之间的有关数字进行核对，做到账账相符**。它主要包括：

（1）总账中各账户期末借方余额合计数与各账户期末贷方余额合计数相核对。

（2）总账与所属明细账之间的核对，包括：将总账的本期借方发生额、贷方发生额、期末余额，与其所属各明细账户的本期借方发生额合计数、贷方发生额合计数、期末余额合计数进行核对。

（3）库存现金总账、银行存款总账，分别与库存现金日记账、银行存款日记账进行核对，核对内容同样包括余额核对和发生额核对。

（4）将会计部门各种财产物资明细账与财产物资保管或使用部门的有关财产物资明细账进行核对。[1]

3.账实核对

账实核对，**是指将各种财产物资的账面余额与实有数额进行核对，做到账实相符**。它主要包括：

（1）库存现金日记账的余额与现金实际库存数相核对，并保证日清月结。

（2）银行存款日记账的余额与银行对账单相核对，每月最少一次，并保证相符。

（3）各种应收、应付账款明细账余额与有关债务、债权单位的账目相核对，并保证相符。

（4）各种材料、物资、产品明细账的余额与其实物数额相核对，并保证相符。[2]

（三）对账的主要方法

利用借贷复式记账法的自动平衡机制，在结账前和结账后通过编制**“总分类账户本期发生额及余额试算平衡表”**，来检查账簿记录是否有差错。这种方法适用于过账错误造成的差错。根据试算平衡表中借、贷方的差额，按照其差额的某些特征，可能提供错账类型的线索，从而找出错误所在。一般的方法有差数法、二除法、九除法。

❶差数法，是指根据试算平衡表中借方发生额与贷方发生额的差数来查找漏记金额错账的一种方法。❷二除法，是指通过将试算平衡表中借方发生额与贷方发生额的差数除以2来查找将应记入借方（或贷方）的金额错记到贷方（或借方）后其差额一定是偶数的一种方法。❸九除法，是指通过将试算平衡表借方发生额与贷方发生额的差数除以9来查找数字错位或倒码记错账的一种方法，包括数字错位和倒码情况，所产生的差额均可被9整除，其商数就是要查找的差错数。

如果通过以上方法仍找不出错误，则可能是非过账错误造成的差错，

[1]提示：

账账之间的核对，最终的要求是做到账账相符，以便进行账物、账款之间的核对。

[2]超链接：

账实核对，一般要结合财产清查进行。有关财产清查的内容、方法等将在第八章中专门介绍。

职业判断： 这三种方法的使用，主要靠会计人员的职业经验和判断，如果上半月精力不集中，错误可能出现在上半月，则采用“顺查法”；反之，则采用“逆查法”。

如记账凭证编制错误，以及几种错误交叉影响造成的，需要采用其他查错方法进行查找，主要有顺查法、逆查法和抽查法三种。

二、结账

（一）结账的含义及作用

结账一般是指在会计期末对一定时期内账簿记录所作的收尾工作。由于对结账包括内容的理解不同，结账有“狭义结账”与“广义结账”之分。❶所谓“狭义结账”，是指在会计期末计算出各账户的本期发生额及余额并画出结账标志的程序和方法；❷所谓“广义结账”，是指在把本会计期间所发生的全部经济业务登记入账的基础上，在期末计算出各账户的本期发生额及余额并画出结账标志的程序和方法。

各会计期间内所发生的经济业务，于该会计期间全部登记入账并进行对账，无误后，即可通过账簿记录了解经济业务的发生和完成情况，但管理上既要求掌握各会计期间的经营活动的过程，也要求掌握各会计期间的经营活动的结果，并相应编制各会计期间的会计报表。所以，通过结账的方式，把各种账簿记录结算清楚：一是可以按照会计分期的要求，计算企业在会计期末的财务状况和该会计期间的经营成果；二是可以为期末编制会计报表提供必要的数据资料。

（二）结账的内容与方法

本书所界定的“结账”是指“广义结账”。按照结账的含义，其具体内容和方法包括以下三个方面。

1.按照权责发生制的要求，进行期末账簿记录的调整

企业在本期日常经济活动中发生的各种已经实际收、付款和转账的经济业务（可简单地理解为“显性经济业务”），已经在有关账簿中进行了记录，但按照**权责发生制**的要求，这些经济业务还需要进行收入确认和费用确认的调整，以正确计算各期的经营成果（可以简单地理解为“隐性经济业务”）。

（1）前期已经发生（收、付款）延续到本期和以后各期应在本期和以后各期确认的应计费用和收入的经济业务。它包括两个方面：❶应计预收收入的调整，**是指企业将要让渡资产使用权而预先收取款项，随着时间的推移已让渡了资产的使用权而应确认收入的调整**。如前期已经收到租金本期应确认的资产租赁收入的经济业务。❷应计预付费用的调整，**是指企业在以前会计期间已经实际付款，因受益期限较长，本期应确认的那部分费用的调整**。如执行《小企业会计准则》的企业预付下一年度全年的财产保险费、报刊订阅费等。

（2）将在以后期间发生（收、付款），但应在本期确认的应计收入和费用的经济业务。它包括两个方面：❶应计未收收入的调整，**是指那些已在本期实现、因款项未收而未登记入账收入的调整**。如对外债券投资在年末应确认的债券利息收入的经济业务。❷应计未付费用的调整，**是指企业在本会计期间应当负担，但无须在当期付款而在以后某一会计期间一次支**

付款项的费用的调整。如按照季度结算的银行借款利息支出在前两个月应确认的利息费用等经济业务。[1]

2.结清收入、费用类账户发生额

由于会计核算技巧的需要，进行的收入结转、费用结转，即将本期发生的收入和费用由该类账户反方向转入“本年利润”账户的贷方和借方，通过上述结转后，收入类账户和费用类账户就不再有余额，其结转的目的是计算确定当期的经营成果。具体包括：

（1）**期末编制收入类账户的结账分录（记账凭证）**，将其本期发生额结转到“本年利润”账户的贷方。其具体账务处理参见【例6-20】。

（2）**期末编制费用类账户的结账分录（记账凭证）**，将其本期发生额结转到“本年利润”账户的借方。其具体账务处理参见【例6-21】和【例6-23】。[2]

（3）**年末，将“本年利润”账户的借、贷方之差额**，结转到“利润分配——未分配利润”账户，结平“本年利润”账户。其具体账务处理参见【例6-25】的【分析1】。

3.计算并结转出各账户的本期发生额及余额，并画出结账标志

在本期全部经济业务登记入账的基础上，计算出各个账户的发生额和余额，账户有余额时，应按规定的方法结转至下一会计期间的有关账户。同时应画出结账标志线。结账应在月末、季末和年末进行，但不得为赶编会计报表而提前结账，更不能先编制会计报表后结账。由于结账的目的和结算时期不同，所以结账时应考虑各账户的特点，分别采用不同的方法。具体如下：

（1）月度结账

月度结账，**是指在月末结计出全部账户的本期借、贷方发生额及期末余额。**

❶结账的一般方法。首先，应在登记每月最后一笔经济业务的下一行（简称“月结行”）沿着上线（注意不能重合）画一条通栏单红线（表示本月发生的经济业务已全部登记完毕）。其次，在“月结行”填写以下内容：A.在“摘要”栏内加盖“本月合计”或“月结”红色戳记（主要是为了醒目，下同）；B.在“金额”栏分别填写“借方金额”“贷方金额”；C.期末有余额时还应填写“期末余额”并注明借贷方向（借或贷）；D.期末没有余额时，应在“期末余额”栏内画“—0—”符号，并在“借或贷”栏内写“平”字。最后，在“月结行”的下一行沿着上线（注意不能重合，下同）再画一条通栏单红线（以表示本月的账簿记录已经结束，也表示下月经济业务登记的开始）。

❷结账的具体方法。由于各类账户的性质和作用不同，其余额的处理方法也有所不同，其具体结账方法如下：

A.**对不需要按月结计本期发生额而只求余额的明细账户**：[3] a.每次记账以后，都要随时结出余额（至少是每日要结出余额），故每月最后一笔记录的余额即为月末余额，不需要再结计一次余额；b.月末结账时，只

[1] **提示：**

“隐性经济业务”，是“无交易”，是企业内部发生的“事项”，且一般无原始凭证，均根据账簿记录按照权责发生制的要求进行处理的事项。

[2] **提示：**

“收入－费用＝利润”是通过“本年利润”账户这一会计核算技巧来实现的。

[3] **适用范围：**

如债权债务等结算类明细账、“实收资本”等资本类明细账和各项存货明细账，除存货采用“月末一次加权平均法”等外。

需要在最后一笔经济业务记录行的下一行沿着上线画一条通栏单红线即可，以示本期与下期的区分。参见表7-14、表7-15“应付账款”明细账的结账方法。

提示：这些明细账也可以按月结计本期发生额。

B. 对于库存现金日记账、银行存款日记账，以及需要按月结计发生额的收入、费用等明细账、采用“月末一次加权平均法”计价的存货类明细账等： 每月结账时，要在最后一笔经济业务记录下面画通栏单红线，并在其下一行结出本月发生额和余额；在“日期”栏内填写本月最后一天的日期；在“摘要”栏内注明“本月合计”或“月结”字样；再在其下面画通栏单红线。有关库存现金日记账和银行存款日记账的月结方法参见表7-2和表7-3。

C. 对于需要结计本年累计发生额的“本年利润”总分类账户和采用“表结法”下的损益类明细账户，每月结账时： 首先，按照前述方法进行月结；其次，在“月结行”的下一行（简称“本年累计行”）的“摘要”栏内注明“本年累计”字样，在“本年累计”行的借、贷方金额栏内登记自年初起至本月末止的累计发生额（该行不填余额）；最后，在“本年累计”行下面再通栏画单红线。

注意：“月结行”的下一行不需要再画单红线。

D. 对于总账，平时除了要按照上述的一般结账方法进行月结外，年终结账时， 为了总括反映全年各项资产、负债、所有者权益增减变动的全貌，便于核对账目，还要：先对所有总账结出全年发生额和年末余额，在“摘要”栏内注明“本年合计”字样；再按下述的年度结账方法进行年度结账。

（2）年度结账

年度结账，**是指在年末结计出全年各账户的借方发生额、贷方发生额及余额，并将年末余额转入下一个会计年度的新账户，作为下一会计年度新账户的年初余额。**

年度终了，对于有余额的账户，要将其余额结转到下年。具体做法是：A. 在新账第1页第1行的“摘要”栏内注明“上年结转”或“年初余额”字样，既不需要编制记账凭证，也不必将某账户的借方（或贷方）余额再记入本年该账户的贷方（或借方），使本年有余额的账户的余额为零。因为，既然年末是有余额的账户，其余额应当如实地在账户中加以反映，否则，容易混淆有余额的账户和没有余额的账户。B. 在“本年合计”行下一行的“摘要”栏内注明“结转下年”字样，并将余额记入同一行的“余额”栏内，然后在“结转下年”行下画两条通栏红线，封账即可。

请思考：对于没有余额的总分类账户，如何进行年度结账？

第六节　会计账簿的更换与保管

一、会计账簿的更换

会计账簿的更换，**是指在年度结账完毕后，以新账代替旧账。** 为了便于账簿的使用和管理，一般情况下：❶总分类账、库存现金日记账和银行存款日记账和大部分明细账都应每年更换一次；❷对于在年度内业务发生量较少，账簿变动不大的部分明细账，如固定资产明细账和固定资产卡片账，由于连续记录的要求比较强，可以跨年度连续使用，不必每年更换；❸各种备查账簿也可以连续使用。建立新账时，除了要遵守账簿启用规则以外，还需要注意以下几点：

（1）更换新账时：❶要注明各账户的年份，然后在第1页第1行的“日期”栏内写明“1月1日”；❷在“摘要”栏内用红笔注明“上年结转”字样；❸根据上年账簿的账户余额直接写在“余额”栏内。在此基础上，再登记新年度所发生的相关会计事项。

（2）总账应根据各账户记录经济业务的多少，合理估计各账户在新账中所需要的账页，并填写账户目录，然后据以设立账户。

（3）对于有些有余额的明细账，如应收账款、应付账款、其他应收款、其他应付款等明细账，必须将各明细账户的余额，按照上述方法，详细填写在与新建明细账相同的明细账户下，以备清查和查阅；对于采用借贷方多栏式的应交增值税明细账，应按照有关明细项目的余额采用正确的方法予以结转。

二、会计账簿的保管

会计账簿是各单位的重要会计档案资料，每个单位都必须健全账簿管理制度，妥善保管单位的各种账簿。考虑到账簿使用的特点，账簿管理制度主要包括：❶日常使用过程中的管理；❷使用过的账簿归档保管。

（一）会计账簿的日常管理

会计账簿的日常管理包括：❶各种账簿要分工明确，并指定专人管理，一般是谁负责登记，谁负责管理；❷未经本单位领导或会计部门负责人允许，非经管人员不得翻阅查看会计账簿；❸会计账簿除需要与外单位核对账目外，一律不准携带外出；❹对需要携带外出的账簿，必须经本单位领导和会计部门负责人批准，并指定专人负责，不准交给其他人员管理，以保证账簿安全和防止任意涂改账簿等现象的发生。

（二）会计账簿的归档保管

年度结账后，对需要更换新账的账簿，应将旧账按规定程序整理并装订成册，归档保管。旧账装订时应注意以下事项：❶活页账装订时，一般按账户分类装订成册，一个账户装订一册或数册；某些账户账页较少，也可以几个账户合并装订成一册，但应分别按资产、负债及所有者权益类账户分别装订；❷装订时应检查账簿扉页的内容是否填列齐全，要将账簿经管人员一览表及账户目录附在账页前面，并加具封面、封底；❸装订时，应将账页整齐牢固地装订在一起，并将装订线用纸封口，由经办人员及装订人员、会计主管人员在封口处签章。

旧账装订完毕后，交由会计档案保管人员造册归档。❶造册归档时，应在各种账簿的封面上注明单位名称、账簿种类、会计年度、账簿册数、第几册及本账簿总页数，并由会计主管人员和经办人员签章；❷将全部账簿按册数顺序或保管期限统一编写“会计账簿归档登记表”（见表7-17）。

表 7-17　　**会计账簿归档登记表**

账簿名称	册数	页数	经管人员	批准销毁			备注
				批准人	批准日期	销毁日期	

账簿应按照规定期限保管。❶《会计档案管理办法》规定，会计档案的保管期限分为永久、定期两类。定期保管期限一般分为10年和30年。办法明确，需要定期保管的企业和其他组织的会计档案中，原始凭证、记账凭证等的保管期限为30年，银行对账单等的保管期限为10年。❷保管期满后，要按照《会计档案管理办法》的规定，由财会部门和档案部门共同鉴定，报经批准后进行处理。❸账簿日常应由各自分管的记账人员专门保管，未经领导和会计负责人或有关人员批准，不许非经管人员翻阅、查看、摘抄和复制。❹会计账簿除非特殊需要或司法介入要求，一般不允许携带外出。

会计论道与育人

自己建造的房子——会计工作要善始善终[1]

谎言连环套中套　物流账单露出马脚

有个老木匠准备退休，他告诉老板，说要离开建筑行业，回家与妻子儿女享受天伦之乐。老板舍不得做得一手好活计的木匠走，再三挽留，木匠决心已下不为所动。老板只得答应，问他是否可以帮忙再建一座房子，老木匠答应了。在盖房过程中，大家都看出来，老木匠的心已不在工作上了。用料也不那么严格，做出的活计也全无往日水准。老板并没有说什么，只是在房子建好后，把钥匙交给了老木匠。“这是你的房子。”老板说，“我送给你的礼物。”老木匠愣住了，同样，他的后悔与羞愧大家也都看出来了。他这一生盖了多少好房子，最后却为自己建了这样一幢粗制滥造的房子。

教授寄语：**其实我们每时每刻都在为自己建造着生命的归宿，今天的任何一个不负责任的后果，都会在以后的某个地方等着你。**

课堂在线练习

习题自测

扫描下方“二维码”进行在线回答，回答完毕并提交后可参看正确答案与答案解析。

关键术语

会计账簿　序时账簿　结账与对账　平行登记　分类账簿　备查账簿

复习思考

1. 明细分类账账页格式的种类及其适用范围。
2. 错账的更正方法及其适用范围。
3. 总账与明细账平行登记的要点。

① 改编自：佚名. 给予［EB/OL］.［2015-03-10］. https://www.chazidian.com/gushi21095/.

第八章　财产清查

内容导读： 财产清查是会计核算的七种方法之一，是对第七章第五节中“对账——账实核对”的具体说明，是在编制会计报表前对财产物资账簿记录真实性和准确性的质量保证。通过对货币资金、实物资产和债权债务的清查：❶了解财产清查的内容并理解财产清查的概念及意义；❷掌握存货盘存制度及其应用，熟悉实物资产的清查方法并掌握实物资产清查结果的账务处理；❸熟悉库存现金及往来款项的清查方法及清查结果的账务处理；❹重点掌握银行存款的清查方法及清查结果的处理。

一个会计女神的恋爱笔记

第一节　财产清查概述

一、财产清查及其意义

（一）财产清查及其必要性

企业的货币资金、存货、固定资产和债权资产等各项财产物资以及各项应付债务的增减变动和结余情况，一般通过填制会计凭证和登记会计账簿等方法可以得到正确的反映。但是，在实际工作中，由于多方面的原因使账面数与实际数产生差异，即账实不符，其主要原因有以下几个方面：❶财产收发时，由于计量不准确而发生品种或数量上的差错；❷财产物资在运输和保管过程中的自然损耗或自然升溢；❸因管理不善而出现财产的腐烂变质及毁损；❹贪污盗窃、徇私舞弊等违法行为造成财产的短缺；❺财产物资的增减变动出现漏记、重记和计算错误等原因而产生的差异；❻因未达账项而引起的账实不符。

为了保证会计账簿记录的真实性和准确性，进一步建立健全财产物资的管理制度，确保企业财产的完整无损，就必须运用财产清查这一行之有效的会计核算方法。所谓**财产清查，是指通过对各种财产物资如现金资产、实物资产和往来款项的实地盘点、账项核对或查询，查明某一时期的实际结存数，并与账存数核对，确定账实是否相符的一种会计核算方法。**

（二）财产清查的意义

财产清查既是会计核算的一种方法，又是单位内部实施会计控制和会计监督的一种活动。其意义主要体现在以下几个方面：

（1）**保证会计核算资料的真实可靠。** 通过财产清查，可以查明财产物资有无盈亏以及发生盈亏的原因，确定财产物资的实有数，并通过账项的调整达到账实相符，保证会计核算资料的真实性，为会计报表编制的正确性奠定基础。

（2）充分挖掘财产物资的潜力。通过财产清查，可以查明财产物资的利用情况，发现其有无超储积压或储备不足以及不配套等现象，以便采取措施，对储备不足的设法补足，对呆滞积压和不配套的及时处理，充分挖掘财产物资潜力，提高资产的使用效果。

（3）强化财产管理的内部控制制度。通过财产清查，可以发现财产管理工作中存在的各种问题，诸如收发手续不健全、保管措施不得力、控制手续不严密等，以便采取对策加以改进，从而健全内部控制制度，保护财产的安全与完整。

（4）完善财产管理的岗位责任制。通过财产清查，可以促使财产保管人员吸取教训，总结经验，不断学习先进的管理技术，增强敬业精神，提高业务素质。

二、财产清查的种类

（一）按清查的对象和范围分类

（1）全面清查，**是指对一个单位的全部财产物资，包括实物资产、现金资产以及债权债务等进行的全面彻底的盘点与核对。**其特点是：清查范围广、投入人力多、耗费时间长。一般只在下述情况下实施全面清查：❶年终编制决算会计报表前；❷企业撤销、合并或改变隶属关系时；❸企业更换主要负责人时；❹企业改制等需要进行资产评估时。

（2）局部清查，**是指对一个单位的部分实物资产或现金资产或债权债务进行的盘点或核对。**其特点是：清查范围小、专业性强、人力与时间的耗费较少。其清查对象主要是流动性较强、易发生损耗以及比较贵重的财产。在企业的日常管理中，局部清查比较常见，主要包括以下情况：❶年中对材料、商品、在产品、产成品等存货进行轮流盘点或重点清查；❷对贵重物资进行的经常性盘点；❸对库存现金于每日营业终了进行的实地盘点；❹企业与银行之间进行的账项核对；❺企业与有关单位进行的债权和债务查询。

（二）按清查的时间分类

（1）定期清查，**是指根据事先计划安排的时间，对一个单位的全部或部分财产进行的清查。**❶定期清查常在月末、季末和年末结账时进行；❷定期清查可以是全面清查，如年终决算前的清查；❸可以是局部清查，如对一些贵重物资的清查。

（2）不定期清查，**是指事前未规定清查时间，而是由于某种特殊需要进行的临时清查。**主要有以下情况：❶更换财产物资经管人员（如出纳员、仓库保管员）时；❷财产物资遭受自然灾害损失或其他损失时；❸单位合并、迁移、改制和改变隶属关系时；❹财政、审计、税务等部门进行会计检查时；❺按规定开展临时性清产核资工作时。发生上述情况时，可以根据不同需求进行全面清查或局部清查。

三、财产清查前的准备工作

财产清查是一项既复杂又细致的工作，必须有计划有组织地进行。不同的财产清查，其程序也不尽相同。但就其一般程序而言，主要包括以下几个步骤：

（一）组织准备

组织准备，是指在总会计师及有关主管的领导下，成立由会计部门牵头包括设备、技术、生产、行政及各有关部门参加的财产清查领导小组，具体负责财产清查的领导和组织工作。

（二）业务准备

业务准备是指各资产管理、使用部门和会计部门应做好与清查有关的具体工作。主要包括：❶会计部门和资产管理部门应做好所有账簿的登记工作，正确结账和对账，做到账账相符、账证相符，为账实核对提供正确的账簿资料。❷资产使用和管理部门应将其使用和管理的各项资产按自然属性予以整理，有序排列、整齐堆放、挂上标签，标明品种、规格及结存数量，以便盘点核对。❸清查人员准备好必要的计量器具、清查需用的各种表册等。

第二节 存货的盘存制度

实物资产的盘存制度是指企业确定实物资产期末结存数量的方法。通常有实地盘存制和永续盘存制两种方法。

一、实地盘存制

（一）实地盘存制及其应用

实地盘存制，**也称“定期盘存制”，它是指期末通过实物盘点来确定财产物资的数量，并据以计算出结存成本和已销售成本的一种方法。**[1]采用这一方法，平时账上只登记财产物资的购进或收入数量，而不登记销售或耗用的数量，期末通过实地盘点确定结存数量后，据以计算结存成本，再倒挤出销售或耗用成本，因此有人称之为“以存计耗制”或“以存计销制”。其计算公式如下：

期末结存成本=结存数量（实地盘存数）×单位成本

本期销售或耗用成本=期初结存成本+本期购进或收入成本-期末结存成本

从以上公式可以看出，采用实地盘存制是先确定期末结存数量，然后计算期末结存成本，最后计算销售或耗用成本，这里的单位成本可以采用个别辨认法、加权平均法和先进先出法等方法计算。方法一旦选定，不得随意变动。[2]

[1] **特别说明：**

实地盘存制用于商业企业，又称“以存计销制”或“盘存计销制”；用于制造业企业，又称“以存计耗制”或“盘存计耗制”。

[2] **重点提示：**

采用实地盘存制是先计算期末结存成本，然后推算本期销售成本。

1.“先进先出法”下存货期末成本与本期发出成本的确定

先进先出法，**是假设先入库的存货先发出，即按照存货入库的先后顺序，用先入库存货的单位成本确定发出存货成本的一种方法。**采用先进先出法对存货进行计价，可以将发出存货的计价工作分散在平时进行，减少了月末的计算工作量；期末存货的计价标准为后入库存货的价格，从而使反映在资产负债表上的存货价值比较接近当前市价。但在物价上涨时，本期发出存货成本要比当前市价低，从而使本期利润偏高，需多缴所得税。

【例 8-1】某商品流通企业 2×23 年 1 月份有关 W 商品的结存及购进情况如下：❶1 月 1 日，期初结存数量 500 千克，单价 5.00 元；❷1 月 3 日，购进数量 1 000 千克，单价 5.06 元；❸1 月 12 日，购进数量 1 800 千克，单价 5.20 元；❹1 月 24 日，购进数量 1 700 千克，单价 5.40 元；❺1 月 31 日，期末实地盘存数量 2 000 千克。实地盘存制下，采用“先进先出法”W 商品明细账的登记见表 8-1。

表 8-1　　　　库存商品明细账　　　　总第 36 页

明细科目：W 商品　　计量单位：千克　　储备定额：　　存储地点：商品库　　分第 22 页

2×23 年		凭证字号	摘要	收入			发出			结存		
月	日			数量	单价	金额	数量	单价	金额	数量	单价	金额
1	1	（略）	上年结转							500	5.00	2 500
	3		购进	1 000	5.06	5 060						
	12		购进	1 800	5.20	9 360						
	24		购进	1 700	5.40	9 180				300	5.20	1 560
1	31		月结	4 500		23 600	3 000	—	15 360	1 700	5.40	9 180

期末结存 W 商品成本=1 700×5.40+300×5.20=10 740（元）

本期发出 W 商品成本=（2 500+23 600）-10 740=15 360（元）

2.“月末一次加权平均法”下存货期末成本与本期发出成本的确定

加权平均法，**是把可供发出的存货总成本平均分配给所有可供发出的存货数量。因此，本期发出存货成本和期末存货成本都要按这一平均单价计算。**在平均单价的计算过程中，考虑了各批存货的数量因素，即批量越大的存货成本，对平均单价的影响也越大。由于数量对单价起权衡轻重的作用，故由此计算的平均单价称为加权平均单价。存货计价的加权平均法，又分为**“月末一次加权平均法”**和**“移动加权平均法”**两种。本教材仅阐述“月末一次加权平均法”。

采用月末一次加权平均法，对本月发出的存货，平时既不登记数量，也不登记单价和金额，月末盘点结存数量并倒挤出本月发出数量，然后按计算的月末一次加权平均单价，计算本期发出存货成本和期末存货成本。月末一次加权平均法计算比较简单，计算出的期末存货成本和本期发出存货成本都比较平稳，但由于计价工作集中在月末进行，所以平时不能从账簿中看到存货发出和结存的金额，从而不便于加强存货资金的日常管理。

【例 8-2】承【例 8-1】W 商品购进、结存的有关资料。实地盘存制下，采用“月末一次加权平均法”W 商品明细账的登记见表 8-2。

表 8-2　**库存商品明细账**　总第 36 页

明细科目：W 商品　计量单位：千克　储备定额：　存储地点：商品库　分第 22 页

2×23年		凭证字号	摘要	收入			发出			结存		
月	日			数量	单价	金额	数量	单价	金额	数量	单价	金额
1	1		上年结转							500	5.00	2 500
	3	（略）	购进	1 000	5.06	5 060						
	12		购进	1 800	5.20	9 360						
	24		购进	1 700	5.40	9 180						
1	31		月结	4 500		23 600	3 000	5.22	15 660	2 000	5.22	10 440

W 商品加权平均单价 =（2 500+23 600）÷（500+4 500）=5.22（元/千克）

期末结存 W 商品成本 =2 000×5.22=10 440（元）

本月发出 W 商品成本 =（2 500+23 600）−10 440=15 660（元）

（二）实地盘存制的优缺点及适用范围

实地盘存制的优点是简化了财产物资的明细账核算工作，缺点通常表现为以下三方面：❶不能随时反映财产物资的收入、发出和结存的动态，不利于财产物资的日常监督和管理。❷由于该方法的原理是以存计耗或以存计销，除盘存外的所有财产物资都被认为已耗用或售出。于是，盗窃、浪费或自然损耗等都会被计入耗用或销售成本中，不能反映销售成本的实际情况。❸不能及时反映财产物资的耗用成本或销售成本，影响成本结转的及时性。因此，实地盘存制只适用于一些单价低、品种杂、进出频繁的商品，以及数量不稳定、损耗大且难以控制的鲜活商品流通企业。

请思考：

实地盘存制为什么不能随时反映财产物资的收入、发出和结存的动态情况？

二、永续盘存制

（一）永续盘存制（账面盘存制）及其应用

永续盘存制，是对各项财产物资的增加和减少，都必须根据会计凭证逐日、逐笔在相关账簿中进行登记，并随时结算出各项物资的结存数额的一种方法。永续盘存制平时既登记存货增加数，又登记存货减少数。期末存货结存数量可通过账面推算出来。其计算公式如下：

本期销售或耗用成本 = 本期销售或耗用数量 × 单位成本

期末结存数量 = 期初结存数量 + 本期购进或收入数量 − 本期销售或耗用数量

期末结存成本 = 期初结存成本 + 本期购进或收入成本 − 本期销售或耗用成本

从以上公式可以看出，永续盘存制一般是先确认本期销售或耗用成本，再确认期末存货的数量和成本。期末存货计价采用“月末一次加权平均法”的具体应用，**参见第七章【例7-6】的阐述，此处不再赘述**。这里仅说明“先进先出法”下存货期末成本与本期发出成本的确定。

【例8-3】承第七章【例7-6】强华公司2×23年12月份有关“原材料——甲材料”账户的期初结存数量与金额、本月购进数量与金额、本月发出数量及期末结存数量。

永续盘存制下，采用“先进先出法”计算本期发出甲材料成本和期末结存甲材料成本如下：

本期发出的甲材料成本=40×149+20×148+10×148+40×148+30×152+22×152

=24 224（元）

期末结存甲材料成本=（5 960+24 040）−24 224=5 776（元）

存货采用“先进先出法”计价，“原材料——甲材料”明细账的登记结果见表8-3。

表8-3 **原材料明细账** 总第30页

明细科目：甲材料　计量单位：千克　储备定额：　存储地点：原材料库　分第20页

2×23年		凭证字号	摘要	借方金额			贷方金额			余额		
月	日			数量	单价	金额	数量	单价	金额	数量	单价	金额
11	30		本月合计	180		26 900	170	149	25 330	40	149	5 960
12	5	转1	购进	70	148	10 360				40 70	149 148	16 320
	7	领201	生产产品领用				40 20	149 148	5 960 2 960	50	148	7 400
	12	领202	车间一般耗用				10	148	1 480	40	148	5 920
	15	转2	购进	90	152	13 680				40 90	148 152	19 600
	18	领203	生产产品领用				40 30	148 152	5 920 4 560	60	152	9 120
	26	领204	车间一般耗用				22	152	3 344	38	152	5 776
12	31		本月合计	160		24 040	162		24 224	38	152	5 776
			结转下年							38	152	5 776

（二）永续盘存制的优点及缺点

永续盘存制的优点：❶存货明细账可以随时反映出每种存货的收入、发出和结存情况，并从数量和金额上加以控制，有利于加强对存货的日常监督与管理；❷明细账的结存数量，可以通过盘点随时与实存数量相核对，及时发现存货的溢余或短缺，有利于加强对存货的管理；❸可以随时将明细账上的结存数与预定的最高和最低库存限额进行比较，判断库存是积压还是不足，以便及时组织购销或处理，加速资金周转；❹在明细账上就可以计算出本期耗用或销售成本，不用等到期末盘点以后，从而可以提高成本计算和成本结转的及时性（加权平均法除外）。

永续盘存制的缺点：存货明细分类账核算的工作量比较大，耗用的人力、物力也较多。但同实地盘存制相比，它在控制和保护财产物资安全完整方面具有明显的优越性，所以在实际工作中被多数企业采用。

第三节 财产清查的方法

一、实物资产的清查

（一）实物资产清查的方法

由于实物资产的种类较多、特点各异，因而，针对不同的清查对象，应采用不同的清查方法。主要有实地盘点法、技术推算盘点法、抽样盘点法和查询核实法四种。

（1）实地盘点法，**是指运用度、量、衡等工具，通过点数，逐一确定被清查实物实有数的一种方法**。该方法适用范围较广且易于操作，大部分实物资产均可采用，如机器设备、原材料、产成品和库存商品等。（2）技术推算盘点法，**是指通过技术推算（如量方、计尺等）测定财产物资实有数量的方法**。该方法适用于大堆存放、物体笨重、价值低廉、不便逐一盘点的实物资产。例如，化肥、水泥、沙石等数量大、价值低廉物资的清查。从本质上讲，它是实地盘点法的一种补充方法。（3）抽样盘点法，**是指对于数量多、价值小、重量均匀的财产物资，采用从中抽取少量样品，以确定其数量的一种方法**。（4）查询核实法，**是指通过向对方单位发函调查，并与本单位的账存数相核对的方法**，如出租的固定资产、包装物、委托加工材料等。

（二）实物资产清查的要求

对实物资产进行盘点时：❶实物保管人员必须在场，并与有关人员认真核实，及时记录；❷对清查中发现的异常情况如腐烂、破损、过期失效等，致使不能使用或销售的实物资产，应详细注明并提出处理意见；❸盘点结果应由相关人员如实填制“**盘存单**”，并由盘点人和实物保管人签字或盖章。盘存单，**是用来记录实物盘点结果，反映实物资产实存数额的原始凭证**。其格式见表8-4。

表 8-4

盘存单

财产类别：　　　　存放地点：　　　　盘点日期：　　年　月　日　　　　编号：

编号	名称	规格	计量单位	盘点数量	单价	金额	备注

盘点人签章：　　　　　　　　　　　　保管人签章：

盘点完毕，若发现某些实物资产账实不符，应根据“盘存单”和有关账簿记录，填制“实存账存对比表”，以便确定各种账实不符资产的具体盈亏数额。**实存账存对比表，是指用来反映实物资产实存数与账存数之间的差异并作为调整账簿记录的一种自制原始凭证。**其格式见表 8-5。

表 8-5

实存账存对比表

部门名称：　　　　　　年　月　日　　　　　　编号：

编号	名称	规格型号	计量单位	单价	实存		账存		对比结果				备注
									盘盈		盘亏		
					数量	金额	数量	金额	数量	金额	数量	金额	

主管：　　　　　　会计：　　　　　　制表人：

二、货币资金的清查

（一）库存现金的清查

对库存现金的清查，主要采用实地盘点的方法。除出纳人员于每日结账后对其经管的库存现金进行清点外，清查小组还应对库存现金进行定期和不定期的清查。既要清点库存现金实存数并与“库存现金日记账”余额相核对，查明盈亏，又要严格检查库存现金限额的遵守情况以及有无“白条抵库”的现象。盘点完毕后，应根据盘点结果和库存现金日记账的结存余额填制“库存现金盘点报告表”并将盈亏情况及其原因如实填入。该表兼有“盘存单”和“实存账存对比表”的双重作用，是对库存现金进行差异分析和调整账项的原始凭证。其格式见表 8-6。

表 8-6

库存现金盘点报告表

年　月　日　　　　　　单位：元

实存金额	账存金额	对比结果		备注
		盘盈（长款）	盘亏（短款）	

负责人：（签章）　　　　盘点人：（签章）　　　　出纳员：（签章）

（二）银行存款的清查

1. 清查方法

对银行存款的清查，主要采用账项核对的方法，即根据银行存款日记账与开户银行转来的“**银行对账单**”[1]进行核对。一般情况下，开户银行会定期将单位在一定时期内在该银行存款的变化和结存情况，以“**对账单**”的形式转给存款单位供其核对。存款单位接到“银行对账单”后，应与“银行存款日记账”逐笔核对其发生额及余额。

2. 清查手续

经过核对，如果两者金额相符，一般说明无错误。如果双方账目的结存余额不一致，原因主要有两个：❶某方（尤其是存款单位）账簿登记发生差错，对于这种情况应查明原因，及时予以更正；❷多数是由于“未达账项”所造成。

3. 未达账项的类型

*未达账项，是指单位与开户银行之间因结算凭证传递时间的差别，发生的一方已经记账，而另一方尚未接到有关凭证没有记账的款项。*从企业和银行双方来看，未达账项可分为两类：一类是企业已经入账而银行尚未入账的款项；另一类是银行已经入账而企业尚未入账的款项。具体包括四种情况：❶**银行已收企业未收款项**——银行代企业收进的款项已作为企业存款增加记账，而企业因未接到收款通知单尚未入账的款项；❷**银行已付企业未付款项**——银行代企业支付的款项已作为企业存款减少记账，而企业因未接到付款通知单尚未入账的款项；❸**企业已收银行未收款项**——本企业送存银行的款项，已作为存款增加记入银行存款日记账，但银行尚未入账的款项；❹**企业已付银行未付款项**——本企业开出支票或其他支付凭证后，已作为存款减少记入银行存款日记账，但持票人尚未到银行办理转账，故银行未作为存款减少入账的款项。[2]以上未达账项的登记情况如图8-1所示。

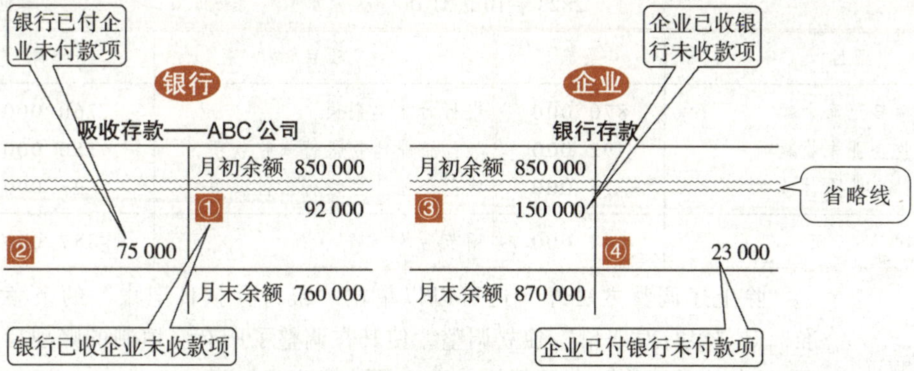

图8-1 未达账项类型图

图8-1显示：上述❶、❹两种情况，会使企业的银行存款日记账余额**小于**对账单余额；而❷、❸两种情况，则会使企业的银行存款日记账余额**大于**对账单余额。

[1] **知识卡片：** “银行对账单”是开户银行在记录开户单位的存款时登记的明细账，在过去手工记账的情况下，银行要复写一式两份，一份作为银行的账簿，另一份要定期转给开户单位。

[2] **内容拓展：** “吸收存款”账户是银行开设的负债类账户，用来核算企业款项的存入与支付。该账户应按存款企业名称设置明细账。

4. 未达账项的调整方法

对于未达账项所造成的企业与开户银行的存款余额不相一致的情况，一般在清查银行存款时，通过编制“银行存款余额调节表”的方法加以揭示并进行调整，并以此来确定单位与开户银行的账目是否正确。调节后的余额就是假定在消除了未达账项因素影响之后双方账户记录结果，在不存在其他问题的情况下，这两个余额应当是相等的。若双方调整后的余额相等，一般表明双方记账正确；反之，则说明某一方或双方记账有误，在该种情况下，则应由某一方或双方按规定的错账更正方法予以更正。

银行存款余额调节表的常用编制方法是：以企业、银行双方调整前的账面余额为基础，各自补记对方已入账而本方尚未入账的未达账项，计算出双方各自调整后的余额。其计算公式如下：

银行存款日记账余额 + 银行已收企业未收款项 − 银行已付企业未付款项 = 对账单余额 + 企业已收银行未收款项 − 企业已付银行未付款项

重点提示：

未达账项不是错账、漏账，因此，不能根据银行存款余额调节表做任何账务处理。对于其中所涉及的全部未达账项，都必须在收到有关结算凭证后方可登记入账。

5. 未达账项调整方法举例

【例 8-4】ABC 公司 2×23 年 10 月 31 日银行存款日记账余额为 870 000 元，开户银行转来的对账单余额为 760 000 元。经逐笔核对，发现存在以下未达账项：❶企业委托银行代收的销货款 92 000 元，银行已于 29 日收妥入账，企业未接到收款通知单；❷银行于 31 日代企业支付水电费 75 000 元已登记入账，企业未接到付款通知单；❸企业 29 日送存银行转账支票一张，金额为 150 000 元，银行尚未入账；❹企业 30 日开出 2 300 元的支票一张支付广告费用，银行尚未收到支票。根据上述未达账项，编制银行存款余额调节表见表 8-7。

表 8-7

银行存款余额调节表

2×23 年 10 月 31 日　　　　单位：元

项目	金额	项目	金额
企业银行存款日记账余额	870 000	银行对账单余额	760 000
加：银行已收企业未收款项	92 000	加：企业已收银行未收款项	150 000
减：银行已付企业未付款项	75 000	减：企业已付银行未付款项	23 000
调节后的余额	887 000	调节后的余额	887 000

除上述调整方法外，还可以以单位“银行存款日记账”的余额为标准，对“银行对账单”独立调整，使其在调整了所有应填制的账项后，与“银行存款日记账”余额保持一致。其计算公式如下：

**银行对账单余额 + 企业已收银行未收款项 + 企业已付... **

承上例资料，银行存款日记账余额计算如下：

760 000+150 000+75 000−23 000−92 000 = 870 000（元）

三、往来款项的清查

往来款项，是指企业的各种应收款项、预付款项、应付款项和预收款项等。其中前两项属于企业的债权，后两项属于企业的债务。对往来款项的清查一般采用函证核对法，与债权、债务企业核对账目。企业应将清查日截止时的有关结算凭证全部登记入账，在确保本企业应收、应付款项余额正确的基础上，编制一式两联的对账单，送交对方单位进行核对，并由对方提出确认或不确认的意见。“往来款项对账单”的一般格式见表8-8。

表8-8　往来款项对账单

ABC公司：

我公司2×23年7月26日销售给贵公司A产品20件，已付货款60 000元，尚欠50 000元，请核对后将回单联寄回。

清查单位：清华公司（盖章）

2×23年12月24日

沿此虚线裁下，将以下回联单寄回！

往来款项对账单（回单联）

清华公司：

你单位寄来的“往来款项对账单”已收到，经核对相符无误。

ABC公司（盖章）

2×23年12月28日

第四节　财产清查结果的账务处理

一、财产清查结果的账务处理步骤及处理原则

（一）财产清查结果的账务处理步骤

为了保证会计核算资料的准确性，对财产清查中发现的盘盈、盘亏及毁损的财产，应及时在账簿中予以反映，做到账实相符。其账务处理的步骤一般分成以下两步：

（1）调整账簿记录并做到账实相符。根据实存账存对比表、库存现金盘点报告表，按各项财产物资的盘盈、盘亏及毁损数额，编制记账凭证并登记入账，使通过调整后的账面结存数与财产物资的实存数趋于一致，并将盈亏数额记入“待处理财产损溢”账户。同时，将盈亏情况、查明的原因及处理建议向单位领导或有关部门办理报批手续。

（2）根据批复意见核销待处理盈亏。根据财产物资盘盈、盘亏的性质及原因，分别编制向责任人索赔，转入管理费用、营业外支出、营业外收入等的记账凭证；同时，核销“待处理财产损溢”账户的记录。

（二）财产清查结果的账务处理原则

企业在财产清查中对发生的盘盈、盘亏及毁损会计事项，一般的处理原则如下：

（1）对发生的除现金资产以外的流动资产盘亏，应根据企业管理层的意见进行处理：❶由责任人失职造成的盘亏损失，应责成责任人赔偿，作为其他应收款处理；❷因管理制度不健全、计量器具不准、定额内自然损耗造成的盘亏损失，作增加管理费用处理；❸因自然灾害、意外事故导致的非常损失，应由保险公司赔偿的部分作为其他应收款处理，其余部分，列作营业外支出。

（2）对发生的除现金资产以外的流动资产盘盈，当原因不明时，作冲销企业管理费用处理。

（3）对发生的现金短缺金额：❶在原因不明时，应责成责任人（出纳员）赔偿，作为其他应收款处理；❷因非常事故（如抢劫等）造成的损失，列作营业外支出。

（4）对发生的现金长余金额：❶在确定少支付的情况下，作为其他应付款处理；❷如果原因不明，应列作营业外收入。

（5）对发生的固定资产盘亏金额：❶如属于自然灾害造成的，应由保险公司赔偿的部分作为其他应收款处理，残料评估作价记入“原材料”账户，扣除保险公司赔偿和残料评估值后的部分，列作营业外支出处理；❷责任事故造成的固定资产毁损以及丢失的固定资产，应由责任人酌情赔偿损失，其余部分列作营业外支出。

（6）对出现的固定资产盘盈，大多是企业自制设备交付使用后未及时入账造成的，应以其净值：❶按《小企业会计准则》的规定，列作营业外收入；❷按《企业会计准则》的规定，列作以前年度损益调整。

二、“待处理财产损溢”账户的设置

会计职业判断

由于财产清查结果的账务处理需分成两步，报批前已经调整了账簿记录，报批后才能针对盈亏原因作相应的处理，因此，必须有一个过渡性的账户衔接报批前后的相关记录。为了满足会计核算这一要求，就需要设置“待处理财产损溢”账户，核算企业在财产清查过程中各种财产物资的盘盈、盘亏或毁损的发生及其处理情况。❶借方先用来登记发生的待处理盘亏、毁损的金额；❷待盘亏、毁损的原因查明并经审批后，再从该账户的贷方转入有关账户的借方；❸贷方先用来登记发生的待处理盘盈金额，待盘盈的原因得以查明并经审批后，再从该账户的借方转入有关账户的贷方；❹该账户应按“待处理固定资产损溢”和“待处理流动资产损溢”设置明细账。“待处理财产损溢”账户的结构如图8-2所示。

按照现行财务制度和会计制度的规定：❶对清查中发现的各种清查损溢，应于月末前查明原因并根据企业的管理权限，经股东大会或董事会、或经理（厂长）会议或类似机构批准后，在期末结账前处理完毕。❷如果在月末结账前尚未经批准，应在对外提供财务报告时先按上述规定进行账

借方	待处理财产损溢 贷方
发生额：①发生的待处理财产盘亏和毁损数额 ②批准转销的待处理盘盈数	①发生的待处理财产盘盈数 ②批准转销的待处理盘亏、毁损数
月末无余额	月末无余额

图 8-2 “待处理财产损溢”账户结构

务处理，使“待处理财产损溢”账户在月末无余额；待下月初，用“红字”分录冲回，待批准后按文件规定再行处理。

三、财产清查结果的账务处理举例

以下是ABC公司2×23年10月份进行财产清查时发生的经济业务。

【例 8-5】财产清查中，发现账外设备一台，市场价值为360 000元，估算已提折旧25%。确认该设备归企业拥有，经批准后作为营业外收入。

> **提示：** ABC公司执行《小企业会计准则》，有关《企业会计准则》对盘盈固定资产的处理，将在后续教材《财务会计学》中阐述。

【分析1】盘盈时，应先进行账面调增的账簿记录。编制如下分录：

借：固定资产	360 000	
贷：累计折旧		90 000
待处理财产损溢		270 000

【分析2】批准处理时，按规定应转入“营业外收入”账户。编制如下分录：

借：待处理财产损溢	270 000	
贷：营业外收入——固定资产盘盈利得		270 000

【例 8-6】财产清查中，盘亏大卡车一辆，账面原价84 000元，已提折旧32 000元。

【分析1】盘亏时，应先进行账面调减的账簿记录，注销车辆原值及已提折旧。编制如下分录：

借：待处理财产损溢	52 000	
累计折旧	32 000	
贷：固定资产		84 000

【分析2】该盘亏的原因为管理不善，责任不清，经批准作为营业外支出处理。编制如下分录：

借：营业外支出——固定资产盘亏损失	52 000	
贷：待处理财产损溢		52 000

【例 8-7】财产清查中，发现库存W材料盈余180千克，单价为70元。

【分析1】盘盈时，应先进行账面调增的账簿记录。编制如下分录：

借：原材料　　12 600
　贷：待处理财产损溢　　12 600

【分析2】原因得以查明，为发出材料时计量不准而少发，按规定报经批准后，冲减管理费用。批准处理时编制如下分录：

借：待处理财产损溢　　12 600
　贷：管理费用——存货盘盈　　12 600

【例8-8】财产清查中，发现库存乙材料短缺2 300千克，单价为40元。

【分析1】盘亏时，应先进行账面调减的账簿记录。编制如下分录：

借：待处理财产损溢　　92 000
　贷：原材料——乙材料　　92 000

【分析2】分析其原因：❶由于计量器具不准造成材料领用时多发700千克，按照规定调整增加管理费用；❷定额内自然损耗200千克，按照规定调整增加管理费用；❸保管员常石枝造成100千克材料丢失，按照规定应责令其赔偿，从下月工资中扣除；❹火灾造成毁损1 300千克，按照规定由平安保险公司赔偿80%，其余列入营业外支出。批准处理时，编制如下分录：

借：其他应收款——常石枝　　4 000
　　　　　　——平安保险公司　　41 600
　管理费用——存货盘亏　　36 000
　营业外支出——存货盘亏　　10 400
　贷：待处理财产损溢　　92 000

【例8-9】现金清查结束后，发现现金短缺280元。

【分析1】盘亏时，按规定调整“库存现金”账户。编制如下分录：

借：待处理财产损溢　　280
　贷：库存现金　　280

【分析2】经分析，其中100元应由出纳员王格英承担责任，另180元无法查明原因，列入营业外支出。批准处理时，编制如下分录：

借：其他应收款——王格英　　100
　营业外支出——现金短缺　　180
　贷：待处理财产损溢　　280

【例8-10】现金清查结束后，发现库存现金长款200元。

【分析1】盘盈时，按规定调整“库存现金”账户。编制如下分录：

借：库存现金　　200
　贷：待处理财产损溢　　200

【分析2】经分析，库存现金长款原因不明，报经领导审批后，转作营业外收入处理。批准处理时，编制如下分录：

借：待处理财产损溢	200	
贷：营业外收入——现金溢余		200

会计论道与育人

天堂和地狱——会计工作强调分工协作①

有人和上帝谈论天堂和地狱的问题。上帝对这个人说："来吧，我让你看看什么是地狱。"他们走进一个房间，屋里有一群人围着一大锅肉汤。每个人看起来都营养不良、绝望又饥饿。他们每个人都有一只可以够到锅子的汤匙，但汤匙的柄比他们的手臂要长，自己没法把汤送进嘴里。他们看上去是那样悲苦。"来吧，我再让你看看什么是天堂。"上帝把这个人领人另一房间。这里的一切和上一个房间没什么不同。一锅汤、一群人、一样的长柄汤匙，但大家都在快乐地歌唱。"我不懂，"这个人说，"为什么一样的待遇与条件，而他们快乐，另一个房里的人们却很悲惨？"上帝微笑着说："很简单，在这儿他们会喂别人"。

会计内部牵制缺失，蚂蚁搬家挪走公款600万元

教授寄语：助人就是助己，生存就是共存。社会分工越细，每个人对他人的依存度就越高，不会与别人合作，就相当于把自己送入地狱。

课堂在线练习

扫描下方"二维码"进行在线回答，回答完毕并提交后可参看正确答案与答案解析。

习题自测

关键术语

财产清查　永续盘存制　未达账项　实地盘存制

复习思考

1. 简述造成账实不符的原因及账务处理的一般规定。
2. 比较永续盘存制与实地盘存制的优缺点。

① 佚名．天堂与地狱的区别［EB/OL］．［2021-11-01］．http://www.aabbz.cn/post/8144.html.

第九章　财务报告

会计达人的工作学习生活对答

内容导读： 财务报告编制是会计循环的最后一个环节，也是会计核算的七种方法之一。这种方法的应用，是前述各项目会计核算方法的应用成果，是对外提供财务会计信息并最终实现财务会计目标的主要手段。本章的主要内容包括：❶了解会计信息的产生流程并理解会计信息的质量要求，了解财务报告的构成及列报要求并理解财务报告的概念；❷理解资产负债表的编制原理并熟悉其格式与构成内容，掌握资产负债表的编制方法，尤其是几个特殊项目的列报方法，通过对资产负债表的初步解读理解其重要作用；❸理解利润表的编制原理并熟悉其格式与构成内容，掌握利润表的编制方法，通过对利润表的初步解读理解其重要作用；❹了解财务会计报告的报送、汇总和审批的有关内容。

第一节　财务报告概述

一、会计信息的产生流程与报告方式

会计作为一种信息系统，就是通过对纷繁复杂的企业活动，即企业在营业活动中发生的经济业务，依据会计准则并按照会计处理的程序与方法——确认、计量、记录、分类、汇总，向信息使用者提供一幅全景式的画面——财务报告。与其他信息系统一样，会计信息系统亦包括输入——处理——输出过程。

（一）输入——经济业务的确认与计量

根据会计信息系统的要求，通过审核经济数据所代表的企业活动，确认企业在营运过程中能够进入会计信息系统处理的有关经济业务并进行计量。即以能否进行货币计量为标准对企业活动进行筛选，对能以货币计量的部分按照《企业会计准则》确认会计要素项目并予以量化反映。[1]

[1]超链接： 关于这一内容在本书第二章中已进行阐述。

（二）处理——经济业务的记录

对进入会计信息系统处理的经济业务，按照会计处理程序要求和方法进行加工并为有关信息输出做准备。即将进入会计信息系统的经济业务，通过计量、分类、汇总、登账、调整和结账等方法进行会计记录，将其转化为满足会计信息使用者决策和管理需求的相关信息。[2]

[2]超链接： 这一内容已在本书的第三章至第八章中进行阐述。

（三）输出——经济业务的报告

按照规定格式和特定要求，把会计记录所形成的会计信息传送给特定的使用者。会计信息的输出并非对上述会计记录结果的简单罗列，而是要

根据会计信息的具体内容和特点，并结合会计信息使用者的要求和目的，对会计记录的结果进行分析和再整理并以规定的格式加以表现，然后按规定的程序传递给会计信息使用者。按规定的格式对会计记录的结果进行分析和再整理后的表现形式——财务报告，也即本章要阐述的内容。

二、财务报告的定义及构成

（一）财务报告的定义及作用

财务报告，亦称财务会计报告，是指企业对外提供的反映企业某一特定日期的财务状况和某一会计期间的经营成果、现金流量等会计信息的报告文件。财务报告的主要作用是向财务报告使用者提供真实、公允的信息，用于落实和考核企业领导人经济责任的履行情况，并有助于包括所有者在内的财务报告使用者进行经济决策。我国《企业财务会计报告条例》规定：❶企业不得编制和对外提供虚假的或隐瞒重要事实的财务会计报告；❷企业负责人对本企业财务会计报告的真实性、完整性负责。

（二）财务报告的构成

关于财务报告应包括哪些内容，《企业会计准则——基本准则》第四十四条规定：**财务会计报告包括会计报表及其附注和其他应当在财务会计报告中披露的相关信息和资料**。企业对外提供的财务报告的内容、会计报表种类和格式、会计报表附注的主要内容等，由企业会计准则规定；企业内部管理需要的会计报表由企业自行规定。

1.会计报表

根据《企业会计准则第30号——财务报表列报》的规定，财务报表是对企业财务状况、经营成果和现金流量的结构性表述。财务报表，**亦称会计报表，是以日常会计核算资料为主要依据，按照一定的格式加以汇总整理，用以总括地反映企业财务状况、经营成果和现金流量的一种书面报告文件**。企业对外提供的财务报表至少包括：❶从整体上反映企业财务状况的“资产负债表”；❷从整体上反映企业经营成果的“利润表”；❸从现金流入和现金流出方面反映企业财务状况的“现金流量表”；❹从所有者权益增减变动及余额方面反映企业财务状况的“所有者权益变动表”。

2.会计报表附注

会计报表附注，是对在资产负债表、利润表、现金流量表和所有者权益变动表等报表中列示项目的文字描述或明细资料，以及对未能在这些报表中列示项目的说明等。会计报表附注是财务会计报告的重要组成部分，应当按照一定的方式披露，有关信息应当与会计报表项目相互参照。

会计报表附注的信息涉及范围十分广泛，我国企业会计准则规定，附注一般应当按照下列顺序披露：❶企业的基本情况；❷财务报表的编制基础；❸遵循企业会计准则的声明；❹重要会计政策和会计估计，包括财务报表项目计量基础、会计政策确定依据和下一会计期间内很可能导致资产、负债账面价值重大调整的会计估计的确定依据等；❺会计政策和会计估计变更以及差错更正的说明；❻报表重要项目的说明；❼或有和承诺事项、资产负债表日后非调整事项、关联方关系及其交易等需要说明的事项；❽有助于财务报表使用者评价企业管理资本的目标、政策和程序的信息。

三、财务报表的种类及编制要求

（一）财务报表的种类

我国《企业财务会计报告条例》规定：企业的财务报告分为年度、半年度、季度和月度财务报告。❶月度、季度财务报告是指月度和季度终了提供的财务报告（**简称月报、季报**），主要包括“资产负债表”和“利润表”。❷半年度财务报告是指在每个会计年度的前6个月结束后对外提供的财务报告（**简称半年报**）。❸年度财务报告是指年度终了对外提供的财务报告（**简称年报、年终决算报表**），包括资产负债表、利润表、现金流量表、所有者权益变动表和附注；年度财务会计报告至少应反映两个会计年度或者相关两个会计期间的比较数据。

提示：
以上月报、季报和半年报都属于中期报表，即以短于一个完整的会计年度的报告期间为基础编制的财务报表。

（二）财务报表的编制要求

为保证财务报表的质量，充分发挥其在经营管理和决策中的作用，各单位应当根据真实的经济业务以及完整、准确的账簿记录等资料编制财务报表。

（1）内容完整。在编制财务报表时，必须按照国家规定的报表种类和内容填报，不得漏填漏报。每份财务会计报告应填列的内容，无论是表内项目，还是报表附注资料，都应一一填列齐全。（2）数字真实。数字真实是指财务报表应与报表编制单位的客观财务状况、经营成果和现金流量相吻合。为保证财务报表的真实性，财务报表中各项目数字必须以报告期的实际数字来填列，不能使用计划数、估计数代替实际数，更不允许弄虚作假，篡改和伪造数字。（3）计算准确。各个财务报表项目的金额主要来自日常的账簿记录，但并非完全是账簿数字的简单转抄，有很多项目需要进行专门计算才能加以填列，而且这些项目之间也存在着一定的数量钩稽关系，必须根据规定的计算口径、计算方法和计算公式进行计算，不得任意删减和增加，以使提供的各项指标具有可比性，包括不同企业在同一会计期间的横向比较和同一企业在不同时期的纵向比较。（4）编报及时。财务报表是向各信息使用者提供与经济决策有关的会计信息，而经济决策又具有强烈的时间性，企业应按规定的时间编报财务报表，以便报表的使用者能够及时、有效地利用财务资料。为此，企业应科学地组织好会计的日常核算工作，选择适合本企业具体情况的账务处理程序，认真做好记账、算账和按期结账工作。

第二节 资产负债表

一、资产负债表及其作用

资产负债表属于静态报表，是总括反映企业某一特定日期全部资产、负债和所有者权益状况的财务报表。可以从以下两个方面加以理解：❶特定日期一般是指月末、季末和年末，因为是时点，故资产负债表所表达的金额属于静态金额，是“存量”概念；❷资产负债表是以“**资产-负债=所有者权益**”这一会计恒等式为理论依据设计的，根据资产、负债和所有者权益之间的相互关系，按照一定的分类标准和一定的排列顺序，把企业某一特定日期的资产、负债和所有者权益项目予以适当排列编制而成的。

通过资产负债表：❶可以提供企业在某一特定日期的资产总额及其结构，表明企业拥有或控制的资源及其分布情况，便于会计报表使用者衡量企业的经济实力，分析企业的生产经营能力，评价企业经济资源的构成是否合理；❷可以提供企业在某一特定日期的负债总额及其结构，表明企业未来需要用多少资产或劳务清偿债务以及清偿时间，便于会计报表使用者通过对企业当前负债总额，长期债务、短期债务的比例，联系有关的流动资产项目进行对比分析，了解企业的偿债能力和支付能力；❸可以反映企业所有者在某一特定日期所拥有的权益，便于会计报表使用者将所有者权益与负债进行对比，分析企业财务结构的合理性及负债经营的合理程度，据以判断资本保值、增值的情况以及对负债的保障程度。1

1 形象比喻：

负债，“负载也”，警告企业不要负载过度；“负责任”，借债还钱，负责到底。

二、资产负债表的内容与格式

资产负债表一般有表首、正表两部分。其中：❶表首，概括地说明报表名称、编制单位、报表日期、报表编号、货币名称、计量单位等。❷正表，则列示了用以说明企业财务状况的各个项目，一般有两种格式：报告式资产负债表和账户式资产负债表。(1) 报告式资产负债表是上下结构，上半部列示资产，下半部列示负债和所有者权益。具体排列形式又有两种：一是按“**资产=负债+所有者权益**”的原理排列；二是按“**资产-负债=所有者权益**”的原理排列。(2) 账户式资产负债表是左右结构，左边列示资产，右边列示负债和所有者权益。不管采取什么格式，资产各项目的合计等于负债和所有者权益各项目的合计这一等量关系不变。

在我国，资产负债表采用账户式，即按照“T”形账户设计，分为左右两方，其基本结构如下：(1) 资产项目按其流动性的大小或变现能力强弱排列，流动性大或变现能力强的资产项目在前，流动性小或变现能力弱的资产项目在后，即：❶先列示流动资产及其项目；❷再列示非流动资产及其项目。(2) 负债项目按债务偿还期的长短排列，偿还期短的债务排序在前，偿还期长的债务排序在后。即：❶先列示流动负债及其项目；❷再列示非流动负债及其项目。2 (3) 所有者权益项目按其永久性递减排序，即按实收资本、资本公积、盈余公积、未分配利润的顺序依次排列。**账户式资产负债表的格式与结构**见表9-3。

2 请思考：

所有者权益类各项目的排序与负债的排序正好相反，其相反之处是什么？为什么？

三、资产负债表的编制方法

现行的资产负债表在制造业企业中涉及的项目有五十多项，由于本书阐述的是会计学的基本原理，很多内容和项目都未涉及，所以，资产负债表各项目的具体填列方法，此处只阐述本书中涉及的内容和项目，其他内容和项目的填列方法将在“财务会计学”中进行阐述。

（一）资产负债表中的“上年年末余额”与“期末余额”

由于资产负债表，是反映企业某一特定日期资产和权益的分布状况及其数额的静态会计报表，而企业某一特定日期资产和权益的分布状况及其数额在账户记录中表现为资产类账户和权益类账户的期末余额，所以，资产负债表中各项目的金额，总体上讲来源于资产类账户和权益类账户的期末余额。《企业会计准则》规定：会计报表至少应当反映相关两个会计期间的比较数据。也就是说，企业需要提供比较资产负债表，所以，资产负债表各项目需要分为“上年年末余额”和“期末余额”两栏分别填列。

（1）“上年年末余额”，**应根据上年年末资产负债表“期末余额”栏内所列数字抄列**。如果本年度资产负债表规定的各个项目的名称和内容同上年度不相一致，应对上年年末资产负债表各项目的名称和数字按照本年度的规定进行调整，按调整后的数字填入本表“上年年末余额”栏内。

（2）“期末余额”，**是指某一会计期末的数字，即月末、季末、半年末或年末的数字**。资产负债表各项目“期末余额”栏内的数字，可通过以下几种方式取得：❶**根据总账余额直接填列**，如“短期借款”等项目；❷**根据总账余额计算填列**，如“货币资金”项目，需要根据“库存现金”“银行存款”“其他货币资金”账户的期末余额合计数填列；❸**根据明细账余额计算填列**，如“应付账款”项目，需要根据“应付账款”“预付账款”账户所属相关明细账的期末贷方余额计算填列；❹**根据总账和明细账余额分析计算填列**，如“长期借款”项目，需要根据“长期借款”总账期末余额，扣除“长期借款”总账所属明细账中反映的、将于1年内到期的长期借款部分，分析计算填列；❺**根据有关账户余额减去其备抵账户余额后的净额填列**，如“无形资产”项目根据“无形资产”账户余额减去“累计摊销”和“无形资产减值准备”账户余额后的净额填列。

（二）资产负债表中各项目的填列方法

（1）“货币资金”项目，反映企业库存现金、银行存款等的合计数。本项目应根据“库存现金”“银行存款”等账户的期末余额合计填列。

（2）“交易性金融资产”项目，反映企业购入的各种能随时变现，并准备随时变现的股票、债券和基金投资。本项目应根据“交易性金融资产”账户的期末余额填列。

（3）“应收票据”项目，反映企业收到的未到期的应收票据，包括商业承兑汇票和银行承兑汇票。本项目应根据“应收票据”账户的期末余额减去“坏账准备”账户中有关应收票据计提的坏账准备的期末余额后的金额填列。

提示：已向银行贴现和已背书转让的应收票据不包括在本项目内。

（4）“应收账款”项目和“预收款项”项目。❶“应收账款”项目，反映企业因销售产品、提供劳务等而应向购买单位收取的各种款项，减去已计提的坏账准备后的净额，属于债权性质。本项目应根据“应收账款”账户和“预收账款”账户所属各明细账户的期末借方余额合计，减去“坏账准备”账户中有关应收账款计提的坏账准备期末余额后的金额填列。❷“预收款项”项目，反映企业预收购买单位的账款，属于债务性质。本项目应根据“预收账款”和“应收账款”账户所属各有关明细账户的期末贷方余额合计填列。[1]

由于以上两个账户所属明细账户余额的方向有可能不一致，总分类账户的余额是其所属明细账户借方余额与贷方余额的差额，为了反映真实的债权、债务，所以，不能根据“应收账款”账户、“预收账款”账户的余额直接填列。

当“应收账款”（或“预收账款”）账户所属明细账户均为借方余额（或贷方余额）时，采用前述直接填列的方法即可。

当“应收账款”（或“预收账款”）账户所属明细账户的余额方向不一致时，则应具体认定各明细账户余额的经济实质，之后再确定应填列于“应收账款”项目还是“预收款项”项目。❶根据“应收账款”账户所属明细账户的借方余额与“预收账款”账户所属明细账户的借方余额之和，填列资产负债表中“应收账款”项目金额；❷根据“预收账款”账户所属明细账户的贷方余额与“应收账款”账户所属明细账户的贷方余额之和，填列资产负债表中“预收款项”项目金额。[2]

【例 9-1】强中华公司 2×23 年 12 月月末“应收账款”和“预收账款”总分类账户及其所属明细分类账户的余额情况如下：

（1）“应收账款”总账账户借方余额 100 000 元，所属各明细账户：❶“应收账款——甲公司”借方余额 80 000 元；❷“应收账款——丙公司”借方余额 60 000 元；❸“应收账款——乙公司”贷方余额 40 000 元。

（2）“预收账款”总账账户借方余额 110 000 元，所属各明细账户：❶“预收账款——H 企业”贷方余额 70 000 元；❷“预收账款——M 企业”贷方余额 82 000 元；❸“预收账款——N 企业”借方余额 42 000 元。

由于以上两个总分类账户所属的明细分类账户都存在相反方向的期末余额，因此资产负债表上的“应收账款”项目和“预收款项”项目的金额，不能直接根据这两个总分类账户的期末余额填列，而应根据其所属明细分类账户余额的性质填列。[3]其具体计算如下：

“应收账款”项目金额=“应收账款”账户所属明细账（“甲公司”借方余额 80 000 元+“丙公司”借方余额 60 000 元）+“预收账款”账户所属明细账“N 企业”借方余额 42 000 元=182 000（元）

“预收款项”项目金额=“预收账款”账户所属明细账（“H 企业”贷方余额 70 000 元+“M 企业”贷方余额 82 000 元）+“应收账款”账户所属明细账“乙公司”贷方余额 40 000 元=192 000（元）

（5）“其他应收款”项目，反映企业对其他单位和个人的应收和暂付的款项，减去已计提的坏账准备后的净额。本项目应根据“应收利息”、“应收股利”和“其他应收款”账户的期末余额合计数，减去“坏

[1] **提示：**“预收账款”账户所属有关明细账户有借方余额的，应在本表“应收账款”项目内填列。“应收账款”账户所属有关明细账户有贷方余额的，应在本表“预收款项”项目内填列。

[2] **请思考：**“应收账款”账户和“预收账款”账户，在什么情况下会出现反方向期末余额？

[3] **请思考：**如果根据这两个总分类账户的期末余额直接填列，将会出现什么样的结果？

账准备”账户中有关其他应收款计提的坏账准备期末余额后的金额填列。

(6)“存货”项目，反映企业期末库存、在途和加工中的各项存货的价值，包括各种材料、商品、在产品、半成品、包装物、低值易耗品等。本项目应根据“在途物资”(或“材料采购”)、“原材料”、“库存商品”、“生产成本”等账户的期末余额合计，减去“存货跌价准备”账户期末余额后的金额填列。[1]

提示[1]：原材料采用计划成本核算的企业，还应按加或减材料成本差异后的金额填列。

(7)“其他流动资产”项目，反映企业除以上流动资产项目外的其他流动资产，本项目应根据有关账户的期末余额填列。如其他流动资产价值较大，应在会计报表附注中披露其内容和金额。

(8)“长期股权投资”项目，反映企业不准备在1年内(含1年)变现的各种股权性质投资的可收回金额。本项目应根据“长期股权投资”账户的期末余额，减去“长期股权投资减值准备”账户期末余额后的金额填列。

(9)“固定资产”项目，反映企业固定资产的期末账面价值和企业尚未清理完毕的固定资产清理净损益。[2]本项目应根据“固定资产”账户的期末余额减去“累计折旧”和“固定资产减值准备”账户期末余额后的金额，加上“固定资产清理”账户的期末余额填列。

提示[2]：融资租入的固定资产，其原价及已提折旧也包括在内。

(10)“在建工程”项目，反映企业期末各项未完工程的实际支出，包括交付安装的设备价值，未完建筑安装工程已经耗用的材料、工资和费用支出，预付出包工程的价款，已经建筑安装完毕但尚未交付使用的工程等的可收回金额。本项目应根据“在建工程”账户和“工程物资”账户的期末余额减去相应减值准备后的金额填列。

(11)“无形资产”项目，反映企业各项无形资产的期末可收回金额。本项目应根据“无形资产”账户的期末余额，减去“累计摊销”和“无形资产减值准备”账户期末余额后的金额填列。

(12)“其他非流动资产”项目，反映企业除以上非流动资产项目以外的其他非流动资产。本项目应根据有关账户的期末余额填列。[3]

提示[3]：如其他非流动资产价值较大，应在会计报表附注中披露其内容和金额。

(13)“短期借款”项目，反映企业借入尚未归还的1年期以下(含1年)的借款。本项目应根据“短期借款”账户的期末余额填列。

(14)“交易性金融负债”项目，反映企业承担的以公允价值计量且其变动计入当期损益的为交易目的持有的金融负债。本项目应根据“交易性金融负债”账户的期末余额填列。

(15)“应付票据”项目，反映企业为了抵付货款等而开出、承兑的尚未到期付款的应付票据，包括银行承兑汇票和商业承兑汇票。本项目应根据“应付票据”账户的期末余额填列。

(16)“应付账款”项目和“预付款项”项目。❶“应付账款”项目，反映企业因购买原材料、接受劳务供应等应付给供应单位的款项，属于债务性质。本项目应根据“应付账款”账户和“预付账款”账户所属各有关明细账户的期末贷方余额合计填列。❷“预付款项”项目，反映企业预付给供应单位的款项，属于债权性质。本项目应根据“预付账款”账户和“应付账款”账户所属各明细账户的期末借方余额合计填列。由于以上两个账户所属明细账户余额的方向有可能不一致，总分类账户的余额是其所属明细账户借方余额与贷方余额的差额，为了反映真实的债权、债务，所以，不能根据“应付账款”账户、“预付账款”账户的余额直接填列。

当“应付账款”（或“预付账款”）账户所属明细账户均为贷方余额（或借方余额）时，采用前述直接填列的方法即可。

当“应付账款”（或“预付账款”）账户所属明细账户的余额方向不一致时，则应具体认定各明细账户余额的经济实质，之后再确定应填列于“应付账款”项目还是“预付款项”项目。❶根据“应付账款”账户所属明细账户的贷方余额与“预付账款”账户所属明细账户的贷方余额之和，填列资产负债表中“应付账款”项目金额；❷根据“预付账款”账户所属明细账户的借方余额与“应付账款”账户所属明细账户的借方余额之和，填列资产负债表中“预付款项”项目金额。

【例9-2】强中华公司2×23年12月月末“应付账款”和“预付账款”总分类账户及其所属明细分类账户的余额情况如下：

（1）“应付账款”总账账户贷方余额50 000元，所属各明细账户：❶“应付账款——A公司”贷方余额40 000元；❷“应付账款——B公司”借方余额20 000元；❸“应付账款——C公司”贷方余额30 000元。

（2）“预付账款”总账账户借方余额55 000元，所属各明细账户：❶“预付账款——D企业”借方余额35 000元；❷“预付款项——E企业”借方余额41 000元；❸“预付账款——F企业”贷方余额21 000元。

由于以上两个总分类账户所属的明细分类账户都存在相反方向的期末余额，因此资产负债表上的“应付账款”项目和“预付款项”项目的金额，不能直接根据这两个总分类账户的期末余额填列，而应根据其所属明细分类账户余额的性质填列。其具体计算如下：

“应付账款”项目金额=“应付账款”账户所属明细账（“A公司”贷方余额40 000元+“C公司”贷方余额30 000元）+“预付账款”账户所属明细账“F企业”贷方余额21 000元=91 000（元）

“预付款项”项目金额=“预付账款”账户所属明细账（“D企业”借方余额35 000元+“E企业”借方余额41 000元）+“应付账款”账户所属明细账“B公司”借方余额20 000元=96 000（元）

（17）“应付职工薪酬”项目，反映企业应付未付的职工薪酬。应付职工薪酬包括应付职工的工资、奖金、津贴和补贴、职工福利费和医疗保险费、养老保险费等各种保险费以及住房公积金等。本项目应根据“应付职工薪酬”账户的期末贷方余额填列。

（18）“应交税费”项目，反映企业期末未交、多交或未抵扣的各种税金和其他费用。本项目应根据“应交税费”账户的期末贷方余额

提示：

“预付账款”账户所属有关明细账户有贷方余额的，应在本表“应付账款”项目内填列。“应付账款”账户所属有关明细账户有借方余额的，应在本表“预付款项”项目内填列。

请思考：

“应付账款”账户和“预付账款”账户，在什么情况下会出现反方向期末余额？

请思考：

如果根据这两个总分类账户的期末余额直接填列，将会出现什么样的结果？

填列。

(19)“其他应付款”项目，反映企业所有应付和暂收其他单位和个人的款项。本项目应根据“应付利息”、“应付股利”和“其他应付款”账户的期末余额合计数填列。

(20)“其他流动负债”项目，反映企业除以上流动负债以外的其他流动负债。本项目应根据有关账户的期末余额填列。

(21)“长期借款”项目，反映企业借入尚未归还的1年期以上（不含1年）的借款本息。本项目应根据“长期借款”账户的期末余额减去将于1年内到期且企业没有能力展期的长期借款的金额后的余额填列。

(22)“应付债券”项目，反映企业发行的尚未偿还的各种长期债券的本息。本项目应根据“应付债券”账户的期末余额填列。

(23) 一年内到期的非流动负债项目，反映企业非流动负债项目中将在1年内到期的应归类到流动负债范畴的项目。非流动负债各项目中将于1年内（含1年）到期的负债，应在“一年内到期的非流动负债”项目内单独反映。

【例9-3】强中华公司2×23年末“长期借款”账户贷方余额200万元，其中：❶“长期借款——甲借款”账户贷方余额120万元（该借款于2×19年1月1日借入，期限为5年，到期日为2×23年12月31日）；❷“长期借款——乙借款”账户贷方余额80万元（该借款于2×22年1月1日借入，期限为4年，到期日为2×25年12月31日）；❸“应付债券——清远公司”账户贷方余额300万元将在2×24年12月31日到期。

上述非流动负债各项目均应根据有关账户期末余额减去将于1年内（含1年）到期的非流动负债后的金额填列。❶应将“长期借款——乙借款”账户贷方余额80万元，填入资产负债表右方的“长期借款”项目；❷“长期借款——甲借款”账户贷方余额120万元与“应付债券——清远公司”账户贷方余额300万元，填入资产负债表右方的“一年内到期的非流动负债”项目，共计420万元。

(24)“其他非流动负债”项目，反映企业除以上非流动负债项目以外的其他非流动负债。本项目应根据有关账户的期末余额填列。

(25)“实收资本（或股本）”项目，反映企业各投资者实际投入的资本（或股本）总额。本项目应根据“实收资本（或股本）”账户的期末余额填列。

(26)“资本公积”项目，反映企业资本公积的期末余额。本项目应根据“资本公积”账户的期末余额填列。

(27)“盈余公积”项目，反映企业盈余公积的期末余额。本项目应根据“盈余公积”账户的期末余额填列。

(28)“未分配利润”项目（未弥补的亏损，在本项目内以“-”号填列），反映企业尚未分配的利润。第一，在年度中间的1—11月份：应根据“本年利润”账户和“利润分配”账户相加减后的余额填列。❶如果“本年利润”账户和“利润分配”账户的余额方向一致，将其合计数填入报表；❷如果“本年利润”账户和“利润分配”账户的余额方向不一致，将其差额填入报表；❸未弥补的亏损，在本项目内以“-”号填列。第二，在年度终了的12月份：因本年实现的利润和已分配的利润已经结转，可直接根据“利润分配——未分配利润”账户的年末余额填列。❶该账户如为贷方余额（正数），表示未分配利润；❷该账户如为借方余额（负数），表示未弥补亏损。

特别提示：

也可以将利润分配和本年利润单独列示——因为企业一般情况下在年末才进行利润的分配，一年内利润分配的数字反映年初数，单独列示可以简化报表的编制工作。

（三）资产负债表编制举例

【例9-4】编制双庆市华盛机械公司2×23年12月份的资产负债表。

（1）月终，根据核对无误的总分类账记录，编制“总分类账户发生额及余额试算平衡表”（见表9-1），经过整理后的“部分明细分类账期末余额”见表9-2。

总分类账户发生额及余额试算平衡表

表9-1　　2×23年12月31日　　单位：元

序号	账户名称	期初余额		本期发生额		期末余额	
		借方	贷方	借方	贷方	借方	贷方
1	库存现金	9 500		1 408	7 490	3 418	
2	银行存款	1 536 540		1 866 890	1 855 836	1 547 594	
3	应收票据	688 000		565 000	578 000	675 000	
4	应收账款	428 400		771 080	446 400	753 080	
5	预付账款	167 000		90 400	180 480	76 920	
6	其他应收款	7 000		6 000	7 000	6 000	
7	在途物资	34 600		92 000	34 600	92 000	
8	原材料	235 100		630 000	605 220	259 880	
9	库存商品	328 180		787 820	834 900	281 100	
10	固定资产	4 912 620		717 450		5 630 070	
11	累计折旧		1 513 370		53 355		1 566 725
12	在建工程	198 000		157 650	191 650	164 000	
13	无形资产	240 000		117 000		357 000	
14	累计摊销		96 000		2 975		98 975
15	短期借款		700 000	180 000	80 000		600 000
16	应付票据		93 710	80 000	106 496		120 206
17	应付账款		47 600	93 600	122 040		76 040
18	预收账款		241 000	307 360	90 000		23 640
19	应付职工薪酬		286 000	354 950	400 950		332 000
20	应交税费		121 800	366 200	359 876		115 476
21	应付利息		11 840	19 100	7 800		540
22	应付股利				1 000 000		1 000 000

续表

序号	账户名称	期初余额		本期发生额		期末余额	
		借 方	贷 方	借 方	贷 方	借 方	贷 方
23	实收资本		3 900 000		1 100 000		5 000 000
24	资本公积		232 180	232 180	53 700		53 700
25	盈余公积		315 000		202 500		517 500
26	利润分配		210 000	2 405 000	2 552 500		357 500
27	本年利润		1 050 000	2 935 600	1 885 600		
28	生产成本	33 560		770 500	787 820	16 240	
29	制造费用			75 200	75 200		
30	主营业务收入			1 796 000	1 796 000		
31	其他业务收入			84 000	84 000		
32	营业外收入			5 600	5 600		
33	主营业务成本			834 900	834 900		
34	其他业务成本			80 000	80 000		
35	税金及附加			6 960	6 960		
36	销售费用			104 260	104 260		
37	管理费用			181 620	181 620		
38	财务费用			2 860	2 860		
39	营业外支出			275 000	275 000		
40	所得税费用			100 000	100 000		
	合 计	8 818 500	8 818 500	17 093 588	17 093 588	9 862 302	9 862 302

部分明细分类账户期末余额表

表 9-2　　2×23 年 12 月 31 日　　单位：元

总账账户	明细账户	借方	贷方	总账账户	明细账户	借方	贷方
应收账款		753 080		应付账款			76 040
	金花机械公司	771 080			碧华机械公司		122 040
	银花机械公司		18 000		绣玥机械公司	46 000	
预付账款		76 920		预收账款			23 640
	星海机械公司	82 400			盛楠机械公司		81 000
	华润机械公司		5 480		靓丽机械公司	57 360	

（2）根据表 9-1 的“期末余额”栏和表 9-2，编制华盛机械公司 12 月份“资产负债表”见表 9-3。特别说明：由于基础会计学主要讲授会计学基本原理，且本书所涉及的经济业务有限，所以，本书给出的资产负债表构成项目中部分项目没有金额，与最新资产负债表格式略有差异。

表 9-3 **资产负债表** 会企 01 表

编制单位：双庆市华盛机械公司 2×23 年 12 月 31 日 单位：元

资产	期末数	期初数	负债和所有者权益	期末数	期初数
流动资产：		（略）	流动负债：		（略）
货币资金	1 551 012		短期借款	600 000	
交易性金融资产	0		交易性金融负债		
衍生金融资产			衍生金融负债		
应收票据	675 000		应付票据	120 206	
应收账款	828 440		应付账款	127 520	
预付款项	128 400		预收款项	99 000	
其他应收款	6 000		合同负债		
存货	649 220		应付职工薪酬	332 000	
合同资产			应交税费	115 476	
持有待售资产			其他应付款	1 000 540	
一年内到期的非流动资产			持有待售负债		
其他流动资产			一年内到期的非流动负债		
流动资产合计	3 838 072		其他流动负债		
非流动资产：			流动负债合计	2 394 742	
债权投资			非流动负债：		
其他债权投资			长期借款		
长期应收款			应付债券		
长期股权投资			长期应付款		
投资性房地产			递延所得税负债		
固定资产	4 063 345		非流动负债合计		
在建工程	164 000		负债合计	2 394 742	
无形资产	258 025		所有者权益：		
开发支出			实收资本	5 000 000	
商誉			其他权益工具		
长期待摊费用			资本公积	53 700	
递延所得税资产			其他综合收益		
其他非流动资产			盈余公积	517 500	
非流动资产合计	4 485 370		未分配利润	357 500	
			所有者权益合计	5 928 700	
资产总计	8 323 442		负债及所有者权益总计	8 323 442	

单位负责人：姚颖莉 财务负责人：莫奎遂 会计主管：甄仁珍

注：应收账款=771 080+57 360=828 440（元） 预付款项=82 400+46 000=128 400（元）

应付账款=122 040+5 480=127 520（元） 预收款项=81 000+18 000=99 000（元）

四、对资产负债表作用的初步解读

（1）负债与资产之比——资产负债率，衡量企业偿债能力，即企业偿还到期债务之能力。对于债权人来讲，偿债能力强意味着收回本息的安全性较高，风险较低；偿债能力弱意味着收回本息的安全性较低，风险较高。而偿债能力又是基于资产流动性之强弱，偿债能力与资产的流动性互为因果关系。主要有两个指标：❶**资产负债率＝负债÷资产**。该指标代表企业依赖外来资金的程度，资产负债率越高，表示财务风险越高，债务到期债主收不回本息的可能性越大。❷**流动比率＝流动负债÷流动资产**。之所以要考量流动比率，是因为负债总是要以货币性资产来偿还，而不能依靠诸如变卖固定资产等不易变现的非流动资产来偿还。1

（2）净利润与资产之比——资产报酬率，用以评估管理者的绩效。资产报酬率代表企业资源的使用效率，资产报酬率高表明：在净利润一定的情况下，企业运用较少的资产取得了较多的净利润；或者在资产一定的情况下，企业获得了更多的净利润，表示企业的获利能力较强。2

（3）净利润与所有者权益之比——所有者权益报酬率，衡量企业经营绩效的终极指标，据以评估企业的获利能力以及为股东创造财富的能力。该指标代表企业运用业主托付的资本为业主创造利润的水平，它既反映企业的盈利能力，亦总结了企业管理层的表现。就管理者、债主及所有者三者之间的关系而言：❶所有者是企业最后风险的承担者，当然也是最终利益的享有者；❷债主仅就其本息部分有优先请求权而已，并无享有超额利益之权利；❸管理者乃受所有者之托，负有资本保值与增值之责任并将创造的利润回归于所有者。3

1 请思考：

如果通过将非流动资产变现来偿还负债，将会出现什么情况？

2 请思考：

如果资产报酬率低于借款利率，说明什么问题？

3 提示：

资产报酬率和所有者权益报酬率，虽然都可以衡量企业的获利能力，但前者侧重于资产的使用效率，后者侧重于为股东创造了多少财富。

第三节　利润表4

一、利润表及其作用

利润表（亦称损益表），属于动态报表，是总括反映企业在一定会计期间的经营成果（包括实现的利润和发生的亏损）的会计报表。❶一定会计期间可以是一个月、一个季度、半年，也可以是一年，因此将利润表称为动态报表。❷它是以“**收入－费用＝利润**”这一平衡公式，按照利润形成的过程、构成要素和最终结果，将企业一定时期内的收入、费用和利润项目予以适当排列编制而成的。5

利润是一个综合性财务指标，它不仅反映企业经营活动的结果，而且在一定程度上体现了企业经营管理的水平，是投资人和债权人关注的焦点。因此，利润表的编制和披露对信息使用者至关重要。通过利润表：❶可以反映企业一定会计期间的收入实现情况和费用耗费情况；❷可以反映企业一定会计期间生产经营活动的成果，据以判断资本保值、增值情况。

4 画龙点睛：

利润表是特定期间经营业绩的报告。

5 形象比喻：

利润表乃企业管理层经营绩效之成绩单。

二、利润表的内容与格式

一般情况下，利润表主要反映以下几方面的内容：（1）构成营业利润的各项要素，从营业收入出发，减去营业成本、税金及附加、销售费用、管理费用、财务费用等项目后得出营业利润。（2）构成利润总额的各项要素，在营业利润的基础上，加上营业外收入、减去营业外支出等项目后得出利润总额。(3) 构成净利润的各项要素，在利润总额的基础上，减去所得税费用后得出净利润。利润表一般有表首、正表两部分。其中：❶表首，概括地说明报表名称、编制单位、报表所属期间、报表编号、货币名称、计量单位等；❷正表，反映形成经营成果的各个项目和计算过程。

利润表正表的格式一般有以下两种：❶单步式利润表，是将当期所有的收入列在一起，然后将所有的费用列在一起，两者相减得出当期净利润。这种表式完全体现了“收入-费用=利润”的计算公式，编制程序比较简单方便，但不能反映各项收入和费用在利润总额中的地位和净利润的形成过程。❷多步式利润表，是通过对当期的收入、费用、支出项目按性质或功能加以归类，按利润形成的主要环节列示一些中间性利润指标，如营业利润、利润总额、净利润，分步计算当期净利润。多步式利润表注意了收入与费用配比的层次性，有利于对企业生产经营情况进行分析，有利于不同企业之间进行比较，更重要的是便于使用者理解企业经营成果的不同来源，有利于预测企业未来的盈利能力，因而被普遍采用。**我国财务报表列报准则规定，企业应当采用多步式利润表。**多步式利润表的大体格式，见表9-5。

超链接：

净利润的计算步骤，参见本书第五章第六节经营成果计算确定与分配的有关内容。

三、利润表的编制方法

利润表主要提供企业经营成果方面的信息，重点是理解编制利润表的信息来源，了解利润表要求反映的相关两个会计期间的比较数据，掌握利润表各项目的列报方法。

（一）利润表信息的来源

利润表信息的数据源自损益类账户的日常记录及其结果。由于构成会计期间利润总额具体内容的各项收入、利得、费用和损失的发生数额均被记录为相关损益类账户的“本期发生额”，因此，利润表中各项目的金额数量信息应当根据损益类账户的本期发生额确定。

（二）利润表中的“本期金额”和“上期金额”

《企业会计准则第30号——财务报表列报》第十二条规定：当期财务报表的列报，至少应当提供所有列报项目上一个可比会计期间的比较数据。也就是说企业要提供比较利润表，以便报表使用者通过比较不同期间利润表的数据，判断企业经营成果的未来发展趋势。所以利润表还就各项目再分为“本期金额”和“上期金额”两栏分别填列。利润表作为企业主要财务报表之一，除按月编制**月度利润表**外，还应编制**中期利润表**（主要是半年度）和**年度利润表**。

(1) 在编制月度利润表时：❶利润表的“本期金额”和“上期金额”是指或改设为“本月金额”和“本年累计金额”；❷“本月金额”反映各项目的本月实际发生数；❸“本年累计金额”填列自年初起至本月末止的累计实际发生数。

(2) 在编制中期利润表和年度利润表时：❶利润表的“本期金额”和“上期金额”是指或改设为“上年金额”和“本年累计金额”；❷“上年金

额”栏填列上年同期（或全年）的累计实际发生数；❸“本年累计金额”填列自年初起至本月末止（或全年）的累计实际发生数。

（三）利润表中各项目的填列方法

在编制月度利润表时，利润表各项目的：“本月金额”根据相关损益类账户的本期发生额确定，“本年累计金额”以上一会计期间的利润表为基础，分项加计“本月金额”求得。

（1）“营业收入”项目，反映企业经营业务取得的收入总额。本项目应根据“主营业务收入”和“其他业务收入”账户的发生额**合计数**填列。

（2）“营业成本”项目，反映企业经营业务发生的成本总额。本项目应根据“主营业务成本”和“其他业务成本”账户的发生额**合计数**填列。

（3）“税金及附加”项目，反映企业经营业务应负担的消费税、城市维护建设税、资源税、土地增值税和教育费附加等。本项目应根据“税金及附加”账户的借方发生额填列。

（4）“销售费用”项目，反映企业在销售商品过程中发生的包装费、广告费等费用和为销售本企业商品而专设的销售机构的职工薪酬、业务费等经营费用。本项目应根据“销售费用”账户的借方发生额填列。

（5）“管理费用”项目，反映企业为组织和管理生产经营发生的管理费用。本项目应根据“管理费用”账户的借方发生额填列。

（6）“研发费用”项目，反映企业进行研究与开发过程中发生的费用化支出，以及计入管理费用的自行开发无形资产的摊销。本项目应根据“管理费用”账户下的“研究费用”明细账户的发生额，以及“管理费用”账户下的“无形资产摊销”明细账户的发生额分析填列。

（7）“财务费用”项目，反映企业为筹集生产经营所需资金而发生的利息支出等。本项目应根据“财务费用”账户的发生额**分析**填列。

【例 9-5】强中华公司 2×23 年 11 月“财务费用”账户的记录如下：❶收到开户银行转来“利息收入清单”（收账通知），本期存款利息收入 1 200 元，应贷记“财务费用”账户 1 200 元；❷计提本月应负担的银行短期借款利息费用 8 200 元，应借记“财务费用”账户 8 200 元。

期末结转“本年利润”账户前，“财务费用”账户借方发生额为 8 200 元，贷方发生额为 1 200 元，借方大于贷方的差额为 7 000 元，则实际发生的财务费用应以 7 000 元列示于利润表中的“财务费用”项目。

（8）“投资收益”项目，反映企业以各种方式对外投资所取得的净收益。本项目应根据“投资收益”账户的发生额**分析**填列；如为投资净损失，则以“-”号填列。

（9）“公允价值变动收益”项目，反映企业资产因公允价值变动而发生的损益。本项目应根据“公允价值变动损益”账户的发生额**分析**填列，如为净损失，则以“-”号填列。

（10）“资产减值损失”项目，反映企业因资产减值而发生的损失。本项目应根据“资产减值损失”账户的借方发生额填列；如为损失，则以“-”号填列。

【例 9-6】强中华公司2×23年11月份“投资收益”账户的记录如下：❶购买股票并作为交易性金融资产处理时支付的交易费用为3 200元，应借记“投资收益”账户3 200元；❷出售作为交易性金融资产处理的股票应确认的投资收益为1 500元，应贷记“投资收益”账户1 500元；❸被投资企业宣告分配现金股利应确认的投资收益为1 300元，应贷记“投资收益”账户1 300元。

期末结转“本年利润”账户前，“投资收益”账户的借方发生额为3 200元，贷方发生额为2 800元，借方大于贷方的差额为400元，表示投资损失，应以“-400”元列示于利润表中的“投资收益”项目。

(11)“营业外收入”项目，反映企业发生的与其经营活动无直接关系的各项收入。本项目应根据“营业外收入”账户的贷方发生额填列。

(12)“营业外支出”项目，反映企业发生的与其经营活动无直接关系的各项支出。本项目应根据“营业外支出”账户的借方发生额填列。

(13)“所得税费用”项目，反映企业按规定从本期利润总额中减去的所得税。本项目应根据“所得税费用”账户的借方发生额填列。

(14)“净利润”项目，反映企业实现的净利润。如为净亏损，以“-”号填列。

(15)“其他综合收益的税后净额”和“综合收益总额”项目。❶“其他综合收益的税后净额”反映企业未在当期损益中确认的各项利得和损失扣除所得税影响后的净额，本项目根据有关科目的明细发生额分析计算填列；❷“综合收益总额”反映净利润和其他综合收益扣除所得税影响后的净额相加后的合计数额，本项目根据本表中相关项目计算填列。

(16)“基本每股收益”和“稀释每股收益”项目，反映企业根据每股收益准则计算的两种每股收益指标的金额。

(四) 利润表编制实例

根据：❶“总分类账户发生额及余额试算平衡表”(见表9-1)中有关损益类账户的“本期发生额”栏；❷2×23年11月“利润表”分项目“本年累计金额”表(见表9-4)；❸“管理费用明细账”(见表7-7)；❹“无形资产摊销表”(见表6-1)编制双庆市华盛机械公司2×23年12月“利润表”见表9-5。

表9-4　**2×23年11月“利润表”分项目“本年累计金额”表**　单位：元

项 目	金 额	项 目	金 额	项 目	金 额
营业收入	5 662 200	研发费用	76 200	营业外收入	48 000
营业成本	2 825 400	财务费用	78 580	营业外支出	224 700
税金及附加	22 705	其中：利息费用	76 700	利润总额	1 400 000
销售费用	435 260	利息收入	15 800	所得税费用	350 000
管理费用	647 355	营业利润	1 576 700	净利润	1 050 000

注：(1) 研发费用76 200元=研究费用54 200元+自行开发无形资产摊销22 000元。

(2) 财务费用78 580元=利息费用76 700元+工本费手续费17 680元-利息收入15 800元。

表9-5　　**利润表（简表）**　　会企02表

编制单位：双庆市华盛机械公司　　2×23年12月　　单位：元

项　目	行次	本月金额	本年累计金额
一、营业收入	（略）	1 880 000	7 542 200
减：营业成本		914 900	3 740 300
税金及附加		6 960	29 665
销售费用		104 260	539 520
管理费用		179 620	826 975
研发费用		2 000	78 200
财务费用		2 860	81 440①
其中：利息费用		7 800	84 500
利息收入		4 940	20 740
加：其他收益			
投资收益（损失以“-”号填列）			
其中：对联营企业和合营企业的投资收益			
净敞口套期收益（损失以“-”号填列）			
公允价值变动收益（损失以“-”号填列）			
信用减值损失（损失以“-”号填列）			
资产减值损失（损失以“-”号填列）			
资产处置收益（损失以“-”号填列）			
二、营业利润（亏损以“-”号填列）		669 400	2 246 100
加：营业外收入		5 600	53 600
减：营业外支出		275 000	499 700
三、利润总额（亏损总额以“-”号填列）		400 000	1 800 000
减：所得税费用		100 000	450 000
四、净利润（净亏损以“-”号填列）		300 000	1 350 000
（一）持续经营净利润（净亏损以“-”号填列）			
（二）终止经营净利润（净亏损以“-”号填列）			
五、其他综合收益的税后净额			
（一）不能重分类进损益的其他综合收益			
（二）将重分类进损益的其他综合收益			
六、综合收益总额		300 000	1 350 000
七、每股收益：			
（一）基本每股收益			
（二）稀释每股收益			

单位负责人：姚颖莉　　审核：莫奎遂　　制表：甄仁珍

注：研发费用（本月金额）2 000元为自行研发无形资产的摊销额，见表6-1。

双庆市华盛机械公司

① 除“利息费用”和“利息收入”外，“财务费用”中还包含其他项目，故不是简单的相加。

四、利润表作用的初步解读

(1)主营业务收入——市场成长能力与现金流量的预测。主营业务收入及持续的增长或保持，代表市场对企业产品的认可程度和企业的成长能力。主营业务收入是企业获利的火车头，也是其盈余的总源头。同时，主营业务收入持续稳定地增长，一般来讲就意味着有较多和持续增长的现金流量，可以帮助财务报表使用者评估其投资及授信资金收回的金额、时间与风险，因为投资及授信资金的收回取决于企业的现金流量，没有现金流量，有关的盈余与资金的收回将无从谈起。

(2)毛利及毛利率——企业竞争能力的体现。1毛利与毛利率取决于销货收入和销货成本两个因素。当毛利多或毛利率大时：❶要么是该商品能博得消费者青睐并愿意支付较高的价钱，从而企业能获取高额利润，即所谓的品牌优势；❷要么是相同或类似的商品你可以比别人用更低的成本生产销售，通过扩大市场占有率达到获取更多的利润的目的，即所谓的成本优势；❸或者是两者兼而有之。所以，毛利及毛利率是评价企业竞争能力的重要指标。

(3)营业利润及每股收益——管理水平的评价与经营绩效的衡量。2 ❶营业利润的大小除取决于毛利及毛利率的大小之外，还与企业销售费用的多少有关，而销售费用会因企业有效的管理制度而相对降低，最终产生“创造利润”的综合效果。❷企业的获利能力与水平，可以从不同的角度去评价，每股收益代表企业为普通股股东每股创造的利润，是衡量企业绩效和评价股票价值的重要指标之一。

1计算公式：

毛利 = 销货收入 - 销货成本；毛利率 = 毛利 ÷ 销货收入。

2计算公式：

营业利润 = 销货毛利 - 销售费用；每股收益 = 本期净利润 ÷ 普通股股数。

第四节 现金流量表

一、现金流量表及其作用

在现实经济生活中，经常会出现以下两类情形：❶一家公司营业兴旺，订单纷至沓来，获利颇丰，却陷入财务困难，甚至不得不终止营业；❷另一家公司在某一年度出现巨额亏损，却有能力购建大量的固定资产，扩大投资规模。前者获利颇丰，却陷入财务困难，原因何在？而后者出现巨额亏损，却有大量资金进行投资，其资金又从何而来？像这样的问题，投资者和债权人在企业的“资产负债表”和“利润表”提供的信息中难以找到答案，现金流量表可以回答这些问题。

现金流量表，是反映企业一定会计期间现金和现金等价物流入和流出情况的报表，属于动态报表。通过现金流量表：❶可为会计报表使用者提供企业一定会计期间内现金和现金等价物流入和流出的信息；❷了解企业获取现金和现金等价物的能力，并评价企业支付能力、偿债能力和周转能力；❸评价企业经营业绩，衡量企业财务资源和财务风险以及预测企业未来现金流量；❹有助于分析企业收益质量及影响现金净流量的因素。

二、现金流量表的内容与格式

（一）现金流量表的内容

1.经营活动产生的现金流量

经营活动，**是指企业投资活动和筹资活动以外的所有交易和事项**。企业的经营活动主要包括：销售商品、提供劳务、购买商品、接受劳务、支付税费等。经营活动的现金流量，应当按照其经营活动的现金流入和流出的性质分项列示：（1）**经营活动产生的现金流入项目主要有**：❶销售商品、提供劳务收到的现金；❷收到的税费返还；❸收到其他与经营活动有关的现金。（2）**经营活动产生的现金流出项目主要有**：❶购买商品、接受劳务支付的现金；❷支付给职工以及为职工支付的现金；❸支付的各项税费；❹支付其他与经营活动有关的现金。

经营活动是企业获利及资金收回的源泉，一方面将过去所投资的资金逐期收回，另一方面创造盈余增加现金流量，最后偿还负债及发放红利回馈股东。如果经营活动无法创造足够的净现金流入，那么投资的资金就难以收回，负债的偿还与股利的分配将无从谈起。因此，光看净利润的数字是不够的，必须辅以现金流量。1

1**请思考**：

如果企业的净利润长期高于经营活动的现金流量，则代表该企业的盈余品质可能出了问题。

2.投资活动产生的现金流量

投资活动，**是指企业长期资产的购建和不包括在现金等价物范围内的投资及其处置活动**。投资活动的现金流量应当按照其投资活动的现金流入和流出的性质分项列示：（1）**投资活动产生的现金流入项目主要有**：❶收回投资收到的现金；❷取得投资收益收到的现金；❸处置固定资产、无形资产和其他长期资产收回的现金净额；❹收到其他与投资活动有关的现金。（2）**投资活动产生的现金流出项目主要有**：❶购建固定资产、无形资产和其他长期资产支付的现金；❷投资支付的现金；❸支付其他与投资活动有关的现金。

投资活动是否维持净现金流出，是评价企业未来成长发展和产生净现金流入的能力强弱的指标。投资活动的净现金流出量（即净资本支出），指企业在某一期间的再投资。正常情况下，投资活动的支出不应减少，否则企业未来营运不但难以开展，甚至会影响企业未来长期的竞争力。

3.筹资活动产生的现金流量

筹资活动，**是指导致企业资本及债务规模和构成发生变化的活动**。筹资活动的现金流量应当按照其筹资活动的现金流入和流出的性质分项列示：（1）**筹资活动产生的现金流入项目主要有**：❶吸收投资收到的现金；❷取得借款收到的现金；❸收到其他与筹资活动有关的现金。（2）**筹资活动产生的现金流出项目主要有**：❶偿还债务支付的现金；❷分配股利、利润或偿付利息支付的现金；❸支付其他与筹资活动有关的现金。2

2**特别提示**：

对于企业日常活动之外特殊的、不经常发生的项目，如自然灾害损失、保险赔款、捐赠等，企业应当将其归并到相关类别中单独反映。

（二）现金流量表的格式

现金流量表分为表首、正表两部分。其中：（1）表首，概括地说明报表名称、编制单位、报表所属年度、报表编号、货币名称、计量单位等。

(2) 正表，反映现金流量表的各项目内容。由以下五部分组成：❶经营活动产生的现金流量，包括现金流入和现金流出的各个项目；❷投资活动产生的现金流量，包括现金流入和现金流出的各个项目；❸筹资活动产生的现金流量，包括现金流入和现金流出的各个项目；❹汇率变动对现金及现金等价物的影响；❺现金及现金等价物净增加额。

三、现金流量表的编制基础及编制方法

(一) 现金流量表的编制基础

现金流量表是以现金及现金等价物为基础（收付实现制）编制的。这里的现金包括库存现金、可以随时用于支付的存款。具体包括以下内容：(1) 库存现金，是指企业持有的、可随时用于支付的现金。(2) 银行存款，是指企业存在金融企业、随时可以用于支付的存款，它与银行存款账户核算的银行存款基本一致。(3) 其他货币资金，是指企业存在金融企业有特定用途的资金，也就是其他货币资金账户核算的银行存款，如外埠存款、银行汇票存款、银行本票存款、信用证保证金存款、在途货币资金等。(4) 现金等价物，是指企业持有的期限短、流动性强、易于转换为已知金额的现金、价值变动风险很小的投资。其中：❶期限短和流动性强，强调了变现能力；❷易于转换为已知金额的现金和价值变动风险较小，则强调了支付能力。

(二) 现金流量表的编制方法

编制现金流量表的方法有直接法和间接法两种。❶在直接法下，一般是以利润表中的营业收入为起算点，调节与经营活动有关的项目的增减变动，然后计算出经营活动产生的现金流量。❷在间接法下，将净利润调节为经营活动现金流量，实际上就是将按权责发生制原则确定的净利润调整为以收付实现制为基础的现金净流入，并剔除投资活动和筹资活动对现金流量的影响。

> **提示：** 现金流量表的编制涉及的内容较多，编制方法也较为复杂，为避免与《中级财务会计学》教材重复，现金流量表的具体编制方法不予阐述。

第五节　财务会计报告的报送、汇总和审批

一、财务会计报告的报送

为了充分发挥财务会计报告的作用，企业应当依照法律法规和会计准则规定的期限和程序，及时对外提供财务会计报告。

(一) 加具封面并签名盖章

企业对外提供的财务会计报告，应当依次编定页数，加具封面、装订成册、加盖公章。封面上应注明：企业名称、企业统一社会信用代码、组织形式、地址、报表所属年度或月份、报出日期，同时企业负责人和主管会计工作的负责人、会计机构负责人、会计主管人员签名并盖章，设置总会计师的企业还应当由总会计师签名并盖章。

(二) 对外报送的单位

财务会计报告对外报送的单位与企业管理体制和经济监督的需要有

关：国务院派出监事会的国有重点大型企业、国有重点金融机构和省市级人民政府派出监事会的国有企业，应当依法定期向监事会提供财务会计报告；国有企业一般要向上级主管（公司或管理局）、财政、税务机关、审计等单位报送财务会计报告；一般单位应向投资者、债权人以及其他与企业有关的报表使用者提供财务会计报告；公开发行股票的股份有限公司还应当向证券交易机构和证券监管机构等提供年度财务会计报告；国有企业的年度财务会计报告还应当向同级国有资产管理部门报送。财政、银行、税务、审计等部门对于各企业报送的财务会计报告，在所报单位未正式对外披露前，有义务对其保密。

（三）对外报送的期限

企业应当依照法律法规和会计制度有关财务报告提供期限的规定，及时对外提供财务会计报告。月度财务会计报告应当于月度终了后6天内（节假日顺延，下同）对外提供；季度财务会计报告应当于季度终了后15天内对外提供；半年度财务会计报告应当于年度中期结束后60天内（相当于两个连续的月度）对外提供；年度财务会计报告应当于年度终了后4个月内对外提供。法律、法规另有规定者，从其规定。例如，上市公司不披露月度报告，季度报告应当在每个会计年度的第3个月、第9个月结束后的1个月内披露，半年报应当在每个会计年度的上半年结束之日起2个月内披露，年度报告应当在每个会计年度结束之日起4个月内披露。

二、财务会计报告的汇总和审批

报表汇总是一项重要的会计工作，一般用于两种情况：❶单位内部不同期间的同一种报表的汇总，主要用于统计较长期间的累计值；❷不同单位同一期间同一种报表的汇总，主要用于上级主管部门或总公司（简称汇总单位）对下属单位或下属分公司有关报表的汇总。

汇总单位在汇编报表时，要对所属单位报送的报表进行审核。包括：❶报表的种类、填报的份数是否符合规定；❷报表的项目是否填列齐全，补充资料和必要的编制说明是否完备，报表的签章是否齐全，应汇编的单位是否齐全，有无漏编、漏报；❸报表数字计算是否正确，报表与报表有关指标是否衔接一致；❹资金筹集、使用、缴拨是否符合资金管理制度；❺利润或亏损的形成和利润分配是否合法，有无违反法律、财经纪律和弄虚作假现象，应上缴的税金和利润是否及时足额上缴，有无拖欠截留情况；❻财务收支计划完成情况，有无不按计划、制度办事的情况等。

经审核确认正确的财务会计报表才能汇编。汇总财务报表的编制方法基本上与前述各种财务报表的编制方法相同。大部分项目都可以按照所属单位的报表加计总数而得，而对于汇编单位内部各单位之间的债权、债务等不能简单地加计总数的项目，则应在日常核算资料的基础上重新计算。

会计论道与育人

差别——会计工作要用心去做①

两个同龄的年轻人同时受雇于一家店铺，并且拿同样的薪水。可是一段时间后，叫阿诺德的小伙子青云直上，而叫布鲁诺的小伙子却仍在原地踏步。布鲁诺很不满意老板对他的不公正待遇。终于有一天他到老板那儿发牢骚了。老板一边耐心地听着他的抱怨，一边在心里盘算着怎样向他解释清楚他和阿诺德之间的差别。“布鲁诺先生，”老板开口说话了，“您现在到集市上去一下，看看今天早上有什么卖的。”布鲁诺从集市上回来向老板汇报说，一个农民拉了一车土豆在卖。“有多少？”老板问。布鲁诺赶快又跑到集市上，然后回来告诉老板一共40袋土豆。“价格是多少？”布鲁诺第三次跑到集市上问来了价格。“好吧，”老板对他说，“现在请您坐到这把椅子上一句话也不要说，看看别人怎么说。”

躲在20m²房间

疯狂造假5.8亿元

于是，老板把阿诺德叫来同样要他到集市上看看早上有什么卖的。阿诺德很快就从集市上回来了，向老板汇报说到现在为止只有一个农民在卖土豆，一共40袋，价格是多少多少；土豆质量很不错，他带回来一个让老板看看。阿诺德又说，这个农民一个钟头以后还会弄几箱西红柿到集市上卖，据他看价格非常公道。昨天他们铺子的西红柿卖得很快，库存已经不多了。阿诺德想这么便宜的西红柿老板肯定会要买一些的，所以他不仅带回了一个西红柿做样品，而且把那个农民也带来了，他现在正在外面等回话呢。此时老板转向了布鲁诺，说：“现在您肯定知道为什么阿诺德的薪水比您高了吧？”

教授寄语：**同样的小事情，有心人做出大学问，不动脑子的人只会来回跑腿而已。别人对待你的态度，就是你做事情结果的反映，像一面镜子准确无误，你如何做的，它就如何反射回来。**

课堂在线练习

扫描下方“二维码”进行在线回答，回答完毕并提交后可参看正确答案与答案解析。①

习题自测

关键术语

会计报表　资产负债表　利润表　财务报告

复习思考

1. 会计报表的作用及其分类。
2. 资产负债表的作用、结构及基本编制方法。
3. 利润表的作用、结构及基本编制方法。

---

① 改编自：克里斯蒂安斯．差别［EB/OL］．［2016-09-22］．https：//baike.baidu.com/item/%E5%B7%AE%E5%88%AB/16258025?fr=ge_ala.

第十章　会计核算形式

幽默会计给女友的情书

内容导读： 前述第三章至第九章，就会计核算的七种方法及其相关的理论基础分别进行了阐述，明确了各种会计核算方法的内容及其如何应用。但是，各种会计核算方法在会计实务中的应用程序，对理解各种会计核算方法的内在联系具有十分重要的作用，也是本章将要阐述的内容。主要包括：❶理解会计循环及会计信息的生产流程，明确会计核算形式的意义及种类；❷理解各种会计核算形式的特点，明确其凭证、账簿组织体系；❸掌握各种会计核算形式的账务处理步骤，明确其优缺点与适用范围；❹在此基础上，理解合理组织会计核算形式的意义与作用。

画龙点睛：

会计核算形式是会计核算方法与会计循环的有机结合。

第一节　会计核算形式概述

一、会计核算形式的基本含义

会计核算形式，亦称会计核算组织程序，**它是指在会计循环中，对会计数据的记录、归类、汇总、呈报的方法和步骤。**

（一）会计循环及其内容

会计循环，**是指企业将一定时期内发生的所有经济业务，依据一定的步骤和方法，加以确认、计量、记录、分类、汇总直至编制会计报表的会计处理全过程。**在连续的会计期间，这些工作从会计期初开始，到会计期末终了，周而复始，不断循环，因而称为会计循环。

一个完整的会计循环过程的内容可概括为：❶根据原始凭证填制记账凭证，运用借贷记账法的记账规则为经济业务编制会计分录；❷根据编制的记账凭证登记有关账簿，包括日记账、明细分类账和总分类账；❸根据分类账户的记录，编制结账（调整）前试算表；❹按照权责发生制的要求，进行账项调整并予以过账；❺编制结账分录并登记入账，结清损益类账户（月末或年末）和利润账户（年末）；❻根据全部账户的数据资料，编制结账后试算平衡表；❼根据账户的数据资料，编制财务报表，包括资产负债表、利润表和现金流量表等。其中：前三个步骤为日常会计处理工作；后四个步骤为期末会计处理工作。一个典型的会计循环如图10-1所示。

（二）记账程序的各个环节

会计循环是以会计核算方法为纽带连接程序和内容的综合体，运用会计核算方法处理经济业务是会计循环的实质，而会计核算形式仅为其表现

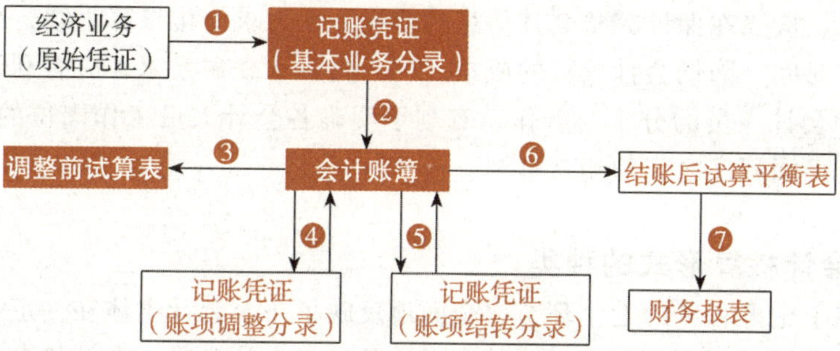

图 10-1　会计循环图

形式。在会计核算的七种专门方法中：❶复式记账是处理经济业务的基本方法；❷设置会计科目与账户、填制与审核会计凭证是会计工作的开始；❸登记账簿是会计工作的中间过程；❹成本计算和财产清查是保证会计信息准确、正确的科学手段；❺编制财务报表是一个会计期间工作的终结。而会计循环就是从经济业务发生到最终形成财务报表的过程中经历的确认经济业务发生、编制审核记账凭证、登记账簿、期末对账与结账、编制财务报表等一系列会计核算程序。

综上所述，会计循环是会计核算专门方法在一个会计期间的顺序使用或在各个会计期间的连续使用。

二、合理组织会计核算形式的意义与要求

（一）合理组织会计核算形式的意义

会计核算形式是否科学合理尤为重要，它可以保证准确、及时地提供系统而完整的会计信息。（1）有利于规范会计核算组织工作，建立科学合理的会计核算形式，形成规范的会计核算工作秩序，有助于会计机构和会计人员在会计核算中有序可循、有条不紊地处理各个环节的工作内容，进而提高会计信息质量。1（2）有利于提高会计核算工作效率，按照既定的会计核算形式进行会计信息的处理，提高会计核算工作效率，保证会计信息整理、加工和对外报告的顺利进行，满足会计信息质量的及时性要求。（3）有利于降低会计核算工作成本，会计核算本身也要讲求经济效益，根据“效益大于成本”原则设计会计核算形式，选用种类适当、格式适用、数量适中的会计凭证、会计账簿和会计报表，在一定程度上能够降低会计核算工作的成本，节约会计核算方面的支出。

1 加强理解：

会计核算工作是需要会计部门和各类会计人员之间密切配合的有机系统。

（二）合理组织会计核算形式的要求

虽然，会计核算形式不能强求一致，但通常应符合以下几个方面的要求：（1）科学适用要求，充分考虑本会计主体经济活动的性质、经济管理的特点、规模的大小、经济业务的繁简以及会计机构、会计人员的设置等因素，使会计核算形式与本单位会计核算工作的需要相适应。2（2）质量保证要求，应能保证准确、及时和完整地提供系统而完备的会计信息资料，以满足会计信息使用者做出相关经济决策的需求。（3）便捷高

2 特别提示：

一般而言，在经济活动内容比较庞杂、规模比较大、经济业务繁多的企业，会计核算形式相对也比较复杂，反之则比较简单。

效要求，应当在保证完整会计信息的前提下，力求简化核算手续，节约核算工作时间，降低会计核算的成本。(4) 岗位责任制要求，应有利于会计部门和会计人员的分工与合作，有利于明确各会计人员工作岗位的职责，有利于不同程序之间的相互牵制。

三、会计核算形式的种类

以上记账程序的七个环节，全面地反映了一个会计主体在一定会计期间内的会计处理方法和内容，其中**会计凭证、会计账簿、会计报表**是会计处理方法的三个基本节点，且彼此之间以一定的形式结合，构成会计核算完整的工作体系。但在具体环节的衔接上，各个会计主体由于其业务性质、规模大小各不相同，应当设置的会计凭证（特别是记账凭证）、账簿种类、格式和登记方法，各种凭证之间、各种账簿之间，以及凭证与账簿之间的相互联系和登记程序也就不完全相同。

在对凭证和账簿确定记账程序和选择记账方法上，尤其在登记总分类账的直接依据的选择上，形成了不同的会计核算形式。在我国会计实践中，常用的会计核算形式主要有：❶记账凭证核算形式；❷科目汇总表核算形式；❸汇总记账凭证核算形式。以下就这三种常用的会计核算形式进行说明。

画龙点睛：

记账凭证核算形式是根据记账凭证直接逐笔登记总账的账务处理程序。

第二节　记账凭证核算形式

一、记账凭证核算形式的特点及凭证账簿组织

（一）记账凭证核算形式及其特点

记账凭证核算形式，是指直接根据经济业务发生后所填制的记账凭证逐笔登记总分类账，并定期编制会计报表的一种核算形式。**其特点是：根据记账凭证直接逐笔登记总分类账。**记账凭证核算形式是会计核算程序中最基本的核算形式，是根据经济管理的需要而发展起来的。

（二）记账凭证核算形式设置的凭证和账簿

在记账凭证核算形式下，采用的记账凭证、会计账簿和会计报表种类很多，其格式也各异。其中：❶记账凭证可以采用收款凭证、付款凭证和转账凭证等专用记账凭证，也可采用通用记账凭证；❷会计账簿一般应设置借、贷、余（或收、付、余）“三栏式”库存现金日记账和银行存款日记账；❸总分类账均采用借、贷、余“三栏式”；❹明细分类账可根据核算需要，采用借、贷、余“三栏式”（甲式）、“数量金额式”（乙式）、“多栏式”。

二、记账凭证核算形式下账务处理的基本步骤

（1）根据原始凭证（或汇总原始凭证）填制记账凭证；

（2）根据收款凭证、付款凭证逐笔登记库存现金日记账和银行存款日记账；

（3）根据原始凭证、汇总原始凭证或记账凭证，逐笔登记各种明细分类账；

（4）根据记账凭证逐笔登记总分类账；

（5）月末，将总分类账与库存现金日记账、银行存款日记账及各明细分类账的发生额及期末余额合计数核对相符；

（6）月末，根据核对无误的总分类账与明细分类账编制会计报表。

记账凭证核算形式下账务处理的基本步骤如图10-2所示。

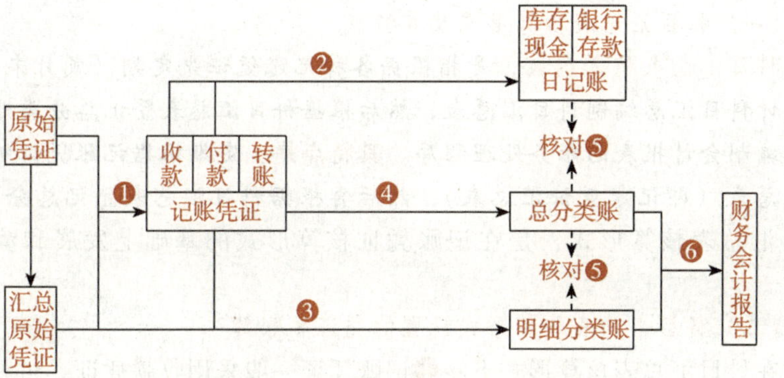

图10-2　记账凭证核算形式流程图

三、记账凭证核算形式的优缺点及适用范围

（一）记账凭证核算形式的优点

（1）在记账凭证核算形式下，不仅对各种日记账和明细分类账采取逐笔登记的方法，对总分类账的登记也是如此。因而，在总分类账上能够详细清晰地反映所发生的经济业务的情况及来龙去脉，便于了解经济业务动态和查对账目。

（2）总分类账登记方法简单，易于掌握。根据记账凭证直接逐笔登记明细分类账和总分类账，是记账凭证核算组织程序的特点，因而也是一种最易于掌握的账户登记方法。

（二）记账凭证核算形式的缺点

（1）总分类账登记工作量大。对发生的每一笔经济业务都要根据记账凭证逐笔在总分类账中进行登记，实际上与日记账和明细分类账登记的内容一致，是一种简单的重复登记，如果企业是规模大、记账凭证多的企业，势必要增加登记总分类账的工作量。

（2）账页耗用多，预留账页多少难以把握。由于总分类账对发生的所有经济业务要重复登记一遍，势必会耗用更多的账页，那么在一个账簿上设置多个账户时，由于登记经济业务的多少很难预先确定，对于每一个账户应预留多少账页很难把握（预留过多会造成浪费，预留过少又会影响账户登记的连续性）；且在新的会计年度一般要更换新账簿，所有旧账簿中预留未用的账页也会被废弃不用，故在一定程度上产生了账页浪费。

（三）记账凭证核算形式的适用范围

记账凭证核算形式一般只适用于规模较小且经济业务较少的会计主体。如果经济业务量过少，也可使用通用记账凭证，以避免因凭证种类的多样化而造成凭证购买上的过多支出。

画龙点睛：

科目汇总表核算形式是根据科目汇总表汇总登记总账的账务处理程序。

第三节 科目汇总表核算形式

一、科目汇总表核算形式的特点及凭证账簿组织

（一）科目汇总表核算形式及其特点

科目汇总表核算形式，**是指根据各种记账凭证先定期（或月末一次）按会计科目汇总编制科目汇总表，然后根据科目汇总表登记总分类账，并定期编制会计报表的账务处理程序。**其特点是：**定期根据记账凭证编制科目汇总表（即记账凭证汇总表），然后再根据科目汇总表登记总分类账。**科目汇总表核算形式，是在记账凭证核算形式的基础上发展和演变而来的。

（二）科目汇总表核算形式设置的凭证和账簿

在科目汇总表核算形式下：❶记账凭证一般采用收款凭证、付款凭证和转账凭证三种格式；❷设置并采用“三栏式”库存现金日记账和银行存款日记账；❸明细分类账根据内容和管理上的要求分别采用“甲式”、“乙式”和“多栏式”；❹总分类账由于其登记依据“科目汇总表”不能反映各个账户之间的对应关系，一般采用普通“三栏式”。

相关借鉴：

相同会计科目借方（或贷方）的汇总与初等数学中的合并同类项原理相同。

二、科目汇总表及其编制方法

科目汇总表，是根据一定时期内（如5天、10天、15天或1个月）的全部记账凭证，按科目进行归类编制的。

（一）编制科目汇总表的基本方法

（1）将既定汇总期内的全部记账凭证按照相同科目归类汇总（可借助“T”形账户作为工作底稿）；（2）计算出每一总账科目的本期借方发生额和本期贷方发生额；（3）将计算结果填入“科目汇总表”的“本期借方发生额”和“本期贷方发生额”栏内。

根据科目汇总表登记总分类账时，只需要将该表中汇总起来的各科目的本期借、贷方发生额的合计数，分次或月末一次记入相应总分类账的借方或贷方即可。

（二）科目汇总表编制举例

【例 10-1】光华公司2×23年12月1日至10日发生的经济业务，所编的记账凭证（简易，以会计分录代替）见表10-1。

在表10-1所示的经济业务记账凭证中，编制的会计分录涉及了很多会计科目。这些会计科目分别按借、贷方发生额进行汇总时，可利用编制科目汇总表工作底稿的方法进行。科目汇总表工作底稿的格式以及本例的汇总情况如图10-3所示。

值得注意的是：科目汇总表工作底稿中采用的汇总形式从表面上看酷似“T”形账户，但并不是“T”形账户。运用这种形式的目的是对各个会计科目的发生额（不包括余额）进行汇总，以便于编制科目汇总表。另

表 10-1　　**记账凭证（简易，以会计分录代替）**　　单位：元

序号	会计分录	凭证字号	序号	会计分录	凭证字号
1	借：库存现金 120 贷：其他应收款 120	现收 1	2	借：库存现金 85 000 贷：银行存款 85 000	银付 1
3	借：管理费用 810 贷：库存现金 810	现付 1	4	借：应付职工薪酬 85 000 贷：库存现金 85 000	现付 2
5	借：原材料 30 000 应交税费 3 900 贷：银行存款 33 900	银付 2	6	借：银行存款 67 800 贷：主营业务收入 60 000 应交税费 7 800	银收 1
7	借：在途物资 50 000 应交税费 6 500 贷：银行存款 56 500	银付 3	8	借：制造费用 2 100 管理费用 1 300 贷：银行存款 3 400	银付 4
9	借：制造费用 2 000 管理费用 6 400 贷：原材料 8 400	转 1	10	借：应收账款 45 200 贷：主营业务收入 40 000 应交税费 5 200	转 2
11	借：制造费用 3 000 贷：银行存款 3 000	银付 5	12	借：银行存款 53 000 贷：应收账款 53 000	银收 2
13	借：银行存款 22 600 贷：应收账款 22 600	银收 3	14	借：原材料 40 000 贷：在途物资 40 000	转 3
15	借：其他应收款 2 600 贷：库存现金 2 600	现付 3	16	借：库存现金 400 贷：应收账款 400	现收 2
17	借：管理费用 7 400 制造费用 1 300 贷：原材料 8 700	转 4	18	借：应付职工薪酬 14 600 贷：银行存款 14 600	银付 6

外，科目汇总表可以根据会计核算的需要定期（5日或10日）分次编制，也可以每月编制一次。本例假定是按旬汇总编制的。根据图10-3的汇总结果编制科目汇总表，见表10-2。

科目汇总表工作底稿

2×23年12月1—10日

库存现金

现收1	120	现付1	810
银付1	85 000	现付2	85 000
现收2	400	现付3	2 600
合计	85 520	合计	88 410

银行存款

银收1	67 800	银付1	85 000
银收2	53 000	银付2	33 900
银收3	22 600	银付3	56 500
		银付4	3 400
		银付5	3 000
		银付6	14 600
合计	143 400	合计	196 400

其他应收款

现付3	2 600	现收1	120
合计	2 600	合计	120

制造费用

银付4	2 100		
转1	2 000		
银付5	3 000		
转4	1 300		
合计	8 400	合计	0

管理费用

现付1	810		
银付4	1 300		
转1	6 400		
转4	7 400		
合计	15 910	合计	0

应交税费

银付2	3 900	银收1	7 800
银付3	6 500	转2	5 200
合计	10 400	合计	13 000

原材料

银付2	30 000	转1	8 400
转3	40 000	转4	8 700
合计	70 000	合计	17 100

应付职工薪酬

现付2	85 000		
银付6	14 600		
合计	99 600	合计	0

在途物资

银付3	50 000	转3	40 000
合计	50 000	合计	40 000

主营业务收入

		银收1	60 000
		转2	40 000
合计	0	合计	100 000

应收账款

转2	45 200	银收2	53 000
		银收3	22 600
		现收2	400
合计	45 200	合计	76 000

图10-3 科目汇总表工作底稿

表 10-2

科目汇总表

编号 1201

2×23年12月10日

单位：元

会计账户	本期发生额		总账页数
	借方	贷方	
库存现金	85 520	88 410	（略）
银行存款	143 400	196 400	
应收账款	45 200	76 000	
其他应收款	2 600	120	
原材料	70 000	17 100	
在途物资	50 000	40 000	
应付职工薪酬	99 600	0	
应交税费	10 400	13 000	
主营业务收入	0	100 000	
制造费用	8 400	0	
管理费用	15 910	0	
合计	531 030	531 030	

（三）根据科目汇总表登记总账的方法

编制科目汇总表的作用是对总分类账进行汇总登记。❶根据科目汇总表登记总分类账时，只需将科目汇总表各账户的本期借、贷方发生额，分次或月末一次记入相应总分类账的借方或贷方即可。❷登记总分类账所依据的凭证应以“科汇字第×号”字样按月连续编号。以下以“应收账款”总账的登记为例，显示总账的登记方法见表10-3。

表 10-3

应收账款　总账

第 28 页

2×23年		凭证字号	摘要	借方金额	贷方金额	借或贷	余额
月	日						
11			承前页	137 400	146 200	借	797 900
11	30	科汇 1103	21—30日发生额	47 200	69 100		
11	30		本月合计	184 600	215 300	借	776 000
12	10	科汇 1201	1—10日发生额	45 200	76 000		
	20	科汇 1202	11—20日发生额	58 000	213 000		
	31	科汇 1203	21—31日发生额	91 400	89 000		
12	31		本月合计	194 600	378 000	借	592 600
			本年合计	1 857 000	1 824 700	借	592 600
12	31		结转下年			借	592 600

注：科汇 1202、科汇 1203 略去，表中 12 月 11—20 日发生额为科汇 1202 的汇总结果、12 月 21—31 日发生额为科汇 1203 的汇总结果；表中“本年合计”为 12 个月的“本月合计”之和。

三、科目汇总表核算形式下账务处理的基本步骤

（1）依据原始凭证或原始凭证汇总表填制收款凭证、付款凭证和转账凭证；

（2）依据收款凭证、付款凭证逐笔登记库存现金日记账、银行存款日记账；

（3）依据原始凭证、原始凭证汇总表或记账凭证逐笔登记各种明细分类账；

（4）定期依据记账凭证编制科目汇总表；

（5）依据科目汇总表汇总登记总分类账；

（6）月末，将总分类账与库存现金日记账、银行存款日记账及各明细分类账的发生额及期末余额合计数进行核对；

（7）月末，根据核对无误的总分类账与明细分类账编制会计报表。

科目汇总表核算形式的步骤如图 10-4 所示。

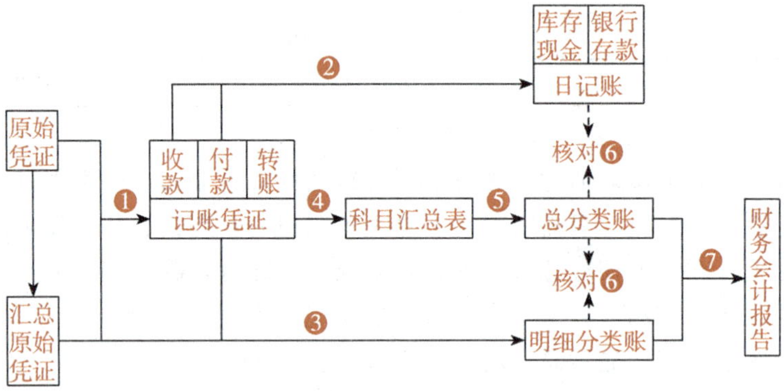

图 10-4　科目汇总表核算形式下账务处理的基本步骤示意图

四、科目汇总表核算形式的优缺点及适用范围

（一）科目汇总表核算形式的优点

（1）可以利用科目汇总表的汇总结果进行账户发生额的试算平衡。科目汇总表中的汇总结果体现了一定会计期间内所有账户的借方发生额和贷方发生额之间的相等关系，利用这种发生额的相等关系，可以进行全部账户记录的试算平衡，借以检验账户发生额的准确性。

（2）在试算平衡的基础上记账能够保证总分类账登记的正确性。在科目汇总表核算形式下，总分类账是根据科目汇总表上的汇总数字登记的。由于在登记总分类账之前，能够通过科目汇总表的汇总结果检验所填制的记账凭证是否正确，就等于在记账前进行了一次试算平衡，能够及时发现汇总过程中可能存在的错误，从而能够保证总分类账登记的正确性。

（3）可以减少登记总分类账的工作量。在科目汇总表核算形式下，可以根据科目汇总表上有关账户的汇总发生额，在月中定期或月末一次性登记总分类账。

（二）科目汇总表核算形式的缺点

科目汇总表是按各个会计科目归类汇总其发生额的，在该表中不能清楚地显示出各个账户之间的对应关系，不能够清晰地反映经济业务的来龙去脉。在这一点上，科目汇总表不及专用记账凭证和汇总记账凭证。

（三）科目汇总表核算形式的适用范围

因有一道编制科目汇总表的程序，如果小规模企业采用科目汇总表核算形式，反而增加了工作量。所以，该核算形式一般适用于经营规模较大、记账凭证数量较多及会计人员分工较细的单位。

第四节 汇总记账凭证核算形式

画龙点睛：

汇总记账凭证核算形式是根据记账凭证编制汇总记账凭证，然后根据汇总记账凭证登记总分类账的账务处理程序。

一、汇总记账凭证核算形式的特点及凭证账簿组织

（一）汇总记账凭证核算形式及其特点

汇总记账凭证核算形式，是指根据各种专用记账凭证先定期汇总编制收、付、转汇总记账凭证，然后根据汇总记账凭证登记总分类账，并定期编制会计报表的一种账务处理程序。其特点是：定期将全部记账凭证按收、付款凭证和转账凭证分别归类编制成汇总记账凭证，然后再根据汇总记账凭证登记总分类账。汇总记账凭证核算形式，是在记账凭证核算形式的基础上发展和演变而来的。

（二）汇总记账凭证核算形式设置的凭证和账簿

在汇总记账凭证核算形式下：❶记账凭证必须采用收款凭证、付款凭证和转账凭证三种格式，而且收（付）款凭证的种类要分“现收”（“现付”）和“银收”（“银付”）；❷必须设置相应的汇总收款凭证、汇总付款凭证与汇总转账凭证；❸由于汇总记账凭证能够反映账户之间的对应关系，所以，总账采用具有“对方科目”的三栏式。

二、汇总记账凭证的编制方法

汇总记账凭证是在填制的各种专用记账凭证的基础上，按照一定的方法进行汇总编制而成的。汇总记账凭证的种类不同，汇总编制的方法也有所不同。

（一）汇总收款凭证的编制方法

1.汇总收款凭证的设置及编制方法

汇总收款凭证，是以“库存现金”和“银行存款”的借方为设证科目，定期汇总与二者对应账户的贷方发生额而使用的一种记账凭证。❶设置以“库存现金”科目为设证科目（亦称主体科目）的“汇总收款凭证”；❷设置以“银行存款”科目为设证科目的“汇总收款凭证”；❸汇总收款凭证定期（5天或10天）填制一次，可以每汇总一次编制一张，也可以多次汇总每月编制一张。

汇总收款凭证根据专用记账凭证中的收款凭证汇总编制而成，**“按分录中相应的贷方科目汇总”**，计算出每一个贷方科目发生额合计数，填入汇总收款凭证中。

经过上述汇总过程得到的各个贷方账户发生额合计数，就是这些账户在一定会计期间发生额的总和。❶可以根据各次的汇总数分次登记到有关账户中去；❷也可以在月末对各次汇总数字相加，求得该账户的全月发生额合计，一次性登记有关账户；❸对以上各账户的发生额合计数进行合计，即可得到“库存现金”或“银行存款”在该会计期间的借方发生额总额；❹可据其分次或月末一次登记“库存现金”账户或“银行存款”账户。

2. 汇总收款凭证的编制举例

【例10-2】承【例10-1】光华公司2×23年12月1日至10日发生的经济业务所编的收款凭证（见表10-1），其中：❶现收字3张（包括银付1），与借记“库存现金”账户对应的贷方账户为：“其他应收款”账户贷方发生额120元、“银行存款”账户贷方发生额85 000元、“应收账款”账户贷方发生额400元；❷银收字3张，与借记“银行存款”账户对应的贷方账户为：“应交税费”账户贷方发生额7 800元、“主营业务收入”账户贷方发生额60 000元、“应收账款”账户贷方发生额75 600元（53 000+22 600）。

根据1—10日汇总结果，填入该公司本月汇总收款凭证的相应栏次，见表10-4和表10-5（**11—20日、21—31日的汇总金额，为另外两次汇总结果的假定数**）。

表10-4　**汇总收款凭证**

借方科目：库存现金　　2×23年12月　　汇收字1号

贷方科目	金额				总账页码	
	1—10日现收字 1号至3号共3张	11—20日现收字 4号至8号共5张	21—31日现收字 9号至15号共7张	合计	借方	贷方
其他应收款	120	3 100	2 400	5 620	16	略
银行存款	85 000	6 700	3 500	95 200	16	略
应收账款	400	1 000	700	2 100	16	略
合计	85 520	10 800	6 600	102 920		

表10-5　**汇总收款凭证**

借方科目：银行存款　　2×23年12月　　汇收字2号

贷方科目	金额				总账页码	
	1—10日银收字 1号至3号共3张	11—20日银收字 4号至8号共5张	21—31日银收字 9号至17号共9张	合计	借方	贷方
应交税费	7 800	67 000	39 100	113 900	28	略
主营业务收入	60 000	120 000	230 000	410 000	28	略
应收账款	75 600	123 000	68 000	266 600	28	略
应收票据	—	96 000	78 000	174 000	28	略
合计	143 400	406 000	415 100	964 500		

（二）汇总付款凭证的编制方法

1.汇总付款凭证的设置及编制方法

汇总付款凭证，**是以“库存现金”和“银行存款”科目的贷方为设证科目，定期汇总与设证科目贷方对应科目的借方发生额而使用的一种记账凭证。**❶设置以“库存现金”科目贷方为设证科目的“汇总付款凭证”；❷设置以“银行存款”科目贷方为设证科目的“汇总付款凭证”；❸汇总付款凭证定期（5天或10天）填制一次，可以每汇总一次编制一张，也可以多次汇总每月编制一张。汇总时计算出每一个借方科目发生额合计数，填入汇总付款凭证的相应栏次。

2.汇总付款凭证的编制举例

【例10-3】承【例10-1】光华公司2×23年12月1日至10日发生的经济业务所编的付款凭证（见表10-1）中有**银付字6张**，与贷记“银行存款”账户对应的借方账户为：❶“库存现金”账户借方发生额85 000元；❷“原材料”账户借方发生额30 000元；❸“应交税费”账户借方发生额10 400元（3 900+6 500）；❹“在途物资”账户借方发生额50 000元；❺“制造费用”账户借方发生额5 100元（2 100+3 000）；❻“管理费用”账户借方发生额1 300元；❼“应付职工薪酬”账户借方发生额14 600元。现付字3张，汇总结果略去。

根据1—10日的汇总结果，填入该公司本月以“银行存款”贷方科目为设证科目的汇总付款凭证的相应栏次，见表10-6（**11—20日、21—31日的汇总金额，为另外两次汇总结果的假定数**）。

提示：

以“库存现金”科目为设证科目的“汇总付款凭证”的格式仅是将该凭证的左上角的账户名称换成“库存现金”，右上角的“汇付字”替换为“汇收字”，表内的“银付字”替换成“现付字”即可。

表10-6

汇总付款凭证

贷方科目：银行存款　　　　2×23年12月　　　　汇付字2号

借方科目	金额				总账页码	
	1—10日银付字1号至6号共6张	11—20日银付字7号至18号共12张	21—31日银付字19号至32号共14张	合计	借方	贷方
库存现金	85 000	6 000	7 100	98 100	略	29
原材料	30 000	40 000	130 000	200 000	略	29
应交税费	10 400	17 240	115 400	143 040	略	29
在途物资	50 000		80 000	130 000	略	29
制造费用	5 100	2 400	1 800	9 300	略	29
管理费用	1 300	3 100	5 000	9 400	略	29
应付职工薪酬	14 600	5 800		20 400	略	29
销售费用		4 000	9 000	13 000	略	29
合计	196 400	78 540	348 300	623 240		

（三）汇总转账凭证的编制方法

1.汇总转账凭证的设置及编制方法

汇总转账凭证，**应当按照每一贷方科目分别设置，按其对应的借方科目进行归类，定期汇总与设证科目贷方对应的借方科目的发生额而使用的一种记账凭证。**❶汇总转账凭证定期（5天或10天）编制一次，可以每汇总一次编制一张，也可以多次汇总每月编制一张；计算出每一个借方科目发生额合计数，填入汇总转账凭证的相应栏次。❷如果某一贷方科目的转账凭证数量不多，如“销售费用”“管理费用”“主营业务成本”“其他业务成本”等费用类科目，通常每月只编制一张转账凭证，也可以不编制汇总转账凭证，直接根据转账凭证登记总分类账。

请思考：

汇总收款凭证和汇总付款凭证分别汇总“库存现金”账户和“银行存款”账户的借方、贷方发生额，汇总转账凭证按照贷方账户设置，是否会漏汇？是否还应对转账凭证再按照每一账户的借方分别设置？

2.汇总转账凭证的编制举例

【例10-4】承【例10-1】光华公司2×23年12月1日至10日发生的经济业务所编的转账凭证（见表10-1）中有关贷记“原材料”账户的记账凭证，与“原材料”账户贷方对应的借方账户为：❶“制造费用”账户借方发生额3 300元（2 000+1 300）；❷“管理费用”借方发生额13 800元（6 400+7 400）。

根据1—10日的汇总结果，填入该公司本月以“原材料”贷方科目为设证科目的汇总转账凭证的相应栏次，见表11-7（**11—20日、21—31日的汇总金额，为另外两次汇总结果的假定数**）。

表10-7

汇总转账凭证

贷方科目：原材料　　　　2×23年12月　　　　汇转字8号

借方科目	金额				总账页码	
	1—10日转字 1号至4号共4张	11—20日转字 5号至16号共12张	21—31日转字 17号至30号共14张	合　计	借方	贷方
制造费用	3 300	8 500		11 800	略	42
管理费用	13 800	4 300		18 100	略	42
销售费用		9 200	8 700	17 900	略	42
生产成本		235 000	126 000	361 000	略	42
合　计	17 100	257 000	134 700	408 800		

3.编制汇总转账凭证应注意的几个问题

需要注意的是：❶因汇总转账凭证按照贷方账户设置，为了便于填制汇总转账凭证，平时填制转账凭证时，一般应编制“一借一贷”或“多借一贷”会计分录的转账凭证；❷但如果仅仅是为了便于编制汇总转账凭证，而将有些需要编制“一借多贷”会计分录的转账凭证，硬性拆分并编制“一借一贷”会计分录的转账凭证，反而不利于反映各账户之间的对应关系，且加大了编制转账凭证的工作量，所附原始凭证也不易拆分粘贴，这时就应编制“一借多贷”的转账凭证，而根据这些转账凭证编制汇总转账凭证时，只需将与贷方账户对应的借方账户的金额拆分，按照“一借一贷”的原理编制汇总转账凭证，这样做也是比较简单的，在所编制的汇总转账凭证中，账户的对应关系也是十分明确的。

三、汇总记账凭证核算形式下的账务处理步骤

（1）根据原始凭证或汇总原始凭证填制收款凭证（按“现收”和“银收”编号）、付款凭证（按“现付”和“银付”编号）及转账凭证；

（2）根据收款凭证、付款凭证，逐日逐笔登记库存现金日记账及银行存款日记账；

（3）根据原始凭证或原始凭证汇总表及记账凭证逐笔登记各种明细账；

（4）根据收款凭证、付款凭证和转账凭证，定期编制汇总收款凭证、汇总付款凭证和汇总转账凭证；

（5）月末，根据汇总收款凭证、汇总付款凭证、汇总转账凭证登记总分类账；

（6）月末，将银行存款日记账余额、库存现金日记账余额以及各种明细分类账余额的合计数，分别与有关总分类账的期末余额进行核对，检查是否相符；

（7）月末，根据核对无误的总分类账和有关明细分类账编制会计报表。

汇总记账凭证核算形式的步骤如图10-5所示。

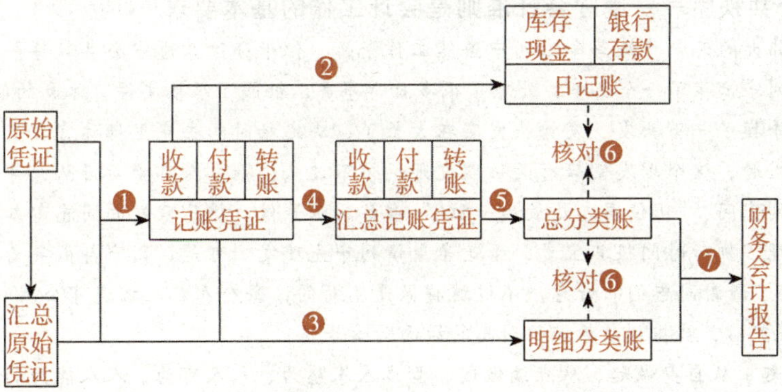

图10-5　汇总记账凭证核算形式下账务处理的基本步骤示意图

四、汇总记账凭证核算形式下总账的格式及登记方法

为了使总分类账的内容与各种汇总记账凭证相一致，在三栏式总分类账中，应设置“对方科目”专栏。月终，根据汇总记账凭证金额栏右方各行的合计数分别登记设证科目总账金额以及各个对应科目的金额。具体登记如下：❶根据“汇总收款凭证”金额栏右方各行的合计数，分别记入总分类账“库存现金”“银行存款”科目的借方，以及各个对应科目的贷方；❷根据“汇总付款凭证”金额栏右方各行的合计数，分别记入总分类账“库存现金”“银行存款”科目的贷方，以及各个对应科目的借方；❸根

据每一张“汇总转账凭证”金额栏右方各行的合计数，分别记入汇总分类账的贷方，以及对应账户的借方。

五、汇总记账凭证核算形式的优缺点及适用范围

（一）汇总记账凭证核算形式的优点

❶因采用按会计科目对应关系进行分类汇总的办法，汇总记账凭证能够清晰地反映出有关会计账户之间的对应关系。❷根据汇总记账凭证上有关账户的汇总发生额，在月份当中定期或月末一次性登记总分类账，可以使登记总分类账的工作量大大减少。

（二）汇总记账凭证核算形式的缺点

❶编制汇总记账凭证是一项比较复杂的工作，容易产生汇总错误。❷增加了编制汇总凭证的手续，倘若企业经济业务量少，编制汇总记账凭证的手续就显得麻烦。再者，如果企业转账业务较多，编制汇总转账凭证的工作量就会较大。

（三）汇总记账凭证核算形式的适用范围

由于汇总记账凭证核算形式能够清晰地反映账户之间的对应关系和减少登记总分类账的工作量，因此它一般只适用于规模较大、经济业务较多且会计分工较细的企业；特别是转账业务较少、而收付款业务较多的会计主体。

会计论道与育人

遵守公共秩序——遵守会计准则是会计工作的基本要求[①]

中联重科收购迷局 关联交易业绩诡异

伟大的无产阶级革命家列宁虽然工作繁忙，但十分注意遵守公共秩序。有一次，列宁忙碌了一个上午，处理了很多日常事务，批阅了很多文件。休息的时候，他用手摸了一下头发，发觉头发实在太长了，决定抽时间去克里姆林宫理发室理发。当时，这个理发室只有两位理发师，忙不过来，很多人都坐着排队，等候理发。列宁问：“哪位同志是最后一位？”准备排队等候。排队理发的同志都知道列宁日理万机，时间极其宝贵，于是争着请列宁先理发。可是，列宁却微笑着对大家说：“谢谢同志们的好意。不过这样做是不对的，每个人都应该遵守公共秩序，按照先后次序理发。”他说完后，就排到最后一位同志的后面耐心等候。

教授寄语：从现在做起、从自身做起、从点滴做起，形成人人愿为、人人可为、人人能为的文明社会态势。同样，遵守会计准则，不做假账，建设会计文明生态也是我们每个会计人的责任。

课堂在线练习

习题自测

扫描下方“二维码”进行在线回答，回答完毕并提交后可参看正确答案与答案解析。

① 节选自：秋江孤影．有关遵守规则的名人事例［EB/OL］．［2023-03-17］．https://www.taodocs.com/p-878862451.html.

关键术语

1. 会计循环　会计核算形式　科目汇总表　汇总记账凭证

复习思考

1. 汇总收款凭证的编制方法。
2. 科目汇总表的编制方法。
3. 记账凭证会计核算形式的步骤、优缺点及适用范围。

主要参考书目

［1］财政部. 企业会计准则2006［M］. 北京：经济科学出版社，2006.

［2］财政部. 企业会计准则——应用指南2006［M］. 北京：中国财政经济出版社，2006.

［3］财政部会计司编写组. 企业会计准则讲解2010［M］. 北京：人民出版社，2010.

［4］企业会计准则编审委员会. 企业会计准则案例讲解［M］. 上海：立信会计出版社，2014.

［5］李占国. 基础会计学［M］. 4版. 北京：高等教育出版社，2020.

［6］陈国辉，迟旭升. 基础会计［M］. 4版. 大连：东北财经大学出版社，2015.

［7］李占国. 基础会计［M］. 5版. 北京：高等教育出版社，2021.